# dtv _galleria_

Berlin 1949. Die Schreckensherrschaft der Nazis und der Krieg sind endlich vorbei, die zweigeteilte Stadt liegt in Trümmern. Am Bahnhof Zoo stehen die Geldwechsler, Kohlen sind noch immer knapp und kostbar. In diese Zeit, zwischen Zusammenbruch und zaghaftem Neubeginn, fällt eine unheimliche Mordserie. Zwei Menschen verschwinden im Westen Berlins spurlos. Grausig sind die Funde in bombenzerstörten Häusern im Ostteil der Stadt. Vopo Ost und Kripo West sind sich spinnefeind, eine Zusammenarbeit findet nur im äußersten Notfall statt. Ideale Voraussetzungen für einen Mörder. Und immer mehr Unschuldige geraten unter Mordverdacht ... Ein packender Kriminalroman vor zeitgeschichtlichem Hintergrund – erzählt von -ky, dem Meister seines Fachs.

*Horst Bosetzky,* geboren 1938 in Berlin und unter dem Namen -ky auch als einer der erfolgreichsten deutschen Krimi-Autoren bekannt, ist emeritierter Soziologieprofessor in Berlin. Neben zahlreichen Kriminalromanen, mit denen er sich an die Spitze der deutschen Spannungsliteratur geschrieben hat, verfaßt er Jugendbücher, Hör- und Fernsehspiele, historische Romane sowie seine mehrteilige Familiensaga.

# Horst Bosetzky

# Der kalte Engel

Dokumentarischer Kriminalroman
aus dem Nachkriegs-Berlin

Deutscher Taschenbuch Verlag

Ungekürzte Ausgabe
Oktober 2004
Deutscher Taschenbuch Verlag GmbH & Co. KG,
München
www.dtv.de
© 2002 Jaron Verlag GmbH, Berlin
Umschlagkonzept: Balk & Brumshagen
Umschlagfoto: © Landesarchiv Berlin/Henry Ries
Gesamtherstellung: Druckerei C. H. Beck, Nördlingen
Gedruckt auf säurefreiem, chlorfrei gebleichtem Papier
Printed in Germany · ISBN 3-423-20745-0

# Prolog

# KAPITEL 1

Als Manne an diesem Nachmittag sein Schulbuch in die Ecke warf und auf die Straße lief, um mit Jörg und Robert Fußball zu spielen, war es für ihn ein Tag wie jeder andere. Noch jedenfalls. Mit seinen zehn Jahren kannte er keine andere Welt als diese: Berlin als eine große Trümmerwüste. Das galt auch für die Gegend um den Stettiner Bahnhof, Berlin N4. Groß geworden war er in der Borsigstraße. Die reichte von der Elsässer bis zur Invalidenstraße und zählte 34 Häuser. Davon waren die Nummern 6, 11a bis 21, 31b bis 34 im Krieg zerstört worden. Nicht schlecht. Mannes Opa erzählte immer den Witz: »Berlin ist die Stadt der Warenhäuser – hier war'n Haus und da war'n Haus.« Manne und seine Freunde fanden, daß es keinen schöneren Spielplatz gab als eine richtige Ruine. Außer, man wollte Fußball spielen. Zum Beispiel VfR Mannheim gegen Borussia Dortmund oder Union Oberschöneweide gegen den BSV 92. Manne hatte zum Geburtstag einen nagelneuen Fußball aus Igelit bekommen. Den hatte er seitdem immer bei sich.

Wo steckten Jörg und Robert? Wahrscheinlich waren sie zum Güterbahnhof gelaufen, um zu sehen, ob zwischen den Gleisen heruntergefallene Preßkohlen lagen. Oder man sprang auf die Loren und schmiß sie runter. Die Eltern freuten sich darüber mehr als über eine Eins im Rechnen, die man nach Hause brachte.

Es war undufte von den beiden Freunden, daß sie nicht auf ihn gewartet hatten. Manne lief durch die Straßen, sie zu suchen. Schade, daß es keine Trümmerbahnen mehr gab. Mit Feldbahnloren konnte man so herrlich D-Zug spielen. Seine Mutter hatte lange Zeit als Trümmerfrau gearbeitet. Alle verfügbaren Arbeitskräfte waren eingesetzt worden, um die Schuttmassen zu beseitigen. Zuerst waren die Straßen freigeräumt worden, damit die

Versorgungsfahrzeuge passieren und die Straßenbahnen wieder fahren konnten. Dann mußten alle Ruinen eingerissen werden, die jederzeit einstürzen konnten. Das war immer unheimlich spannend. Wenn die Männer von der Abbruchfirma oben ein dickes Seil um einen stehengebliebenen Schornstein gelegt hatten und dann unten daran zogen: »Hauruck! Hauruck!« Und die Staubwolke, wenn das Ding endlich umgefallen war!

Unter den Trümmern lagen noch zahlreiche nicht explodierte Sprengkörper, und wenn sie trotz aller Verbote in den Ruinen herumkletterten, um nach Buntmetall zu suchen, mußten sie jeden Augenblick damit rechnen, daß so ein Blindgänger in die Luft ging.

Grundsätzlich gab es für Manne drei Arten von Ruinen: einmal die Häuser, die Sprengbomben und Luftminen in Schutt und Asche gelegt hatten, Volltreffer, und die nichts mehr waren als ein einziger großer Trümmerhaufen, und zum anderen die Gebäude, die von Brandbomben getroffen worden waren. Im Innern war da nichts erhalten geblieben, vom Keller bis zum Dach alles ausgebrannt, aber die Fassade war noch völlig intakt, wenn auch vom Ruß geschwärzt. Drittens kamen dann die Teilruinen hinzu, Wohnhäuser, bei denen die eine Hälfte zerstört worden war, die andere aber noch bewohnt wurde. Da hingen dann noch Eisenträger in der Luft, und man konnte die Tapeten an den Wänden sehen, die früher zum Wohnzimmer gehört hatten und jetzt außen waren.

Wo man Bombentrichter verfüllt und zerstörte Häuser abgetragen hatte, waren freie Plätze entstanden. Manchmal gastierte dort ein kleiner Zirkus, oder es wurde ein Rummel aufgebaut. Vielleicht dieses Jahr auch mal ein Weihnachtsmarkt.

Noch immer keine Spur von Jörg und Robert. Manne war ein wenig mulmig zumute. »Geh mit keinem mit!« Er hatte die Stimme seiner Mutter ganz genau im Ohr. Was mit Kindern geschah, die mit fremden Männern mitgingen, wußte zwar niemand von ihnen genau, sie glaubten aber, daß man sie wie ein Karnickel schlachten und ihr Fleisch verkaufen würde. Und wenn Jörg und Robert nun ...? Nein, da vor der Golgatha-Kirche standen sie.

Gott sei Dank. Wo sie denn gesteckt hätten? Jörg in der Desinfektionsanstalt. »Zum Entlausen.« Robert war beim Arzt gewesen. »Nachimpfen.« Die Impfung in der Schule hatte er verpaßt. »Und dann hab' ich noch zu Hause Kohlen aus'm Keller hoch holen müssen – wie Hennecke, do!« Adolf Hennecke hatte seine Tagesnorm als Bergmann zu 387 Prozent übererfüllt und war damit in der DDR zum Vater aller Aktivisten geworden.

»Wat spiel'n wa nu?« Manne war für Fußball, Robert für *Wer hat Angst vorm Schwarzen Mann*? Jörg tippte sich an die Stirn: »Da sind wa doch viel zuwenig zu.« Er war für Autorennen oder Klimpern, ohne aber eine ausreichende Mehrheit für seine Vorschläge zu finden. Schließlich einigten sie sich auf Fußball. Jörg gegen Robert, das heißt, Union Oberschöneweide (Ost-Berlin) gegen den BSV 92 (West-Berlin). Roberts Vater war Grenzgänger, wohnte im Osten und arbeitete im Westen. Daher diese Rollenverteilung. Manne war der Torwart, und als solcher hatte er streng neutral zu sein.

Man hatte keine Lust, zum nächsten Park zu laufen, man blieb bei sich in der Borsigstraße. Ein Auto kam nur alle Jubeljahre mal. Der »Kasten« war eine zugemauerte Toreinfahrt in einer der Ruinen des zweiten Typs, also ausgebrannt, aber Fassade erhalten. Die Nr. 4.

Manne nahm Aufstellung und machte einen Abschlag. Hoch in die Luft und möglichst genau in die Mitte von Jörg und Robert. Zugleich schrie er: »Anpfiff!« Die beiden Freunde schraubten sich in die Höhe, aber am Ball vorbei. Der tippte hinter ihnen auf, sprang auf die Fahrbahn und rollte in den gegenüberliegenden Rinnstein. Jörg war als erster hingespurtet und hatte ihn erobert. Aber schon war Robert zur Stelle, und sie begannen wie wild zu rempeln und zu fummeln. Schließlich aber kam Jörg frei zum Schuß. Manne riß die Arme hoch und lenkte den Ball links um den Pfosten, das heißt um die Kante der Toreinfahrt. Ein Schrei. Das wertvolle Stück war durch ein nicht zugemauertes Fenster im Hochparterre gesegelt und mitten in der Ruine gelandet.

Manne ging auf Jörg los. »Du holst'n da raus, du haste'n ooch rinjeschossen.«

Jörg protestierte. »Du hast ja nich mehr alle: Du hast'n doch rinjelenkt!«

Auch Robert war gegen Manne. »Schließlich isset deiner.«

Manne sah ein, daß die anderen die besseren Argumente hatten. »Dann helft mir aber wenigstens hoch und bleibt oben am Fenster stehen ... Falls ick drin verschüttet werden sollte.«

Die beiden Freunde versprachen es und verschränkten ihre Hände ineinander, um für Manne eine Trittstufe zu bilden. Der pumpte kurz wie ein Käfer, der losfliegen wollte, setzte seinen linken Fuß hinauf, griff sich den Fenstersims mit beiden Händen und schwang sich so weit nach oben, daß er sein rechtes Knie, den Unterschenkel und Teile seines Oberschenkels auf dem Mauerwerk plazieren konnte. Noch ein paar Bewegungen in der Art eines Trockenschwimmers, dann saß er in der Fensteröffnung und schaute in die ausgebrannte Parterrewohnung. Wohin war sein Ball gerollt?

»Hast'n schon gesehen?« fragte Jörg.

»Nee ...« Draußen wurde es schon langsam dunkel – und so ohne Taschenlampe. Manne beugte sich noch etwas weiter ins Innere der Ruine, um zu sehen, ob sein Ball nicht unmittelbar unter ihm lag, sozusagen im toten Winkel.

Da schrie er auf, so furchtbar, daß es durch die halbe Borsigstraße hallte, und prallte derart heftig zurück, daß ihn die Freunde nicht mehr auffangen konnten. Er knallte auf das Straßenpflaster.

»Was ist denn los?«

In der Ruine lagen Teile einer grausam zerstückelten Leiche. Zwei Unterschenkel, ein linker Oberschenkel und ein linker Arm, wie sich später herausstellen sollte.

## Erster Teil

# Einen jeden kann es treffen

# Kapitel 2

Walter Kusian hatte jeden Morgen denselben Wunsch: nicht mehr aufzuwachen. Diesen teuflischen Wecker nicht mehr hören zu müssen. Nicht mehr so elend zu frieren. Keine Ischiasschmerzen zu haben. Wer schon kein schönes Leben hatte, der sollte sich wenigstens eines schönen Todes erfreuen dürfen. *Es wird noch mal ein Wunder geschehen ...* Ja, denkste. Er suchte nach dem Schalter seiner Nachttischlampe. Sie flammte auf. Ob man noch eine winzige Sekunde lang registrierte, was mit einem geschah, wenn man mitten im Schlaf starb? Vielleicht war es genauso, als wenn man einen Kopfschuß abbekommen würde. Im Lazarett waren ihm viele begegnet, die einen Kopfschuß überlebt hatten, und die meisten waren von einem Strudel des Wohlbehagens mitgerissen worden. Was mochte der Mann gefühlt haben, den *er* getötet hatte ...?

Walter Kusian sprang aus dem Bett und ging zu seinem Waschständer. Die weiße Schüssel war bis zum Rand gefüllt. Überall war das Emaille abgesprungen, und die schwarzen Flatschen sahen aus wie Muscheln oder Egel, die sich festgesaugt hatten. Eklig. Das Wasser war so kalt, daß er sich nicht gewundert hätte, wenn er beim Hineinfahren mit den Fingern durch eine dünne Eisdecke gestoßen wäre. Ein paar Spritzer ins Gesicht, das mußte genügen. Was machte es schon, wenn er ein wenig müffelte: Es war keine Frau da, der er gefallen wollte. Und wenn er nachher wieder Schutt schippte, war sowieso alles für die Katz. »Also ...« Er machte sich auf den Weg zur Toilette. Die lag am Ende des Flures und hatte den Sielaffs wie zwei anderen Untermietern zu dienen. Bei wem es da pressierte, der kam in arge Nöte. So legte Walter Kusian einen Extragang ein, als er nebenan Opa Pausin an seiner Zimmertür schließen hörte. Er war als erster am Ziel und schloß sich ein, um sich zu einer längeren Sitzung niederzulassen.

Je mehr Opa Pausin und Else Lehmann draußen trampelten und zeterten, desto wohler fühlte er sich. Zwar hing an der Decke nur eine müde 15-Watt-Funzel, aber seine Augen waren noch gut, und so konnte er Zeitung lesen. Der *Telegraf*, den Frau Sielaff in buchdeckelgroße Stücke zerschnitten und als Toilettenpapier hingehängt hatte, war zwar schon vierzehn Tage alt, aber eben kostenlos. Draußen schimpften sie immer erboster. »Was kann ich für meinen harten Stuhlgang!« rief Walter Kusian. Die anderen Untermieter auf diese Art und Weise zu ärgern, war mit die einzige Freude, die er noch hatte.

»Und so was will nun Krankenpfleger gewesen sein!« rief Else Lehmann, die bei der AOK am Wöchnerinnen-Schalter saß. »Na, wer bei Ihnen gestorben ist, der hat sich nur verbessern können.«

»Können Sie auch haben, kommen Sie nachher mal mit in mein Zimmer.«

Darauf drehte sie die Sicherung heraus, und er saß im Dunkeln. Was blieb ihm nun, als seine Lektüre für »hinterlistige Zwecke« einzusetzen. Pfeifend spazierte er dann an den beiden anderen vorbei in sein Zimmer zurück und machte sich daran, ein wenig zu frühstücken. Das Wasser für den Muckefuck war mit dem Tauchsieder schnell bereitet. Wenn er auch kein Geld für Bohnenkaffee hatte, so doch wenigstens ausreichend Quark für seine Stulle. Den aß er außerordentlich gern, obwohl Arthur, sein Kumpel, immer spottete: »Weißer Käse ohne Saft gibt viel Kacke, aber keene Kraft.«

Punkt sechs ging Walter Kusian aus dem Haus. Zu frieren brauchte er nicht. Dicke Stiebel hatte er und eine schwarze Cordhose, die er bei einem Kohlenträger für ein geklautes Karnickel eingetauscht hatte. Auch der alte Wehrmachtsmantel, den er trug, war ein Glücksfall. Noch schöner wäre es gewesen, er hätte die Epauletten und die Rangabzeichen nicht abtrennen müssen. Immerhin hatte das gute Stück einem Oberleutnant gehört. Er selber hatte es nur zum Sanitätsgefreiten gebracht. Etwas, das er seinem Führer nie verzieh, war er doch ein sogenannter Alter Kämpfer, einer, der schon sehr früh Mitglied der NSDAP geworden war. PG – Parteigenosse seit 1926. »Ich führe euch herrlichen Zeiten entgegen ...« Walter Kusian hatte an die Worte Adolf Hitlers geglaubt. Er stampfte die Treppe hinunter.

Die Sternstraße im Wedding war eine gigantische Filmkulisse. Nieselregen und Ruinen. *Die Mörder sind unter uns.* Autos und schweifende Scheinwerfer waren selten wie Sternschnuppen am nachtdunklen Himmel. Über die Nordbahnstraße erreichte er den Bahnhof Wollankstraße und stieg dort die Stufen zur S-Bahn hinauf. Der Zug Richtung Stadtmitte rollte gerade heran. Brauchte er nicht lange zu frieren. In zehn Minuten war er am Bahnhof Friedrichstraße und lief zur Stadtbahn hinauf. Schon an der nächsten Station, Lehrter Stadtbahnhof, sprang er wieder aus dem Zug, weil ihm eingefallen war, daß es besser war, mit der Straßenbahn von hier aus direkt zum Knie zu fahren, als vom Bahnhof Zoo zu laufen.

Er haßte diesen langen Arbeitsweg! Dabei war er äußerst reizvoll, denn Walter Kusian reiste durch zwei Städte. Die Teilung Berlins, die nun schon zum Alltag gehörte, hatte im Juni 1948 mit dem Auszug der Sowjetunion aus dem Alliierten Kontrollrat begonnen. Während Ost-Berlin im Oktober 1949 zur Hauptstadt der DDR erklärt wurde, blieb West-Berlin formal Viermächtestadt und bloßes, wenn auch heiliges und teures Anhängsel Bonns und seiner Republik. Es war so, wie es der sozialdemokratische Wirtschaftstadtrat Klingelhöfer auf den Punkt brachte: »Wir müssen der Tatsache ins Auge sehen, daß Berlin geteilt sein wird, als wären es zwei Städte.«

Die Haltestelle lag gleich gegenüber vom Ausgang an der Invalidenstraße. Trotz der frühen Stunde stand schon eine Gruppe anderer Fahrgäste an der Haltestelle. Auch viereinhalb Jahre nach Kriegsende sahen sie noch immer elend aus, blaß, mager und verhärmt. Er hörte Elisabeths Stimme: »Wehe den Besiegten.« Männer gab es kaum noch. Die beiden, die er sah, hatten wie er eine Wehrmachtsmütze auf. Wohl dem, der eine hatte. Sogar die Torhüter bei den Fußballern schätzten sie. Die Frauen waren alle dick eingemummelt, und man konnte nur ahnen, daß sie welche waren. Aber vielleicht sind sie schon keine mehr, dachte er, und bei ihnen ist alles zugewachsen, was sie zwischen den Beinen haben.

Wer konnte sich schon vorstellen, mit einer Trümmerfrau im Bett zu liegen. Er nicht. Da war er anderes gewohnt. Der Witz, den ihm Arthur gestern erzählt hatte, fiel ihm wieder ein. »Stehen ein Junge und ein Mädel im Kinderheim und sollen abgeseift werden. Sagt der Junge: ›Ätsch, was ich unten am Bauch hängen habe, das hast du nicht.‹ Antwortet das Mädchen: ›Nein, wir sind Flüchtlinge und haben alles zu Hause zurücklassen müssen.‹«

Nach fünf Minuten kam die Straßenbahn von der Sandkrugbrücke her. Zwar sah der Triebwagen noch immer ziemlich abgewrackt aus, aber wenigstens waren die Fenster jetzt alle wieder verglast. Keine Bretter mehr, keine Pappe. Na bitte. Gerade wollte er sich darüber freuen, da bekam er den grüngrauen Rucksack seines Vordermannes voll ins Gesicht. Die Schnalle riß ihm eine Schramme in die Nasenwurzel.

»Paß doch uff, du Idiot!« schimpfte Walter Kusian.

»Ick hab' doch hinten keene Augen, Mann.«

»Klar. Hättest welche jehabt, würdeste ooch nicht mehr rumloofen hier, da hätten se dich unter Adolf schon längst ...«

»Sie, soll ich die Polizei holen!«

Die Schaffnerin stieß Walter Kusian in die andere Richtung. »Ruhe hier im Puff! Wir wollen unsern Fahrplan einhalten.«

Walter Kusian schluckte herunter, was ihm auf der Zunge gelegen hatte: daß nämlich im Krieg mindestens einer zuwenig umgekommen war. Scheiße alles. Was wäre aus ihm noch alles geworden, wenn der Führer den Krieg gewonnen hätte. Jetzt aber, jetzt hatte er die letzte Drecksarbeit zu machen und sich mit diesem Plebs hier abzugeben. Nicht mal einen Sitzplatz hatte man für ihn. Na schön, bis zum Knie war es nicht weit. Schon wurde abgeklingelt. Sie bogen in die Rathenower Straße. Gegenüber lag düster und wuchtig das Kriminalgericht Moabit, das mit der angeschlossenen Untersuchungshaftanstalt das ausgedehnte Areal zwischen Alt-Moabit und Turm-, Wilsnacker und Rathenower Straße beherrschte. Er haßte es. Er haßte überhaupt alles.

Bald bogen sie nach links in die Gotzkowskystraße ab, dann ging es über die Spree hinweg und die Franklin- und die Marchstraße hinunter.

»Noch jemand zugestiegen, noch jemand ohne Fahrschein? Wer will noch mal, wer hat noch nicht?«

Walter Kusian hatte schon gehofft, daß es die Schaffnerin nicht mehr schaffen würde, sich bis zu ihm hindurchzuquetschen, nun aber stand sie vor ihm und klimperte mit ihrem Galoppwechsler. Wie Claire Waldoff sah sie aus. Dieselbe Kodderschnauze, dieselbe heisere Stimme: *Wer schmeißt denn da mit Lehm ...* Er mochte diesen Typ von Frau. Eine, die sich nicht die Butter vom Brot nehmen ließ. Auch wenn es ihn in diesem Falle 20 Pfennige kostete.

»Knie ...« Er hatte seinen Fahrschein gerade eingesteckt, da mußte er auch schon aussteigen. Zwar war Ernst Reuter schon West-Berliner Bürgermeister, aber der große Platz, wo die Untergrundbahn auf ihrem Weg zwischen Zoo und Ruhleben mit einem sanften Knick von der Hardenberg- in die Bismarckstraße bog, was im Linienplan wie ein gebeugtes Knie aussah, trug seinen Namen noch lange nicht. Die Randbebauung war total zerstört, und langsam begann man, die Riesenfläche freizuräumen. Als sollte hier ein innerstädtischer Flughafen angelegt werden. Die meisten total zerstörten Häuser gab es in der Berliner Straße, später Otto-Suhr-Allee, auf der man zum Charlottenburger Rathaus und zum Schloß gelangte. Dorthin wandte sich Walter Kusian nun. An der Ecke Cauerstraße sollte er beim Enttrümmern helfen. Die 54 Richtung Spandau/Johannesstift überholte ihn. Er träumte davon, da draußen ein Häuschen zu haben. Mit so viel Rente, daß er nicht mehr zur Arbeit mußte. Einmal was vom Leben haben.

Von hinten kam jemand und drückte seine Hutkrempe nach vorn, so daß er nichts mehr sehen konnte. Dazu tönte es: »HO senkt die Preise!« Das konnte nur Arthur sein, der alte Kumpel aus besseren Tagen, der öfter mal in die HO einkaufen ging. HO hieß Handelsorganisation und war vom Osten dazu gedacht, West-Berliner anzulocken. *Die kluge West-Berliner Hausfrau kauft in der HO* lautete der Reklamespruch. Längs der Sektorengrenze gab es viele HO-Läden. Aber nicht die Frage, wo es etwas gab, war heute morgen ihr Thema, sondern die Schäden, die der Orkan vom 5. Dezember in Berlin angerichtet hatte, und der Leichenfund vom Stettiner Bahnhof am selben Tag. Heute war Donnerstag, der 8. Dezember 1949.

»Bei uns is 'ne Birke umgeknickt und uff 'ne Laube ruff,« erzählte Arthur, der 1944 in Weißensee ausgebombt worden war und nun mit Frau und zwei Kindern in einer Laubenkolonie am Bahnhof Blankenburg hauste. »Aber keener tot.«

»Haben sie Glück gehabt.« In der Innenstadt waren vor allem Ruinen eingestürzt, und es hatte sechs Tote gegeben.

»Du aber ooch ...« Arthur musterte den Freund. »Daß du noch deine beeden Unterschenkel dran hast.« Das bezog sich auf die Leichenteile, die man am Stettiner Bahnhof entdeckt hatte. Die Zeitungen hatten ausführlich davon berichtet.

Walter Kusian grinste. »Was haben die Kinder da gefunden: einen Arm, einen Oberschenkel und zwei Unterschenkel. Was meinst du wohl, wo die anderen Teile abgeblieben sind?«

»Bei dir im Kochtopp.«

»Richtig. Kommst du nachher mit essen ...?«

»Menschenfleisch soll ja nicht schlecht schmecken, nur 'n bißchen süßlich.«

»Was meinst du, was wir alles in der Wurst drin haben.«

Arthur verzog das Gesicht. »Hören wa lieber uff zu spotten, denn der da, der det jemacht hat, der wird bestimmt nich so schnell uffhören damit. Einen jeden kann es treffen.«

Damit hatten sie ihren Arbeitsplatz erreicht. Sie waren bei einer kleinen Klitsche beschäftigt, und ihr Chef hatte den Auftrag bekommen, ein Stück Ruinengrundstück freizuräumen und einen Kiosk hinzusetzen. Arthur hatte seine Bedenken. »Ob dit ma allet hält ...?« Sein Blick ging nach oben. Das Wohnhaus war von einer Sprengbombe getroffen worden. Die ganze Fassade fehlte. Man hatte einen freien Blick in alle Zimmer. Es war wie bei einem Puppenhaus, nur daß alles in die Tiefe gegangen oder leer geräumt war. Die Tapeten hingen noch an den Wänden. Auch die Türen zu Fluren und anderen Zimmern waren noch vorhanden, und es war anfangs durchaus vorgekommen, daß ein ahnungsloser Mensch sie von der anderen Seite her geöffnet hatte und abgestürzt war. Der hintere Teil des Hauses war noch bewohnt. Natürlich, wo alles eine Wohnung suchte. Wenn sie Pech hatten, krachte ein Stück Schornstein herunter oder eine Zwischenwand, die nicht genügend gesichert worden war.

Der Chef kam mit seinem Tempo-Dreikanter, brachte ihnen Spaten, Hacken und Brecheisen und gab noch letzte Weisungen. »Und paßt auf, da hinten in der Ecke ist die Kellerdecke eingestürzt.« Damit fuhr er wieder davon.

Arthur wollte hinunter in den Keller und nachsehen, ob alles stabil genug war, doch Walter Kusian hielt ihn zurück. »Was soll'n da schon passieren, bei dem Untergewicht, das wir beide haben. Und wenn wir den Schutt wegräumen, wird doch die Last geringer.«

»Trotzdem ...«

»Mann, bist du'n Angsthase. Kein Wunder, daß wir mit Soldaten wir dir den Krieg verloren haben.«

Daraufhin verzichtete Arthur auf die Besichtigung des Kellers und begann gottergeben zu schippen. Walter Kusian hob die Mauersteine auf, schlug sie auseinander, klopfte den Mörtel ab, der ihnen noch anhaftete, und schichtete sie fein säuberlich neben sich auf. »Fehlt mir nur noch das Kopftuch, dann bin ich die perfekte Trümmerfrau.«

So arbeiteten sie Stunde um Stunde. Abwechslung gab es wenig. Mal eine Frau, der man hinterherpfeifen konnte, mal der Pferdewagen mit dem Mann, der eine Glocke schwang und »Brennholz für Kartoffelschalen!« rief. Gegenüber hatte einer einen Tannenbaum gekauft und hing ihn mit der Spitze nach unten außen ans Fenster, um ihn frisch zu halten. Ach Gott, ja, in vierzehn Tagen war ja Weihnachten.

»Wat machste 'n so die Feiertage über?« fragte Arthur.

»Ich blase ...«

»Weihnachtslieder?«

»Nee, Trübsal. Höchstens, daß ich mal zu meiner Schwägerin fahre ...«

Arthur lehnte seine Schippe gegen die kleine Mauer, die sein Kollege aufgeschichtet hatte. »Herr Ober, 'n Bier.«

»Momentchen, Kollege kommt gleich.«

Dieser Dialog bezog sich darauf, daß Walter Kusian bis vor

kurzem in der *Casablanca-Bar* in der Augsburger Straße als Kellner gearbeitet hatte, dort aber entlassen worden war. Einer der Stammgäste, ein wohlhabender Filmkaufmann, hatte ihn wiedererkannt und es daraufhin abgelehnt, von einem alten Nazi bedient zu werden. Beim sich anschließenden Dialog war Walter Kusian dann etwas ausfallend geworden.

Endlos dehnte sich der Tag. Es war trübe und naßkalt. Walter Kusian hätte nichts dagegen gehabt, wenn ein Mauerbrocken heruntergekracht wäre und ihn getötet hätte. Das Beste am Leben war ein Ende ohne Schrecken. Arthur konnte sich wenigstens auf den Feierabend freuen. Mit seiner Familie draußen in der warmen Laube. Er aber ... Den ganzen Abend allein in seiner kalten Bude. Hoffen konnte man nur, wenn man Geld hatte, viel Geld ... Der Möbelhändler drüben, der auf seine Träger aufpaßte, daß sie die teure Anrichte auch heil nach oben trugen, der hatte bestimmt eine Menge Zaster. *Möbel von GG – eine Pfundsidee.* Das GG stand für Gregor Göltzsch, wie Walter Kusian aus der Zeitung wußte. Den beiseite schaffen, seinen Tresor öffnen und ... Es war ein Gedanke, der ihn mehr erwärmte als der Glühwein, den der Chef spendierte, als es dunkel wurde und er kam, die Werkzeuge wieder einzusammeln. »Feierabend!«

Walter Kusian ging zur Haltestelle, um auf die nächste Straßenbahn zu warten, und stieg dann in die völlig überfüllte 2. Der Beiwagen hatte keine Türen, und so stand er auf der Plattform halb im Freien und fror sich einen ab. In der Turmstraße sah er zwei gackernde Frauen. Sie kamen gerade aus dem Robert-Koch-Krankenhaus. Es war Elisabeth Kusian mit ihrer Freundin Anni.

»Hallo, Schwägerin!« rief er hinüber.

»Hallo, Schwager.«

»Hast du heute abend 'n bißchen Zeit für mich?«

Elisabeth Kusian hob die rechte Hand, um damit ein paar Mal vor dem Gesicht hin und her zu fahren, als ob er nicht mehr alle hätte. »Nee, bestimmt nicht.«

»Paß bloß auf, daß sich deine Knochen nicht auch mal in irgend 'ner Ruine finden«, murmelte Walter Kusian beim Weiterfahren.

# Kapitel 3

Hannes Seidelmann, gelernter Telegraphenbauhandwerker, war Störungssucher bei der Post und als solcher ein ziemlich freier Mann. Sein Vorgesetzter saß in der Skalitzer Straße am Prüfschrank und konnte nur schwer kontrollieren, wie schnell ein kaputtes Telefon repariert war und was er zwischen zwei Aufträgen so alles anstellte – zum Beispiel mal eben schnell nach Hause fuhr und Kaffee trank. Oder in seiner Laube nach dem Rechten sah. Oder seine Geliebte kurz beglückte. Heute aber hatte er sich offiziell abgemeldet. »Sie wissen ja, was mit meinem Bruder los ist ...« Seit mehr als fünf Tagen warteten sie auf ihn. Vergeblich. Am 3. Dezember hatte Hermann Seidelmann die Wohnung verlassen. Mit über 3000 DM-Ost in der Tasche ... Und da war mit dem Schlimmsten zu rechnen. Obwohl ... Von der Vermißtenstelle im Britischen Sektor, zu der sie gleich am nächsten Tag gegangen waren, hatten sie noch nichts gehört; was hoffen ließ. Zu Hause war der Bruder im sächsischen Plauen, doch wiederholte Anrufe bei seiner Frau Irma hatten nichts ergeben. »Nein, Hermann ist hier nicht wiederaufgetaucht.« Sehr zu bedauern schien sie das nicht. Am 17. November war Hermann nach Berlin gekommen. Zur Beerdigung seiner Mutter, ihrer Mutter. Mit der Heimreise hatte er sich Zeit lassen wollen. Er wollte noch Geld tauschen, Ost gegen West, und in West-Berlin Ersatzteile für seine Fahrgeschäfte einkaufen. Schausteller war er und hatte seine Karussells, Schiffschaukeln und Losbuden in Leipzig, Dresden, Chemnitz und anderswo in Sachsen stehen. Offenbar war er aber auch nach Berlin gekommen, um galante Abenteuer zu suchen. Jedoch bis jetzt, wie es schien, ohne Erfolg.

»Mit siebenundvierzig ist der Lack auch schon 'n bißchen ab«, sagte Hannes Seidelmann.

Seine Schwester winkte ab. »Bei dem Männermangel heute, da gibt et viele Frauen, die jeden nehmen. Erst nehmen ... und dann tüchtig ausnehmen. Wie 'ne Weihnachtsgans. Aber bei Hermann würde's mir auch nicht leid tun. Vier Kinder hat er und dann ...«

Gerda, Fahrkartenknipserin bei der Berliner S-Bahn, war ein sehr mißtrauischer Mensch. Schon von Berufs wegen. Saß sie am Bahnhof Wedding in ihrer Wanne, dann hatte sie nicht nur die gelben Pappkarten der abfahrenden Fahrgäste zu knipsen, sondern auch die der ankommenden zu kontrollieren – daß sie die richtige Preisstufe gelöst hatten. I war mit 20 Pfennigen die billigste, galt aber nur auf und innerhalb der Ringbahn. Und wie oft kam es vor, daß jemand nur I gelöst hatte, aber beispielsweise von Gartenfeld oder Wollankstraße kam. »Ich traue allen Menschen alles zu«, war ihre stehende Wendung. »Auch dir, Hannes ...« Das bezog sich darauf, daß ihre beiden Brüder sich nie so recht verstanden hatten, ganz im Gegenteil. »Denk mal an Kain und Abel.«

Hannes Seidelmann fuhr auf. »Spinnst du wohl?!«

»Tu doch nicht so. Als er vor dir eingezogen worden ist, hast du gleich was mit seiner Irma angefangen. Und jetzt, wo er wieder zurück ist, da ist er dir doch 'n Dorn im Auge.«

Hannes Seidelmann war perplex. »Ich würde doch nie meinen eigenen Bruder ...«

»Nein, würdest du nicht. Aber Tatsache ist ja mal, daß er verschwunden ist.«

»Mit mächtig viel Geld in der Tasche. Auf das du immer scharf gewesen bist ...«

Hannes Seidelmann stand auf, trat ans Fenster, zog die Gardine zur Seite und sah auf die Straße hinunter. »Ach, Unsinn alles. Jeden Augenblick wird er auftauchen und ... Wahrscheinlich hatte er doch irgendwo 'ne Frau aufgegabelt und kommt nun gar nicht mehr los von der. Irma liebt er ja schon lange nicht mehr. Oder er ist im Puff gelandet, und sie behalten ihn da, bis er alles Geld vervögelt hat.«

»Hannes, bitte!« Gerda Seidelmann war empfindlich gegen alles Obszöne.

»Wir müssen wirklich was unternehmen. Wenigstens noch mal zur Vermißtenstelle gehen.«

»Das ist mir irgendwie peinlich.«

»Dann laß uns mal gucken, ob wir in seinen Sachen was finden.«

Gerda winkte ab. »Das ist doch Quatsch, das haben wir doch schon x-mal gemacht.«

»Vielleicht haben wir wirklich was übersehen?«

»Na schön ...«

Das Ziehharmonikabett, auf dem Hermann Seidelmann genächtigt hatte, stand in einem schmalen halben Zimmer, das sie als Kammer bezeichneten. Früher hatte es als Mädchenkammer gedient, jetzt war es die Rumpelkammer. Hermanns Koffer war aufgeklappt und bot den Anblick von langen Unterhosen, schlecht gebügelten Oberhemden und zusammengerollten Socken. Darüber hing an einem locker in der Wand sitzenden Nagel ein Anzug, der arg nach Kneipe roch.

»Hast du denn in dem schon nachgesehen?« fragte Hannes seine Schwester.

»Ja, na klar, was hast du denn gedacht.« Sie konnte nicht anders, als barsch zu sein. »Guck mal, was der Hermann für schöne Schlipse hat.« Sie hielt zwei hoch.

»Den schönsten hat er doch umgehabt, als er weggegangen ist: den blauen mit den gelben und den roten Streifen. Den hat er schon früher immer umgebunden, wenn er zu einem Rendezvous gegangen ist. Mensch, du ...« Hannes Seidelmann fiel ein, daß sein Bruder ihn gleich nach seiner Ankunft gefragt hatte, wo er denn hier in West-Berlin am besten Präservative herbekam. »›Männerschutz‹ ...? Beim Friseur, wenn du Haare schneiden gehst.« Und wo verbarg ein Mann die, wenn er sich ins Nachtleben stürzte? In einem kleinen Geheimtäschchen am Hosenbund, rechts unter dem Gürtel. Da also sah er nach. Und richtig, da steckte etwas drin. Aber kein »Fromms«, sondern ein kleiner Zettel, von einer Zeitung abgerissen. Vier Worte waren hingekritzelt: *Schöne Frau am Zoo.* Zweifellos Hermanns Handschrift. Er wandte sich zu seiner Schwester hin. »Sieh mal hier ...«

»Da hat er sich bestimmt mit einer treffen wollen. Los, nichts wie hin! Und steck 'n Foto von ihm ein.«

Sie machten sich auf den Weg. Die Haltestelle der 21 war ganz in der Nähe, und so fuhren sie mit der Straßenbahn bis zur Gotzkowskystraße, wo in die Linie 2 umzusteigen war. In einer knappen Viertelstunde waren sie am Bahnhof Zoo. Hier war Berlin fast schon wieder so quirlig wie in den Goldenen Zwanzigern. Das lag weniger an der Zahl der Fernreisenden, denn noch gingen die meisten der nur fünf bis sechs Interzonenzüge täglich von den alten Kopfbahnhöfen ab, als an seinem legendären Ruf: »*Chia, chia, cho, Schieber steh'n am Bahnhof Zoo ...*« Mit dem Ende der Blockade und der Währungsreform war es zwar weithin vorbei mit dem Schwarzen Markt, doch das Geschäft der Geldwechsler blühte noch immer und nun erst recht. Abgesehen davon stiegen Zehntausende hier um, kreuzten sich doch mehrere S- und Straßenbahn-Linien mit der U-Bahn-Linie A. Kamen jene hinzu, die nebenan im »Garten« sehen wollten, welche Elefanten, Löwen, Bären und Affen, alles alte Bekannte, bei Kriegsende übriggeblieben waren. Wie sie selbst. Das stählerne Skelett der Bahnhofshalle hatte den Bomben standgehalten, nur fehlte alles Glas. Trotzdem wirkte es wie ein Fremdkörper inmitten all der Ruinen. Nein, auch das Oberverwaltungsgericht war relativ unbeschädigt geblieben. Doch ausgebrannt waren die Rundkuppel des Zeiss-Planetariums und des Ufa-Palastes, und vieles andere lag in Schutt und Asche.

Wo traf man sich zu dieser Zeit? Unter der großen Normaluhr neben der Parfümerie von Dr. F. Kuhlmann. Die Geschwister gingen in den Laden, um der Verkäuferin das Bild ihres verschwundenen Bruders zu zeigen. »War der zufällig bei Ihnen hier und hat Parfüm für eine schöne Frau gekauft ...? Jahrgang 1902 ist er, korpulent und sächselt etwas, manchmal spricht er auch noch ostpreußischen Dialekt.«

Kopfschütteln. »Tut mir leid, kann ich mich nicht mehr dran erinnern.«

Sonderlich enttäuscht waren sie nicht. Wäre ja wirklich ein Zufall, wenn ... Mit etwas mehr Hoffnung mischten sie sich unter die

Geldwechsler. Aber auch da: Fehlanzeige. »Er hat eine Menge Geld bei sich gehabt ...«

Da grinsten die Angesprochenen nur: »Das wird er mit ein paar Miezen durchgebracht haben.« Man verwies sie auf die Cafés am Kudamm und die einschlägigen Pensionen in der Augsburger Straße.

Hannes Seidelmann schüttelte den Kopf. »Der Zettel mit der Notiz *Schöne Frau am Zoo* spricht dagegen, daß Hermann auf käufliche Liebe aus gewesen ist.«

Seine Schwester teilte seine Meinung nur bedingt. »Kann doch sein, daß die auch so eine war ... Und wenn nicht: Auf alle Fälle wird er mit ihr in ein Café oder eine Bar gegangen sein.«

»Die sollen wir nun alle abklappern? Vielleicht ist er auch mit ihr in die Straßenbahn gestiegen und sonstwo hingefahren ...« Das bezog sich auf einen Straßenbahnzug der Linie 77, die hinter ihnen gerade »abgeklingelt« wurde. »Lichterfelde West – Goerzallee ... Die Kaiserallee runter, Steglitz ... Schöne Gegenden für schöne Frauen.«

»Ach, Quatsch!« Gerda Seidelmann glaubte nicht an die Theorie vom Liebesnest. »Hermann läßt doch nicht alles stehen und liegen, was er sich mühsam aufgebaut hat, nur um sich mal wieder so richtig auszutoben.«

»Hast du 'ne Ahnung.« Und er zählte ihr alles auf, was er über »des Menschen Hörigkeit« gesehen, gelesen und gehört hatte. »Wenn da eine kommt ...«

»... dann geht er mit der doch nicht gleich ins Bett, sonst erst mal was trinken.« Gerda beharrte darauf, in den umliegenden Cafés und Bars nach Hermann zu fragen. So zogen sie los. Der Kurfürstendamm lebte noch immer, trotz der Ruinen und der Lebensmittelkarten war er auch ohne Lichterglanz und Stars verführerisch geblieben. Ein Versprechen, das nicht totzukriegen war: Komm her und fühl dich im Champagnerrausch. Sogar ein so nüchterner Mensch wie Hannes Seidelmann erlag diesem Flair, und bald fühlte er sich wie im Film, wie Paul Kemp in *Amphitryon*, Willi Forst in *Bel ami* oder Willy Fritsch in *Die drei von der Tankstelle*. Er brachte es für sich auf den Punkt: »So als wenn's de schwebst ...«

Doch auch am Kurfürstendamm konnte sich niemand an einen Hermann Seidelmann aus Sachsen erinnern. Ihnen wurde geraten, es einmal in der *Casablanca-Bar* in der Augsburger Straße zu versuchen. »Wenn jemand eene abschleppen will, denn da.«

Sie machten sich auf den Weg und kamen sich immer deplazierter vor, denn in dieser Gegend waren viele der pompösen Häuser aus der Gründerzeit stehengeblieben, und es roch noch immer etwas nach Bourgeoisie, obwohl die riesengroßen Wohnungen nun ganz sicher aufgeteilt und untervermietet waren. Dennoch: Es war nicht ihre Welt. Und sie wurden auch mißtrauisch beäugt. Wohl als Gaunerpärchen, das hergekommen war, etwas auszubaldowern. Oder war das nur Einbildung? Hannes Seidelmann wußte es nicht. Wie auch immer: Er hatte große Hemmungen, an die schwere hölzerne Tür der *Casablanca-Bar* zu klopfen. Zu dieser frühen Stunde war noch gar nicht geöffnet. Schließlich bequemte sich ein muffliger Bediensteter, der Barkeeper offensichtlich, die Tür einen Spaltbreit zu öffnen. »Was'n: Die Kripo schon wieder?«

Hannes Seidelmann überlegte blitzschnell, ob es schon den Straftatbestand der Amtsanmaßung erfüllte, wenn er die Frage nicht verneinte, sondern so tat, als hätte er sie gar nicht gehört. Nein. Also reagierte er nicht, sondern hielt dem Barkeeper wortlos das Foto seines Bruders hin.

»Ob der hier war ...« Der Mann fuhr sich mit der flachen Hand über den kahlen Schädel. »Ja, gestern erst. Mit 'ner schönen Frau zusammen.«

Das kam so prompt, daß die Geschwister es unbesehen glaubten. Sie hörten, was sie hören wollten: daß ihr Bruder noch am Leben war. »Ich hatte schon gefürchtet, ihm sei was zugestoßen«, sagte Gerda, und Hannes fügte hinzu: »Du wirst lachen, ich auch. Aber: Unkraut vergeht nicht.« Erleichtert fuhren sie nach Moabit zurück und kochten sich eine Kanne Hagebuttentee.

Kaum hatten sie sich am Couchtisch niedergelassen, klingelte das Telefon. Als einer der wenigen Berliner seines Standes hatte Hannes Seidelmann einen Anschluß, aber er war ja Technischer Fernmeldesekretär bei der Post ... und an der Quelle saß der Knabe. Es war die Vermißtenstelle. Man möge doch bitte in das Ost-Berliner Leichenschauhaus in der Hannoverschen Straße fahren.

»Hat man meinen Bruder gefunden ...? Ist er ...?«

»Weiß ich nicht. Es gibt da Gliedmaßen, die sich einem erwachsenen Mann zuordnen lassen, und wir benachrichtigen alle, die einen Mann als vermißt gemeldet haben.«

»Ach so ...« Hannes Seidelmann war beruhigt.

Wieder pellten sie sich an und machten sich auf den Weg. Im Dezember bei Kälte und Dunkelheit durch die Berliner Ruinenlandschaft zu reisen, war kein reines Vergnügen, eher schon ein Abenteuer. Mit der 21 fuhren sie bis zur Invalidenstraße und stiegen dort in die 44 um, die sie bis zur Endstation Sandkrugbrücke brachte. Von dort war es nur ein Fußweg von ein paar hundert Metern. Aber die Gegend! Wenn einer das Fürchten lernen wollte, dann hier. Sie redeten nicht viel. Wozu auch.

In der Hannoverschen Straße nahm sie ein hagerer und außerordentlich mürrischer Mann in Empfang und führte sie durch ein Labyrinth von Treppen und Gängen. Alles reine Routine. Schließlich waren sie am Ziel. »Keinen Schreck kriegen«, sagte der Hagere, und man sah ihm an, daß er sich genau darauf freuen würde. Über einen der stählernen Tische war ein weißes Tuch gebreitet, und darunter lag etwas: offenbar die Leichenteile, um die es hier ging.

»Achtung!« rief der Hagere und riß das Tuch so schnell zur Seite wie ein Zauberkünstler eine Tischdecke, wenn dabei Gläser und Geschirr nicht umstürzen sollten. »Hier haben wir zwei Unterschenkel mit Füßen dran, einen linken Oberschenkel und einen linken Arm. Der Rest, der fehlt noch ... Nun gucken Sie mal, ob das Ihr Bruder ist.«

Gerda Seidelmann schlug die Hände vors Gesicht, brach in Tränen aus und stürzte aus dem Saal, weil sie fürchtete, sich übergeben zu müssen.

Auch Hannes spürte ein heftiges Würgen im Hals, schaffte es aber standzuhalten. Es war entsetzlich, sich vorzustellen, daß das ... Er wollte die Augen zur Decke richten, zum Fenster, zum Wasserhahn, doch er schaffte es nicht. Wie von einer magischen

Kraft wurden seine Blicke von den Leichenteilen angezogen. Vom Ungeheuerlichen. Das gab es nicht, das konnte doch nicht wahr sein, solche Bilder hatten nur die Leute im Kopf, die sie ins Irrenhaus steckten: »Ich sehe immer meinen Bruder vor mir, wie er in kleinen Portionen vor mir auf dem Tisch liegt. Fein säuberlich zerlegt.«

Der Hagere wurde ungeduldig. »Na, was ist nun ...?«

Hannes Seidelmann schwankte, mußte sich festhalten. Die Hautfarbe stimmte schon ... etwas weißlich ... Auch die schwarzen Haare ... Alles sprach dafür, daß Arm und Schenkel zu Hermann gehörten, Hermann waren. Aber ... Nein, und abermals nein. Er hatte das Gefühl, daß sein Bruder erst dann wirklich tot war, wenn er zugab, daß die Teile ihm gehörten. Also sagte er wider besseres Wissen, daß er nichts identifizieren könne. »Wer auch immer das ist, mein Bruder ist es nicht.«

Da stand seine Schwester hinter ihm, und Gerda Seidelmann war, nachdem sie sich nun wieder gefangen hatte, ganz Realistin: »Doch, das issa. Er ist doch gerade frisch am Hühnerauge operiert worden ... Und hier am linken Fuß ist noch das Pflaster dran.«

# KAPITEL 4

Elisabeth Kusian war noch im OP geblieben, um ein wenig Ordnung zu schaffen. Allein mit der Toten, die noch immer von den Lampen über dem Operationstisch angestrahlt wurde wie eine Schauspielerin vor der Kamera. Wieder einmal hatte alle ärztliche Kunst nichts genutzt. Zu weit war das Karzinom an der Gebärmutter fortgeschritten. Sie beugte sich über die Frau und schloß ihr die Augen. »Da, wo du jetzt bist, wirst du's besser haben als hier ...« In ihren langen Berufsjahren, zumal im Krieg, hatte sie zu viele Menschen sterben und zu viele Tote so liegen sehen, um noch irgendwie beeindruckt, geschweige denn erschüttert zu sein. Es war so, wie es war, und sie war mit dem Tod auf du und du. Jeden Abend ging die Sonne unter und jeden Winter war es kalt, was sollte man sich darüber aufregen.

Andererseits ... Die Operation selber, die nahm sie ganz schön mit. Wenn das Blut in Fontänen heraussspritzte aus den geöffneten Leibern, wenn die Chirurgen wie die Schlachter in den Gedärmen wühlten. Und dann ... Die Frau, die die Operation nicht überlebt hatte, war in ihrem Alter gewesen, auch Jahrgang 1914. Eine Servierin aus Tiergarten. Was hatte sie bisher vom Leben gehabt – nicht viel. Und nun war alles aus, keine Chance mehr, sich auch mal ein Stück vom Kuchen abzuschneiden. Apropos Kuchen. Elisabeth Kusian dachte an die Lebkuchen, die sie für die Weihnachtsfeier der Krankenschwestern besorgen sollte. Das hatte sie glattweg vergessen. Ebenso wie das Julklapp-Geschenk für ihre Freundin Anni.

Ihre Kolleginnen kamen, sie zum Mittagessen abzuholen. Sie war überaus beliebt bei ihnen, weil sie an allem Anteil nahm und Mittelpunkt der Gruppe war. Alle hatten Respekt vor ihr, denn in ihrem Personalfragebogen stand, wie sie längst herausgefunden hatten, daß sie die Frau des im Krieg gefallenen Chirurgen Dr. med. Wilhelm Kusian war und sogar angefangen hatte, selber Medizin zu studieren. Scherzend und schnatternd zog man durch die Gänge und aß dann in der Kantine zusammen Kartoffelsalat und gebratenen Fisch. Auch da ging es hoch her.

Das Gespräch verstummte erst, als Oberschwester Anita an ihren Tisch getreten war. Ansonsten sehr zugänglich und alles andere als ein alter Drachen oder Dragoner, gab sie sich heute streng und inquisitorisch.

»Der Ramolla macht mir die Hölle heiß, weil schon wieder etliche Geräte und Spritzbestecke verschwunden sind. Und sein Verdacht, meine Damen, richtet sich vor allem gegen Sie. Wenn mir eine was zu sagen hat, dann bitte nachher in meinem Zimmer.«

Annemarie Gruschwitz verbat sich diese Anschuldigungen. »Der saubere Herr Verwaltungsleiter soll sich bloß vorsehen, daß er nicht bald mal 'ne Verleumdungsklage am Hals hat. Von dem lasse ich mich nicht länger beleidigen.«

»Tatsache ist nun mal, daß bei uns gestohlen wird. Geräte, Medikamente ...«

»Zehn Prozent Schwund gehört zu jedem Laden«, lachte jemand.

»Wir hören noch voneinander.« Die Oberschwester rauschte davon.

Ihr Auftritt war schnell vergessen, man hatte Wichtigeres zu bereden, sowohl Dienstliches wie auch Privates. Wer mit wem den Dienst tauschen wollte, welche Patienten ganz besondere Probleme hatten oder machten, wer in welchen Arzt verknallt war: Herta, Gerda, Christa. Langsam löste sich die Gruppe wieder auf, Elisabeth Kusian und Anni Gruschwitz blieben als letzte zurück.

»Ich muß dir noch was erzählen ...« Elisabeth Kusian beugte sich zur Freundin hinüber. »Du, ich hab'n Neuen. Er heißt Kurt und ist ganz wunderbar.«

»Verheiratet?«

»Ja, aber ich krieg' ihn schon los. So einen hab' ich mir immer gewünscht, seit mein Mann gefallen ist, mit dem möchte ich noch einmal ganz von vorn anfangen. Alles nachholen.«

»Was macht er denn?«

»Kriminalsekretär ist er.«

Anni nickte. »Nicht schlecht. Wenn er dich nach Hause bringt, bist du wenigstens sicher.«

»Wieso denn das?«

»Na, wo sie jetzt die Leichenteile gefunden haben, da hab' ich immer Angst um dich.«

Elisabeth Kusian winkte ab. »Ich pass' schon auf. Und das soll ja auch 'n Mann gewesen sein.«

Anni steckte sich eine Zigarette an. »Ach Gott, meine Lisbeth: die große Liebe ihres Lebens mit 35 Jahren ...«

»Dazu ist es nie zu spät.«

»Womit du recht haben dürftest.«

»Ich möchte ihm so viel schenken, aber das Geld dafür ...«

Anni bedauerte. »Da kann ich dir auch nicht helfen.«

»Heute abend sehen wir uns wieder, Kurt und ich. Mal sehen, was er sich zu Weihnachten wünscht.«

»Man kann Männern auch ohne Geld viel schenken, was sie juchzen läßt.«

»Das sowieso.«

Die Freundin drückte ihre Zigarette aus. »Heute ist der Dr. Weimann wieder bei uns im Haus, gehst du da hin?«

»Klar, du weißt doch, daß ich den anbete. Das ist derselbe Typ wie mein Vater in Thüringen. Wenn dessen Klinik nur mehr abwerfen würde ... Dann hätte ich auch keine Geldsorgen mehr. Aber in der DDR, da treiben sie ja die Privatkliniken alle in die Pleite.«

Man trennte sich, und Elisabeth Kusian kam gerade noch rechtzeitig zum Lichtbildervortrag des renommierten Gerichtsmediziners. Heute sprach Dr. Waldemar Weimann über das gewaltsame Ersticken und über das Erdrosseln. Ach, das wußte sie alles schon.

Wieder auf der Station 14 zurück, machte sie sich daran, allen möglichen Papierkram zu erledigen. Dabei wurde sie aber sehr bald von einer Patientin gestört, der Gerda Zepter, die morgen entlassen wurde und sich noch einmal bei ihr sehen lassen wollte.

»Ganz, ganz herzlichen Dank, Frau Kusian ... Wenn ich so schnell wieder gesund geworden bin, dann habe ich das vor allem auch Ihnen zu verdanken.« Sie überreichte Elisabeth Kusian eine Azalee und einen Kasten Konfekt.

»Danke, das ist mir aber peinlich ... Das ist doch alles selbstverständlich, was wir für unsere Patienten tun.«

»Nein, ist es nicht.«

Elisabeth Kusian brachte die Geschenke in den Aufenthaltsraum. Das Konfekt teilte sie sich natürlich mit ihren Kolleginnen. Obwohl ... Die Versuchung, es irgendwo zu verkaufen, war groß, denn sie brauchte buchstäblich jeden Pfennig. Nicht nur für ihren Kurt. Vor allem für ihre drei Kinder im Heim in Teltow. Die kosteten allein schon 225 Mark im Monat – und sie verdiente im Krankenhaus nur 285 Mark. Kam die Miete hinzu, die sie für ihr Zimmer in der Kantstraße zahlen mußte. Was blieb ihr da noch für Essen und Trinken, für Kleidung und Kosmetika? Nichts, im Gegenteil. Sie kam nur über die Runden, wenn sie Schulden machte. Zum Glück gab es immer wieder Patientinnen, die nicht nur Mitleid mit ihr hatten, sondern auch Geld genug, es zu verleihen. Sie nahm den Bettenplan zur Hand und überlegte. Die Gast vielleicht. Der Mann hatte einen kleinen Betrieb, Damenoberbekleidung, und kam im Mercedes vorgefahren.

Irmgard Gast lag in einem Vierbettzimmer, und sie dort anzusprechen, war ihr nicht nur peinlich, sondern barg auch die Gefahr, daß die Zimmernachbarinnen es hörten und der Oberschwester weitererzählten. Worauf es dann garantiert Ärger gab, denn es war verboten, Patienten anzupumpen. Doch Elisabeth Kusian mußte es riskieren, der Kinder wegen. So legte sie sich auf die Lauer und wartete, bis ihr Opfer auf dem Flur erscheinen und zur Toilette gehen würde.

Ein Mann etwa in ihrem Alter kam den Flur entlang gehumpelt. Unterschenkelamputation, links. Bei einer seiner Gehstützen fehlte unten der Gummi, und so verursachte er einen ziemlichen Lärm. Er trug einen umgearbeiteten Militärmantel und sah auch sonst nicht so aus, als sei er auf Rosen gebettet. War das wieder einer, der etwas klauen wollte?

Sie verstellte ihm den Weg. »Im Augenblick haben wir keine Besuchszeit.«

»Entschuldigen Sie, ich habe mich nur verlaufen.«

»Zu wem wollen Sie denn?«

»Zu einem Herrn Ramolla.«

»Das ist aber kein Arzt.«

»Nein, der Verwaltungsleiter, ich weiß ...« Der Mann blieb endgültig stehen und nutzte die Gelegenheit, sich den Schweiß von der Stirn zu wischen. »Ich bin Vertreter ... Prothesen, Glasaugen ... Nun, nicht so schöne, wie Sie welche haben, aber ...« Er stutzte und musterte sie. Dann schoß jähe Freude in ihm auf. »Gott, ja, Sie sind doch die Schwester Elisabeth aus Seelow ...!«

»Elisabeth schon, aber nicht aus Seelow, sondern aus Berlin.«

»Ja, aber in Seelow im Feldlazarett, da haben Sie mir das Leben gerettet. Die Ärzte hatten mich schon aufgegeben, bei mir lohne sich der Aufwand nicht mehr. Bei dem wenigen, was man hatte – Kraft, Medikamente –, da war es sinnvoller, andere auf den Operationstisch zu legen. Da sind Sie aber gekommen und haben gesagt: ›Der Karl-Heinz Gößnitz hier, der ist zu schade fürs Massengrab, bei dem versuchen wir's noch mal!‹ Und dann haben mich Ihre Medizinmänner ja wirklich wieder zusammengeflickt. Bis auf das Bein hier. Aber trotzdem bin ich glücklich, unendlich glücklich, daß ich noch am Leben bin. Meine Frau, meine Kinder ...« Die Rührung übermannte ihn. Er umarmte Elisabeth Kusian und küßte sie auf die Stirn. »Danke, danke für alles. Sie sind ein wahrer Engel! Ich weiß, daß Sie dadurch fast selber ums Leben gekommen wären. Der plötzliche Beschuß ...«

Als der Mann wieder gegangen war, fühlte Elisabeth Kusian eine entsetzliche Leere in sich aufsteigen. Wozu das alles, die Opfer alle ...? So schön dieser Dank eben auch gewesen sein mochte: Was konnte sie sich dafür kaufen? Nichts. Und alles, was sie hatte, waren Schulden. Und Schmerzen. Wegen der Wunden von damals. Sie hatte keinen Mann, sie hatte keine Wohnung, sie hatte keine Zukunft. Oder ...? Wie im Traum sah sie plötzlich einen anderen Mann vor sich, ihren Kurt. Er sah diesem Gößnitz auffallend ähnlich, die beiden hätten Brüder sein können. Sollte das

Schicksal doch alles wiedergutmachen, was es an ihr verbrochen hatte?

Da kam Irmgard Gast aus ihrem Zimmer, und Elisabeth Kusian wollte den Aufwind nutzen, den sie gerade zu spüren meinte.

»Na, Frau Gast, Sie haben ja schon wieder einen Schritt am Leibe! Und blendend sehen Sie aus!«

Die Patientin, Mitte der Fünfzig und ziemlich schwergewichtig, zuckerkrank, blieb stehen und fühlte sich geschmeichelt. »Ja, bei der guten Pflege hier. Besonders durch Sie, Schwester Elisabeth.«

»Wir tun, was wir können.«

»Aber Sie – Sie sehen schlecht aus. Sind Sie selber krank?«

Elisabeth Kusian winkte ab. »Das kann ich mir nicht leisten. Nein, nein, höchstens daß meine Narbe mal schmerzt.« Sie rieb sich über den Unterbauch.

»Auch eine Totaloperation?«

»Nein, im Krieg, im Feldlazarett hat mir ein Granatsplitter den Bauch aufgerissen, und immer wenn es kälter wird, kommen die Schmerzen.«

Frau Gast schüttelte sich. »Das ist ja entsetzlich. Und in diesem Zustand arbeiten Sie ...?«

»Was soll ich machen: Mein Mann ist im Krieg gefallen, meine Eltern sitzen in der DDR im Zuchthaus, Geschwister und wohlhabende Verwandte besitze ich nicht ... nur meine drei Kinder im Heim draußen in Teltow, die ich allein durchbringen muß ...« Sie begann zu schluchzen. »Ich kann Ihnen nicht einmal Weihnachtsgeschenke kaufen ... Wo alles so teuer ist ...«

Die Patientin, immer resolut im Leben, nahm sie in den Arm. »Nun machen wir's mal umgekehrt, jetzt bin ich mal dran, mich um Sie zu kümmern. Soll ich Ihnen was borgen?«

»Das ist lieb von Ihnen, aber wir dürfen das nicht.«

»Gott, Kindchen, das merkt doch keiner. Ich habe fünfzig Mark im Schrank. Wenn ich nachher auf die Toilette gehe, dann kriegen Sie die. Bis zum neuen Jahr. Dann kommen Sie mal bei mir zu Hause vorbei und bringen mir die zurück. Ohne Zinsen.«

Sie lachte, froh über ihre gute Tat.

Elisabeth Kusian konnte aufatmen. Wieder einmal. Und zugleich war sie niedergedrückt. Was war sie denn: eine Bettlerin. Da hatte sie sich auch ein anderes Leben erträumt. Aber immerhin: Zwei Stunden später hatte sie das Geld und konnte überlegen, worüber sich die Kinder am meisten freuen würden.

# KAPITEL 5

Kurt Muschan war ein Mensch, den alle anderen beneideten. Und dies aus vielerlei Gründen. So unbeschadet wie er hatte kaum einer Krieg und Naziherrschaft überstanden. Während andere Männer seines Jahrgangs in Schützengraben, Panzer oder U-Boot Leben und Gesundheit verloren hatten, war es ihm in der Schreibstube einer Verpflegungseinheit wahrhaft gold gegangen. Wie die Made im Speck hatte er gelebt. Und zu Hause: nicht ausgebombt, kein Angehöriger im Luftschutzkeller ums Leben gekommen. »Ja, was ein echter Glückspilz ist ...« Auch seine Uschi galt als ein seltenes Prachtexemplar von Kameradin und Mutter, wenn sie auch in letzter Zeit etwas in die Breite gegangen war. Und *last but not least*: Arbeit hatte Muschan auch, war gleich nach '45 bei der Kriminalpolizei eingestellt worden. »Wer hat, dem wird gegeben werden«, sagten die Nachbarn, Freunde und Verwandte.

Muschan liebte es, im Fenster zu liegen und auf die Bahnanlagen hinunterzusehen. Links von ihm erstreckte sich bis hin zum Innsbrucker Platz der Güterbahnhof, und unmittelbar vor ihm lag der Bahnhof Wilmersdorf. Schon als Kind hatten ihn die gelbroten S-Bahnzüge fasziniert, und immer wieder hatte er ihr langgezogenes *Ööööh* nachgemacht, wenn sie anfuhren. Oder das Zischen der Druckluft beim Bremsen. In der Gegend um den Bahnhof Wilmersdorf und den Kaiserplatz gab es nur vergleichsweise wenig Ruinen, und auch im Jahre 1949 wehte hier noch ein Hauch jener gediegenen Bürgerlichkeit, die Berlin zur Zeit des Nesthäkchens ausgezeichnet hatte. »Schutzmannsruh« sagten Muschans Kollegen dazu.

Es war nun genug gelüftet. »Besser warmer Mief als kalter Ozon«, war das Motto dieser Jahre, wo Holz und Kohle Mangelware waren. Muschan schloß das Fenster und wandte sich wieder seinen beiden großen Kindern zu. Manfred, mit seinen zwölf Jahren noch ein »echtes Vorkriegsmodell«, spielte mit den mühsam reparierten Resten einer Märklin-Eisenbahn, und Hannelore, 1941 bei einem Fronturlaub gezeugt, vergnügte sich mit einer Puppe, die ihre Oma aus ein paar Putzlappen gezaubert hatte. Dieses Jahr Weihnachten sollte es endlich neues Spielzeug geben. Jetzt, wo man wieder alles kaufen konnte. Helga, die Jüngste, hatte gerade laufen gelernt und riß alles vom Couchtisch und den Regalen herunter. Uschi kam gar nicht so schnell hinterher, alles wieder aufzuräumen. Und Ordnung lag ihr sehr am Herzen, denn von Hause aus war sie Verwaltungsangestellte und hatte früher im Rathaus Wilmersdorf das Meß- und Eichwesen betreut. Staub lag auf dem Rahmen ihres Hochzeitsfotos von 1936. Sie fuhr mit dem Zeigefinger darüber. Es hatte weit und breit kein schöneres Paar gegeben als sie.

Es klingelte. Kurt Muschan lief zur Tür. »Das wird der Bernhard sein, mich abholen. Heute ist ja Skatabend. Bei ihm in Neukölln.« Uschi fragte nach, wer denn Bernhard sei, den Namen habe sie noch nie gehört. »Eigentlich einer von der Staatsanwaltschaft, aber der hospitiert bei der Kripo, um Erfahrung zu sammeln.« Einmal im Monat trafen sie sich zu viert bei einem Kollegen, um ihren Skat zu kloppen. Das Geld kam in eine gemeinsame Kasse und wurde dann am Vatertag auf den Kopf gehauen. Muschan öffnete die Tür. »Immer rein, wenn's kein Schneider ist.«

Bernhard Bacheran winkte ab. »Nein, keine großen Umstände bitte, wir haben schon eine Viertelstunde Verspätung.« Die Zeit, Ursula Muschan zu begrüßen und ihr formvollendet und mit leichter Ironie die Hand zu küssen, nahm er sich aber. Der Blick, mit dem er sie musterte, hatte etwas von der tiefen Melancholie eines Fadosängers. Und die Kinder bekamen alle ihren Sahnebonbon. Dann schoben sie ab. Vom Bahnsteig aus winkten sie den vier oben im Fenster noch einmal zu. Dann kam der Vollring über Papestraße, und sie fuhren ab. Bis Neukölln waren es sechs Stationen, doch schon an der zweiten, Bahnhof Schöneberg, stieg Muschan aus.

Bacheran grinste. »Viel Spaß dann auch.«

»Euch ebenfalls.«

»Na, so'n Stich wie du wird wohl heute abend keiner von uns machen.«

Muschan winkte dem Freund und Kollegen noch kurz zu, dann lief er die Treppe zur Wannseebahn hinunter. Mit einem verdammt schlechten Gefühl, aber ... Die Natur war eben stärker. Punktum. So glücklich Kurt Muschan auch schien, er hatte etwas, das ihn sehr bedrückte: seinen Trieb. Er war gerade 37 Jahre alt, und da mußte es halt hin und wieder sein, daß ein Mann eine Frau hatte. Richtig, nicht nur platonisch. War da nichts, dann war man recht eigentlich tot. Und seit sie Helga zur Welt gebracht hatte, da wollte seine Uschi nicht mehr. Ließ sie sich wirklich einmal überreden, dann schrie sie vor Schmerzen, wenn er in sie eingedrungen war. Zum Arzt ging sie nicht, es war ihr zu peinlich. »Es wird schon wieder werden, du mußt nur ein bißchen warten ...« Jetzt wartete er schon länger als zwei Jahre. Nun war es nicht mehr auszuhalten. Sich selber Erleichterung zu verschaffen, verbot ihm seine strenge Erziehung, und zu einer Prostituierten ging er nicht. Aus Angst, sich anzustecken, wie aus Angst, daß ihn einer seiner Vorgesetzten dabei erwischte und dann nicht mehr beförderte. Derart in sexueller Not, war ihm Elisabeth begegnet. Obwohl es während einer dienstlichen Handlung geschehen war und nicht etwa in einem Tanzschuppen, hatte sie sofort gespürt, wie es um ihn stand.

Sie hatten sich auf dem Bahnhof Zoo verabredet, aber er wollte sie überraschen und fuhr, als er Friedrichstraße umgestiegen war, nur bis Bellevue, um dort auf sie zu warten. Doch die Minuten vergingen. Keine Spur von ihr. Als Kriminalbeamter hatte er sofort ganz bestimmte Bilder im Kopf. Wie sie vom Krankenhaus kam und dabei, wollte sie zur S-Bahn, durch den Kleinen Tiergarten ging ... Plötzlich schnellte ein Mann hinter den Büschen hervor, schlang ihr eine Wäscheleine um den Hals, schleifte sie ins Unterholz, verging sich an ihr und würgte sie zu Tode.

Zu spät fiel ihm ein, daß sie wahrscheinlich mit der Straßenbahn gefahren war. Die 2 hielt ja direkt vor dem Krankenhaus und fuhr zum Zoo. Er sprang in einen gerade anfahrenden Zug, um nicht zu spät zu kommen. Und richtig, unten an der Uhr stand sie schon.

»Mein Bub, da bist du ja.« Sie umarmte ihn auf offener Straße.

»Ach, Elisabeth ...« Er nutzte den Trubel und das schwache Licht, um schon hier seinen rechten Schenkel, soweit Rock und Mantel es zuließen, zwischen ihre Beine zu schieben und sie mit dem Knie dort zu massieren, wo sie es gerne hatte.

»Komm, mein kleiner Stier, bezähme dich.« Da sie noch Schwesterntracht trug, fürchtete sie, Aufsehen zu erregen, öffentliches Ärgernis. »Erzähl mir lieber von deiner Arbeit.«

»Ja, nun ...« Sie gingen nun nebeneinander die Joachimsthaler Straße hinauf und bogen, nachdem sie die Hardenbergstraße überquert hatten, nach hundert Metern rechts in die Kantstraße ein. »Mit den Leichenteilen, die sie am Stettiner Bahnhof gefunden haben, muß ich mich ja Gott sei Dank nicht herumquälen. Das machen die Kollegen im Osten. Wir haben im Augenblick nur die kleinen Fische. Buntmetalldiebe, Wohnungseinbrüche, Beischlafdiebstähle ...« Schon das Wort allein war Aphrodisiakum genug und sorgte dafür, daß er es gar nicht mehr erwarten konnte, bei ihr im Zimmer zu sein. »Und das alles muß ich ins Protokoll schreiben. Mit Bleistift und Papier. Noch immer hab' ich keine Schreibmaschine ... Wenn ich doch bloß 'ne Schreibmaschine hätte! Ein Königreich für eine Schreibmaschine.«

»Warte mal ab ...« Sie lächelte ebenso schelmisch wie geheimnisvoll. »Bald ist ja Weihnachten.«

»Elisabeth, bist du verrückt?!«

»Ja, nach dir.«

»Du kannst mir doch keine Schreibmaschine schenken, so viel verdienst du doch auch wieder nicht.«

»Laß man, meine Schwiegereltern sind sehr vermögend und lassen mir immer wieder etwas zukommen. Ihre Klinik in Thüringen, die wirft schon etwas ab.«

Was sollte er da sagen. Sie verwöhnte ihn nach allen Regeln der Kunst. Als er bei ihr in der Kantstraße auf dem Sofa saß, zeigte sie auf ihren Schreibtisch, zog einen kleinen Schlüssel aus ihrer

Handtasche und hielt ihm den hin: »Na, möchtest du mal aufschließen und nachsehen, was da drin ist. Nein ...« Sie nahm ihm den Schlüssel wieder weg. »Ich will mir die Vorfreude nicht verderben.« Statt dessen holte sie eine Reihe von Geschenken aus dem Schrank. »Für dich ... vom Nikolaus. Zuerst den Hut.« Sie setzte ihn Muschan auf den Kopf, und er paßte wie angegossen. »Von meinem Schwiegervater aus der Ostzone. Er kommt immer noch, obwohl Wilhelm, mein Mann, sein Sohn, schon so lange tot ist. Und die Gummihosenträger hier, die hat er auch dagelassen. Nimm die und wirf deine in den Müll, die sind doch schon so furchtbar ausgeleiert.«

Es klingelte. Eine Lieferantin brachte ein sechsteiliges Silberbesteck. Elisabeth hielt es ihm hin. »Das schenke ich dir zu Weihnachten, damit du was für deine Uschi hast.«

Kurt Muschan war überwältigt. Und zutiefst erschrocken. Er wollte ja von dieser Frau wirklich nur das eine ... und nun liebte sie ihn mit all ihrer Kraft. Aber daß er Uschi und seine Kinder ihretwegen verließ, erschien ihm ausgeschlossen. Wenn sie ihn nun erpreßte?

Dir wird schon was einfallen, dachte er, schließlich bist du bei der Kripo ... Wenn man in diesen Tagen eine Leiche kunstgerecht zerlegte und irgendwo in Ost-Berlin versteckte, war das Risiko gering.

# Kapitel 6

Dorothea Merten verkaufte gerne Schreibmaschinen und hatte ein quasi erotisches Verhältnis zu vielen von ihnen, jedenfalls durchströmten sie angenehme Gefühle, wenn sie die monströsen Gebilde anschauen und probieren durfte. Eben hatte sie ein Wort gedacht, da stand es auch schon auf dem Papier. Wie gedruckt und für die Ewigkeit geschaffen, ein Wunderwerk von Menschenhand, ein Geschenk der Götter. Obwohl sie die Mechanik bis ins einzelne durchschaute, war das Ganze etwas Magisches für sie. Zauberei. Nur wer eine Schreibmaschine besaß, zählte bei ihr, wer seine Briefe mit der Hand verfaßte, war auf der Stufe der Primaten und der Neandertaler verblieben. Berührte sie die Tasten, war sie so glücklich wie ein Kind, dem man Farbstifte und einen Block gegeben hatte: Sie konnte sich öffnen und ihrer Phantasie freien Raum lassen, sich so richtig austoben und alles herauslassen, was sich in ihrem Unbewußten angesammelt hatte. Urschreie ausstoßen, Märchen erzählen, schöpferisch sein, sich eigene Welten schaffen. Immer wieder versuchte sie es in freien Stunden mit Gedichten, Kurzgeschichten und nun sogar einem richtigen Roman. Blind schreiben konnte sie nicht, das Ein-Finger-Such-System mußte ihr genügen. Doch lustvoll wie ein Raubvogel, der nach unten stieß, um einen fetten Hasen zu schlagen, fuhr ihr rechter Zeigefinger auf den richtigen Buchstaben hinunter, war der endlich gefunden. Die Beute war gemacht, wenn der Hebel auf die Walze schlug und seinen Abdruck hinterließ. Blau oder schwarz, je nach eingelegtem Farbband. Sofern es kein älteres Modell mit verdeckter Walze war. Schrieb sie zu schnell, verhakten sich die Typenhebel und mußten vorsichtig wieder voneinander getrennt werden. Hatte sie Pech und verbog sie die dabei, hing Günther Beigang, der Chef, vor Wut an der Decke. Da war also Vorsicht geboten. Auch wenn sie zuviel radierte und die Maschinen, die den Kunden vorgeführt wurden, dadurch unansehnlich wurden. Sie war 46 Jahre alt, fast 1,65 Meter groß und von kräftiger Gestalt, hatte braune Augen und rotbraun gefärbte Haare und ließ beim Lachen eine Goldkrone blitzen.

Schreibmaschinen-Beigang war seit fast 25 Jahren eine gute Adresse. Das Geschäft lag in der Linkstraße, einer nicht unwichtigen Verbindung zwischen Reichpietschufer und Potsdamer Platz, die allerdings im Krieg überdurchschnittlich stark gelitten hatte. Die Hausnummern gingen von 1 bis 46, und zerstört waren die Häuser 1 bis 15, 17, 20, 22 und 25. Neue Schreibmaschinen waren Mangelware, denn überall lagen die Fabriken in Schutt und Asche. Von »Olympia« in Wilhelmshaven hieß es, daß die Produktion erst wieder 1951/52 anlaufen werde. Aber Beigang hatte so seine Verbindungen zu Händlern, die Maschinen über die Zonengrenze schmuggelten. In der DDR, wo man in Sömmerda schon wieder arbeitete, kostete eine Reiseschreibmaschine vom Typ *Erika* mit Kunstlederkoffer an die 350 DM-Ost. Beigang bekam sie für 250 DM-West, was für den, der sie über die Grenze gebracht hatte, beim Tageskurs von etwa 1:6 eine hübsche Summe einbrachte, für die er dann viele neue Ost-Maschinen kaufen und verscherbeln konnte ...

Der wichtigste Kunde an diesem Tag war der Inhaber eines kleinen Verlages in der Potsdamer Straße. Nicht weil Dorothea Merten beim Verkauf einer Schreibmaschine mehr eine Provision bekommen hätte oder vom Chef besonders gelobt worden wäre, behandelte sie ihn mit besonderem Vorrang, sondern wegen der besseren Chancen für ihren großen Roman, wenn er denn zu Ende geschrieben worden war.

Der Verleger war am Klagen. »Wir haben Autoren, die liefern ihre Manuskripte in einem Zustand ab ... Ich kann Ihnen sagen! In Sütterlin und mit Kopierstift geschrieben. Wenn ich damit zum Setzer gehe, tritt der in'n Streik. Also muß ich eine meiner Damen bitten, das Ganze vorher abzutippen. Was die aber sehr ungern tun ...« Er warf einen prüfenden Blick zu ihr hinüber. »Wenn Sie sich nach Feierabend ein paar Mark dazuverdienen möchten ...«

»Das schon, aber ich schreibe selber ...« Dorothea Merten errötete. Als würde sie jemandem ganz verschämt ihre Liebe eingestehen.

Der Verleger lachte. »Was schreiben Sie denn: Rechnungen, Mahnungen ...?«

»Nein: kleine Geschichten ... und jetzt einen Roman.«

»Oh ... Wenn Sie mir das nötige Papier dafür mitliefern, drucke ich ihn gern. Haben Sie diesbezügliche Beziehungen zu Alliierten?«

Dorothea Merten war zutiefst verwirrt. »Nein, ich ... Es ist die Geschichte der Laubenkolonie, in der ich aufgewachsen bin. Eine Familie wird ausgebombt und wohnt dann da ... Im Baumschulenweg. Daher kommt dann auch der Titel: *Kolonie Südpol* ... Es ist eine Liebesgeschichte, die ...«

»Machen Sie mal ...« Der Verleger gab sich jovial. »Ich lese's gerne mal, wenn es fertig ist.«

Als er gegangen war, kam ihr Chef zu ihr und sah sie tadelnd an. »Bitte, Fräulein Merten, Sie verscheuchen mir ja die Kunden. Der Herr Dr. Düker kommt doch bestimmt nicht wieder, wenn Sie ihn mit Ihren Anliegen behelligen.«

»Entschuldigung, aber ...«

»Ich möchte das nicht noch einmal erleben.«

»Jawohl, Herr Beigang.«

Der Chef war nicht gut auf sie zu sprechen, nachdem sie ihn mehrmals abgewiesen hatte. Obwohl er immer wieder beteuerte, wie glücklich er mit seiner Erna sei und gerade erst Silberne Hochzeit gefeiert hatte, wollte er ihr in einem fort an die Wäsche. Ihre Schwester sagte immer: »Der sollte Beischlaf heißen und nicht Beigang.« Da er im Krieg einen Arm verloren hatte, den rechten noch dazu, konnte sie sich aber immer schnell wieder befreien, wenn er sie zu umarmen suchte. Zudem hatte er ein Glasauge, das immer herauszufallen drohte, wenn er allzu stürmisch wurde. Nun ja, sie konnte froh sein, überhaupt Arbeit zu haben. An sich war sie gelernte Buchhalterin, aber da es im Schreibmaschinenladen nicht viel zu verbuchen gab, war sie zumeist als Verkäuferin im Einsatz. Kinder hatte sie keine, verheiratet war sie zwar, lebte aber von ihrem Mann getrennt, wenn auch noch in derselben Wohnung. Doch insgesamt war sie alles andere als depressiv. Krieg und Blockade waren zu Ende, sie hatte überlebt und sie konnte jeden Abend in andere Welten flüchten, wenn sie zu Hause an ihrer alten Maschine saß und schrieb.

»Feierabend!« Punkt 18 Uhr gab ihr Beigang die Weisung, die Jalousien herunterzulassen. Das Geschäft konnte sie dann nur noch durch Hintertür und Flur verlassen. Zu Zeiten der Stromsperren war das immer gräßlich gewesen, nun aber, da die Birnen alle wieder brannten, genoß sie es. Sie wohnte in Spandau, in der Pichelsdorfer Straße, doch heute ging es nicht nach Hause, sondern zu ihrer Schwester nach Weißensee hinaus. Der Adventskaffee war nachzuholen.

Ilse zuliebe fuhr sie nicht mit der S-Bahn vom Potsdamer Platz nach Weißensee, sondern setzte sich in die 74. Ihre Schwester war Fahrerin bei der Straßenbahn, stationiert auf dem Betriebshof Treptow/Elsenstraße der BVG-Ost, der BVB. Die Sache war außerordentlich kompliziert. Seit dem 20. März 1949 galt in Berlin-West nur noch die D-Mark als Zahlungsmittel, und auf den durchgehenden Linien wechselten deshalb an den Sektorengrenzen die Schaffnerinnen und Schaffner. Die Wagenführer hingegen blieben dieselben. Saß Ilse Breitenstein in den Wagen der Linie 3 an der Kurbel, die eine solche Gemeinschaftslinie war, so fuhr sie von Treptow/Elsenstraße (Ost) zur Seestraße (West) und erlebte den besagten Schaffnerwechsel an der Bösebrücke. Sie erzählte viel von dem, was sie im Dienst erlebte, denn Straßenbahn, das war ihr Leben. Es ging schon los, kaum daß sie sich begrüßt hatten.

»Am liebsten fahr' ich ja auf den Verbundzügen, die mit dem Mitteleinstieg – TM 31, 33 und 36 –, weil die immer schnell anziehen, neulich hab' ich aber mal wieder 'n T 33 U abbekommen – ›Stube und Küche‹ ...« Diese Triebwagen hießen bei den Berlinern so, weil ihr großer Innenraum durch eine Mitteltür in ein größeres Abteil für Nichtraucher (die Stube) und ein kleineres Abteil für Raucher (die Küche) unterteilt war. »... morgens, alle auf dem Weg zur Arbeit, und alle hatten's eilig. Aber fast nur Raucher an

Bord ... und das Raucherabteil in Fahrtrichtung vorn. Ich rufe immer wieder: ›Durchtreten bitte, sonst kippen wir!‹ Doch die Leute sind stur. Und was passiert? Erst wippt der Wagen, dann knallt mir der Fangkorb auf die Schienen und verhakt sich da ... Aus und vorbei.«

Dorothea Merten liebte ihre Schwester. Ilse war drei Jahre älter als sie und das, was die Berliner einen Gemütsathleten nannten. Waldemar, ihr Mann, war noch immer in sowjetischer Kriegsgefangenschaft und arbeitete irgendwo bei Workutsk in den Wäldern. Ihre Schwiegermutter kam jeden Tag vorbei, um die beiden Kinder zu versorgen, Jörg und Hannelore. »Uns geht's eigentlich ganz gut. Wenn's uns besser ginge, wär's kaum auszuhalten.« Mit Walter Ulbricht und der SED hatte sie keine Schwierigkeiten. »Die tun mir nischt, und ick tu' ihnen nischt.« Was sie am Arbeiter-und-Bauern-Staat so schätzte, war ganz einfach: »Bei die haben wir Frauen noch die meisten Chancen. Im Westen sitzen nur Männer anne Kurbel.« Wenn sie sich Mühe gab, konnte sie auch richtig Deutsch, doch warum sollte sie sich Mühe geben, wenn sie bei sich zu Hause an der Kochmaschine saß und Muckefuck trank. »Da könn'n se mir ma alle.«

Für Dorothea Merten war Ilse schon immer die Glucke gewesen, und so fühlte sie sich auch heute pudelwohl bei ihr. Erst einmal wurde tüchtig geklatscht und getratscht.

»Wat macht'n Rudi? Hockta noch imma bei dir rum?«

»Ja, aber nur, weil er keine Wohnung findet. Margot hat ihm ja die Stelle bei Siemens verschafft, als Bürobote im Schaltwerk, aber ...«

»Wenn det ma gut geht: der als gelernta Schlächta.«

»Das hat er doch nur lernen müssen, um mal das Geschäft seines Vaters zu übernehmen. Er ist doch viel zu intelligent dazu.«

»Nachtigall, ick hör dir trapsen: Du liebst ihn imma noch.«

»Nein, Ilse!« Sie bestritt das ganz energisch.

»Na, hoffentlich. Ick hab' ja imma 'n bißchen Angst um dich, wenna in deina Nähe is. Der Kerl hat sowat ... Und bei dem Beruf, den er gelernt hat, da kommta denn mit dem kleenen Hackebeilchen und macht Schabefleisch aus dir. Wie bei die Leiche, die se da neulich am Stettiner Bahnhof jefunden ham, so schön in kleene Portionen zerlegt.«

Dorothea Merten zog sich der Magen zusammen. »Hör auf, mir vergeht der Appetit.«

»Keene Angst, meine Kleene, bei mir jibet nur Rohkost heute.« Obwohl sich die Versorgungslage der Berliner Bevölkerung schon entscheidend verbessert hatte, schwor Ilse Breitenstein noch immer auf die Rezepte der Nachkriegszeit, denn: »Jesünda kannste ja nich leben.« Heute hatte sie für ihre Schwester Erbsenbratlinge aufgehoben. »125 Gramm Erbsen, fünf Viertelliter Wasser, drei gekochte und geriebene Kartoffeln, drei Eßlöffel Semmelmehl, Salz, Thymian. Erbsen zu dickem Brei kochen, durch ein Sieb rühren, mit allen Zutaten mischen, flache Buletten daraus formen und backen. Fertig. Und schmeckt! Gleich kannste präpeln.«

Gerade hatte Dorothea Merten zu essen begonnen, da schrillte die Klingel, und Margot erschien. Ihre Lieblingscousine wohnte in Rudow bei Berlin, wie Ilse immer sagte, und so kam ihr Besuch völlig überraschend. Welcher Wind sie denn nach Weißensee geweht habe?

»Die Liebe wieder mal.« Margot hatte am Wochenende beim Tanzen im *Seecasino* draußen in Rangsdorf einen Mann kennengelernt, der gleich nebenan in der Gustav-Adolf-Straße wohnte. »Der hat ein Auge auf mich geworfen ... dieses hier ...« Zum Entsetzen ihrer beiden Cousinen holte sie ein Auge aus ihrer Handtasche und legte es neben Dorotheas Teller. »Schreit doch nicht so, ist doch nur 'n Glasauge. Hans war früher bei IG Farben und verdient sein Geld jetzt als Vertreter für Glasaugen – selber hat er aber keines.«

»... 'n Glasauge.« Dorothea Merten nahm es in die Hand. »Mein Chef hat auch so eins.«

Ilse wurde philosophisch. »Ja, die Oogen ...« Am meisten liebte sie die Fettaugen auf der Hühnerbrühe, und ihr ganzer Haß galt den Hühneraugen. »Ick hoffe nur, det ick noch lange ohne Sehprothese auskomme, denn mit 'ner Brille uff der Neese anne Kurbel – ick weeß nich.«

Es gab viel zu erzählen. Von der Liebe, von der Arbeit, von den Kindern, von der Mode, den Mühen des Einkaufs und von dem, was in Berlin passierte. Bei Karstadt in Neukölln hatten sie begonnen, die Trümmer wegzuräumen, und wollten im Frühjahr 1950 mit ihrem Neubau starten. Auf Abschnitt 77 des Bezugsausweises war ein Kasten Brennholz aufgerufen worden. Ofenfertig gehackt 3,30 DM-West je Kasten. Aus dem Interzonenabkommen. Die Fünfte Strafkammer in Moabit hatte gegen eine weibliche Räuberbande harte Strafen verhängt. Jahrelang hatte sie unter ihrer Chefin Johanna Schulze in Neukölln ihr Unwesen getrieben. Die Hausfrauen in den Westsektoren sträubten sich trotz leerer Töpfe noch immer dagegen, das aus Norwegen importierte Walfleisch zu kaufen. »Bei Wal muß ich immer an Lebertran denken – bah!« sagte Dorothea Merten. Theodor Heuss lehnte die Wiedererrichtung einer deutschen Wehrmacht ab. »Der hat et nötig«, war Ilses Kommentar. »Der hat doch bei Hitlers Ermächtigungsgesetze mit Ja gestimmt. Det is 'n Steigbügelhalter – und so eenen habt ihr nu im Westen als Bundespräsidenten.«

So ging es bis 21 Uhr, dann machten sich die beiden Besucherinnen auf den Weg zurück in den Westsektor. Bis zum Bahnhof Alexanderplatz konnten sie gemeinsam mit der 74 fahren, dann trennten sich ihre Wege. Während Margot im Eingang der U-Bahn verschwand, um zum Hermannplatz zu fahren, nahm Dorothea Merten die S-Bahn.

Durch die Ruinenfelder der Innenstadt ging es nach Spandau. Am Bahnhof Spandau West angekommen, beschloß sie, nicht auf die Straßenbahn zu warten, sondern trotz der späten Stunde nach Hause zu laufen. Nach dem vielen Sitzen würde ihr ein bißchen Bewegung bestimmt guttun. Die Klosterstraße war breit und übersichtlich, was sollte da passieren. Doch nur wenige Schaufenster waren noch beleuchtet, und von den Straßenlaternen brannten auch nicht alle. Nur wenige Passanten kamen ihr entgegen. Autos gab es noch weniger. Es war schon zum Fürchten. Langsam bereute sie ihren Entschluß. Immer schneller wurde sie, rannte fast. Da war die Pichelsdorfer Straße endlich. Hier waren kaum Bomben gefallen. Die Hausnummern gingen bis 119, und nur fünf Häuser waren zerstört. Die Nr. 5 war ihr Haus. Oben im vierten Stock hatte sie eine Zweieinhalb-Zimmer-Wohnung gemietet, die sie allerdings mit Rudolf teilen mußte. Lange waren sie ein halbwegs glückliches Ehepaar gewesen, nun aber war aus Liebe Haß geworden. Keiner wollte aus der Wohnung raus, und ein jeder gab sich alle Mühe, den anderen zu vergraulen.

Schon mit bangem Herzklopfen steckte Dorothea Merten den Schlüssel ins Schloß. Hoffentlich war Rudi schon ins Bett gegangen und schlief. Nein. Kaum war sie eingetreten und hatte Licht gemacht, da stand er im Flur, ein Beil in der Hand.

»Ich dachte: Einbrecher ...« Sein Grinsen widerlegte seine Worte jedoch.

Dorothea Merten hatte fürchterliche Angst, daß er eines Nachts wirklich zuschlagen würde. Sie versuchte mit aller Kraft, ruhig zu bleiben. »Wenn du mich ermorden willst ... die Nachbarn wissen alle, daß du es warst. Laß es also lieber.«

# Kapitel 7

Hertha Stöhr haßte es, so spät nach Hause zu kommen. Gleich 20 Uhr. Ihre alte Mutter saß zu Hause und war sicherlich wieder dabei, sich zu Tode zu ängstigen. Besonders jetzt, wo sie gerade diese Leiche gefunden hatten. Zerstückelt. Und es gab immer noch Volksgenossen, die sangen: *Warte, warte nur ein Weilchen, bald kommt Haarmann auch zu dir, und mit dem kleinen Hackebeilchen macht er Schabefleisch aus dir ...* Entsetzlich. Immer wenn sie an Ruinengrundstücken vorbeikam, beschleunigte sie ihre Schritte. Sicherlich lagen überall ermordete Menschen. Oder der Täter war gerade dabei, jemanden umzubringen und so zu zerlegen, daß er ihn bequem in die Ruinenkeller werfen konnte. Wahrscheinlich ein Lustmörder. Zeiten waren das. Da war der Krieg vorbei, und dennoch lebte man weiterhin in Angst und Schrecken.

Hertha Stöhr war 62 Jahre alt und Kriegerwitwe. Wegen ihres Asthmas war sie frühzeitig in Rente gegangen. Sie hatte ein Leben lang bei der AEG gearbeitet, zuletzt als Stenokontoristin. Dort war sie sehr beliebt gewesen und wurde noch immer zur Weihnachtsfeier eingeladen. Wie heute auch. Deshalb war sie so spät noch unterwegs.

Sie wohnte im Hause Kantstraße 154a, das war auf der südlichen Seite der Straße, fast an der Ecke Fasanenstraße, ganz in der Nähe der zerstörten Synagoge und schräg gegenüber vom Delphi-Kino und dem Theater des Westens. Eine gutbürgerliche, zuweilen schon noble Gegend war das, und sie hatten sich das leisten können, weil ihr Mann als Bankbeamter nicht schlecht verdient hatte. Wenn auch vier Treppen hoch, wo die Miete etwas günstiger war. Aber immerhin. Dreieinhalb Zimmer, Küche und Bad. Ihre Mutter war am Bayerischen Platz ausgebombt worden und wohnte nun bei ihr. Im früheren Herrenzimmer. Im halben

Zimmer schlief sie, und das große Wohnzimmer teilten sie sich. Das ehemalige Schlafzimmer konnte sie vermieten. So kam man ganz gut über die Runden.

Endlich hatte sie die Haustür erreicht. Bevor sie die Schlüssel aus der Tasche zog, sah sie sich nach allen Seiten um. Ob nicht ein Unhold auf sie zugestürzt kam? Nein. Sie schloß auf und drückte auf den Lichtschalter. Gott sei Dank gab es keine Stromsperren mehr. Vier Stockwerke hoch. Und das bei ihrem Asthma. Von ihrem Körpergewicht ganz abgesehen. Auch die Hungerjahre hatten sie kaum abmagern lassen. Sie war eben ein guter »Futterverwerter«. Also dachte sie mit Schrecken an den mühsamen Aufstieg. Wie gern hätte sie einen Fahrstuhl gehabt! Zwischen dem zweiten und dritten Stock hatte sie sich auf halber Treppe einen Stuhl hingestellt, um immer ein wenig verschnaufen zu können. Den dritten schon, die ersten beiden waren ihr geklaut worden. Dieser nun war mit einer Kette an der Wand befestigt.

Im Treppenhaus traf sie Frau Schütz, die Portiersfrau, auf Berlinisch: die Portjesche. Maria Schütz wohnte im ersten Stock und stand im Ruf, ein jedesmal, wenn sie Schritte hörte, zum Türspion zu eilen und zu sehen, wer das Haus betreten hatte oder gerade verlassen wollte. Männer, die spätabends Damenbesuch nach Hause bringen wollten, hielten die Hand vor das tückische gläserne Auge in der Türfüllung, und die Kinder machten sich den Spaß, das Ding immer wieder zuzukleben. Andere freuten sich darüber, daß die Schütz so wachsam war. Gerade jetzt, wo so viel passierte. »Wer nichts zu verbergen hat, der braucht sich auch nicht aufzuregen.« Unglücklicherweise war die Portiersfrau geistig nicht besonders helle, manche meinten auch, sie hätte die Stufe zum Schwachsinn lange überschritten. »Die hat doch 'n Dachschaden, seit sie im Krieg einen Tag lang verschüttet gewesen ist.« Das brachte ihr auch einen »Freifahrschein« ein, wenn die Phantasie wieder einmal mit ihr durchging und sie den Mietern der Kantstraße 154a etwas andichtete, was gar nicht stimmte: daß jemand klaute oder andauernd betrunken war, Kinder in die Wohnung lockte oder ein abgetauchter Obernazi war.

»Guten Abend, Frau Schütz. Na, wie geht's?« Hertha Stöhr

war im Umgang mit der Schütz immer sehr vorsichtig. »Wieder viel Arbeit gehabt? Zum Glück war es ja mit dem Schnee noch nicht so schlimm dies Jahr.«

Die Portiersfrau sang erst einmal *Schneeflöckchen, Weißröckchen*, dann erklärte sie, daß sie nichts lieber habe als frischgefallenen Schnee. »Da sieht man immer die Spuren: wer gekommen ist, wer gegangen ist.«

»Herzlichen Dank auch, daß Sie immer so gut auf alles aufpassen.«

»Jetzt erst recht, wo sich der Mörder hier in Berlin herumtreibt.«

»Hören Sie bloß auf!« Hertha Stöhr schüttelte sich.

»Stellen Sie sich mal vor, Sie liegen so zerstückelt in 'ner Ruine rum. Was das für'n Gefühl sein muß.«

Hertha Stöhr machte, daß sie weiterkam. »Ja, einen schönen Abend dann noch.« Immerhin hatte sie beim Plausch mit der Portiersfrau Atem holen können, so daß sie diesmal ihren Rastplatz nicht brauchte. Ihre Mutter, in diesem Jahr achtzig Jahre alt geworden, stand lauernd auf dem Flur und hatte die Tür schon geöffnet, lange bevor sie oben war.

»Hertha, bist du's?«

»Nein, Mutter, mein Geist«, schnaufte sie.

»Hast du wieder getrunken?«

»Nur zwei Flaschen Weinbrand.«

»Kind!«

Hertha Stöhr stöhnte leise. Ihre Mutter vergaß immer wieder, daß »ihr Kind« nun selber schon Rentnerin war, und machte ihr jeden Tag dieselben Vorhaltungen. Hertha Stöhr küßte sie nur kurz auf die Wange und wollte sich dann an ihr vorbeischlängeln, um ihren Mantel aufzuhängen. Doch ihre Mutter hielt sie fest.

»Hertha, sieh mich an. Hast du dich wieder mit diesem Walter Kusian herumgetrieben?!«

»Mutter, ich war bei der AEG-Weihnachtsfeier.«

»Dieser Kusian ist ein böser Mensch. Man muß nur mal in seine Augen sehen. Ich erkenne jeden Menschen, wenn ich ihm in die Augen sehe.«

»Und wenn du seinen Personalausweis siehst, weißt du auch, wie er heißt.«

»Wie bitte?« Sie konnte ihrer Tochter nicht ganz folgen. »Ich habe dir doch verboten, dich mit diesem Kusian einzulassen.«

»Mutter, ich habe mich nicht mit ihm eingelassen, er hat mir nur einmal Brennholz gebracht. Balken aus den Ruinen, die er mit abgeräumt hat.«

»Und was hast du ihm dafür gegeben?«

Sie nahm ihre Mutter weiter auf den Arm. »Natürlich das, womit man Männer immer glücklich machen kann.«

»Kind!« Adelheid Nauendorf, frühere Katechetin, war entsetzt. »Ich muß mich deiner wirklich schämen. Obwohl du ein erwachsener Mensch bist, aber so etwas. So eine Schande. Lieber wäre ich erfroren.«

»Wieso ist es eine Schande, wenn man jemanden mit Zigaretten bezahlt? Ich rauche nicht, du rauchst nicht ...«

»Wirklich nur mit Zigaretten?«

»Mutter, ich schwöre es dir.« Damit war diese Plänkelei beendet. Aber es war bestimmt noch nicht die letzte an diesem Abend. »Komm ins Zimmer, ich koche Tee, und dann machen wir's uns gemütlich. Wir können Radio hören ...«

»Ja: *Mach mit.*« Das war ein buntes Unterhaltungsquiz mit Ivo Veit, das eigentlich alle hörten.

»Das gibt's erst morgen, am Sonnabend.« Sie blätterte im *Telegraf,* der Tageszeitung, die sie abonniert hatten. Doch ihre Mutter hatte, wie sich alsbald herausstellen sollte, die Seite mit dem Radioprogramm zum Feueranmachen verwendet. »Ich geh' nachher mal alle Sender durch.« Das waren auf der Mittelwelle aus dem Westen der RIAS und der Nordwestdeutsche Rundfunk (NWDR) und aus dem Osten der Berliner Rundfunk, der allerdings auch aus dem Westsektor sendete, aus dem Funkhaus an der Masurenallee unter dem Funkturm. »Vielleicht gibt es irgendwo etwas Spannendes.«

»Nein, da krieg' ich nur noch mehr Angst. Vielleicht liegt bei uns im Keller auch schon eine Leiche.«

»Ja, da liegt eine tote ... Ich hab' Frau Schütz aber gestern schon gebeten, sie wegzuschaffen.«

»Eine Tote bei uns im Keller?«

»Ja, eine tote Ratte.«

Auf der Anrichte lag eine Traueranzeige. Am 12. November 1949 war die neue Untermieterin eingezogen und hatte sie wenig später hereingereicht. »Plötzlich und unerwartet verschied unsere liebe Mutter ... Die trauernden Hinterbliebenen Elisabeth Kusian, Dr. med. Charlotte Kühnel geb. Kusian, Studienrat Dr. Karl-Hermann Kusian, Prof. Dr. Johannes Kusian.« Hertha Stöhr fragte ihre Mutter, warum sie die schwarz umrandete Karte immer wieder aus dem Schubfach nehmen würde. Weil das alle so »hochmögende« Menschen seien, die da trauerten.

»Ja, Hertha, mit der Frau Kusian haben wir einen guten Fang gemacht. Eine Krankenschwester im Haus ist wirklich Gold wert. Als ich neulich meinen Angina-pectoris-Anfall hatte, da hat sie mir gleich das richtige Mittel gespritzt und mir womöglich das Leben gerettet. Ich war ja fast schon erstickt. Und ganz von sich aus hat sie mir das aus dem Krankenhaus mitgebracht. So ein herzensguter Engel.«

Auch ihre Tochter fand es sehr hilfreich, die Kusian in der Wohnung zu haben – wenn man schon vermieten mußte, weil die Rente nicht reichte. Wenn Elisabeth Kusian zu Haus war und auf die Mutter aufpaßte, konnte sie es schon mal wieder wagen, in *Walterchens Ballhaus* zu gehen. Nicht, daß sie die sprichwörtliche lustige Witwe war, aber vielleicht fand sich doch noch mal ein Mann. Ihr eigener war ja nun auch schon sechs Jahre tot. Vermißt jedenfalls. Aber ... die Chance, noch einmal einen Mann fürs Herz zu finden, war geringer als die, im Toto zu gewinnen. Die Besten waren ja alle im Kriege geblieben. Meistens blieb ihr nichts anderes übrig, als mit Frauen ihres Alters zu tanzen. Warum war sie nicht fünfzig Jahre früher auf die Welt gekommen? »Dann wärst du jetzt schon tot.« Auch ein Trost.

Sie ging in das Zimmer der Untermieterin, um noch ein Brikett nachzulegen. Früher war das ihr Herrenzimmer gewesen, durch eine zweiflügelige Tür mit dem Wohnzimmer verbunden. Diese war jetzt auf beiden Seiten mit einem Schrank zugestellt, und außerdem hatte ihr Tischler sogenannte Sauerkrautplatten dagegen genagelt, so daß man nicht hören konnte, was nebenan geschah. Ihre Mutter hatte es so gewollt. »Ich würde mich zu Tode schämen, wenn ich das Liebesleben anderer Menschen verfolgen müßte.« Hertha Stöhr hätte gerade das sehr reizvoll gefunden, jedoch des lieben Friedens wegen schließlich nachgegeben. Aber eine »Tapetentür« war es dennoch geblieben.

Sonderlich feudal war das Zimmer nicht. Eine ausgeblichene Blümchentapete mit dem Grundton Mais, verwaschene Vorhänge in einem Altrosa, das mehr und mehr ins Graue überging. Ein schmales Bett und eine Auszieh-Couch. Kleiderschrank, Waschtisch, Schreibtisch – alles aus den ersten Jahren ihrer Ehe und ziemlich abgewohnt. Frisch war nur ein Tannenzweig mit einer roten Kerze. Die Untermieterin war eine sehr ordentliche Frau. Alles war aufgeräumt, auf dem Teppich lag auch nicht der kleinste Fussel. Eigene Sachen hatte die Frau Kusian kaum mitgebracht. Nur einen Wecker, einen kleinen Radioapparat, ein Foto, das einen Arzt vor einer großen Klinik zeigte und die Widmung *Meiner geliebten Tochter Elisabeth* trug. Dazu kamen natürlich Schuhe und Kleidung, aber auch da brauchte und hatte sie nicht viel, da sie ja zumeist ihre Schwesterntracht trug. »Eine einfache Frau mit einem großen Herzen«, sagte die Portiersfrau von der Kusian, und Hertha Stöhrs Mutter brachte die Bergpredigt mir ihr in Zusammenhang: »Selig sind die Barmherzigen ...« Die Vermieterin kam sich richtig schäbig vor, daß sie der Kusian jeden Monat Geld abnahm.

Sie verließ das Zimmer und wandte sich zur Küche, um das Teewasser aufzusetzen. Ihre Mutter folgte ihr.

Hertha Stöhr stutzte. »Was ist denn das hier für'n Blutfleck unten am Küchenschrank?«

»Ich hab' wieder Nasenbluten gehabt, Hertha. Mein Blutdruck ist wohl wieder zu hoch. Manchmal habe ich das Gefühl zu platzen.«

»Ja, natürlich: das fette Essen die letzten Jahre und dein Übergewicht.«

»Du Lästermaul, du!« Die Katechetin war dürr geworden wie eine Vogelscheuche. »Denke immer an Salomo 4, Vers 24: *Tue von dir den verkehrten Mund und laß das Lästermaul ferne von dir sein.«*

Hertha Stöhr mußte auf eine Erwiderung verzichten, da an der Tür geschlossen wurde. Wenig später stand Elisabeth Kusian in der Küchentür. Selbstverständlich in Schwesterntracht. Man begrüßte sich herzlich.

»Möchten Sie auch eine Tasse, Schwester Elisabeth?«

»Ja, gerne. Wenn ich mich einen Moment setzen darf? Mit meine Beine, da ...«

»Mit meinen Beinen«, wurde sie von der Katechetin verbessert.

»Entschuldigung. Aber meine Mutter war eine ungarische Gräfin, da haben wir nicht so gutes Deutsch gelernt.« Die Krankenschwester hing ihren Mantel an den Garderobenhaken und setzte sich dann auf einen der vier Küchenstühle. Sie stöhnte. »Wir hatten noch eine Notoperation ... Eine junge Frau, aber nichts mehr zu machen.«

»Das Sie das alles so durchhalten!« Hertha Stöhr war voller Bewunderung.

»Was meinen Sie, was wir im Krieg alles durchmachen mußten?! Dagegen ist das im Robert-Koch-Krankenhaus das reinste Kinderspiel. Aber ohne Aufputschmittel geht es trotzdem nicht.« Sie öffnete ihre Handtasche und nahm eine Schachtel Zigaretten heraus.

»Fahren Sie denn Weihnachten zu Ihrer Familie?« fragte die Vermieterin.

»Nein. Die treffen sich alle im Landhaus meines Bruders im Schwarzwald. Am Titisee. Mich wollen sie nicht dabeihaben, ich bin ihnen nicht standesgemäß.« Elisabeth Kusian wischte sich eine Träne aus den Augen. »Vielleicht kommt mein Schwager mich besuchen. Oder mein Kurt, wenn er keinen Dienst hat.«

»Ist er Arzt?« fragte Hertha Stöhr.

»Nein. Leitender Kriminalbeamter.«

Die Katechetin horchte auf. »Untersucht er auch das mit den Leichenteilen vom Stettiner Bahnhof?«

»Ja, auch. Er hat viele Leute unter sich.«

»Gibt es denn schon eine Spur?«

»Über Dienstliches spricht er nicht mit mir. Er ist Witwer, und Kinder hat er auch keine.«

Hertha Stöhr lachte schelmisch. »Na, vielleicht gibt es noch eine Verlobung hier unterm Weihnachtsbaum ...?«

»Wer weiß ...«

»Sie können hier in der Küche soviel backen und kochen, wie Sie wollen, Frau Kusian. Die Liebe geht ja bekanntlich durch den Magen.«

»Ja, danke, gern. Wenn meine Zeit das zuläßt. Ich muß ja auch noch Weihnachtsgeschenke kaufen gehen.«

»Schenken Sie doch Ihrem Bekannten Karten für die Neue Scala am Nollendorfplatz«, riet ihr Hertha Stöhr. »Da gibt es das *Phantom der Oper* mit Nelson Eddy.«

»Ich weiß nicht. Er ist mehr für das Praktische. Ich würde ihm ja gern einen neuen Herrenanzug schenken. 68,50 bei C&A. Aber den müßte er ja anprobieren, und dann ist das keine Überraschung mehr.«

»Was wünschen Sie sich denn, Schwester Elisabeth?«

»Ach ...« Sie seufzte. »Nur, daß die alten Zeiten wiederkommen. Einmal wieder jung sein ... Wie wir damals in Thüringen gefeiert haben. Da waren wir noch wer. Mein Vater hatte so viele dankbare Patienten, und Weihnachten haben sie in der Klinik immer kleine Stücke aufgeführt. Nun ja ... Heute in der Zone, da ist ja alles enteignet.«

»Verzweifeln Sie nicht, Schwester Elisabeth.« Die Katechetin hatte Trost aus dem 2. Paulusbrief an die Korinther parat: »*Laß dir an meiner Gnade genügen; denn meine Kraft ist in den Schwachen mächtig. Denn wenn ich schwach bin, so bin ich stark.*«

»Apropos Stärke ...« Hertha Stöhr gingen die religiösen Sprüche ihrer Mutter von Jahr zu Jahr mehr auf die Nerven. »Wenn Sie Wäschestärke brauchen sollten, Frau Kusian, ich habe von meiner Cousine genügend geschenkt bekommen. Die hat eine Drogerie in Schöneberg. Steht alles im Badezimmer.«

»Herzlichen Dank. Sie sind so lieb zu mir.«

»Jeder so, wie er es verdient«, lachte Hertha Stöhr.

»So ...« Elisabeth Kusian drückte ihre Zigarette im Aschenbecher aus und stand auf. »Dann werde ich mich mal in mein Zimmer zurückziehen.«

»Sie können auch gern zu uns kommen und mit uns Karten spielen.«

»Danke, sehr nett, aber ich möchte noch eine Runde ums Karree drehen, frische Luft schöpfen. Meine Kopfschmerzen. Ehe wieder eine Migräne daraus wird.«

Hertha Stöhr hob warnend die Stimme. »Passen Sie bloß auf nachts auf den Straßen. Der Kerl da ... Daß Sie nicht auch zerstückelt in den Ruinen liegen.«

# KAPITEL 8

Gregor Göltzsch wollte eigentlich die Zeit zwischen Ladenschluß und Mitternacht nutzen, um mit seiner Inventur voranzukommen, doch immer wieder ließ er sich ablenken. Zumeist von der Reklame für Miederwaren, wie er sie in seiner Lesezirkel-Mappe fand. Was ihn aber noch stärker anheizte, war eine Reportage in einem schon leicht vergilbten *Stern* über *Die »Fräuleins« von Celle.* Während der Blockade hatten an die dreitausend von ihnen im Städtchen an der Aller gewartet, um den GI's zu Diensten zu sein. »Hoch das Leben, hoch die Liebe ...« Gin, Zigaretten, Schokolade und 1500 Mark Lohn im Monat waren eine gute Grundlage für einen vergnügten Abend, bevor die amerikanischen Piloten am nächsten Morgen mit ihrer Skymaster wieder in die eingeschlossene Frontstadt fliegen mußten. *A very risky job. Come on, baby!*

Göltzsch öffnete seinen Wandtresor und erfreute sich an den gebündelten Scheinen, die er dort angehäuft hatte. Das hätte x-mal gereicht, um in eine Bar zu gehen und sich das teuerste Mädchen Berlins ins Bett zu holen. »Verdammt, ich hab's wieder mal nötig.« Schon aus medizinischen Gründen, um keinen Krebs zu kriegen. Seine Hoden schmerzten, und sein andauernd erigierter Penis hatte sich am rauhen Stoff der Unterhose schon rot und wund gerieben. Es selber auszulösen, verbot er sich. Dafür hatte er als Kind von seiner Mutter, waren die Flecke in Nachthemd oder Bett entdeckt worden, zuviel Prügel bezogen. Dachte er daran zurück, verging ihm jede Lust. Auch das Rückenmark wurde vom Onanieren angegriffen. Ein Mann hatte seinen Samen auf natürliche Art und Weise loszuwerden, das heißt beim ehelichen Beischlaf. Was aber, wenn die Ehefrau seit vielen Wochen in der Klinik lag, um zu verhindern, daß sie ihr Kind verlor ...? Natürlich stimmte es nicht, was sie sich in der Schule erzählt hatten: daß der Samen, floß er unten nicht ab, langsam nach oben stieg und das Gehirn zersetzte – und dennoch hatte Gregor Göltzsch gerade dieses Bild immer wieder vor Augen. Als ihn ein alter Freund anrief, brachte er es auf den Punkt: »Helga geht's gut, aber ich leide langsam unterm Samenkoller.« Gute Ratschläge, wie kalt zu duschen oder sich »Hängolin« ins Essen zu tun, also Soda, halfen auch nicht viel, und Kinobesuche machten die Sache nur noch schlimmer, denn Filme ohne Frauen gab es nicht. Also stürzte er sich wieder in die Arbeit.

Auf der Kantstraße rollte eine Straßenbahn vorüber, die an der Dachkante die Reklame seiner Firma trug: *Möbel von GG – eine Pfundsidee.* Es lohnte sich, denn langsam begannen die Leute wieder zu kaufen. Auch in Berlin. Die neue D-Mark machte es möglich. Mochte die Freßwelle auch noch nicht zu Ende sein, so dachte man doch auch schon wieder an seine Wohnungseinrichtung. Da gab es einen wahnsinnigen Nachholbedarf. Besonders Sofas und Sessel waren furchtbar verschlissen. Und war jemand ausgebombt worden, so lebte er zumeist inmitten von Möbeln, die ins Museum oder in den Ofen gehört hätten. Nun aber ging alles wieder aufwärts, nun konnte man auf das Wirtschaftswunder hoffen. Bald schossen die Neubauten wie Pilze aus dem Boden, und wer jetzt noch möbliert in Untermiete wohnte, der brauchte morgen neue Schränke, Kommoden, Tische, Stühle und Sitzgarnituren. Göltzsch wußte, daß die Jahre, die jetzt kamen, goldene sein würden. Für ihn jedenfalls. Was aber sein augenblickliches Problem auch nicht lösen konnte, das Gefühl, »unten herum« ganz einfach zu platzen.

Er stand auf und hoffte, daß sich sein Druck verringern würde, wenn er sich bewegte. Nein, tat er nicht. Im Gegenteil, denn seine Buchhalterin hatte auf der Aktenablage eine Zeitung mit einer großformatigen Anzeige von C&A Brenninkmeyer liegenlassen: *Start in den Herbst – Ein Kleiderkauf wird immer zum Vergnügen.* Abgebildet war eine glückliche Familie – Vater, Mutter, Sohn –, die im Wald spazierenging. Gregor Göltzsch stellte sich nun vor, wie er der Frau den Mantel auszog und entdeckte, daß sie nichts darunter trug. Jetzt war seine Phantasie nicht mehr zu bremsen. Sie lief davon, er ihr hinterher. Sie kamen in einen Garten, in dem eine leere Wäscheleine hing. Er blieb an ihr hängen, riß sie herunter und nahm sie mit, um im Laufen eine Schlinge zu binden und die Leine zu einem Lasso zu machen. Ein Wurf – und die Frau war gefangen, war seine Gefangene. Als sie sich wehrte, zog er die Schlinge zu und drang von hinten in sie ein. Seine Lust war gigantisch, war einmalig, war unvorstellbar. Er schrie auf, so sehr zerriß es ihn. Polizisten rissen ihn hoch. Er sah die Schlagzeilen in den Zeitungen: *Ein Möbelhändler als Lustmörder.*

Er schlug sich mit den Händen gegen die Schläfen, rechts, links, um die Bilder zu verscheuchen. Zugleich waren es Ohrfeigen. Als Strafe dafür, daß er derart Unzüchtiges gedacht hatte. »Du mußt dich irgendwie ablenken!« War er zu lange allein, sprach er oft selber mit sich, wobei er aber keine Dialoge führte, sondern sich immer nur Befehle gab und dabei die Diktion seiner Mutter nachahmte.

Wo war das Buch geblieben, das ihm seine Frau geschenkt hatte? »Damit du an deinen einsamen Abenden was zu lesen hast.« Doch er las nicht gerne Bücher, höchstens Kriminalromane. Oben auf dem Grammophonschrank lag es. Julius Stinde, *Die Familie Buchholz*. 1883 erschienen und mächtig vergilbt. Ein Erbstück oder antiquarisch. Er verzog das Gesicht. *Kleopatra* hätte er gebraucht oder etwas über eine große Kurtisane.

Er ging in den Ausstellungsraum, wo er gleichsam unter öffentlicher Kontrolle stand, denn die Jalousien waren noch nicht heruntergelassen. Die abendlichen Spaziergänger sollten ja stehenbleiben und sich durch die ausgestellten Stücke anlocken lassen. Doch zum Flanieren war es den Leuten wohl zu kalt, alles hastete vorüber, zur Straßenbahnhaltestelle, zum Bahnhof Zoo. Niemand interessierte sich für seine Schaufenster. Göltzsch ließ sich in einen Sessel fallen, von dem aus er die Kantstraße Richtung Zoo am besten im Blickfeld hatte. Paare gingen vorüber, und die Nylonbeine der Frauen schimmerten im Licht der Straßenlaternen. Er dachte sich die Nähte hinauf ... die Strumpfbänder ... das nackte Fleisch ... der Hüfthalter ... die Schlüpfer ... Sie waren weit geschnitten, und man konnte leicht mit den Fingern hineinfahren ... Er schloß die Augen, damit die Bilder noch lebendiger wurden.

Als er sie wieder öffnete, stand eine Frau vor seiner Schaufensterscheibe und musterte ihn, sich wohl fragend, ob sie da einen Menschen vor sich hatte, der gerade eingeschlafen war, oder eine Schaufensterpuppe. Ihr Kopftuch war ihr im Wege. Sie schob es zur Seite und suchte es hinter den Ohren zu fixieren. Ihre Blicke trafen sich. Was ihn elektrisierte, waren die Augen der Frau. Im Licht der Deckenstrahler funkelten und glitzerten sie wie zwei nahe beieinanderstehende Sterne am dunklen Firmament. Da waren nur Augen und gar kein Gesicht. Sie ließen alles andere verschwinden. Er kannte das nur von Schauspielerinnen, wenn sie vorne an der Bühne standen. Nachdem sie sich vorher Belladonna in die Augen geträufelt hatten. War die Frau eine solche Schauspielerin, kam sie gerade aus der Vorstellung? Glühte es noch immer in ihr, suchte sie jemand, mit dem sie etwas trinken gehen konnte, um die Erregung langsam abklingen zu lassen? Oder war es nur die Garderobenfrau, die hohes Fieber hatte? Er mußte es herausfinden. Er stürzte zur Tür. Der Schlüssel steckte im Schloß. Sie war weitergegangen und kam gerade an seiner Tür vorbei, als er sie aufgezogen hatte.

Er verbeugte sich leicht. »Schönen guten Abend. Womit kann ich dienen?«

Sie war einigermaßen verwirrt. »Sie haben doch schon lange zu ...«

»Für ganz besondere Kundinnen haben wir bis Mitternacht geöffnet.«

»Ich habe kein Geld, ich wollte ja nur mal ...«

Gregor Göltzsch war ein guter Verkäufer und so charmant wie die Männer in den alten Ufa-Filmen. »Aber gnädige Frau, bei mir haben Sie doch immer Kredit. Womit wollen Sie denn den Herrn Gemahl zum Weihnachtsfest überraschen?«

»Ich habe keinen Mann, ich bin Kriegerwitwe.«

»O Pardon.« Göltzsch konnte auf Knopfdruck so voller Mitleid sein wie ein professioneller Trauerredner in der pelle. »Das tut mir aber leid. Da haben Sie es siche Kinder durchzubringen, so ganz allein ...«

»Die Kinder sind im Heim.«

Gregor Göltzsch zog nun alle Register, um die Frau mit dem Kopftuch zu erobern. »Und Sie suchen sicherlich eine Stellung. Das trifft sich gut, denn ich bin gerade auf der Suche nach einer tüchtigen Verkäuferin ...«

»Ich bin Krankenschwester.«

»Schade ...« Göltzsch hatte sie inzwischen ausgiebig gemustert. Ihre Figur gefiel ihm. Er mochte Frauen, die kraftvoll und energisch waren. Und wild auf Männer. Was man sich da von Krankenschwestern alles erzählte. Sicherlich war auch diese hier so mannstoll wie die anderen. Wäre sie sonst stehengeblieben, hätte sie sich sonst ansprechen lassen? Nein. Diese Überlegung gab Göltzsch den Mut zur direkten Attacke. »Das ist so kalt hier draußen. Kommen Sie doch 'n Moment rein zu 'ner Tasse Kaffee und erzählen Sie mir ein bißchen von sich. Von der Arbeit im Krankenhaus, von Ihren Kindern ...«

»Wo denken Sie hin? Ich bin eine anständige Frau!«

Da hatte er so seine Zweifel, denn wenn es wirklich an dem gewesen wäre, hätte sie nicht hier gestanden. Außerdem sah er Furchen in ihrem Gesicht, die viel verrieten: von Ausschweifungen, von Fleischeslust und Wollust. Sein Vater hatte ihn immer vor Frauen wie dieser gewarnt: »Junge, sie saugen dir das Mark aus den Knochen und treiben dich in die Pleite, denn sie kosten und kosten.« Nun, wenn dem so war, konnte es nur einen Köder geben: Geld. Und so beugte er sich ein wenig zu ihr hin. »Ich sehe, daß Sie finanzielle Sorgen haben. Da kann man leicht Abhilfe schaffen ...«

»Ich bin doch keine Nutte!« Damit ließ sie ihn stehen, bog um die Ecke und lief mit schnellen Schritten die Kantstraße hinauf.

Gregor Göltzsch nahm seinen Mantel vom Haken, schlüpfte hinein, schloß seinen Laden ab und folgte ihr. Er hatte früher als Schürzenjäger gegolten und sich den sicheren Instinkt dafür bewahrt, ob eine Frau zu haben war oder nicht. Bei dieser hier war er sich absolut sicher. Dieses Flackern in den Augen, diese Gier nach stürmischer Umarmung. »Die will einen drin haben«, dachte er. »Die hat es genauso nötig wie ich.« Er war wild entschlossen, sich diese Beute nicht mehr entgehen zu lassen. Sie mochte einen Vorsprung von etwa achtzig Metern haben. Das war nicht viel. Hinter der Fasanenstraße würde er sie eingeholt haben. Und dann ...

Mit jedem Schritt wurde er ein anderer Mensch. Eine dunkle Macht gewann mehr und mehr die Herrschaft über ihn und bestimmte sein Tun. Er hörte keine Stimmen, die ihm Befehle gaben, und es war ihm völlig rätselhaft, woher die Impulse kamen, die ihn von nun an steuerten: Hol sie ein, geh mit ihr nach oben auf ihr Zimmer, wirf sie zu Boden, würge sie, nimm sie, töte sie! Das ist die höchste Lust, die du erleben kannst. Er wehrte sich dagegen. Ich bin glücklich verheiratet, Anfang nächsten Jahres bin ich Vater und ... Es half nichts. »Herr, hilf mir, rette mich vor mir selber!« Er war streng religiös erzogen worden und hoffte, der Herr würde jetzt etwas geschehen lassen, das ihn noch aufhielt: daß die Ruinen vor ihm in sich zusammenstürzten und ihm die Trümmer den Weg verstellten, daß ein amerikanischer Jeep neben ihm hielt und ihn die Military Police nach seinem Ausweis fragte, daß er ausglitt und sich das Handgelenk brach ... Doch nichts von alledem geschah. Seine Erregung wuchs mit jedem Meter, den er zu ihr aufschloß ...

# Kapitel 9

Albert Steinbock aus Cottbus, Witwer und gerade sechsundvierzig Jahre alt geworden, war mit Leib und Seele Polizist. Die Menschen brauchten eine Ordnung, wenn sie überleben wollten, und sie brauchten Männer, die darauf achteten, daß diese Ordnung auch eingehalten wurde. Leute wie ihn, Polizisten. Die waren genauso wichtig wie Ärzte. Die einen bekämpften die Krankheiten, die anderen das Verbrechen. Und Verbrechen waren nichts anderes als Krankheiten, Krankheiten des Volkskörpers. Sie gehörten ausgerottet. Also, ob Arzt oder Polizeiwachtmeister – ohne sie beide ging es nicht, und folglich sah sich Albert Steinbock als außerordentlich wichtiges und unentbehrliches Mitglied der menschlichen Gesellschaft.

Um so schmerzlicher hatte es ihn getroffen, als er zu Beginn des Jahres 1949 in seiner Heimatstadt entlassen worden war. Man hatte in der Sowjetisch besetzten Zone (SBZ) beziehungsweise DDR mit der Reorganisation der Polizei begonnen, in deren Folge alle die Polizisten ihren Dienst quittieren mußten, die nahe Angehörige in den Westzonen hatten oder während des Krieges zufällig in amerikanische, britische oder französische Kriegsgefangenschaft geraten waren. Und Steinbock hatte Sohn und Schwiegertochter im Westen, in Berlin-Charlottenburg. Außerdem war er altes SPD-Mitglied und hatte sich geweigert, die Zwangsvereinigung mit den Kommunisten mitzumachen. »In die SED – nur über meine Leiche.« Bei den Machthabern in der Zone war er aber auch auf die Abschußliste geraten, weil er sich im Frühsommer 1948 geweigert hatte, das sogenannte Volksbegehren der SED »Für Einheit und gerechten Frieden« zu unterstützen. Aber daß sie einen so verdienten und sachkundigen Mann wie ihn einfach auf die Straße setzen würden, hatte er trotz allem nicht erwartet.

Was nun? Wenn er nicht mehr Polizist sein durfte ... »Dann nehme ich mir das Leben.« Sein Sohn hatte ihn angeschrien: »Vater, das ist doch ganz einfach: Dann packst du eben deine Sachen und kommst zu uns.« Was Albert Steinbock dann auch getan hatte. Obwohl man ja eigentlich alte Bäume nicht verpflanzen sollte. Über verschiedene Kontakte war er als Wachtmeister bei der West-Berliner Polizei untergekommen. Und da wollte und mußte er sich nun beweisen. Was gar nicht so einfach war ...

Seit 1948 war ein heftiger Machtkampf um den Einfluß in der Berliner Polizei entbrannt. Während die Westmächte demokratische Strukturen anstrebten und das Modell von 1932 wiederbeleben wollten, war die Polizei in der DDR als Machtinstrument der SED gedacht und sollte daher in stalinistischer Art und Weise organisiert werden, also straff zentralistisch und mit militärischen Befehlsstrukturen. Im Berliner Alltag wurden die beiden so unterschiedlichen Prinzipien sehr schnell an den Namen zweier Männer festgemacht: Paul Markgraf stand für den Osten, Dr. Johannes Stumm für den Westen. Die Polizei Ost residierte in der Dircksenstraße nahe Alexanderplatz, die Polizei West in der Friesenstraße am Zentralflughafen Tempelhof. Und es war durchweg so, wie es *Der Morgen,* in Ost-Berlin erscheinend, am 19. August 1948 in seiner Überschrift zum Ausdruck brachte: *Gespaltenes Berlin – günstig für Verbrecher.* Im Text hieß es dazu: *Erschwert wird die Verfolgung der Verbrecher auch dadurch, daß einige westliche Kriminalkommissariate sich grundsätzlich weigern, Festgenommene der Dircksenstraße vorzuführen.* Im Westen witterte man fast immer eine kommunistische Schurkerei, gab es doch eine Reihe spektakulärer Entführungen, und waren immer wieder politisch unliebsame Zeitgenossen plötzlich spurlos verschwunden. Die jeweils andere Polizei wurde für unrechtmäßig erklärt, und wer im fremden Sektor eine Amtshandlung begehen wollte, war auf der Stelle festzunehmen. Es herrschte Kleinkrieg zwischen den beiden Polizeipräsidien, und das Reizklima war schließlich derart ausgeprägt, daß der Ost-Berliner Kripochef prompt von der Stumm-Polizei verhaftet wurde, als er privat eine Boxveranstaltung in der Waldbühne besucht hatte.

Während also die Zuständigkeit der Polizei an den Sektorengrenzen endete, konnten die Gesetzesbrecher weiterhin in beiden Stadthälften agieren und sich darauf verlassen, daß sich die verfeindeten Polizeien auch noch Sand ins Getriebe streuten, zumindest aber die nötige Kooperation erschwerten oder verweigerten. *Der Morgen* kommentierte das so: *Wenn sich früher ein schwerer Junge dem strafenden Arm entziehen wollte, mußte er schon über den Ozean fliehen, und selbst dann war er nicht völlig in Sicherheit. Heute begibt er sich in den anderen Sektor, um das behagliche Gefühl des Geborgenseins auszukosten.*

»Vater, mußt du denn andauernd Überstunden machen?« Sein Sohn sah es gar nicht gern, wenn Steinbock noch spätabends durch die Trümmerlandschaft streifte, die sich zwischen Zoo und Knie erstreckte, um nach Männern zu suchen, die Buntmetalle klauten.

»Ich muß die Burschen haben, das bin ich mir selber schuldig.«

»Paß bloß auf.« Ortwin Steinbock war Journalist und wußte, daß es in der Stadt Menschen gab, die vor nichts zurückschreckten. Es war man gerade ein halbes Jahr her, daß man Werner Gladow und seine Bande nach einem Schußwechsel à la Al Capone im Ost-Berliner Bezirk Friedrichshain festgenommen hatte. Es galt als sicher, daß der Oberstaatsanwalt am Ende des Prozesses für Werner Gladow wegen zweifachen Mordes und einer Reihe anderer schwerer Straftaten die mehrfache Todesstrafe beantragen würde. Trotzdem – oder gerade deswegen – wurde Gladow in beiden Teilen Berlins zum heimlichen Helden. Es gab kaum Jungs in der Stadt, die nicht Gladow-Bande spielten.

Albert Steinbock lachte und spielte die Sache herunter. »Ich versteh' immer Gladow ...? Heißt das nicht Kladow da unten an der Havel?«

»Immer deine Kalauer. Du hast doch gelesen, was ich über den Leichenfund am Stettiner Bahnhof geschrieben habe. Da ist wieder einer am Werke, der ...«

Sein Vater winkte ab. »Einen Tod kann man nur sterben.« Damit machte er sich auf den Weg. Buntmetalldiebstähle waren an der Tagesordnung, denn an Blei, Kupfer und Messing ließ sich eine Menge verdienen. Besonders wenn man es im Osten klaute und im Westen verscheuerte. Aber auch hier in Charlottenburg war man nicht untätig. Überall, insbesondere in alten Kellern und auf leer geräumten Grundstücken, warteten Schrotthändler auf fette Beute. Steinbock hielt sie allesamt für Hehler. Und wenn sich in den Ruinen keine Bleirohre, keine Wasserhähne und Türklinken aus Messing und keine Fensterbretter aus Zinkblech mehr finden ließen, dann schlich man sich eben in die Häuser, die stehengeblieben waren, und machte sich dort mit Säge, Zange und Schraubenzieher zu schaffen. Dadurch hatten sie gestern in der Carmerstraße ein Haus unter Wasser gesetzt. Und wer bekam dann die Schuld für alles? Die Polizei. Er, Albert Steinbock also. Darum war er so verbissen darauf aus, sich die Burschen zu schnappen.

Und so drehte er auch am Abend des 9. Dezember 1949 wieder seine Runde. Hardenberg-, Schiller-, Schlüterstraße und so weiter. Gewissenhaft hatte er sich aufgeschrieben, welche Häuser in der Hardenbergstraße zerstört waren: 1 bis 5, 13 bis 15, 20 bis 21, 23 bis 24, 27 und 37 bis 42. Die Nummern 1 bis 5 waren die Häuser auf der südlichen Straßenseite zwischen Knie beziehungsweise Bismarckstraße und dem Renaissance-Theater an der Knesebeckstraße, das nur vergleichsweise geringe Schäden aufwies. Albert Steinbock war das egal, ob sie schon wieder und was sie dort spielten, er würde sowieso nie hineingehen. »Ich hab' schon so genügend Theater.«

Er vermutete, daß die Buntmetalldiebe zu dritt unterwegs waren. Einer stand Schmiere, während die anderen beiden am Sägen oder Abschrauben waren. Es war auch günstig, wenn einer die Taschenlampe hielt oder, war man in Ruinen an der Arbeit, darauf achtete, daß einem nicht alles auf den Kopf fiel. War da eben ein Pfiff gewesen ...? Er war sich nicht ganz sicher, denn eine Straßenbahn rumpelte vorüber. Wenn, dann mußte der Pfiff vom Eckgrundstück Schillerstraße 3/Hardenbergstraße gekommen sein. Steinbock machte ein paar Schritte und blieb dann stehen, um das Objekt zu mustern. Der ganze Block war zerstört, doch die Trümmer des Vorderhauses waren bereits weggeräumt worden.

Seitenflügel und Quergebäude standen aber noch – als Ruinen. Und die Parterrefenster und Kellereingänge waren immer noch nicht zugemauert worden, so daß jeder dort einsteigen konnte. Am Tage die Kinder und nachts das zwielichtige Gesindel, dem Steinbock Kontra bieten wollte. Wieder ein Pfiff ...? Schwer zu sagen, woher er, wenn überhaupt, gekommen war. Vielleicht von einem Studenten drüben an der Technischen Hochschule. Oder doch vom Ruinengrundstück an der Ecke ...? In Albert Steinbock kämpften Jagdeifer und Eigensicherung miteinander. Der erste Antrieb war stärker. Also betrat er das Grundstück und ging mit vorsichtigen Schritten über die rissige Betonplatte wie über dünnes Eis. Jeden Augenblick konnte er einbrechen. Nein, natürlich nicht. Ein Blick nach oben. Die rußgeschwärzten leeren Fensterhöhlen. Ein schauriger Anblick. Er wartete nur darauf, daß die Geister in ihren weißen und wallenden Gewändern erschienen. Das Licht der ohnehin nur matten Laternen vorne auf der Hardenbergstraße reichte schon lange nicht mehr, und er knipste seine Taschenlampe an. Deren Strahl traf den Eingang zum Keller. Von dort her war ein schleifendes Geräusch gekommen. Eine Ratte? Ein Liebespaar, das sich davonschleichen wollte? Ein Landstreicher, der hier auf seiner Decke schlief? Oder aber »seine« Buntmetalldiebe. Alles war möglich.

Die Kellertreppe. Er wagte sich ein paar Schritte hinunter. Angst, ja, die hatte er, aber wer die Ardennen-Offensive überlebt hatte, der ... Und dennoch schrie er jetzt auf. Denn vor ihm lag ein Toter. Nein, kein Toter, das hätte ihn nicht so zusammenfahren lassen, denn Tote hatte er viel gesehen, sondern nur der Rumpf eines Menschen. Mit einem Stückchen Hals. Kein Kopf mehr dran, keine Arme, keine Beine. Das war das Entsetzliche.

ZWEITER TEIL

# Kunstgerecht zerlegt

# Kapitel 10

Bernhard Bacheran hätte gleich um 4 Uhr morgens aufstehen sollen, als seine Mutter auf die Toilette gegangen war und dabei im Korridor die leeren Bügel heruntergerissen hatte. Es hatte gewaltig gescheppert, und natürlich war er hochgefahren. Ein Blick auf den Wecker: Noch eine Stunde Schlaf. So hatte er sich wieder ins warme Federbett gekuschelt ... um einen seiner schlimmsten Alpträume zu erleben. Es war in irgendeinem düsteren Keller. Aus den Ritzen in den Wänden quoll der Nebel. Schwaden zogen durch den Raum. An einem hölzernen Tisch, der auch eine Werkbank sein konnte, stand sein Onkel Waldemar. Mit einem Beil in der Hand. Und auf dem Tisch lag seine Mutter. Tot. Schon dieser Anblick allein war entsetzlich genug, nun aber nahm Onkel Waldemar sein Beil und begann, seiner Mutter die Arme abzuhacken.

Er schrie derart schrill, daß Annemarie Bacheran sofort in der Tür stand: »Junge, mein Gott, was ist ...?!«

»Nichts, Mutter, nichts.« Mühsam konnte er sich aufrappeln. »Ich hab' nur schlecht geträumt.« Was, verschwieg er ihr lieber. Nach dem Grund seines Alptraums brauchte er nicht lange zu suchen: der Anruf gestern spätabends. Er möge doch bitte um 7 Uhr 30 in der Pathologie des Robert-Koch-Krankenhauses sein. Der Herr Staatsanwalt selber sei dringend verhindert, und da möge er doch bitte an seiner Stelle den Termin wahrnehmen. Ein Kapitalverbrechen. Man habe am U-Bahnhof Knie Leichenteile gefunden, und die wolle sich Dr. Weimann nun ansehen. Waldemar Weimann war *die* Koryphäe der deutschen Gerichtsmedizin, ein Mann mit Charisma. Waldemar ... Der Vorname mußte den Alptraum ausgelöst haben. Waldemar, Onkel Waldemar ... Onkel Waldemar hatte einen Bauernhof in Kuhsdorf in der Prignitz, und wenn man hinkam, war er immer am Schlachten. Schweine, Hühner, Gänse und Karnickel.

Annemarie Bacheran, Lehrerin an einer Neuköllner Oberschule und vertraut mit den Nöten junger Menschen, ahnte die Zusammenhänge. »Warum willst du auch partout Staatsanwalt werden? Im Kriminalgericht. Immer diese Leichensachen ...«

»Die erste Leiche ist immer die schlimmste.« Bacheran setzte sich auf und stellte die Füße auf den Boden. »Noch bin ich nur ein kleiner Referendar ...« Aber er freute sich darauf, einmal selber Staatsanwalt zu sein und dafür zu sorgen, daß das Recht durchgesetzt wurde. Ein gutes Recht, nicht das Un-Recht der Nazis oder das der Stalinisten.

»Frühstücke mal nicht zu üppig, damit dir nachher nicht alles wieder hochkommt, wenn du am Seziertisch stehst.«

»Nein, Mutter. Und wenn, dann bringe ich dir alles Erbrochene mit nach Hause, damit ihr's am Montag im Unterricht ganz genau untersuchen könnt.« Ihr Hauptfach war die Biologie. Damit ging er ins Bad. Ein solches zu haben, war ein Luxus in diesen Nachkriegsjahren, ganz besonders im Bezirk Neukölln.

Dann frühstückten sie zusammen. Allein zu zweit, denn Erna Nostiz – ihre Schwester, seine Tante – schlief noch, und Berthold Bacheran – ihr Mann, sein Vater – war 1944 in den Ardennen gefallen. Ein Pfarrer. Er hatte ihn immer »mein kleines Häschen« genannt. Bei dieser Konstellation hatte Bernhard immer Angst, daß die alte Volksweisheit »Lehrers Kinder, Pfarrers Vieh, dat geiht nie« zu einer sich selbst erfüllenden Prophezeiung werden könnte.

Heute war Sonnabend, und so kam die obligatorische Frage seiner Mutter, ob er am Abend etwas vorhabe. »Gehst du mal wieder aus, zum Tanzen oder so ...?«

»Nein.« Er sah seiner Mutter genau an, was sie nun dachte: Andere in deinem Alter – vierundzwanzig war er jetzt – sind schon lange verheiratet, zumindest aber verlobt, nur du nicht. Nicht einmal eine feste Freundin hast du. Kann schon sein, was die Nachbarn flüstern, daß er andersherum ist. »Ich will mich noch an meinen Artikel für die juristische Fachzeitschrift setzen. Der Kampf gegen Carl Schmitt muß endlich und mit aller Kraft geführt werden.« Für ihn war Carl Schmitt mit seiner Verherrlichung des totalen Staates ein Wegbereiter der Nazis.

Seine Mutter bemühte sich, schelmisch zu blicken. »Nicht auch mal eine Carla statt eines Carls?«

Da verlor er die Contenance, sprang auf und warf die Serviette auf den Tisch. »Nein. Du weißt doch, daß ich Frauen nur als Tote und im zerstückelten Zustand so richtig genießen kann.« Und dann sang er wie ein französischer Chansonnier: »Mein Sohn Bernhard, das war ein Mann mit einem ganz besonderem Stil, denn er war so furchtbar nekrophil ... so furchtbar nekrophil.«

Zehn Minuten später stand er auf der Straße, der Fuldastraße. Die zog sich ein wenig schräg zur Nord-Süd-Achse vom Neuköllner Schiffahrtskanal zur Karl-Marx-Straße, querte dabei die Sonnenallee und wies nur eine einzige architektonische Besonderheit auf: die Martin-Luther-Kirche, in der Bacheran getauft wie auch eingesegnet worden war. Sein Ziel war das West-Berliner Landesinstitut für gerichtliche und soziale Medizin im Pathologischen Institut des Robert-Koch-Krankenhauses in Moabit, und da kam er am besten hin, wenn er ... Es war schwierig zu entscheiden: lieber mit der 95 bis zum Bahnhof Sonnenallee und dann mit der S-Bahn bis Bellevue, umsteigen in Ostkreuz, oder mit der U-Bahn bis Stettiner Bahnhof und dann mit der Straßenbahn, der 44. Nein, die fuhr ja nicht mehr die Invalidenstraße hinunter. Die Spaltung der Stadt, die Spaltung der Welt. An der Sandkrugbrücke begann der Osten. Und mit der Blockade war der Betrieb der 44 eingestellt worden. Erst am 2. Januar 1950 sollte er wiederaufgenommen werden. Er erinnerte sich daran, das irgendwo gelesen zu haben. Ein Auto müßte man haben ... Wenn er erst Staatsanwalt war ...

»Was nun, Bacheran?!« schnauzte er sich selber an. Er konnte sich über keinen Menschen mehr aufregen als über sich selbst. Da war er nun geborener Berliner und stand so blöd herum wie jemand, der eben angekommen war. Aus der tiefsten Provinz, Kyritz-Pyritz. Gleich, welche Route er letztendlich nehmen würde: Er mußte sich irgendwann einmal in Marsch setzen. Das tat er dann auch – nachdem er beschlossen hatte, einen noch ganz anderen Weg zu nehmen: mit der U-Bahn von Rathaus Neukölln bis zum Knie, Stadtmitte umsteigen von der Linie C in die Linie A, und dann mit der 2 nach Moabit. Ein wenig umständlich, aber: Eine schlechte Entscheidung war besser als gar keine. Alte Soldatenregel, auch von ihm zu beherzigen, schließlich war er Leutnant. Gewesen. Noch im April 1945 zu einem solchen ernannt. Wie schön.

Doch als sein Blick zur Sonnenallee hinaufging, kam von rechts eine Straßenbahn und rollte in Richtung Tempelhof/Attilaplatz, und da fiel ihm ein, daß die 95 ja am Halleschen Tor der 21 begegnete – und die fuhr nach Moabit. Das wußte er, weil sie die früher immer genommen hatten, um vom Lehrter Bahnhof aus zu Onkel Waldemar zu fahren. Nicht zu Waldemar Weimann. Da war er wieder ... der Traum von der zerstückelten Leiche. Unschlüssig blieb er stehen. Ohne direkt an einer Klaustrophobie zu leiden, fuhr er im Zweifelsfall lieber mit der Straßen- als mit der U-Bahn, denn jene verlief weithin im Keller – und das erinnerte unbewußt an die Bombennächte im Luftschutzkeller. Jeden Augenblick konnte es einen Volltreffer geben, konnte man verschüttet werden und elend verenden. Also: heute mal die Straßenbahn.

Während er zur Haltestelle lief und auf die nächste 95 wartete, fiel ihm ein, daß sie ihm gar nicht gesagt hatten, was man in der Ruine am Knie gefunden hatte: einen Mann oder eine Frau. Die Wahrscheinlichkeit sprach für Letzteres. Er erschrak, als er beim Einsteigen gegen den üppigen Körper der Schaffnerin prallte. Wie würde ihr Rumpf aussehen, wenn er ... Bernhard Bacheran hatte das Gefühl, irgendwann reif fürs Irrenhaus zu sein. Und da fuhr die 68 hin. Die hatten schon seine Großeltern allen Zeitgenossen empfohlen, die man für meschugge hielt, denn die Straßenbahnlinie 68 verband zwei Nervenheilstätten miteinander: Dalldorf, später Wittenau, im Westen und Herzberge im Osten. Seit der Teilung der Stadt bediente sie nur noch die westliche Anstalt, aber die wäre ja für Bacheran auch zuständig gewesen.

Er hörte die Straßenbahn schon von weitem, sozusagen um die Ecke herum, und lief los wie ein Sprinter. Ein gelber Triebwagen hielt genau vor seiner Nase. Ohne sich zu besinnen, sprang er hinein. Während der Fahrt erholte er sich ein wenig. Er stand vorn links neben dem Fahrer und sah dem Mann an der Kurbel mit Behagen zu, wie der seine Arbeit tat. Den Blick geradeaus nach vorn gerichtet, durch nichts zu beirren. Die linke Hand drehte die Kurbel, schaltete den Motor hoch und wieder herunter. Die rechte Pranke umklammerte die Notbremse. Oder war es nur der Sandstreuer? Lief jemand kurz vor der Bahn über die Schienen, fuhr die rechte Schuhspitze auf eine Bimmel, die im Wagenboden eingelassen war. Bacheran war von allem sehr beeindruckt. Schon als Kind hatte er Straßenbahnfahrer werden wollen.

Zuerst ging es die Sonnenallee hinunter, immer dicht neben der breiten Promenade entlang. Es wollte noch immer nicht hell werden. Klar, sie hatten die kürzesten Tage des Jahres. Links der Innplatz. Auf dessen Spritzeisbahn hatte er Schlittschuhlaufen gelernt. Davor noch das alte Rixdorfer Polizeipräsidium. Bacheran fragte sich, ob der Schuster Voigt auch an dieser Stelle vorgesprochen hatte, um seinen Paß zu bekommen. »Mein Gott!« Erst kurz vor dem Hertzbergplatz fiel ihm auf, daß er ja in die falsche Richtung fuhr. In Panik sprang er auf die Straße, kaum daß sie gehalten hatten, und lief zur gegenüberliegenden Haltestelle, um dort erneut zu fluchen. »Idiot du!« Er hätte ja auch drinbleiben und zur S-Bahn fahren können. Zurück ging es. Wildenbruchstraße, Fuldastraße, Pannierstraße. Dann der Hermannplatz mit der Karstadt-Ruine, noch in den letzten Kriegstagen von der SS gesprengt. Die Urban-Straße, das Urban-Krankenhaus. Auch hier lagen Tote, um von Pathologen geöffnet zu werden. Aber keine zerstückelten Leichen, keine Mordopfer.

Hallesches Tor, Mehring-Platz. Er stieg aus und wartete auf die 21. Was kam, war ein Triebwagen vom Typ »Stube und Küche«. Da die 21 jetzt schon am neuen Polizeipräsidium West-Berlins in der Friesenstraße einsetzte, war der freie Fahrersitz am hinteren Ende des Triebwagens zu seinem großen Leidwesen schon besetzt. Auch als junger Mann saß er noch gerne dort, obwohl seiner Mutter das mehr als peinlich war. Ob er sich denn wirklich so »entblöden« müsse, da gehörten doch nur Kinder hin. »Ach, Mutter, das Kind im Manne ...« Kopfschütteln ihrerseits: »Wenn du bloß endlich selber Kinder hättest.« Grinsen seinerseits: »Du, wie heißen eigentlich die Pflanzen, die sich selber befruchten?«

Jetzt ging es durch Gegenden hindurch, die Bacheran immer an Karthago denken ließen. *Ceterum censeo Carthaginem esse delendam.* (Cato) Er war stolz auf seine wenigen Lateinkenntnisse. »Im übrigen meine ich, daß Karthago zerstört werden muß.« Im Falle Berlins mußte es Gott selber beschlossen haben, als Strafe für Auschwitz und die über fünfzig Millionen Toten, die von den Nazis zu verantworten waren. Die große Frage war: Blieb dieses Stück Berlin für immer und ewig so liegen und wurde es die große Sehenswürdigkeit des Jahres 2000 – oder machte man sich daran, alles wiederaufzubauen, original oder im Stil der neuen Zeit? Wenn es denn schon einen gab. Doch ja, in den USA. Da, wo die neuen Götter ihr Zuhause hatten, die Halbgötter zumindest. Das dachte er, als er Washington-Platz las. Gottverlassene Quadratmeter Pflasterfläche zwischen Spreebogen und Lehrter Bahnhof. Auch dieser war nichts weiter als nur noch Fassade. Wie der Reichstag. Trübe waren die Wasser der Spree. Mit Schaudern dachte Bacheran daran, jetzt in einem Faltboot zu sitzen, dort zu paddeln und zu kentern. Er war ein schlechter Schwimmer, und die steinernen Kaimauern waren zu glatt und zu steil, um sich an ihnen hochzuziehen. »Herr Dr. Weimann, eine Wasserleiche für Sie.«

Eine Viertelstunde später stand der kleine Referendar Bernhard Bacheran dem großen Weimann gegenüber, Goethe im Kopf: *Ich komme voll Ergebenheit, einen Mann zu hören und zu kennen, den alle mir mit Ehrfurcht nennen.*

»Guten Morgen, Herr Obermedizinalrat. Ich bin ...«

»Ich weiß. Kommen Sie. Auch Tote warten nicht gerne.«

Das wäre, fand Bacheran, ein schöner Titel für einen Kriminalroman gewesen. Offenbar hatte Dr. Weimann gewisse literarische Ambitionen und schrieb für seine Memoiren alles auf, was er erlebte. Hoffentlich nicht auch, daß er im Dezember 1949 einen jungen Juristen von der Staatsanwaltschaft in den Leichenkeller mitzunehmen hatte und der beim Anblick eines Torsos in Ohnmacht fiel ...

Ins Reich der Toten führte ein langer, kahler Gang. Die Heizungsrohre an der Decke waren so marode, daß sie jeden Augenblick platzen konnten. Fast hoffte Bacheran, daß sie es taten, denn das hätte ihm ein paar Minuten Aufschub verschafft. Er fühlte sich so elend wie ein Seekranker, der sich über die Reling gebeugt hatte, weil er glaubte, sich jeden Augenblick erbrechen zu müssen. Und das im Beisein eines Mannes mit einem solchen Charisma, wie Dr. Weimann es hatte. Unwillkürlich wurde er langsamer.

Dr. Weimann blieb stehen. »Sie sind doch leichenfest?«

Bacheran sah ihn verständnislos an, so als würde der Mediziner plötzlich in einer völlig fremden Sprache mit ihm reden. Was für ein Fest mit Leichen ...? Endlich schaltete er. »Ja, nein ... Ich meine: Ich war öfter auf dem Lande, auf dem Bauernhof bei meinem Onkel Waldemar ... Pardon.« Er merkte, daß er wirklich völlig durcheinander war. »Ich war Soldat, ich habe genügend Kameraden fallen sehen.«

Dr. Weimanns Sekretärin stieß zu ihnen und wurde ihm vorgestellt. »Hildegard Lehmann ...« Bacheran machte eine leichte Verbeugung, Marke erste Tanzstunde. »Angenehm ...« Sie mochte kaum älter sein als er. Wenn er bei ihr Eindruck schinden wollte, dann mußte er sich jetzt heldenhaft geben. Vorn war die stählerne Tür zum Kühlraum. Noch zehn Schritte, noch neun, acht, sieben ... Bei seiner Feuertaufe, 1945 im Gefecht gegen die vorrückenden Russen bei Seelow an der Oderfront, hatte er nicht solche Angst gehabt. Angst vor einem Toten. Nun dachte er wie Dr. Weimann in Krimititeln: Tote schießen nicht, Tote morden nicht. Es war eine archaische Furcht und etwas Magisches: Wo ein Toter lag, da war der Tod erschienen und hatte zugeschlagen. Und wenn er noch nicht fortgegangen war ...

Reiß dich zusammen! Bacheran war es gewohnt, Befehle zu geben und Gehorsam zu erwarten. Nur bei ihm selber klappte das nicht. Alles in ihm schrie danach, sich loszureißen und aus dem Krankenhaus zu laufen. Er selber verstand sich nicht. Fünfzig Jahre später hätte ihm ein Psychologiestudent im ersten Semester sagen können, daß er unter einem posttraumatischen Belastungssyndrom leiden würde und zum Therapeuten gehörte. Das Dauerfeuer, neben ihm die zerfetzten Leiber der Freunde ... das war der Grund. Aber er wagte es nicht, Dr. Weimann zu erzählen, warum sich sein Organismus weigerte, den Leichenkeller zu betreten.

Die Sekretärin mußte bemerkt haben, wie er immer blasser wurde, wahrscheinlich schon aschfahl und etwas grün, denn sie tupfte schnell ein wenig Eau de Cologne auf ihr Taschentuch und hielt es ihm hin. Er schüttelte den Kopf. Der Geruch war es nicht, der ihm zusetzen würde.

Als würden sie ihm jeden Rückzug abschneiden wollen, kamen zwei Männer hinter ihnen her und schlossen auf. Es waren Dr. Spengler, Weimanns Mitarbeiter, und Assessor Behrens, der als Amtsrichter bei dieser gerichtlichen Leichenöffnung Zeuge sein mußte.

Behrens war es auch, der die anderen über das informierte, was man bislang in Erfahrung gebracht hatte. »Ein Wachtmeister vom Polizeirevier 131 in Charlottenburg hat den Rumpf gestern abend in einer Ruine am U-Bahnhof Knie entdeckt. Ohne Zweifel männlich. Kriminalkommissar Menzel – M I/3 – hat den Fall übernommen. In der Ruine, im Keller, haben er und seine Leute nichts entdecken können: keine Kampfspuren, keine Kleidungsstücke, keine Habseligkeiten. Völlig nackt. Und kein Blut. Der Mann ist also hundertprozentig woanders umgebracht und zerstückelt worden.«

Bacheran konnte es nicht fassen: So ein Rumpf, der wog doch gut und gerne ... ja, was eigentlich ... mindestens 60 Kilo, wenn es der Mann insgesamt auf 80 brachte. Es mußte ja fast ein Schwerathlet sein, der einen solchen ... nun, Klotz ... durch die Straßen schleppen und in einen Ruinenkeller werfen konnte.

Diese und ähnliche Überlegungen waren es, die ihn nun ruhiger werden ließen. Und immer wieder hämmerte er sich ein: Stell dir vor, was da vor dir liegen wird, ist ein Tierkadaver, den Onkel Waldemar ausweiden will. Der Körper eines Schweines, eines Kalbes, eines Schafes. Und denk dir, daß du alles nur träumst oder im Kino sitzt und dir einen Film ansiehst, in dem du selber eine

Rolle spielst. Die des jungen Referendars Bernhard Bacheran, der dabei ist, als der berühmte Gerichtsmediziner Dr. Waldemar Weimann ein Mordopfer in Augenschein nimmt.

Als er dann am Seziertisch Nr. 6 angekommen war, hatte er sich völlig im Griff. In diesem Augenblick war er nichts weiter als eine mechanische Puppe. Alles lief so ab, wie es auch abgelaufen wäre, wenn es ihn gar nicht gegeben hätte. Die beiden Mediziner hatten sich die Gummischürzen umgebunden und waren an die beiden Längsseiten des Tisches getreten. Der war so lang, daß der Torso lächerlich wirkte, lächerlich klein. Und so komisch wie eine Schaufensterpuppe, der man Kopf und Hals sowie Arme und Beine abgeschraubt hatte. Was Dr. Weimann wie Dr. Spengler so faszinierte, war die Schulter des Toten.

»Diese glatten Schnittflächen«, sagte Dr. Spengler. »Wie die Arme mit kunstgerechten Zirkelschnitten vom Körper getrennt wurden, das ist schon höchst erstaunlich.«

»Das könnte ein Chirurg nicht besser gemacht haben«, war Dr. Weimanns erster Kommentar.

Dr. Spengler lachte. »Ein Schlächter auch nicht.«

Auch Amtsrichter Behrens gab seinem Erstaunen darüber Ausdruck, daß die Arme nicht abgehackt oder abgesägt, sondern so kunstgerecht aus den Pfannen des Schultergelenks herausgelöst worden waren. »So etwas ist mir in der Literatur noch nicht untergekommen, bei keinem unserer Massenmörder.«

Ins Bild fügte sich, daß an den Stellen, wo der Kopf vom Hals und die Beine vom Körper abgetrennt worden waren, dieselbe saubere und absolut fachkundige Schnittführung zu erkennen war.

»Irgend jemand, der etwas von Anatomie versteht«, sagte Dr. Weimann und wandte sich zu seiner Sekretärin, die mit Tisch, Stuhl und Schreibmaschine dicht an den Seziertisch gerückt war, um alles zu Protokoll zu nehmen. Mit fünf Durchschlägen. »Ein Laie hätte da ganz anders gehandelt«, erklärte er Behrens und Bacheran. »Der wäre voller Hemmungen gewesen und hätte das Werkzeug wiederholt und zögerlich angesetzt. Dabei wären dann unregelmäßige und gezackte Wundränder mit unterschiedlich tiefen Kerben entstanden, hier aber: nur wenige tiefgreifende

Schnittführungen. Der Täter muß also medizinische oder anatomische Kenntnisse gehabt haben.«

»Oder aber Schlächter gewesen sein, Blockgeselle in einer Fleischerei.« Bacheran erinnerte sich an die Bemerkung, die Dr. Spenglers eingangs gemacht hatte, wie auch an die Hausschlachtungen bei seinem Onkel auf dem Lande. »Aber nach dem Kriege haben sie doch in Berlin hier überall selber geschlachtet, zumindest Kaninchen.«

»Junger Mann, zwischen einem Karnickel und einem Menschen gibt es ja doch noch ein paar Unterschiede – oder?«

»Wirklich? Es ist doch sprichwörtlich, daß manche Menschen wie die Karnickel hecken.«

»Bitte, wir haben eine Dame im Raum.«

Bacheran wurde wieder sachlich. »Womit hat denn der Täter die Leiche zerstückelt?«

Dr. Weimann reagierte auf so viel Unwissenheit mit einem unfreundlichen Brummen. »Sieht man doch auf den ersten Blick: mit einem Messer natürlich.«

»Bei Säge oder Beil«, fuhr Dr. Spengler fort, »müßten wir unregelmäßige Wundränder sowie Scharten an den Knochen und an den Gelenkknorpeln sehen. Und hier ...«

Dr. Weimann unterbrach ihn, indem er sich mit der flachen Hand so heftig gegen die Stirn schlug, daß es ordentlich klatschte. »Warten Sie ... da fällt mir noch etwas ein. Das muß vor vier Tagen gewesen sein, drüben im Ostsektor, im Leichenschauhaus an der Hannoverschen Straße. In einer Ruine am Stettiner Bahnhof, in der Borsigstraße, hatten Kinder einen grausigen Fund gemacht: einen vollständigen Arm, einen Oberschenkel und zwei Unterschenkel. Die Ost-Berliner Mordkommission hat uns das gebracht. Und genau wie hier: die Glieder fachkundig aus den Gelenken gelöst. Keinerlei Zersetzungserscheinungen. Nach Hautfarbe und Behaarung eindeutig ein Mann. Keine Verletzungen, keine besondere Merkmale. Abgesehen von einem frisch operierten Hühnerauge an der rechten Fußsohle mit einem Pflaster darüber.« Dr. Weimann beugte sich wieder über den Seziertisch. »Wenn ich mir die Schnittflächen hier ansehe, zweifle ich keine Sekunde daran, daß die Gliedmaßen von drüben zu diesem Rumpf hier gehören.«

»Man müßte sie einfach mal ranhalten«, sagte Bacheran.

»Die Wiedervereinigung dürfte in diesem Falle genauso schwer sein wie die der beiden deutschen Staaten«, sagte Behrens.

Auch Bacheran wußte, daß kein Kriminalbeamter aus dem Westen in den Osten gehen durfte und die Ost-Leute ebensowenig im Westen ermitteln konnten. Man verkehrte nur noch schriftlich, per Brief oder Fernschreiber, oder telefonierte miteinander. Bei den Justizbehörden war es nicht anders. Da war Dr. Weimann ihre einzige Hoffnung, denn weil in Ost-Berlin keine erfahrenen Gerichtsmediziner mehr aufzutreiben waren, die hatten sich alle in den Westen abgesetzt, arbeitete er mit seinen Leuten in beiden Teilen Berlins, sezierte also auch drüben im Osten und war dort als Gutachter tätig. Behrens und Bacheran baten ihn also, den Kontakt nach drüben aufzunehmen.

Doch Dr. Weimann zögerte noch. »Ich rufe erst mal Menzel an.« Das war der West-Berliner Kriminalkommissar, der aufklären sollte, wer den Torso in den Keller der Ruine Schillerstraße 3 geworfen hatte. Obwohl es Sonnabend war und die Leute langsam ans Wochenende dachten, zeigte sich Menzel höchst interessiert an der Sache.

»Aber sind Sie sich auch ganz sicher, Herr Obermedizinalrat?«

Dr. Weimann zögerte nun doch ein wenig. »Dazu müßte ich die Teile von drüben haben.«

Man sah direkt, wie Menzel am anderen Ende der Leitung abwinkte. »Die drüben geben uns doch nichts raus.«

»Dann gehe ich eben rüber«, sagte Dr. Weimann.

Nun wurde Menzel sehr energisch. »Aber nicht mit unserem Torso!«

Sichtlich genervt warf Dr. Weimann den Hörer auf die Gabel. »Was bleibt mir nun anderes übrig, als den Genossen Generalstaatsanwalt anzurufen?! Der ist zwar in der SED, aber vielleicht hat die reine Logik doch noch eine Chance und siegt.«

»Besonders wenn Sie ihm klarmachen, daß der Mörder wahrscheinlich aus dem Westen kommt und damit wieder einmal die Verderbtheit des Kapitalismus sichtbar wird«, riet ihm Bacheran.

»Wir wissen doch noch gar nicht, daß es ein West-Berliner ist«, wandte Behrens ein.

»Macht doch nichts, hilfreich ist es allemal.«

Und Dr. Weimann schaffte es aufgrund seines Rufes und seiner charismatischen Kraft, das Wunder zu vollbringen. »In einer halben Stunde sind unsere Leute drüben«, hieß es schließlich aus dem Osten.

Im Leichenkeller des Robert-Koch-Krankenhauses hatte man bis dahin noch eine Menge zu tun. Zuerst wurde der Rumpf vermessen. »92 Zentimeter«, las Dr. Spengler und erklärte den beiden Laien im Raum, daß das auf eine mittlere Statur schließen ließe. »Grob geschätzt muß der Mann so um die Vierzig gewesen sein. Genaueres kann man erst sagen, wenn man Haut und Knochen unterm Mikroskop beziehungsweise am Röntgenschirm betrachtet hat. Und noch etwas: Die Zerstückelung muß kurze Zeit nach der Tötung erfolgt sein, so daß das Blut aus dem Körper abfließen konnte. Dadurch gibt es keine oder nur sehr blasse Totenflecke – wie hier in unserem Falle.«

»Wann könnte der Mann denn ermordet worden sein?« fragte Amtsrichter Behrens.

»Nun ...« Dr. Weimann brauchte nicht lange nachzudenken. »So kühl wie es derzeit ist ... sechs Tage etwa.«

Bacheran rechnete: zehn weniger sieben. Am 3. Dezember also. Doch Dr. Spengler und die Sekretärin blickten da etwas skeptisch und sagten, Dr. Weimann habe ihnen äußerste Vorsicht angeraten, wenn der Tod länger als zwei Tage zurückläge.

Dr. Weimann schmunzelte. »Ich gehe hundertprozentig davon aus, daß dieser Rumpf hier aus dem Westen zu den Gliedmaßen aus dem Osten gehört, die wir vor vier Tagen drüben in der Hannoverschen Straße untersucht haben – und da konnten wir mit Sicherheit erkennen, daß der Tod vor sechsunddreißig Stunden eingetreten war.«

Nachdem das Wann des Todes geklärt war, konnte man sich der Frage des Wo zuwenden: wo die fremde Gewalt angesetzt hatte.

Quadratzentimeter für Quadratzentimeter wurde der Rumpf unter die Lupe genommen. »Keine Schlagspur, keine Schußwunde, keine Stiche. Keine Spuren von Injektionsnadeln.« Hatte er dies eher gelangweilt zu Protokoll gegeben, so zeigte sich Weimann plötzlich fast aufgeregt. »Aber hier, was ist denn das ...? Dicht unterhalb der Abtrennungsebene ist eine horizontale streifige Hauteintrocknung erkennbar. Auf der fahlen Haut zeichnet sich ein schmaler bräunlicher Streifen ab.«

»Das sieht ganz nach einer Strangmarke aus«, fügte Dr. Spengler hinzu.

Bacheran mußte heftig schlucken und litt ein wenig unter Atemnot, denn ihm war so, als würde ihm jemand den Hals zudrücken. »Ist er also erwürgt worden?«

»Nein: erdrosselt. Mit einem dünnen Strick oder ähnlichem, denn nirgends auf der Haut sind Kratzer oder Druckstellen zu erkennen. Aber solange wir den Hals nicht haben ...«

Sie machten sich an die Obduktion, und abermals war Bernhard Bacheran nahe daran, in Ohnmacht zu fallen. Obwohl ... Es ging wirklich nicht viel anders zu als beim Onkel auf dem Bauernhof. Wie ein Schlachtergeselle nahm Dr. Spengler das größte Seziermesser vom Instrumententisch und spaltete mit einem langen Schnitt die Haut und Muskelschicht des Torsos. Dann griff er sich die Knochenschere, setzte alle Kraft seiner Armmuskeln ein und öffnete den Brustkorb. Wie Vater es Weihnachten bei der gebratenen Gans machte, schoß es Bacheran durch den Kopf. Das lenkte ab, und doch wurde der Ekel so stark, daß er sein Taschentuch herausreißen mußte, als die beiden Lungen offen dalagen. Bräunlich bis rot marmoriert die Oberfläche. Der Brechreiz ließ sich nicht mehr unterdrücken, Bacheran würgte grünlichen Schleim hervor.

Ungerührt, aber mit einem strafenden Blick diktierte Dr. Weimann der Lehmann weiter in die Maschine: »Mehrere inselförmige Ansammlungen dunkler Flecke auf der Oberfläche. Typische Blutungen, wie sie nur bei Erstickenden auftreten.«

Vorsichtig, Schicht für Schicht legte Dr. Weimann nun den Kehlkopf frei. »In der Haut und in der Muskulatur deutliche

Quetschungen und ergossenes Blut. Eindeutig Gewalteinwirkung gegen den Hals. Der Adamsapfel selbst unverletzt, aber Verletzungen der Schildknorpelträger. Unterblutet.«

»Was heißt das?« fragte Bacheran.

»Daß sie zu Lebzeiten entstanden sind. Blutergüsse, wie sie nur entstehen können, wenn der Blutkreislauf noch funktioniert, der Mensch also noch am Leben ist.«

Die Tür ging auf, und alle fuhren herum. Bacheran dachte: Jetzt kommt der Tote herein, wieder vollständig beisammen. Ein Horrorbild wie im Traum, wie im Film. Es war aber lediglich Norbert Menzel, der West-Berliner Kommissar von der Mordkommission M I/3. Dr. Weimann informierte ihn so lakonisch, wie es seine Art war: »Erdrosselung, klassischer Befund.«

Bacheran, der Menzel flüchtig kannte, wagte es zu lästern. »Was machen Sie denn nun mit ›Ihrem‹ Torso, damit er nicht in den Osten entführt wird? Nehmen Sie ihn selber mit nach Hause und packen ihn in den Eisschrank?«

»Ich dachte eher, wir deponieren ihn bei Ihnen auf dem Balkon.«

»Kinder!« Hildegard Lehmann mochte es nicht, wenn man im Beisein eines Toten solche Reden führte. »Etwas Pietät darf man angesichts eines Mordopfers wohl erwarten.«

So schwiegen sie und sahen zu, wie Dr. Spengler den Kehlkopfknorpel und die ihn umgebende Halsmuskulatur herauspräparierte, um sie ins Labor bringen zu lassen. »Bitte konservieren und mikroskopische Schnitte davon anfertigen lassen.«

Kaum war der Institutsdiener wieder gegangen, gab es draußen auf dem Gang polternde Schritte. Jemand klopfte. Bacheran ging zur Tür und zog sie auf. Draußen standen drei Männer. Einer trug eine schwarze Kiste. Das war sicherlich der Leichendiener. Die anderen beiden sahen wie Vopos aus. In Zivil natürlich. Der eine stellte sich vor: »Steffen. Wir bringen Ihnen das Gewünschte, Herr Obermedizinalrat.« Der Leichendiener stellte sein Behältnis auf einen der freien Tische.

Dr. Weimann bedankte sich. Man bildete einen Halbkreis um die schwarze Kiste. Die Spannung wuchs, als sich Dr. Spengler nun daran machte, sie zu öffnen. Bacheran fühlte sich an eine Verlosung erinnert. Der Gerichtsmediziner klappte den Deckel auf, griff sozusagen blind hinein und fischte einen Arm heraus. »Bitte sehr, Herr Kollege. Frisch aus dem Kühlraum.«

Dr. Weimann nahm den Arm, betrachtete ihn kurz und ging dann zum Seziertisch Nr. 6, um ihn an den Torso aus der Schillerstraße zu halten. »Die Hautfarbe ...? Nicht der geringste Unterschied.« Dann hielt er den Arm an die Schulter. »Paßt.« In der Tat: Die Schnittflächen fügten sich glatt aneinander. Bei den Beinen war es nicht anders.

Bacheran ahnte die politische Dimension des Ganzen: Aus dem einen Leichenfund im Osten und dem anderen im Westen war nun ein Fall geworden.

»Schon eine Ahnung, wer der Mann ist?« fragte Dr. Weimann die beiden Polizisten aus dem Osten.

»Keinen blassen Schimmer, Herr Obermedizinalrat.«

Bacheran sah ihnen aber deutlich an, daß sie logen. Sicher nicht aus freien Stücken, sondern weil ihnen Pohl, der Volkspolizeirat, oder eine andere Kaderkraft eine entsprechende Weisung erteilt hatte.

# KAPITEL 11

Bernhard Bacheran ließ sich treiben. Quer durch Moabit, zwischen Ringbahn und Spree, zwischen Poststadion und Beusselstraße. Irgendwo würde er schon einen S-Bahnhof finden, irgendwann, irgendwie. Nach den beiden Stunden im Leichenkeller mußte er dringend an die frische Luft und sich ein wenig die Beine vertreten. Wieder zu sich kommen. Eigentlich hätte er ja noch ins Büro gemußt, denn am Sonnabend war bis mittags zu arbeiten, aber in der Staatsanwaltschaft vermißte ihn keiner, wenn er nicht mehr erschien. *Wochenend und Sonnenschein ...* Alle freuten sich darauf, nur er nicht. Am Nachmittag Kaffeetrinken mit seiner Mutter und Tante Erna. Am Abend ins Kino mit seiner Mutter und Tante Erna. Am Sonntagvormittag Ausflug mit seiner Mutter und Tante Erna nach Treptow, Spaziergang durch den Park und an der Spree entlang, Mittagessen mit seiner Mutter und Tante Erna zu Hause in der Fuldastraße, bis zum Abend Kartenspielen mit seiner Mutter und Tante Erna. Das übliche Programm. Was sollte er machen ...? Seine Freunde waren alle schon in den heiligen Stand der Ehe getreten und mit sich und ihren Kindern beschäftigt. Wurde er da eingeladen, kam er sich als Fremdkörper vor. Alle hatten sie ihr »kleines Frauchen«, so seine Mutter und ihre Schwester, besagte Tante Erna, nur er nicht. Dafür gab es keinen einsehbaren Grund. Er konnte machen, was er wollte, immer ging es schief. »Mit Gewalt läßt sich kein Bulle melken«, so sein Onkel Waldemar. Der, der immer selber schlachtete. Wobei seine Gedanken wieder beim Seziertisch Nr. 6 und dem Torso angekommen waren. Es war schon hirnrissig. Im Osten wußten sie, wer der Tote war, und behielten es für sich, damit sie den Mörder fangen und sich die Federn an den Hut heften konnten. Seht her: Was sind das doch für Dummköpfe im Westen! Oder besser noch, sie unterstellten der West-Berliner Polizei und den westlichen Alliierten, daß sie den Mörder deckten, weil das in Wahrheit irgendein Geheimdienstler war, der nach Berlin gekommen war, um in der DDR Sabotageakte zu begehen. Vielleicht auch ein hohes Tier mit abartigen Neigungen. Man konnte ja nie wissen. Bei der sprichwörtlichen Verderbtheit des Kapitalismus war alles möglich.

Bacheran erschrak. Diesen Hauseingang kannte er doch. Die Wilsnacker Straße Nr. 6. Klar, das Kriminalkommissariat Tiergarten. Er beschloß hineinzugehen, sich ein wenig aufzuwärmen und zu hoffen, eine Tasse Kaffee angeboten zu bekommen. Diese Hoffnung sollte sich auch erfüllen, denn die Kolleginnen und Kollegen saßen schon zusammen und feierten den dritten Advent. Man kannte sich zumindest flüchtig, und Bacheran brauchte sich nicht lange vorzustellen. Eine der Kriminalassistentinnen bot ihm ein Hackepeterbrötchen an.

»Nein, danke. Die Lust auf rohes Fleisch ist mir für den Rest des Jahres vergangen.« Und er erzählte von seinen Erlebnissen im Leichenkeller. Alle fanden es empörend, daß der Osten derart mauerte, und schworen Rache, wenn man bei einem der zukünftigen grenzüberschreitenden Fälle mal selber alle Trümpfe in der Hand halten sollte. »Aber vielleicht kommt der Mörder auch aus Ost-Berlin«, sagte einer. »Und dann haben wir Oberwasser. Wer zuletzt lacht ...«

An diesem Tage lachte man über die Witze, die der Chef zum Besten gab. »›Bei uns kommt kein Tropfen Alkohol auf den Tisch.‹ – ›Bei uns auch nicht – wenn wir vorsichtig eingießen.‹« Und auch hier im Kommissariat goß man sehr vorsichtig ein. Und dies unter einem Schild, das irgendwer bei der Reichsbahn abgeschraubt hatte: *Sei nüchtern im Dienst!* Bacheran, der Alkohol nicht sonderlich mochte, mußte mittrinken, ob er wollte oder nicht. Sonst hatte er von vornherein schlechte Karten in der Berliner Verwaltung. Keine echte Gemeinschaft ohne ab und an mal ein kleines Besäufnis. Aber die Kollegialität war schon beeindruckend, das mußte man den Leuten lassen. An der Wand hing ein Foto, auf dem sich alle am wärmenden Kanonenofen versammelt hatten. Der Amtsleiter neben dem Anwärter. Die Nachkriegswinter waren kalt, da mußte man zusammenhalten. Alle hatten dieselben Sorgen. Jeder hatte etwas, und jedem fehlte etwas – der Tausch blühte. Damit waren im Alltag die Hierarchien verwischt. Andererseits waren die Vorgesetzten, fast ausschließlich Männer, noch immer halbe Götter, und auf Disziplin, Sauberkeit und Pünktlichkeit wurde größter Wert gelegt, auf die alten militärischen Tugenden. Das neue Deutschland, fand Bacheran, war auch nach der Entnazifizierung weithin das alte geblieben. Ein Anzug blieb ein Anzug, auch wenn man ihn umgefärbt hatte, von braun auf rot oder auf schwarz.

Jemand hatte italienischen Rotwein mitgebracht, und Bacheran wäre jede Wette eingegangen, daß man innerhalb der nächsten Viertelstunde die *Capri-Fischer* singen würde. Was man dann auch tat. *Wenn bei Capri die rote Sonne im Meer versinkt und vom Himmel die bleiche Sichel des Mondes blinkt, zieh'n die Fischer mit ihren Booten aufs Meer hinaus, und sie legen im weiten Bogen die Netze aus. Nur die Sterne, sie zeigen ihnen am Firmament ihren Weg mit den Bildern, die jeder Fischer kennt. Und von Boot zu Boot das alte Lied erklingt, hör von fern, wie es singt: Bella, bella, bella Mari, bleib mir treu, ich komm' zurück morgen früh! Bella, bella, bella, Mari, vergiß mich nie!*

Und tapfer sang Bacheran mit: »*Bella, bella, bella, Mari, vergiß mich nie!*«

In diesem Augenblick klopfte es, und nach dem unwirschen »Herein!« des Chefs standen zwei Menschen in der Tür, die so ernsthaft und so dienstlich wirkten, daß keiner mehr ans Singen dachte. Auch war es den meisten der Anwesenden bei ihrem Anblick richtig peinlich, daß man hier saß und feierte. Der Chef sah sich dann auch veranlaßt, so etwas wie eine Entschuldigung zu murmeln: »Saure Wochen, frohe Feste … Treten Sie ruhig näher, liebe Kollegen, der Klassenfeind hat die besten gefüllten Dominosteine. Wenn Sie denn dürfen …«

»Wir sind ja nicht dienstlich hier.«

»Noch schlimmer. Aber legen Sie erst mal ab.« Er kannte die beiden Ost-Berliner Kripoleute aus früheren gemeinsamen Zeiten und stellte sie den anderen vor: »Kommissar Steffen von der Mordkommission Ost, Kriminalassistentin Leupahn ...«

Als Bacheran der Leupahn die Hand gab und ihr in die Augen sah, schönstes Vergißmeinnicht, da fand er sie nicht sonderlich sympathisch. Zu herb, zu östlich. Steffen dagegen gefiel ihm auf Anhieb. Ein kantiges Gesicht, ein wenig wie Nick Knatterton aus der *Quick*. Man setzte sich wieder und nahm die Ost-Berliner Kollegen in die Mitte.

»Sie sind also hergekommen, um Dominosteine und Schokoladenherzen zu essen«, sagte der Chef der Tiergartener. »Guten Appetit. Und worüber plaudern wir jetzt ganz verschwiegen im Freundeskreise?«

»Über Hermann Seidelmann.«

»Wer ist Hermann Seidelmann?«

Steffen und die Leupahn waren erstaunt. »Das wissen Sie noch nicht ...?«

»Nein, woher?«

Da begann Bacheran etwas zu ahnen, und er wagte sich aus der Deckung heraus. Auch um den Kripo-Leuten zu zeigen, daß die Staatsanwalt ihre oberste Dienstbehörde war und folglich immer mehr zu wissen hatte. »Hermann Seidelmann wird der Eigentümer jenes Rumpfes und jener Gliedmaßen sein, die wir vorhin auf dem Seziertisch im Robert-Koch-Krankenhaus bewundern durften. Mit Ausnahme seines Kopfes und eines Armes. Stimmt es – oder habe ich recht?«

Steffen grinste. »Weiß ich nicht. Das ist ein streng gehütetes Dienstgeheimnis. Ich sage nichts. Nur so viel, daß Fräulein Leupahn Ihnen gleich einmal sagen wird, warum wir hier sind.«

»Ja, nun ... Ich will einmal so anfangen ...« Die Leupahn war ziemlich befangen und fahrig, und daß der Grund dafür Bernhard Bacheran hieß, ahnte niemand im Raum. »Ein gewisser Hannes Seidelmann aus der Wiclefstraße 19 in Berlin-Tiergarten ... also ... der ist vor drei Tagen bei uns gewesen und hat seinen Bruder infiziert ...« Man lachte, was sie verständlicherweise noch nervöser werden ließ. »Wie? Infiziert, nein, natürlich: identifiziert. An einem Hühnerauge hat er seinen Bruder erkannt. Das war frisch operiert. Am linken Fuß. Seit dem 3. Dezember ist Hermann Seidelmann vermißt worden.«

»Was weiß man denn noch so?« fragte der Chef des Tiergartener Kriminalkommissariats.

»Eine ganze Menge noch, aber ...« Steffen machte eine Geste des Bedauerns. »Sie wissen doch, lieber Kollege, daß ich es für mich behalten muß.«

Der Westler grinste. »Natürlich. Aber gegen einen Tausch 1:1 wird ja keiner was haben.«

»Was für einen Tausch?«

»Kommen Sie: Sie sind doch hier, um mit Seidelmanns Bruder zu reden. Tun Sie es ohne oder gegen mich, lasse ich Sie festnehmen. Und schleichen Sie sich heimlich, still und leise zu Seidelmann, dann laufen Sie Gefahr, daß der dichtmacht und unsere Kollegen ruft. Die Stumm-Polizei.«

Steffen nickte. »Womit Sie nicht ganz unrecht haben dürften.«

»Danke. Und darum schlage ich folgendes vor: Ihre junge Kollegin macht jetzt einmal ein kurzes Nickerchen bei uns und spricht im Schlaf, was man ja keinem verbieten kann, und Sie gehen nachher zu Hannes Seidelmann in die Wiclefstraße und reden mit ihm ... begleitet von unserem Referendar hier, von Herrn Bacheran.«

Steffen nickte. »Gut. Es ist zwar empörend, wie Sie mich erpressen, aber solange der Sozialismus noch nicht überall gesiegt hat, muß man halt Kompromisse mit dem Klassenfeind machen. Dann schließen Sie mal die Augen und fangen an zu reden, Fräulein L.«

Bacheran schrieb mit, was die Leupahn nun zum Fall Seidelmann offenlegte: Schausteller und ambulanter Händler aus Sachsen. Zur Beerdigung seiner alten Mutter im November nach Berlin gekommen. Unterkunft bei seinen Geschwistern. Neben Hannes gibt es noch eine Gerda Seidelmann. Hermann Seidelmann hatte 3200 Mark Ost mit nach Berlin gebracht, um sie gegen Westgeld einzutauschen, aber auch Ersatzteile zu kaufen. In der Nacht zum 3. Dezember war er nicht nach Hause gekommen. Auch am darauffolgenden Tage nicht, worauf die Geschwister dann zur Vermißtenstelle gegangen waren.

Kommissar Steffen stand nun auf. »Herzlichen Dank für die Gastfreundschaft, verehrte Kolleginnen und Kollegen. Sie wissen von nichts, ich weiß von nichts, und wenn uns Herr Bacheran nun folgt, dann einzig und allein, weil er Fräulein Leupahns Liebreiz erlegen ist – und keineswegs aus dienstlichen Gründen.«

Die Kriminalassistentin aus Ost-Berlin lief rot an, und Bacheran staunte, wie hübsch sie plötzlich war. Sie machten sich zu Fuß auf den Weg von der Wilsnacker zur Wiclefstraße. Einen Wagen hatten sie nicht, und die vielleicht vier Stationen mit der Straßenbahn zu fahren, lohnte sich nicht. Dienstfahrscheine für die Ost-Kollegen gab es nicht, und Spesen konnten sie keine geltend machen, da sie ja an sich gar nicht hier waren. Bacheran wollte sie zu einer Fahrt mit der 2 einladen, doch Fräulein Leupahn meinte, daß Laufen sehr gesund sei. Fußmärsche von zwei Kilometern waren zu dieser Zeit ein Klacks.

»Als die 86 nach dem Krieg nicht gefahren ist, bin ich jeden Morgen vier Kilometer nach Grünau zur S-Bahn gelaufen.«

Bacheran schaltete schnell. »Dann wohnen Sie also in Karolinenhof ...?«

»Gut kombiniert.«

»Dabei bin ich nicht mal bei einem Kombinat. Und – immer am Wasser entlang?«

»Nein, quer durch den Wald.«

»Wir sind früher oft am Langen See, an der Dahme entlang spazierengegangen. Von Grünau nach Schmöckwitz.« Bacheran konnte sich gut vorstellen, dies alsbald wieder zu tun – und zwar an ihrer Seite.

»›Wir‹ ... Sind Sie verheiratet?«

Bacheran lachte. »Wenn dies ein Verhör ist – ohne meinen Anwalt sage ich nichts mehr. Aber, um Sie zu beruhigen: Nein, ich bin sonntags immer mit meinem lieben Mütterlein unterwegs. Was schon schwer genug zu ertragen ist. Aber dann kommt noch Tante Erna hinzu. Da haben Sie's sicherlich besser ... mit Ihrem Mann.«

»Der muß erst noch gebacken werden.«

»Womit er dann aber zwanzig Jahre jünger wäre als Sie. Und so lange wollen Sie wirklich warten ...?«

Steffen unterbrach sie, indem er sich an der Kreuzung Turm- und Stromstraße zwischen sie drängte und mit Bacheran über Fußball reden wollte. Der war als Neuköllner natürlich für Tasmania 1900, während der Ost-Berliner Kommissar für Hertha schwärmte. Tennis Borussia mochten sie beide nicht. Doch das Thema Fußball war schnell vergessen, als ein Fiat Topolino an ihnen vorüberrauschte.

»16,5 PS, 90 Stundenkilometer Spitze!« Steffen geriet ins Schwärmen.

»Was ich brauche, ist ein neues Fahrrad«, sagte Bacheran.

Als sie sich umdrehten, war Fräulein Leupahn nicht mehr hinter ihnen. Sie war vor einem Schaufenster stehengeblieben. Wäsche und Miederwaren. Da rekelte sich eine Blondine ziemlich lasziv auf einem Polstermöbel, und Bacheran las: *Schönere Figur durch Felina.* Der Büstenhalter – aus bestem Atlas, Brust Spitzeneinsatz, sehr gute Paßform, Träger verstellbar – kostete DM 6,50, der dazu passende Hüftgürtel – Rückenteil Gummi – DM 13,75.

»Na, suchen Sie sich aus, was Ihnen der Weihnachtsmann alles bringen soll?« fragte Bacheran.

»Den Weihnachtsmann möchte ich mal sehen.«

»Drehen Sie sich ruhig nach mir um.«

»Sie gehen ja ran ...«

»Eine reine Verzweiflungstat. Nur um meiner Mutter und Tante Erna zu entgehen.«

Sie wandte sich zum Weitergehen. »Danke für das Kompliment.«

Bacheran zögerte, ob er weiter auf Teufel komm raus mit ihr flirten sollte. Sie kam aus dem Osten, er aus dem Westen – das gab nur Komplikationen. Und ... er hatte immer von einer Frau geträumt, die weich und anschmiegsam war, so der Typ Lilian Harvey, und Fräulein Leupahn war eher die strenge Gouvernante. Allerdings ... wenn sie lächelte, hatte sie eine gewisse Ähnlichkeit mit Hildegard Knef. Nun ... er kannte ja nicht einmal ihren Vornamen. Wahrscheinlich hieß sie Brunhilde.

Über die Emdener Straße kamen sie zum Mietshaus Wiclefstraße Nr. 19 und stellten anhand des Stillen Portiers schnell fest, daß ein Seidelmann hier wirklich wohnte. Hinterhaus, zwei Treppen, Mitte links. Sie stiegen hinauf. Hoffentlich waren Hannes Seidelmann und seine Schwester schon zu Hause. Bacheran klingelte, und ohne langes Zögern wurde ihnen geöffnet. Offenbar waren sie schon erwartet worden. Man machte sich miteinander bekannt, dann wurden sie hereingebeten. »Nehmen Sie doch bitte Platz. Dürfen wir Ihnen etwas anbieten?«

Bacheran dankte im Namen aller. »Nein, bitte nicht ...«

»Sie kennen die traurige Wahrheit ja schon ... daß ihr Bruder ermordet worden ist«, begann Bacheran. »Und wir dürfen Ihnen erst einmal unser herzliches Beileid aussprechen.«

Die Geschwister bedankten sich. »Es ist ja alles so schrecklich«, fügte Hannes Seidelmann hinzu. »Da überlebt er nun den Krieg ... und wird dann hier in Deutschland er ... ermordet.«

Bacheran stutzte. Wenn er richtig hingehört hatte, dann hatte Seidelmann statt ermordet erst etwas anderes sagen wollen. Erdrosselt vielleicht. Was er aber noch gar nicht wissen konnte. Oder interpretierte er da etwas hinein, was gar nicht Sache war? Hm ... Daß ein Bruder den anderen tötete, war ja seit Kain und Abel nichts Unvorstellbares mehr. Vielleicht haßte er seinen Bruder seit Kindheitstagen, vielleicht hatte er eine Affäre mit seiner Schwägerin, vielleicht war er auf das Geld seines Bruders scharf gewesen. Dies alles ging ihm durch den Kopf, während Hannes und Gerda Seidelmann ihnen Auskunft über ihren Bruder gaben. Während er aufmerksam zuhörte, ruhte Bacherans Blick auf einem Prospekt, der auf dem Couchtisch lag. Vom Möbelhaus Gregor Göltzsch Uhland-, Ecke Kantstraße. Die Werbung kannte er. *Möbel von GG – eine Pfundsidee.* Er sah sich verstohlen um. Seidelmanns Einrichtung schien noch aus Kaisers Zeiten zu stammen, da war dringend mal was Neues nötig. Insbesondere wenn er sich eine Frau ins Nest holen wollte. Aber was das kostete!

»... und wir sind ja dann mit dem Zettel ›Schöne Frau am Zoo‹ überall herumgezogen und haben nach ihm gefragt, aber ohne Ergebnis.«

»Hat er sich für fremde Frauen interessiert?« fragte Steffen.

»Unser Bruder hat vier Kinder und war ein guter Familienvater.«

Als ob das eine das andere ausschlösse, dachte Bacheran, und starrte dabei auf die Hände von Hannes Seidelmann. Kräftig genug waren sie ja. Schließlich war er, wie er eben gerade erzählt hatte, von Hause aus Telegrafenbauhandwerker und hatte ein halbes Leben lang Kabel verlegt. Kabel und Leitungen. Strippen, wie man umgangssprachlich sagte. Und man brauchte nicht immer einen Strick oder eine Wäscheleine, um einen Menschen zu erdrosseln, eine Telefonschnur tat es auch.

In diesem Augenblick war sich Bacheran ziemlich sicher, daß Hannes Seidelmann der Täter war.

»Sie wollten gerade los, sich neue Möbel ansehen ...?« fragte er beiläufig, als Steffen und die Leupahn fertig waren.

»Nein, nein«, versicherte Seidelmann. Für Bacheran etwas zu nachdrücklich. »Den hat sich mein Bruder mitgebracht.«

Kommissar Steffen erhob sich. »Ja, Herr Seidelmann, es sieht trübe aus ...«

So ist es, dachte Bernhard Bacheran. Die Stadt zerstückelt, die Leiche zerstückelt. Das Ganze ein Ost-West-Puzzle.

Fräulein Leupahn ließ sich von der allgemeinen Melancholie nicht anstecken und blieb betont sachlich. »Halten wir fest: Vom Täter fehlt noch jede Spur, und auch im Hinblick auf den Tatort tappen wir völlig im Dunkeln. Zur Ergreifung des Täters wird aber eine Belohnung ausgesetzt werden.«

## KAPITEL 12

In der Fuldastraße saßen sie auch am dritten Advent pünktlich um 8 Uhr am Frühstückstisch. »Jeder Mensch braucht seine Ordnung.« Wären die Bacherans ein altes Geschlecht mit einem Wappen gewesen, hätte es dort mit goldenen Lettern gestanden. Bernhards Vater hätte dabei an Gott und den Kosmos gedacht, an die voll berechenbaren Bahnen der Planeten und Kometen, seine Mutter an das Funktionieren des menschlichen Körpers. Kein Wunder, daß er da beschlossen hatte, Jura zu studieren, war doch ein elaboriertes Rechtssystem die einzige Chance des Menschen, Ordnung ins Chaos des Lebens zu bringen. Gleichzeitig aber war er sich immer auch dessen bewußt, daß Ordnung zwar das halbe Leben war, aber eben nicht das ganze. Und nach dieser anderen Hälfte dürstete er. Sie mußte ja nicht gerade darin bestehen, andere umzubringen und die Leichen zu zerstückeln.

»Du bist ja so still, mein Junge ... « Seine Mutter sah ihn prüfend an. »Nach dem Staatsexamen wolltest du doch ein wenig kürzer treten ...«

»Erst wenn ich Justizminister bin«, brummte er.

»Nimm doch etwas von dem rohen Schinken hier.«

»Ja, gerne. Vielleicht kommt mir, wenn ich hineinbeiße, eine Idee, wer Hermann Seidelmann umgebracht haben könnte.«

Daraufhin schwiegen die beiden Frauen am Tisch, und Annemarie Bacheran war schnell bei ihrem Lieblingsthema: die erste Zeit nach Ende des Krieges. »Ihr müßt euch mal vorstellen, daß in Neukölln allein acht Schulgebäude völlig zerstört worden waren. Wir haben teilweise über vierzig Schüler in einer Klasse gehabt und in zwei bis drei Schichten unterrichtet. Bei uns an der 2. Oberschule waren das Dach und die technischen Anlagen stark beschädigt. Die Beseitigung aller Kriegsschäden wird 113 600 Reichsmark betragen, habe ich gestern gelesen. Und bis heute haben wir keine vernünftige Turnhalle.«

Ihr Sohn hatte Mühe, nicht unhöflich zu werden. »Ich weiß, Mutter, ich habe bei euch in der Aufbauklasse das Abitur nachgeholt, als ich aus der Kriegsgefangenschaft zurückgekommen bin.«

Erna Nostiz, die jüngere Schwester seiner Mutter, hatte geholfen, die Volkshochschule Neukölln zu neuem Leben zu erwecken, und dabei einige Schäden davongetragen, so daß sie auch diesen Sonntag mit einem Bulletin über ihren Gesundheitszustand einleitete. »Mit meinem Ischias bin ich ganz gut über die Nacht gekommen, aber die Galle macht mir wieder etwas zu schaffen. Ami, koche heute mittag bitte nicht zu fett.«

»Du Ärmste, daß dir das mit dem Schröder so auf die Galle geschlagen ist.« Karl Schröder hatte sich um die VHS Neukölln verdient gemacht und war mit seinem Programm »Schutt beseitigen, die Erde pflügen und gesunde Samen streuen« in aller Munde gewesen, dann aber hatte er sich zwischen seiner Mitgliedschaft in der SED und seinem Amt entscheiden müssen. Beides ginge nicht. Mit seinem klaren »Ich bleibe in der SED« war dem Neuköllner Rathaus nichts anderes geblieben, als ihn zu entlassen. Aus gesundheitlichen Gründen.

Annemarie Bacheran kam auf die Galle ihrer Schwester zurück. »Du brauchst dir keine Sorgen zu machen: Es gibt Falschen Hasen heute. Und vorher eine Suppe.«

»Aber nur Klütersuppe mit Fußmehl«, fügte Bernhard hinzu. Das bezog sich auf die Beziehungen, die seine Mutter zum Haus Friedland gehabt hatte, dem späteren Kaufhaus Hertie in der Karl-Marx-Straße, wo sich nach Ende des Krieges das zentrale Lebensmittelmagazin des Bezirks befunden hatte. Einer ihrer ehemaligen Schüler war dort beschäftigt gewesen und hatte sich das Recht erkämpft, das aus den Säcken gerieselte Mehl vom Fußboden aufzufegen, Fußmehl eben.

»Einerseits ist es noch wie gestern, andererseits aber auch schon wieder eine Ewigkeit her«, sinnierte Erna Nostiz. »Ich sehe noch den Tiergarten vor mir, eine grüne Oase ... und jetzt: die reinste Steppe.«

»Der Tiergarten soll doch jetzt wieder neu erstehen«, sagte Annemarie Bacheran. »Bremen hat doch gerade dreißigtausend Jungbäume gespendet. Und wenn die erst wieder groß geworden sind ...«

Es wurde nun alles durchgegangen, durchgehechelt, was sich in der letzten Woche ereignet hatte. Sauerbruch hatte auf Anordnung der Sowjetzonenregierung seine Tätigkeit an der Ost-Berliner Charité aufgeben müssen. Nach dreißig Jahren. Die SED machte immer stärker Front gegen West-Berlin und drohte, *den Brückenkopf des US-Imperialismus zu zerschlagen.* Im *Monte Carlo* am Zoo trat die javanische Tänzerin Laya Raki auf. Und immer wieder gab es Leute, die Marlene Dietrich in Berlin gesehen haben wollten.

»Vielleicht tritt sie heute in der Weihnachtsmatinee auf«, sagte Bernhard. Die sollte um 10 Uhr 45 im Theater am Kurfürstendamm stattfinden und war vom *Telegraf* organisiert worden. Motto: Berliner Künstler für arme Kinder. Alles, was Rang und Namen hatte, war vertreten, so auch Curth Flatow, Victor de Kowa, O. E. Hasse, Brigitte Mira, Walter Gross, Sonja Ziemann und die Schöneberger Sängerknaben.

»Wie gerne hätt' ich die gesehen«, seufzte Erna Nostiz. »Wenn ich die höre, löst sich mein Geist aus meinem Körper und entschwebt in himmlische Gefilde.«

Bernhard Bacheran konnte beim Anblick seiner Tante nicht anders, als zu lästern. »Man merkt doch, daß du deinen eigenen VS-Kurs besucht hast: Existentialismus und neuere Strömungen in der Philosophie.«

Sie nahm es ernst und war gekränkt. »Was wir geleistet haben, da können wir stolz drauf sein. Die einen haben den Trümmerschutt des Dritten Reichs beiseite geräumt – und wir den ideologischen. Das stimmt schon, was die da drüben singen: Auferstanden aus Ruinen ...«

»Bei mir müßte es eher heißen: Aufgefunden in Ruinen ... was unsere diversen Leichenteile betrifft.« Er hatte das Gespräch mit aller Macht auf diesen Punkt bringen müssen, um seiner Mutter möglichst schonend beizubringen, daß sie heute ihren Falschen

Hasen ohne ihn essen mußten. »Tut mir leid, aber wir haben um zwölf ein Treffen mit unseren Ost-Berliner Kollegen ...« Das war zwar nur die halbe Wahrheit, aber wiederum auch nur halb gelogen, so daß er nicht richtig rot zu werden brauchte.

»Am Sonntag?«

»Es gibt viele Menschen, die sonntags arbeiten müssen: S-Bahnfahrer, Krankenschwestern, Rundfunksprecher ...«

»Was auch immer ringsum passiert ist ... Motto: Und wenn die ganze Welt in Scherben fällt ... unser sonntägliches Mittagsmahl haben wir uns nie entgehen lassen, das ist nie ausgefallen. Der Mensch braucht feste Bezugspunkte im Leben.«

»Ja, Mutter, aber nicht ein Leben lang immer dieselben.« Damit stand er auf und verließ das Zimmer. Als er auf dem Korridor stand und sich den Mantel anzog, wußte er, daß sie drinnen wie erstarrt am Tisch saßen und weinten. Sollte er noch einmal hineingehen und ihnen sagen, warum er heute nicht mit ihnen essen wollte und konnte? Ja. Nein.

Seine Mutter nahm ihm die Entscheidung ab. Sie stand in der Wohnzimmertür und sah ihn ebenso sorgen- wie vorwurfsvoll an. »Gehst du jetzt etwa zum Billardspielen in die Kneipe und kommst betrunken zurück?«

»Nein, Mutter, ich gehe ins Bordell, um dir eine Schwiegertochter zu suchen.« Damit schlug er die Tür hinter sich zu und sprang die Treppen hinunter. Es tat ihm leid, sie verletzt zu haben, doch andererseits: Was sein mußte, das mußte sein. Gleichzeitig mußte er über das schmunzeln, was ihm da herausgerutscht war. Er verstand zwar nicht viel von Sigmund Freud, aber irgendwie mußte sein Unbewußtes dabei eine bedeutende Rolle gespielt haben. Das Bordell stand für sein Bedürfnis nach körperlicher Liebe und die Schwiegertochter dafür, daß er in Fräulein Leupahn mehr als nur die Ost-Kollegin sah. Interessant. Er sprach, als er unten auf der Straße war, laut vor sich her, was er dachte, in den Worten seines Vaters dachte: »Wenn der Herr es so gewollt hat, dann wird es gut so sein. Denn: Dein Wille geschehe.«

Er beschloß, das Geld für die BVG zu sparen und bis zum S-Bahnhof Neukölln zu laufen, immer die Karl-Marx-Straße hinunter. Ein jedesmal war er gespannt darauf, was es wieder Neues gab. Überall räumten sie die letzten Trümmer weg. Auf dem Eckgrundstück an der Erkstraße, wo einst das schöne alte Amtshaus gestanden hatte, waren sie gerade fertig geworden. Als Kind hatte er es immer für eine Burg gehalten und versucht, es mit seinem Anker-Steinbaukasten nachzubauen. Links kamen nun Foto-Pogade und die Post, auf der rechten Seite die imposante Fassade des ehemaligen jüdischen Kaufhauses H. Joseph & Co. Auch eine Kultstätte seiner Kindheit. »Mutti, ich möchte zu Joseph und Fahrstuhl fahren.« Das Gebäude war weithin heil geblieben, nur waren die Fenster jetzt verhängt oder zugemauert, und alles wirkte öd und leer. Aber die Wiedereröffnung war für das nächste Jahr geplant. Überall hatten sie sich Mühe gegeben, die Schaufenster besonders schön zu dekorieren, denn es lief ein großer Wettbewerb. Die größten Chancen hatte wohl das Seifengeschäft, an dem er gerade vorüberging. Dort hatte ein Angestellter mit Hilfe einer Violinsaite aus zwei Zentnern Seife einen Märchenbrunnen gezaubert. Außerdem erhielt man bei einem Einkauf über fünf D-Mark ein Gratislos für eine Werbetombola. Der Haupttreffer war eine zehntägige Reise mit dem Flugzeug nach Westdeutschland. Sie hatten sieben Lose zu Hause liegen.

Er überquerte die Kreuzung Ganghofer-/Richardstraße und kam zur Passage, der eigentlichen Mitte Neuköllns. »Wo treffen wir uns?« – »An der Passage.« Die Passage meinte nicht nur den Durchgang zwischen Karl-Marx- und Richardstraße, sondern den gesamten Baukomplex, der die Form eines H hatte, wobei der Querbalken als fünfgeschossiges Brückenhaus zu denken ist. Dort gab es Säle, wo man Musik hören und tanzen konnte, aber auch ein Kino. Unzählige Stunden hatte Bacheran hier verbracht. »Koffer Panneck« an der Uthmannstraße war ein weiterer Fixpunkt seines Lebens, ebenso wie die »Bickhardt'sche Buchhandlung« schräg gegenüber, »Uhren-Kampfer«, »Musik-Bading« und »Kießling« – Eisenwaren, Werkzeuge, Haushaltsgeräte –, wo man noch die seltenste Schraube finden konnte, um Altes wieder instand zu setzen. Bei Kießling wurde man in dieser Hinsicht immer fündig – und aus der tiefsten brandenburgischen Provinz kam man angereist. Die Magdalenenkirche interessierte Bacheran weniger, sie waren immer in die Martin-Luther-Kirche nebenan gegangen. Das Bekleidungshaus »Kajot« kurz vor der Ringbahn war ihm wichtiger. Von dort hatte er von seiner Mutter, wechselweise auch von Tante Erna, das ganze Studium über das Nötigste an Anziehsachen geschenkt bekommen. Er war ihnen dankbar dafür, andererseits hatte er es auch immer als etwas peinlich empfunden, von den beiden Frauen »ausgehalten« zu werden. »Es ist schwer auszuhalten gewesen«, sagte er des öfteren. Aber: *Kajot gekleidet – flott gekleidet.* So die Werbung. Hoffentlich war Fräulein Leupahn nachher derselben Meinung. Er dachte so intensiv an sie, daß er an der Thüringer Straße fast in die Straßenbahn gelaufen wäre. Wütend bimmelte der Fahrer der 15.

Endlich stand er oben auf dem S-Bahnhof Berlin-Neukölln, früher Rixdorf. Natürlich war der Zug nach Grünau gerade weggefahren, und er durfte 19 Minuten und 45 Sekunden auf den nächsten warten und frieren. Wenn er nun zu spät kam und sie schon weg war ... Nein, er war ja viel zu früh von zu Hause weggegangen. Was heißt weggegangen, geflohen war er. Er wanderte nun auf dem Bahnsteig auf und ab und nutzte die Zeit, um über seinen Aufsatz nachzudenken. Carl Schmitt als Wegbereiter des Nationalsozialismus. Der vom Volk gewählte Reichspräsident als »Hüter der Verfassung«. War der autoritäre Präsidialstaat Wegbereiter und Voraussetzung der nationalsozialistischen Diktatur? Was hatte Schmitt gegen die Parteienzersplitterung der Weimarer Zeit gewettert. Die Freund-Feind-Theorie als fundamentale Kategorie des Politischen. Mußte das die Menschen dahin bringen, in der Formel »Ein Volk, ein Reich, ein Führer« die Erlösung zu sehen? Ja. Auch. Wie das aber so formulieren, daß es wissenschaftlich etwas hermachte, daß es für eine Dissertation ausreichte? Bis zum Oberstaatsanwalt Dr. Bernhard Bacheran war es noch ein weiter Weg, und um dieses Ziel zu erreichen, bedurfte es der Konzentration all seiner Kräfte. Was hatte sein Vater ihm gepredigt? »Junge, verzettele dich nicht, verplempere dich nicht.« Würde er seine Zeit mit Fräulein Leupahn verplempern ...? Was war zu gewinnen, was zu verlieren? »Abwarten und Tee trinken.«

Der Zug kam, er stieg ein und fand einen Fensterplatz in Fahrtrichtung, Ausblick nach rechts. Der erste Bahnhof war Köllnische Heide. Dann ging es in den Ostsektor hinüber. Baumschulenweg. Bacheran hatte das Gefühl, nun im Ausland zu sein. Auf dem Friedhof Baumschulenweg an der Kiefholzstraße lag der Großteil seiner Verwandten begraben – sollte das nun »im Ausland« sein? Ja. Die Deutschen hatten im Dritten Reich und im Krieg so viel Schuld auf sich geladen, daß die Strafe dafür nur allzu logisch war: die Zerstückelung ihres Reiches und ihrer alten Hauptstadt.

Schöneweide, Betriebsbahnhof Schöneweide. Der Rangierbahnhof mit seinen vielen dampfenden Lokomotiven lenkte ihn ab. Adlershof. Nun fuhr ihm der Zug plötzlich zu schnell. Fast geriet er in Panik. Er verfluchte sich selber. Da war er vierundzwanzig Jahre alt und verhielt sich so albern, als wäre dies sein erstes Rendezvous.

Grünau. »Alles aussteigen, Zug endet hier!« Er trat auf den Bahnsteig hinaus. Unten lag das Adlergestell, die Ausfallstraße nach Cottbus und zum Spreewald. Dahinter der Wald. Die Laubbäume kahl, und auch die Kiefern nicht grün und leicht ins Bläuliche gehend. Ein Straßenbahnzug der Linie 86 kam von Köpenick her, kreischte in der Kurve und kam parallel zur S-Bahn zum Halten. Unwillkürlich beeilte sich Bacheran. Nein, sie wollten ja laufen. Fräulein Leupahn wollte unten in der Halle auf ihn warten. Fräulein ... Ihren Vornamen hatte er nicht herausbekommen können. Kommissar Steffen hatte er nicht zu fragen gewagt, und ein ausführliches Telefonverzeichnis der Ost-Kollegen besaßen sie nicht. Eine schwache Leistung für einen investigativen Beruf, aber ... Wie mochte sie heißen, was paßte zu ihr? Sie war vielleicht ein, zwei Jahre jünger als er, und wie mochten die Eltern ein Mädchen genannt haben, das in den Jahren nach dem Ersten Weltkrieg geboren worden war? Waren sie Kommunisten, dann vielleicht: Rosa. Nach Rosa Luxemburg. Wer kam als Vorbild noch in Frage: Käthe Kollwitz, Bertha von Suttner, Clara Zetkin, Anna Seghers, Hilde Coppi ... »Käthe, ich liebe dich.« Das hätte er vor lauter Lachen nie herausgebracht. Welche Frauennamen mochten 1925, 1926 noch en vogue gewesen sein? Mary – nach der Tänzerin Mary Wigmann, Susanne – nach der Tennisspielerin Suzanne Lenglen, Eleonore – nach der Schauspielerin Eleonora Duse, Josefine – nach der Tänzerin und Sängerin Josephine Baker. Und was hatte es zu dieser Zeit an großen Schauspielerinnen gegeben: Pola Negri, Asta Nielsen, Henny Porten, Lil Dagover ...

Dies alles ging Bernhard Bacheran durch den Kopf, als er die Treppe hinunterlief, die lang und steil war wie eine kleine Sprungschanze. An ihrem Fuße war rechts abzubiegen. Er kannte den Bahnhof. Noch ein paar Meter durch einen Engpaß, dann kam die Halle. Karg und abweisend.

Da stand sie. In einem Mantel, der so scheußlich war, daß man ihn in besseren Zeiten nur für eine Vogelscheuche verwendet hätte. Unmöglich der Schnitt, die Farbe schwer einzuordnen, so als sei der Stoff in schmutzigem Tuschwasser eingefärbt worden, irgendwo zwischen blau, schwarz, lila, violett. Wahrscheinlich ein umgearbeiteter Wehrmachtsmantel. Aber dagegen ihr Gesicht, ihre blonden Haare – welch ein Kontrast! Eine germanische Göttin. Schön und stark. Sein Traum. Wie in Trance ging er ihr entgegen ...

»Guten Tag, Fräulein Kollegin.«

Sie zögerte erst, zog dann doch ihre rechte Hand aus der Manteltasche, behielt aber den selbstgestrickten roten Handschuh an, so daß er keine Chance hatte, ein Stückchen ihrer Haut zu spüren, sozusagen zu kosten. War ihre Haut weich und zart oder hart und verarbeitet? Kalt oder heiß? Schwitzte sie vor Auf- und Erregung? Nichts wußte er nun. Vielleicht war sie in Wirklichkeit gar keine Kriminalassistentin, sondern eine Agentin des NKWD, des sowjetischen Geheimdienstes, mit dem Auftrag, ihn für Moskau anzuwerben. Möglich war in diesen Zeiten alles.

»Der Klassenfeind ist pünktlich zur Stelle«, sagte er und salutierte.

»Das ist schön ...« Sie schien das nicht gerade originell zu finden und speiste ihn mit einem Lächeln ab, das eher an eine Verhaftung als den Beginn einer wunderbaren Liebe denken ließ. »Dann folgen Sie mir mal unauffällig.«

Bacheran war krampfhaft bemüht, so leicht und locker zu plaudern, wie es die Herren Schauspieler in den alten Filmkomödien immer taten, aber dennoch geriet ihr Zusammensein eher zu einer dienstlichen Unterredung – Lokaltermin Grünau – denn zum wilden Flirt. »Suchen wir also zuerst nach den Leichenteilen, die unser Täter hier im Grünauer Forst versteckt hat ...«

»Der ist doch auf Ruinen abonniert.«

»Und ruiniert damit unseren guten Ruf, wenn wir ihn nicht alsbald dingfest gemacht haben.« Bacheran gab sich wirklich alle Mühe, amüsant zu sein.

Sie schien keinen rechten Spaß an seinen Wortspielereien zu haben. »Wir gehen zuerst an den Straßenbahngleisen entlang quer durch den Wald und dann immer am Wasser nach Karolinenhof. Da können Sie dann in die 86 steigen und wieder hierher zurückfahren.«

Bacheran fühlte sich abgefertigt wie ein Bittsteller auf dem Amt. Daß sie sich am Ende dieses Tages zumindest küßten, das hatte er sich von diesem Treffen schon erhofft. Sie wohl eher befürchtet. Darum der schroffe Hinweis auf die beste Möglichkeit zur Heimfahrt. War nur die Frage, warum sie sich überhaupt auf diese Verabredung eingelassen hatte. Na ja, die Frauen mit ihren süßen Geheimnissen ... Oder doch der Auftrag des NKWD? Und er hatte den Westsektor verlassen, ohne jemandem Bescheid zu sagen. Verschleppten sie ihn nach Sibirien, würde sein Verschwinden für ewig rätselhaft bleiben. Nun ...

Sie blieb spröde und dienstlich. »Haben Sie noch etwas mehr über Hannes Seidelmann und seine Schwester in Erfahrung bringen können?«

»Nein. Nur etwas über Sie ...« Er hatte plötzlich eine Idee. »Daß eine gewisse Rosa Leupahn ganz schön was auf dem Kerbholz haben soll. Was ihr Liebesleben betrifft.«

»Das muß meine Cousine gewesen sein. Aber die heißt nicht Rosa, sondern Rosemarie. Da war Ihr Geheimdienst nicht ganz präzise.«

Eins zu null für sie. So leicht ließ sie sich also nicht aufs Glatteis locken. Er gab es auf und versuchte es auf die direkte Art und Weise. »Merken Sie denn nicht, wie gern ich Ihren Vornamen gewußt hätte?«

»Wozu? Ich kann mir nicht vorstellen, daß das ein sinnvoller Beitrag dazu ist, den Mörder von Hermann Seidelmann zu finden.«

»Gut. Dann gebe ich Ihnen den schrecklichsten aller möglichen weiblichen Vornamen ...«

»Zum Beispiel ...?«

Er war froh darüber, daß sie nicht schon wieder blockte, mußte aber einen Augenblick lang überlegen. »Vielleicht ... Amalaswintha.«

»Wer soll'n das sein?«

»Das war, wenn ich mich recht erinnere, die Tochter Theoderichs, so um 525 nach Christus. In der DDR: nach der Zeitenwende.«

»Eine Königstochter ... Das paßt ja wunderbar in unsere Zeit.«

Er imitierte den Sprecher des Berliner Rundfunks Ost: »Die Vorsitzende des Zentralkomitees der Sozialistischen Einheitspartei Deutschlands, Amalaswintha Leupahn, empfing heute im Gästehaus der Deutschen Demokratischen Republik in Berlin-Karolinenhof Bernhard Bacheran, den stellvertretenden Kassierer der Sozialdemokratischen Partei West-Berlins, zu einem freimütigen Meinungsaustausch ...«

Sie verzichtete auf eine Replik, weil eine 86 Richtung Schmöckwitz dicht an ihnen vorbeirumpelte. Bacheran hatte aber das Gefühl, daß das Eis ein wenig gebrochen war, obwohl er ihren Vornamen noch immer nicht kannte. Aber es kam kein rechtes Gespräch mehr zustande. Schweigend gingen sie nun nebeneinander durch den Wald, erreichten die Regattahäuser, bogen in die Sportpromenade ein und marschierten nun an einer Reihe von »Objekten« vorbei in Richtung Bammelecke. Langsam bekam er Angst, daß ihm die Felle wegschwammen. Noch eine knappe Stunde, dann waren sie in Karolinenhof – und er sah schon vor sich, wie sie ihn geradezu in die Straßenbahn stieß.

Kämpfen, Bernhard, kämpfen! befahl er sich. Und wie anders sollte er das tun, als mit ihr zu reden. Ihr etwas von sich erzählen. Das tat er dann auch. Mit dem Aufhänger, wie er als Kind oft hier im Strandbad Grünau gebadet habe. Wie er aufgewachsen war.

Wohlbehütet. Der Vater Pfarrer, die Mutter Lehrerin. Dann Anfang 1944 eingezogen. Mit 19 Jahren Soldat. »Ich hab's aber überlebt, dann das Abitur nachgeholt und mit dem Jurastudium begonnen. Erst Unter den Linden und dann an der FU in Dahlem. Ja, und nun will ich Staatsanwalt werden und gehe hier mit Ihnen spazieren. Und Sie, wenn die Frage erlaubt ist ...?«

»Ich? Ich gehe auch spazieren.«

»Wirklich?«

»Zweifeln Sie daran?«

»Ja.«

»Wieso?«

Er wagte sich ein wenig aus der Deckung heraus. »Na, wenn ein Mann und eine Frau unseres Alters spazierengehen, dann nicht einen guten Meter voneinander entfernt.«

Sie verzog keine Miene. »Ich bin warm genug bekleidet.«

Er spottete. »Die Textilien aus Konsum und HO machen jeden DDRler froh.« Um sofort wieder ernst zu werden. »Und was gibt es aus dem Leben der Amalaswintha Leupahn zu berichten?«

»Wollen Sie das wirklich wissen?«

»Natürlich. Die CIA zahlt sonst nicht.«

»Mein Vater ist studierter Ökonom und arbeitet in leitender Stellung beim *Neuen Deutschland*. Meine Mutter ist Einkaufsleiterin im Reifenwerk nebenan in Schmöckwitz. Ich bin gelernter Polizist, mit Abitur, und will noch mal an der Humboldt-Universität studieren, Sektion Kriminalistik.«

Das war, fand Bacheran, nicht viel, aber immerhin. Warum war sie noch nicht an der Uni? War sie politisch belastet oder ... Das mußte er wissen, und so platzte er auch gleich mit der Frage heraus, ob sie ein uneheliches Kind zu Hause habe, um das sie sich kümmern müsse.

»Sehe ich so aus?«

»Das kann ich nur beurteilen, wenn ich Sie ohne Mantel sehe.«

»Ihre Phantasie reicht da nicht aus?«

»Wenn Sie meine Phantasie kennen würden, dann hätten Sie sich nicht mit mir getroffen.« Langsam kam er wieder in Fahrt.

»Danke, daß Sie mich rechtzeitig warnen.«

»Was heißt: rechtzeitig?«

»Bevor ich Sie in Karolinenhof wieder in die Bahn setze.«

Bacheran war klar, daß er das unbedingt verhindern mußte. Aber wie? Die Antwort fand er, als sie kurz vor Richterhorn zum Ufer hinuntergingen, um die Gegend zu genießen. Breit wie der Mississippi floß die Dahme hier, aber da man ihr nicht zutraute, überhaupt ein Fluß zu sein, stand in den Karten auch immer »Dahme oder Langer See«. Gegenüber lagen die Müggelberge, ein Mittelgebirge en miniature, wie Fontane geschrieben hatte. Die linke Kuppe schmückte ein hölzerner Turm.

Das Eis am Rand war dünn und konnte einen Mann seines Gewichts, knappe 80 Kilo, kaum tragen. Und diesen Umstand machte er sich nun zunutze.

»Wenn es dem Esel zu wohl geht, begibt er sich aufs Eis ... Und in Ihrer Gegenwart, Amalaswintha, geht es mir in einem Maße zu wohl, daß ich der Versuchung nicht widerstehen kann ...« Damit sprang er aufs Eis. Und brach auf der Stelle ein, ganz so, wie er es berechnet hatte. Bis zu den Knien stand er nun im Wasser. »Retten Sie mich!« schrie er. Prompt reichte sie ihm beide Hände. Er ergriff sie, schwang sich mit ihrer Hilfe wieder auf die Uferböschung und nutzte die Gelegenheit, mit ihr zusammenzuprallen. Es entstand so etwas wie eine flüchtige Umarmung. »O Pardon, das wollte ich nicht.«

»Sie Lügner.«

»Was nun?« Er sah an sich herab. Alles triefte, die Stiefel waren voll Wasser. »So kann ich doch unmöglich ...«

»Da vorn ist ja schon die Straßenbahnhaltestelle.«

»Ich hol' mir den Tod, wenn ich nicht schnell ... Und Sie sind schuld daran.«

Sie blitzte ihn an. »Meinen Sie, ich durchschaue Sie nicht?!«

»Doch. Aber meine Motive sind wirklich edel. Ich schwöre es Ihnen.«

Sie zögerte noch. Aber was blieb ihr anderes übrig, als sich geschlagen zu geben. »Na schön. Kommen Sie mit zu mir nach Hause. Und wenn Sie mein Vater nicht vorher erschlägt, borgt er Ihnen auch 'ne trockene Hose und 'n Paar Schuhe.«

»Erschlagen kann er mich ruhig, aber bitte nicht zerstückeln.«
»Jetzt reicht's aber. Los, rennen wir.«

Das taten sie dann auch, und er mußte bald erkennen, daß sie ihm im Laufen ziemlich überlegen war. Nur keuchend konnte er ihr folgen. Als sie Karolinenhof erreicht hatten, betrug ihr Vorsprung gute fünfzig Meter. Was dann auch nicht ohne Folgen blieb. Vor dem Haus ihrer Eltern am Lübbenauer Weg angekommen, klingelte sie. Daraufhin erschien ihre Mutter oben an der Tür, sah ihre Tochter und den ihr folgenden Mann – und dachte sofort an einen Unhold.

»Keine Angst, Helga, wir kommen dir zur Hilfe. Paul, hol die Axt, Helga ist überfallen worden!«

Das Mißverständnis war schnell beseitigt. »Papa, pack die Axt weg, das ist ein Kollege von mir. Wir sind dienstlich unterwegs. Du weißt ja: die zerstückelte Leiche. Ein anonymer Anruf: Hier am Langen See soll was im Schilf liegen. Den Kopf und einen Arm suchen wir ja noch. Und da ist er dann eingebrochen. Darf ich vorstellen: Bernhard Bacheran ... von der Staatsanwaltschaft.«

»Angenehm.« Paul Leupahn war so hölzern, wie ein Oberbuchhalter seit Jahrhunderten zu sein hatte, wenn Klischees Sinn machten. »Dann kommen Sie mal rein, junger Mann, meine Frau wird uns schnell einen Grog brauen. Hannelore, mach mal. Und, Helga: hopp, hopp!«

Jetzt erst kam Bacheran dazu, so richtig zu realisieren, daß er ihren Vornamen endlich herausgefunden hatte: Helga. Nicht schlecht. Zwar immer noch arg nordisch, denn Hel war bei den alten Germanen die Sonne gewesen, aber doch nicht ganz so kraß wie Amalaswintha. Und auch Helga Bacheran, das ging zur Not. Und wie sie gelogen hatte, ohne rot zu werden! Daß sie gemeinsam Leichenteile gesucht hätten. Auch hatte sie ihren Eltern nicht ausdrücklich gesagt, daß er aus dem Westsektor kam. Warum wohl?

Helga Leupahn brachte ihm eine alte und überaus schlabberige Trainingshose ihres Vaters und ein paar Filzpantoffeln Marke »Rundgang durchs Schloß«, und er zog sich ins Bad zurück. Toilettenpapier schien Mangelware zu sein, und so hatten die Leupahns ihre *Berliner Zeitung* in handliche Stücke geschnitten. Oben am Haken hing ein Stück der Ausgabe vom 7. Dezember, und die Überschrift ließ Bacheran aufmerksam werden: *West-Berlin darf nicht Klein-Chicago werden. Zwischenfall auf dem Bahnhof Schöneberg / »Scharmante Mädchen« für britische Offiziere.* Charmant mit sch ... Bacheran überflog den Text: Ein Soldat der amerikanischen Besatzungsarmee prügelt den Stationsvorsteher zusammen und stößt ihm schließlich ein Dolchmesser ins Gesicht. *Einem Wasserfall ähnlich quillt das Blut hervor.* Die Stumm-Polizei rückt an und sieht hilflos zu, die amerikanische Polizei verhaftet das Opfer. *Nachdem die amerikanischen Fahrzeuge davongefahren sind, erscheinen wie zum Hohn wieder einige amerikanische Soldaten vor dem Bahnhof, pöbeln in unmißverständlicher Weise vorbeikommende Mädchen an und verrichten auf dem Fahrdamm vor dem Bahnhof das, was man sonst nur an einem verschwiegenen Ort zu tun pflegt. – Das ist nur ein Fall der zahlreichen Beschwerden über das Benehmen westalliierter Soldaten, die uns in den letzten Tagen zur Kenntnis kamen. Sie passen völlig in das Spiegelbild amerikanischer Kultur ... Das Bestreben bestimmter Kreise, aus West-Berlin ein kleines Chicago zu machen, wird offenbar ...*

Bacheran beendete seine Lektüre und seine Umkleideaktion. »So, jetzt können wir beide zum Wiener Opernball gehen«, sagte er, als er wieder draußen stand.

»Hoffentlich wird diese widerwärtige Hervorbringung des dekadenten Adels und der Bourgeoisie nie wieder aufleben«, sagte Paul Leupahn.

Helgas Mutter machte sich inzwischen daran, den Kaffeetisch zu decken. »Natürlich mit dem Grog für Sie, Herr Bacheran, denn Sie müssen sich auch innerlich wieder etwas aufwärmen. Mit echtem Rum. Ich arbeite ja im Reifenwerk in Schmöckwitz, und da hat man so seine Kontakte. Ach, wissen Sie, junger Mann, hier draußen, da ist es gar nicht so einfach, über die Runden zu kommen. Mein Paul hat immer noch keinen Dienstwagen zugeteilt bekommen, was eine Unverschämtheit ist. Alles immer mit der

Straßenbahn oder mit dem Fahrrad erledigen ...« Hannelore Leupahn sprach viel und schnell, und dies alles mit der Lautstärke und im Tonfall einer Marktfrau.

Wahrscheinlich gibt es in ihrem Kollektiv nur Schwerhörige, dachte Bernhard Bacheran. Oder ihr Mann hörte ihr nach so vielen Jahren Ehe schon gar nicht mehr zu, wenn sie nicht schrie. Die Vorstellung, daß das einmal seine Schwiegereltern sein könnten, ließ ihn ein wenig erschauern.

Kaum saßen sie am Kaffeetisch, da begann Paul Leupahn auch schon zu agitieren. »Ich bin mir absolut sicher, daß der Täter im Westsektor ansässig ist und die Leichenteile nur in unseren Sektor verbracht hat, um dem Sozialismus eins auszuwischen und die DDR zu verteufeln. Wir haben nämlich keinerlei Illusionen, wir wissen es: Solange es den Imperialismus gibt, besteht immer die Gefahr von Kriegen. Und was sich hier abspielt, ist Ausdruck der Klassenfeindschaft zwischen der DDR und Westdeutschland. Aber wir sind auf der Hut, auch gegenüber der Stumm-Polizei und ihren Machenschaften. West-Berlin ist ein Sumpf, der baldmöglichst trockenzulegen ist. Eine Sumpfblüte des Kapitalismus. Und der ist ja von seinen Strukturen zwangsläufig so angelegt, daß er notwendigerweise Ausbeuter, Halsabschneider und Mörder hervorbringt. Da kommt ein friedliebender Bürger der DDR, der Herr Seidelmann aus Sachsen, nach West-Berlin, um an der Beisetzung seiner geliebten Mutter teilzunehmen – und wird grausam ermordet, wird zerstückelt. Und wie zum Hohn wird dann seine Leiche in den Ostsektor geschafft, wahrscheinlich von Angehörigen der Stumm-Polizei selber.«

Bacheran lächelte. »Wenn ich's mal nicht selber war ...«

Paul Leupahn wurde mißtrauisch. »Sie sind doch von *unserer* Staatsanwaltschaft ...?«

»Von ›unserer‹ schon, wenn wir das so interpretieren, daß ich Deutscher bin und nicht Brite, Amerikaner, Franzose oder Russe ... Und zudem geborener Berliner, Eingeborener.«

Paul Leupahn sprang auf. »Sind Sie also von drüben?!«

Bacheran sah ihn an. »Wollen Sie nun die Axt nehmen und mich zerstückeln?«

## Kapitel 13

Das Blut war aus der zu kleinen Schüssel geschwappt und hatte das Gras ringsum getränkt. Diverse Messer lagen herum. Stech-, Ausbein-, Rasier- und Fleischmesser. Daneben eine Knochensäge und ein sogenannter Spalter, ein Fleischerbeil zum Teilen der Knochen. An den Eckpfosten einer Art Reckstange, an sich zum Teppichklopfen in den Garten gesetzt, hing mit obszön gespreizten Beinen ein kapitales Schwein. Die Sehnen an den beiden Hinterbeinen waren sauber freigelegt, und man hatte das Tier oben regelrecht eingehakt. Ein untersetzter, ja bulliger Mann war gerade dabei, den Bauchmittelschnitt zu ziehen. Das machte er so geschickt, daß er die Därme nicht einmal ritzte. Danach faßte er mit beiden Händen in den Bauch, riß ihn vollständig auf und ging dann daran, Harnblase, Gebärmutter und den Mastdarm abzutrennen.

Gebannt folgte Bernhard Bacheran diesem archaischen Schauspiel. Wie bei seinem Onkel in der Prignitz. Sie befanden sich aber nicht in Kuhsdorf, sondern in einem Kleingartengelände am S-Bahnhof Berlin-Heiligensee, der sogenannten »Kolonie Dreieck«, wo sich viele ausgebombte Borsig-Arbeiter Behelfsheime errichtet hatten. Einer von ihnen war der zweiundvierzigjährige unverehelichte Maschinenschlosser Peter Kartlow, derzeit ohne Arbeit. Menzel und Bacheran waren in den Berliner Norden gefahren, weil sein Name auf der Liste mit den über hundert Hinweisen in der Mordsache Seidelmann gleich dreimal aufgetaucht war. Die Mitarbeiter im Kommissariat M I/3 hatten unter anderem notiert: *Lungert ständig herum und empfängt zwielichtigen Männerbesuch ... Manchmal dringen Schreie aus seiner Laube ...* »*Erst neulich wieder habe ich Blutspuren im Schnee bemerkt ...*« *Weiß Bescheid, wie man mit dem Schlachtermesser um-*

*geht ... Macht krumme Geschäfte am Zoo.* Das allein aber war es nicht, was Kartlow so verdächtig machte: Er hatte auch mehrere Vorstrafen wegen gefährlicher Körperverletzung aufzuweisen.

Menzel ließ es langsam angehen. »Lassen Sie sich nicht bei Ihrer Arbeit stören, Herr Kartlow. Sie ahnen, warum wir hier sind?«

»Weil ich keine Genehmigung zur Hausschlachtung mehr habe ...« Kartlow ließ sich nicht aus der Ruhe bringen. Er war gerade dabei, die Galle von der Leber zu reißen, und dabei war größte Vorsicht angebracht, damit sie nicht platzte und dann alles gelb und bitter wurde.

»Nein, wir sind das Mordkommissariat.«

»Ah, die lieben Nachbarn wieder. Die wollen mich schon lange weghaben von hier.«

»Warum das?«

»Wegen meine Schweine hier.«

Bacheran suchte sich ein Bild von Kartlow zu machen. Bis auf den kleinen Schnitzer eben, aber der konnte auch gewollt gewesen sein, sprach er ein gutes Deutsch, das heißt, er berlinerte kaum. Für einen arbeitslosen Maschinenschlosser ein wenig verwunderlich. Ließ es darauf schließen, daß der Mann eigentlich aus ganz anderen Schichten stammte und womöglich unter einem anderen Namen hier lebte? Vielleicht war er ein alter Obernazi? Wie Martin Bormann sah er zwar nicht unbedingt aus, aber es gab viele andere, die abgetaucht waren, nicht nur nach Südamerika. Und: Waren die Männer, die Kartlow besuchten, alles alte Parteigenossen? Auch Seidelmann? Hatte der möglicherweise zuviel gewußt und Kartlow erpressen wollen? Alles hochinteressante Fragen beziehungsweise Hypothesen – aber wie sollte man die verifizieren ...?

Menzel, ein alter Haudegen der Berliner Kripo, ging es handfester an. »Ein Schwein suchen wir schon, da haben Sie recht: das Schwein, das Hermann Seidelmann zerstückelt hat.«

Ungerührt zog Kartlow das Geschlinge aus der Brusthöhle des Tieres. »Seidelmann, der aus Sachsen ... Der, wo die Leichenteile in den Ruinen gelegen haben ... Kenn' ich aus der Zeitung. Aber was soll ich mit Seidelmann am Hut haben?«

»Sie sollen sich öfter am Bahnhof Zoo aufhalten und da Geschäfte machen, die nicht ganz koscher sind ...«

Kartlow nahm das Geschlinge – Zunge, Herz, Lunge, Leber – und hing es an den untersten Ast eines Birnbaums. »Was soll ich machen – bei das bißchen Rente, das ich habe.«

Wieder fiel Bacheran auf, wie bemüht der Mann einen kleinen Deutschfehler eingebaut hatte. Und er stellte sich vor, wie Kartlow vor vier Jahren ausgesehen haben konnte: mit der Mütze und der Uniform eines SS-Obersturmbannführers.

Menzel entschloß sich nun, aufs Ganze zu gehen. »Wo waren Sie am Abend und in der Nacht des 3. Dezember?«

Kartlow nahm einen Eimer mit Wasser und schüttete ihn in die ausgeleerte Brusthöhle des geschlachteten Schweins. »Sie meinen, ob ich ein Alibi habe?«

»Erraten.«

Kartlow sah ihn groß an. »Ich schließe daraus, daß es der Tag war, an dem dieser Seidelmann ermordet worden ist ...« Er wartete, bis Menzel und Bacheran genickt hatten. »Ah ja ... Da muß ich nachdenken.« Das dauerte. »Ja klar, da war ich mit amerikanischen Freunden in der *Casablanca-Bar* in der Augsburger Straße. Mit ... warten Sie ...« Er nannte drei Namen. Alle seien Angehörige der amerikanischen Militärmission.

»Wir werden das nachprüfen«, sagte Bacheran.

»Tun Sie das.« Kartlow wandte sich von ihnen ab und setzte sein Messer an, um den Rücken des Tieres aufzuteilen. Bacheran wußte von seinem Onkel, daß man da sehr geschickt sein mußte, denn schnitt man zu tief, beschädigte man die Koteletts dabei. Und Peter Kartlow war überaus geschickt.

Sie gingen zur S-Bahn, warteten auf dem offenen und saukalten Bahnsteig auf den Zug aus Velten, stiegen ein und fuhren bis Friedrichstraße. Bacheran schwieg, was seinen Verdacht betraf, denn bei den Nachforschungen über Kartlows mögliche braune Vergangenheit mußte die Staatsanwaltschaft ihre eigenen Wege gehen. Menzel dachte nicht weiter als bis zur Befragung der Kellner und Barkeeper im *Casablanca* und unterhielt den jungen Referendar mit Geschichten aus der guten alten Zeit der Berliner Kriminalpolizei.

»1920 hatten wir den Friedrich Schumann: 11 Morde und 13 versuchte Morde, ein Jahr später dann den Karl Großmann: 23 Frauen in seiner Wohnung in Friedrichshain ermordet und verstümmelt.«

»Wenn das keine bösen Vorzeichen sind«, unterbrach ihn Bacheran. »Schumann, Großmann und nun Seidelmann.«

»Abgesehen von dem kleinen logischen Fehler, daß die beiden Erstgenannten Täter waren, unser Seidelmann aber Opfer ist.«

»Wissen wir denn, ob er nicht vorher Täter war?«

»Nein«, mußte Menzel zugeben. »Warten wir mal ab, ob es eine weitere Mordtat mit derselben Handschrift geben wird.«

»Wovon ich ausgehe.« Bacheran ertappte sich dabei, beinahe lustvoll an diese Möglichkeit zu denken, und er war sehr erschrocken darüber. Wieviel Böses und Nekrophiles war doch in jedem Menschen eingelagert!

»Ja, und Persönlichkeiten hatten wir in unseren Reihen ...« Norbert Menzel ließ sich nicht so leicht ablenken. »Damals, als die Kriminalpolizei den Kern der Abteilung IV des Berliner Polizeipräsidiums gebildet hat. Ernst Gennat war der große Mordexperte. Ungeheuer populär. Außerordentliche Ausdauer, einmaliges Gedächtnis, psychologischer Scharfblick. So korpulent wie ich. Bei den Kollegen war er ›der volle Ernst‹, weil er sich immer mit Buttercremetorte vollgestopft hat.«

Menzel erzählte mit großer Begeisterung von weiteren großen Fällen der Berliner Kripo, dann stiegen sie Friedrichstraße in die Stadtbahn um und hatten zwölf Minuten später den Bahnhof Zoo erreicht, von wo es bis zur Augsburger Straße nur ein kurzer Fußweg war. Dort in der *Casablanca-Bar* war aber nur das alte Berliner Spielchen angesagt: Mein Name ist Hase, ich weiß von nichts.

Was blieb Menzel, als Bacheran zu bitten, über die Staatsanwaltschaft bei den Alliierten vorstellig zu werden und zu sehen, ob es die beiden von Peter Kartlow genannten Personen wirklich gab: Mr. Robert McGehee und Mr. William Mobridge. Das konnte dauern, und so verabschiedete sich Bacheran von Menzel mit: »*Further research is needed.*«

»Is mir egal, ob genietet oder geschweißt«, erwiderte der Kommissar. »Hauptsache, wir kriegen heraus, ob det Alibi stimmt.«

Bacheran fuhr mit der U-Bahn zum Fehrbelliner Platz, wo er in einem der vielen Büros im Dienstgebäude des Generalstaatsanwalts beim Kammergericht seinen Katzentisch hatte. Es war nicht einfach, die Sache mit den beiden Amerikanern auf den Weg zu bringen, die genossen in der Viermächtestadt ein unübertreffliches Maß an Immunität. Man konnte nichts anderes machen als abwarten.

Punkt 17 Uhr 30 schloß Bacheran seinen Schreibtisch ab und verließ das Büro. In zehn Tagen war Heiligabend, und es wurde langsam Zeit, sich den Kopf zu zerbrechen: Was konnte er seiner Mutter schenken, was Tante Erna – und was war mit Helga Leupahn? Er kannte sie zuwenig, um zu wissen, worüber sie sich wirklich freuen würde. Parfüm, Pralinen, ein Buch, etwas zum Anziehen? Aber welches Parfüm, welche Pralinen, welches Buch und was zum Anziehen? Spitzenunterwäsche ging ja wohl schlecht. Sicher, es kam nur auf die Geste an, aber dennoch.

Mit mieser Laune stieg er Rathaus Neukölln aus der U-Bahn, überquerte die nördliche Fahrbahn der Karl-Marx-Straße und bog in die Fuldastraße ein. Fulda an der Fulda, Kreisstadt in Hessen. Er war nie dortgewesen. Eine tiefschwarze, katholische Gegend sollte es sein. Aber wie korrespondierte das mit dem, was die Stadt bekannt gemacht hatte: ihr seltsames Bordell. Alle wußten doch: *In einem Puff in Fulda, steht das Holzbein der Hure Hulda.* Das brachte ihn wieder zu Hermann Seidelmann, denn er hielt es für sehr wahrscheinlich, daß der lebensfrohe Sachse aus Ostpreußen in Berlin zu einer Prostituierten gegangen war, um seinen Hormonspiegel zu senken. Dann das Übliche: versuchter Beischlafdiebstahl, aber Seidelmann hatte etwas bemerkt und sein Geld retten wollen. Dabei war er dann erdrosselt worden. Entweder von der Dame selbst oder von ihrem Louis. Oder von beiden. Da sollten die Kriminalbeamten ansetzen.

Sosehr er sich danach sehnte, den Rücken an den Kachelofen zu lehnen und sich aufzuwärmen, sowenig zog es ihn zu Mutter und Tante. Wie jeden Morgen, so auch jeden Abend dasselbe Ritual!

»Darf ich dir die Butter reichen?« Er fühlte sich zu Hause immer so befangen wie bei seinem Chef ... oder wie letzten Sonntag bei den Leupahns draußen in Karolinenhof: Alles war so förmlich, jedes Wort mußte wohl berechnet sein. Seine Eltern hatten bis Anfang 1944 im noblen Viertel um den Bayerischen Platz gewohnt, waren dort ausgebombt worden und froh gewesen, in Neukölln bei Tante Erna Unterschlupf zu finden. Seitdem war seine Mutter krampfhaft bemüht, auch hier in Neukölln den gewohnten gehobenen Lebensstil an den Tag zu legen. Etikette war alles. Sich nur nicht fallen lassen. Warten, bis es zu einem eigenen Haus in Rudow oder Buckow reichte. Während der Blockade, wenn sie bei den vielen Stromsperren beim Schein der Kerzen und Petroleumlampen beisammen gesessen hatten, war das ja noch angegangen, fand Bacheran, da hatte es einen ganz besonderen Charme gehabt, auch die berühmte Nestwärme, jetzt aber, da 120 Watt den Raum erhellten, war es nur noch bedrückend. Nur weg von hier. Mit Helga. Und wenn es eine Hundehütte war, in der sie lebten.

Annemarie Bacheran hatte einen Telefonanschluß, eine Rarität in diesen Jahren, aber sie glaubte, daß das zu ihrem Stand gehörte. Vor allem aber hatte sie so alle Fäden in der Hand und konnte hoffen, dermaleinst Schulleiterin zu werden. In die SPD war sie deshalb auch schon eingetreten. Als das Telefon nun klingelte, griff sie auch an diesem Abend froh beschwingt zum Hörer und hoffte auf positive Nachrichten, doch der Anruf galt nur ihrem Sohn. »Bernhard, für dich ... Die Kriminalpolizei.«

Bacheran stieß einen Laut des Unmuts aus und ließ sich Zeit. Menzel noch einmal. Und das nach Feierabend. Endlich nahm er den Hörer von der Anrichte. »Ja, guten Abend. Was gibt's Neues, Herr Kollege?«

»Daß Sie es nicht einmal geschafft haben herauszufinden, welchem Geschlecht ich angehöre, das läßt ja tief blicken.«

»Fräulein Leupahn ...«

»Also doch.«

Er geriet ins Stottern. »Ich dachte ja nicht, daß Sie ... daß Sie ...«

»Und ich dachte, daß Sie pausenlos an mich denken.« Am Telefon war sie ganz anders als in natura, viel lockerer.

»Das tue ich auch, aber ...«

»Wenn Sie Damenbesuch haben, dann entschuldigen Sie bitte.«

Langsam fing er sich. »Meine beiden Damen reichen mir voll und ganz, und die wohnen hier, die sind nicht zu Besuch: meine reizende Frau Mutter und meine Tante. Aber wenn die Sehnsucht Ihrerseits so stark ist, dann kommen Sie doch auch noch her ...«

»Doch auch noch ... Klingt nicht sehr charmant.«

Er staunte, wie sie plötzlich flirten konnte. »... nur schnell hier vorbei, um mich abzuholen. Wir setzen uns dann ins Flugzeug und fliegen ins Paradies ... äh, ich meine, nach Paris.«

»Gerne, aber als Bürgerin der DDR werden sie mich kaum nach Frankreich lassen.«

»Müssen Sie denn jeden Traum zerstören!«

»Nicht jeden ...«

Er wurde hellhörig. »Welchen denn nicht?«

»Den, sämtliche Teile von Hermann Seidelmann zu finden. Dieser Traum ist nämlich heute in Erfüllung gegangen. Unsere Polizei hat auf dem Grundstück Chausseestraße 109 den Kopf, den rechten Oberschenkel und den rechten Arm eines Mannes gefunden.«

»Das ist ja ein echtes Leichenteil-Puzzle. Und was machen Sie damit: Behalten Sie die gefundenen Teile im Osten, oder kriegt Dr. Weimann die frei Haus nach Moabit geliefert?«

»Steffen hat mir gesagt, daß wir alles übergeben werden.«

»Bringen Sie's selber in der Einholetasche rüber in den Westsektor?«

»Nein.«

Bacheran stöhnte auf. »Ich vermisse das ›leider‹ dabei.«

»Ich muß jetzt ... Mein Vater kommt. Einen schönen Abend noch.«

»Ohne Sie ...?«

»Denken Sie lieber an Seidelmann.«

Das tat Bacheran auch, aber erst am Nachmittag des nächsten Tages, als er neben Dr. Weimann am Seziertisch Nr. 6 stand und sich zeigen ließ, daß alles zu allem paßte, man also den Leichnam des sächsischen Schaustellers vollständig beisammen hatte.

»Und es steht wirklich fest, daß er erdrosselt und nicht erwürgt worden ist?« fragte Bacheran noch einmal, um ganz sicher zu gehen.

»Ja.« Der Obermedizinalrat begann nun zu dozieren. »Wenn jemand mit den Händen erwürgt worden ist, wie man es meist schon mit bloßem Auge an charakteristischen Druck- und Fingernagelspuren erkennen kann, so darf mit einiger Wahrscheinlichkeit auf einen spontanen, nicht vorbereiteten Angriff geschlossen werden.«

Bacheran nickte. »Ja, das leuchtet mir ein. Wenn Menschen Menschen umbringen, dann doch lieber mit einer Waffe, mit der Keule angefangen, und nicht mit der bloßen Hand.«

»Genau. Und darum ist eine Erdrosselung etwas anderes als das Erwürgen, denn der Täter gebraucht ein Werkzeug, und das setzt einen höheren Grad an Bewußtsein voraus. Ist ein Schal benutzt worden, den das Opfer um den Hals trug, ein Strumpf oder ein ähnlicher Gegenstand, der in der Tatsituation zufällig zur Hand gewesen ist, mag man auch noch an eine Affekthandlung denken. Wenn aber ein Strick oder gar ein Draht als Werkzeug gedient hat, gewinnt der Verdacht auf überlegten, heimtückischen Mord an Wahrscheinlichkeit.«

»Was bei Seidelmann ja naheliegt ... Bei dem vielen Geld, das er bei sich hatte.« Bacheran dachte wieder an das Holzbein der Hure Hulda. »Aber nehmen wir einmal an, er hat alles Geld mit leichten Mädchen durchgebracht, traut sich nicht nach Hause und ist völlig am Ende ... Kann es da sein, daß er sich selber erdrosselt hat?«

»Völlig ausgeschlossen ist das nicht. Es liegen Fälle vor, wo es gelungen ist, aber das ist so selten, daß wir es in diesem Falle wohl ausschließen können.« Dr. Weimann schmunzelte. »Und wie sollte er, Herr Staatsanwalt, nachdem er sich selber erdrosselt hatte, seine Leiche zerstückelt und in die Ruinen geworfen haben?«

Bacheran mußte zugeben, daß er da einen kleinen Kunstfehler begangen hatte. »O Gott, ja ... Was bleibt mir da, als Harakiri zu begehen oder die seidene Schnur zu nehmen ... Ich wähle Letzteres.« Damit band er sich die blau-rot gestreifte Krawatte ab, legte sie sich wie einen Strick um den Hals und zog sie zu. »Drücke ich mir also selber die Gurgel zu ... Kein schönes Gefühl, so zu ersticken ...«

»Sie befinden sich abermals im Irrtum, Herr Oberstaatsanwalt, denn Seidelmann ist nicht erstickt, sondern gestorben, weil es bei ihm zu einem teilweisen Verschluß der großen Halsblutgefäße gekommen ist. Die Folge: Mangeldurchblutung des Gehirns und bereits nach wenigen Sekunden Einsetzen der Bewußtlosigkeit. Und bei anhaltender Halskompression tritt dann sehr schnell der Hirntod ein.«

»Oh ...« Ein wenig erschrocken riß sich Bacheran seinen Schlips wieder herunter und steckte ihn lieber in die Hosentasche, als ihn wieder umzubinden. Sein Blick fiel auf eine braune Verlängerungsschnur. »Sie haben vorhin Draht gesagt, Herr Doktor ... Seidelmanns Bruder arbeitet auf einem Fernmeldeamt, wo es bekanntlich viele Kabel gibt ...«

»Das ist Sache der Kriminalpolizei. Wir haben nur einen Hinweis auf die Persönlichkeit des Täters: die sachkundige Zerlegung der Leiche. Ein Arzt könnte das gemacht haben, ein Helfer im Operationssaal oder ein Anatomiediener. Aber ebensogut ein Schlächter, wie Dr. Spengler neulich gemeint hat.«

»Wir sind gestern bei einem Mann gewesen, der Erfahrung mit dem Schlachten hat, haben ihn aber nicht festnageln können.«

Dr. Weimann ging zum Waschbecken. »Vieles spricht dafür, daß es nicht bei der einen Tat bleiben wird, und vielleicht geht der Täter beim zweiten Mal nicht ganz so geschickt vor wie im Falle Seidelmann.«

»Das läßt ja noch hoffen«, sagte Bacheran. »Und wie heißt es bei Anaxithonos: *Der Zynismus stirbt als letztes.*«

# Kapitel 14

Bernhard Bacheran stand am Hochbahnhof Schlesisches Tor und wartete auf Helga Leupahn. Ob sie wirklich kam? Welche Kräfte würden siegen? Ihr Vater machte ihr die Hölle heißt, weil sie drauf und dran war, sich mit dem Klassenfeind einzulassen. »Du wirst mir dieses Jüngelchen nie mehr wiedersehen!« Auf der anderen Seite hatte Kommissar Steffen ein hohes Interesse daran, daß sie und Bacheran sich näherkamen, denn so konnte er sie im Westsektor ermitteln lassen, ohne daß seine Vorgesetzten – wie die der Stumm-Polizei – Amok liefen. »Ich weiß gar nicht, was Sie wollen, Genosse Polizeirat, Fräulein Leupahn ist rein privat im Westsektor. Das ist auch nicht ganz statthaft, ich weiß, aber als Kundschafter kann man nur dann Erfolg haben, wenn man sich im Land des Feindes bewegt. Sie verstehen, was ich meine ... Immer informiert sein über das, was drüben los ist.« Bacheran war sich sicher, daß es im Osten so lief. Das mochte sich also aufheben und ein Patt ergeben: der Einfluß ihres Vaters auf der einen und der Steffens auf der anderen Seite. Aber da war ja eventuell noch das, was man Liebe nannte. Er also. Wenn sie kam, dann seinetwegen. Oder irrte er sich da? Nahm sie ihn nur als Mittel zum Zweck – zum Zweck, der da Karriere hieß?

Da kam sie die Treppe herunter. Kaum wiederzuerkennen, denn sie trug einen neuen Mantel. Offensichtlich vor kurzem im Westen gekauft. Nicht mehr dieses fürchterliche, selbstgenähte und selbstgefärbte Stück vom Sonntag. Wenn das kein Indiz dafür war, daß sie ihm gefallen wollte. Weshalb auch immer. Fast wäre er auf sie zugestürzt, um sie in die Arme zu schließen. Doch er wagte es nicht. Was ihm blieb, war eine leichte Verbeugung und der Versuch, sich als Leinwandstar zu geben. »Gestatten Sie, gnädiges Fräulein, so elegant wie Sie sind ...« Er nahm ihre Hand, deutete einen Handkuß an und sang: »*Ich küsse Ihre Hand, Madame, ich bin ja so galant, Madame, und denk', es wär' Ihr Mund.*«

»Lassen Sie's lieber, ich bekomme gerade eine Griebe auf der Oberlippe, denn meine Tante in Warnitz hat schon die Weihnachtsgans geschlachtet ... und das viele Schmalz ...«

»Schade, und ich hatte mir gerade die Zähne geputzt.«

»Ja, klar: Weihnachten immer ...«

»Anderes mache ich noch weniger.« Das war ihm so herausgerutscht.

Sie wurde nun doch ein wenig rot. Oder kam das von der Kälte? »Das kann ich mir bei Ihnen gar nicht vorstellen.«

»Ich weiß, ich sehe so aus wie einer, der laufend ins Kino geht.«

»Glauben Sie bitte nicht, daß ich heute abend mit Ihnen ins Kino gehe.«

»Klar, die Axt in Karolinenhof ...«

Sie zog ihn mit sich fort. »Kommen Sie, Hannes Seidelmann wartet.«

»Der weiß doch gar nicht, daß wir kommen.«

Als sie den Fernmeldesekretär dann in seinem Arbeitssaal in der Skalitzer Straße vor dem Prüfschrank sitzen sahen, wie er bieder und gottergeben Formulare ausfüllte, konnte sich Bacheran beim besten Willen nicht vorstellen, daß er zu einem Brudermord fähig gewesen sein sollte. Andererseits: Es gab hier Kabel, Drähte und Schnüre aller Farben und Länge.

Seidelmann erblickte und erkannte sie und erschrak nicht im geringsten. Eher wurde er noch eine Spur apathischer. Die Trauer um seinen Bruder? Fragezeichen.

Dennoch ging Bacheran milde mit ihm um. »Wir wollten nur einmal sehen, wie es Ihnen geht und ob Ihnen noch etwas eingefallen ist.«

»Gehen tut's mir schlecht ... Aber eingefallen ist mir heute nacht noch, als ich nicht schlafen konnte, daß er immer von zwei Geldwechslern gesprochen hat, die ihm einen besonders guten Kurs versprochen hätten. Dann aber haben sie ihn um 200 DM-West betrogen – er hat es aber bemerkt und ist ihnen hinterher.

Mit der S-Bahn. Bis Friedrichstraße. Da sind sie dann in den Wartesaal geflüchtet und waren plötzlich verschwunden.«

»Hat er denn von irgendwelchen Auffälligkeiten berichtet?«

»Der eine soll einen Kopfschuß gehabt haben, also im Krieg, und jetzt noch ein Loch davon.«

Bacheran staunte, wie schnell und präzise diese Antwort gekommen war. Vielleicht ein wenig zu schnell, als wollte Seidelmann von sich ablenken und den berühmten »großen Unbekannten« ins Spiel bringen. Am liebsten wäre er mit ein paar Spezialisten in die Wiclafstraße gefahren und hätte Seidelmanns Wohnung nach Blutspuren durchsucht – aber ohne Rechtsgrundlage ...? Nun denn ... Einer plötzlichen Eingebung folgend, fragte er Seidelmann noch, ob sein Bruder zufällig einmal davon gesprochen habe, zu einem Freund oder Bekannten nach Heiligensee zu fahren.

»Ja, Heiligensee, Schulzendorf oder Konradshöhe, irgendwas war da mal.«

Bacheran hatte das Bild vor Augen, wie Hermann Seidelmann in der Laube von Peter Kartlow saß und der sich von hinten mit einer Wäscheleine näherte ... Bis jetzt hatte man nichts weiter über Peter Kartlow in Erfahrung bringen können. Bacheran hatte da eine ganz bestimmte These ... Im *Tagesspiegel* vom 14. Dezember war zu lesen gewesen, daß sich unter den politischen Flüchtlingen aus der sowjetisch besetzten Zone nicht nur »kriminelle Elemente«, sondern auch Agenten befinden würde, die im Westen als Agitatoren arbeiteten und die Leute von den paradiesischen Zuständen in der SU und der DDR überzeugen sollten. Wenn nun Hermann Seidelmann zu einer dieser Gruppen gehörte und Peter Kartlow in Heiligensee seine Anlaufstelle war? Möglich war alles. Auch, daß es dann zwischen beiden einen heftigen Streit gegeben hatte.

Wie auch immer, im Augenblick war Hannes Seidelmann nichts nachzuweisen, und es blieb ihnen nur, sich für den Hinweis mit den Geldwechslern zu bedanken und »Auf Wiedersehen« zu sagen.

Schnee lag in der Luft, als sie zurück zur Hochbahn gingen.

Am Zeitungskiosk hing der *Telegraf* mit einer Riesenüberschrift: *95 Millionen Mark sofort für Berlin*. Und darunter: *Freigabe aus dem Marshallplan-Gegenwertfonds / General Taylor: »Der Wiederaufstieg beginnt«*.

»Damit werden die Unterschiede zwischen dem West- und dem Ostsektor wachsen und wachsen, und immer mehr von euch werden in den Westen kommen«, sagte Bacheran.

»Ich ganz bestimmt nicht!« rief Helga Leupahn.

Das war so rigoros, daß Bacheran fast zusammenzuckte. Wie sollten sie denn jemals ein Ehepaar werden, wenn sie im Osten und er im Westen lebte? Daß er nach Ost-Berlin zog, war für ihn völlig ausgeschlossen. Lieber ging er ins Gefängnis. In ein westliches allerdings.

Er kaufte sich eine Zeitung und gab ihr, als sie in der U-Bahn saßen, die eine Hälfte. Er las die andere. Nur nicht mit ihr reden. Wieder weniger Nähe. Mit ihnen beiden konnte es ja doch nichts werden, so wie die Dinge lagen.

Was lag denn an? In Berlin N hatte es zwei Geschäftseinbrüche gegeben. Pandit Nehru war von seiner Reise durch England und Amerika nach Indien zurückgekehrt. In Warschau hatte ein »Spionageprozeß« gegen vier Franzosen begonnen. Doch mehr als die Überschriften vermochte Bacheran im Augenblick nicht aufzunehmen, zu dicht saß Helga Leupahn neben ihm. Ihre Ellenbogen berührten sich, ihre Oberschenkel. Seine rechte Hand war keine zwanzig Zentimeter von ihrem Schoß entfernt. Aber vielleicht brauchte es Jahre, bis sie ihr Ziel erreicht hatte ... Um sich abzulenken, vertiefte er sich in die Anzeigen. *Teppiche, das passende Geschenk. Friedebold, Friedenau. – Kwiet's Zug- und Heilpflaster, mit gutem Erfolg angewandt bei Furunkeln, Wunden, Flechten usw. – Conny Barth, Interzonentransporte – Libby's Milch, die sahnige!*

»Wittenbergplatz. Wir müssen raus.« Es war umzusteigen, von der Linie B in die Linie A, obwohl es sich kaum lohnte. »Zoo ist ja schon die nächste Station, aber die Tauentzien runter: nein, danke. Nur Ruinen und abgeräumte Grundstücke. Alles Steppe.«

Am Bahnhof Zoo gingen sie auf die Leute zu und fragten sie

zum einen nach der schönen Frau und zum anderen nach dem Geldwechsler mit dem Kopfschuß. Nach einer Viertelstunde erwischten sie einen Taxifahrer, der ihnen weiterhelfen konnte.

»Neh'm Se den da unta der Uhr.«

Sie bedankten sich, waren aber nun ein wenig unentschlossen. Helga Leupahn hatte als Polizistin aus dem Osten kein Recht, den Mann zu vernehmen – und Bacheran als lumpiger Referendar ebensowenig. Sie konnten nichts anderes tun, als ein wenig mit ihm zu plaudern.

»Entschuldigen Sie ...« Bacheran war auf den Geldwechsler zugegangen. Der Mann hatte einen großen Kopf, fast schon einen Wasserkopf, und Bacheran hatte Mühe, den zynischen Gedanken zu unterdrücken, daß da die feindliche Kugel keine Chance gehabt hatte danebenzugehen. Obwohl der Mann sehr gedrungen und fast zwergwüchsig war. Was für ein Vollmondgesicht. Gleichermaßen gemütlich wie verschlagen. Über der rechten Augenbraue befand sich der Einschußkrater. Schrecklich. »Ich habe 2000 Ost-Mark zu tauschen.«

»Die will ick erst ma seh'n.«

»Ja, nun ...« Bacheran bewunderte den Mann wegen seines unfehlbaren Instinkts. Der hatte längst gewittert, daß sie beide etwas anderes wollten als Geld tauschen.

Helga Leupahn mußte dasselbe gedacht haben, denn sie ging sofort zum Angriff über. »Nein, wir wollen nicht tauschen, wir wollen Geld von Ihnen, ohne daß wir Ihnen etwas geben: nämlich die 200 Mark West zurück, die Sie meinem Bruder abgenommen haben.«

»Welchem Bruder?«

»Na, dem Hermann Seidelmann.«

Der Name Seidelmann wirkte auf den Geldwechsler wie ein Stromschlag: Er stürzte davon, lief in die Eingangshalle und rannte zum Bahnsteig hinauf. Gerade war ein Zug in Richtung Erkner eingelaufen.

»Hinterher!« rief Helga Leupahn. »Vielleicht tut er uns den Gefallen und fährt bis Friedrichstraße mit – da kann ich ihn dann festnehmen.«

»Erst müssen wir den Zug mal schaffen.«

Das taten sie, wenn auch mit Mühe und Not. Bacheran, auch diesmal langsamer als die durchtrainierte Polizistin, wurde eingeklemmt, als sich die Türen mit Urgewalt schlossen. Sie konnte ihn gerade noch in den Wagen ziehen.

»Danke«, keuchte Bacheran. »Hoffen wir nur, daß er auch wirklich eingestiegen ist.«

»Wird er schon. Auf dem Bahnsteig habe ich ihn jedenfalls nicht mehr gesehen.«

»Vielleicht ist er auf die Gleise gesprungen und hat sich unterm Zug versteckt.« Bacheran liebte es drastisch und makaber. »Da liegt er nun: zerstückelt. Noch einer. *Wie sein Opfer*, wird die Zeitung schreiben, wenn er es denn wirklich war, der Seidelmann ermordet hat.«

Tiergarten. Helga Leupahn riß die Tür auf und beugte sich hinaus, um zu sehen, ob der Geldwechsler aus dem Zug sprang und zum Ausgang lief. Bacheran tat es auf der anderen Seite des Waggons.

»Zurückbleiben!«

Nichts. Ebensowenig bekamen sie den Mann mit dem Kopfschuß auf den Stationen Bellevue und Lehrter Stadtbahnhof zu Gesicht.

»Er wird es wie bei Seidelmann Friedrichstraße versuchen«, sagte Helga Leupahn. »Da ist das größte Tohuwabohu, das größte Labyrinth, da kann er am leichtesten entkommen.«

»Vielleicht wohnt er auch in der Nähe des Bahnhofs.«

»Solche Parasiten wohnen nur im Westsektor.«

O Gott, dachte Bacheran, ist die linientreu, unterließ aber jede Diskussion über dieses Thema.

Sekunden später waren sie auf dem ersten Bahnhof im Ostsektor angekommen. Und Helga Leupahn sollte recht haben: Der Geldwechsler sprang nun wirklich aus dem Zug, drei Wagen vor ihnen, und rannte zum Ausgang Reichstagsufer. Helga Leupahn zog ihre Marke heraus und lief auf zwei Volkspolizisten zu. »Kollegen, helft mir mal bei einer Festnahme. Der Mann da vorne ist möglicherweise ein Mörder.«

Nun schrillten die Trillerpfeifen, und von überall her strömten die Markgraf-Polizisten herbei. Bacheran blieb stehen, um nicht auch in die Treibjagd zu geraten. Nicht ganz heldenhaft, eher etwas verängstigt, schließlich befand er sich im Ausland, zumindest nach Lesart der DDR. Nur langsam folgte er der Meute, war aber dicht genug dabei, um die Schreie zu hören. In seiner Not war der Mann in die Spree gesprungen und drohte nun im kalten Wasser zu ertrinken. Schließlich aber konnte er gerettet werden. Man transportierte ihn ins Polizeikrankenhaus Ost.

»Na«, sagte Bacheran »wenn das keine Schuldanerkenntnis ist ...«

Helga Leupahn wollte sich nicht festlegen. »Wir werden ihn ganz genau unter die Lupe nehmen.«

»Wobei ich aber nicht zuhören darf ...?«

»Klare Antwort: Nein.«

»Kann ich von Ihnen auch mal ein klares Ja erwarten ...?«

»Ich weiß: Sie wollen mit mir ins Kino gehen.«

Nun war es an ihm, ein wenig zu erröten. »Nein, das traue ich mich nicht. Nicht mehr. Oder doch? Wie wär's mit dem KiKi. Kurfürstendamm 225, glaube ich. 18 Uhr. *Verspieltes Leben* mit Brigitte Horney.«

»Wenn mein Dienst es zuläßt.«

»Mit mir sind Sie ja per Definition immer dienstlich beisammen.«

»Ich muß jetzt ...« Sie eilte den Kollegen hinterher, die mit ihrem Streifenwagen langsam angefahren waren.

Bacheran blickte ihr lange hinterher. Wie sollte das enden? Wahrscheinlich damit, daß auch er ins Wasser ging.

Vorerst verließ er aber das Ufer der Spree und stieg wieder zur S-Bahn hinauf. Quatsch, mit der U-Bahn kam er ja viel besser ins Büro. Mit der Linie C bis Stadtmitte, dann mit der Linie A bis Fehrbelliner Platz. Nein. Er stoppte. Ging es nicht doch um einiges schneller, wenn er mit der S-Bahn bis Zoo fuhr und erst dann in die U-Bahn stieg ...? Mein Gott, war er durcheinander. Wie sangen sie immer: *Die Liebe ist eine Himmelsmacht* ... Er schaffte es nicht, sich selber zu entscheiden, und da keine Wahrsagerin zur

Hand war, fragte er die Bahnhofsaufsicht. Die war natürlich für die Variante 2. Also ...

Im Büro am Fehrbelliner Platz fand er einen Zettel auf seinem Schreibtisch. *Bitte Herrn Menzel anrufen.* Das tat er auch auf der Stelle.

»Gut, daß Sie sich melden, Herr Staatsanwalt. Auf meinem Zettel hier steht: *Puff.*«

»Suchen Sie jemandem zum Spielen?«

»Nein, zum Mitgehen.«

»Die strengen moralischen Grundsätze meiner Mutter lassen das nicht zu, sie würde mich enterben. Nein, im Ernst: Worum geht's denn bitte?«

Menzel wurde sachlich. »Wir haben einen anonymen Brief bekommen ... Ich les' ihn mal vor ... *Ich möchte kein Denunziant sein, aber wo es um Mord geht, da ... Ein Freund von mir ist vor kurzem beim Besuch einer Prostituierten in der Augsburger Straße von dieser mit einer Peitschenschnur fast erdrosselt worden. Die Dame steht vor dem Casablanca-Club und trägt den Künstlernamen Peitschen-Thea. Eine sehr schöne Frau. Früher hat sie in einer Fleischerei in der Müllerstraße als Verkäuferin gearbeitet. Ich glaube, beide Tatsachen könnten für Sie bei der Ergreifung des Mörders von Hermann Seidelmann von Interesse sein ...* Und so weiter. Was meinen Sie dazu?«

»Erstens, daß wohl der Schreiber dieses Briefes diese Erfahrung mit der Peitschenschnur selber gemacht haben dürfte – und zweitens, daß man diesem Hinweis nachgehen sollte. Irgendwer hat mir erzählt, Seidelmann habe Spielzeug für seine Kinder einkaufen wollen, aber seine Geschwister wollen ja diesen Zettel bei ihm gefunden haben: *Schöne Frau am Zoo.* Und vielleicht ist diese Peitschen-Thea damit gemeint gewesen. Auffallend ist ja, daß der anonyme Briefschreiber ausdrücklich ihre Schönheit erwähnt.«

»Treffen wir uns also in einer halben Stunde vor dem *Casablanca-Club*.«

»Einverstanden.«

Bei leichtem Frost war es heiter und trocken, und so beschloß Bacheran, die etwa zwei Kilometer zu Fuß zurückzulegen.

Dienstfahrscheine zu beantragen und in Empfang zu nehmen, war immer eine Prozedur, die man schon erniedrigend nennen konnte. Bacheran war pünktlich, der Kommissar aber noch ein wenig pünktlicher.

Bacheran grinste. »Sie scheinen es ja gar nicht erwarten zu können.«

»Weisung meiner Frau: Den Appetit kannst du dir da holen, gegessen wird zu Hause. Aber ... ich war hier schon in der Bar drin und hab' gefragt, wo man denn die Dame finden kann. In der Belziger Straße ...«

»Ah ja, da ist sowieso immer viel Verkehr ... Das Straßenbahndepot.«

Menzel ersparte sich das Lachen, schließlich gehörte Bacheran nicht zu seinen Vorgesetzten. »Sie heißt mit bürgerlichem Namen Dorothea Stetzsch.«

»Paßt ja prima zu ihr: die städt'sche Thea sozusagen. Für alle da.«

Wieder zeigte sich Menzel für diese Art Humor wenig aufgeschlossen. »Sie haben doch die Netzspinne im Kopf: Wie kommt man da am besten hin, in die Eisenacher Straße ...?«

»Tja ... Eigentlich gar nicht. Es sei denn zu Fuß. Drüben die Fugger lang, die mündet in die Eisenacher.«

Dorothea Stetzsch tat ihnen den Gefallen, nicht weit hinten an der Haupt-, sondern gleich vorn an der Motzstraße zu wohnen. Auch die Hausnummer hatte sich Menzel schon besorgt. Es war ein vergleichsweise feudales Gebäude, vor dem sie dann standen.

»Da können Sie mal sehen, was so was einbringt«, sagte Menzel, als sie die Treppe hinaufstiegen. »Obwohl's nur 'n Stoßgeschäft ist.«

Die Klingel war aus Messing, ein wunderschöner Löwenkopf, und um sie zu betätigen, mußte man einen U-förmigen Griff nach oben ziehen. Bacheran hatte sich vorgestellt, an einer Peitschenschnur zu ziehen.

Von drinnen kam eine dunkle, etwas heisere Stimme. »Wer ist denn da, so früh schon ...?«

»Keine Freier«, antwortete Menzel. »Kriminalpolizei.«

»Das kann jeder sagen.«

Menzel hielt ihr die Marke vors Guckloch. »Kommissar Menzel, Herr Bacheran von der Staatsanwaltschaft.«

Da wurde ihnen aufgetan, und Bacheran fand alle seine Erwartungen voll bestätigt. Das war wirklich eine schöne, eine unglaublich attraktive Frau. Trotz ihrer Lockenwickler, trotz ihres etwas zu weiten blauen Bademantels. Die Schenkel, die da herausschauten ... schon die waren ihr Geld wert. Wären gewesen. Und kräftig war sie, die Peitschen-Thea, kraftvoll, voller Kraft. Eine Domina, wie sie im Buche stand. War es das, was Seidelmann gesucht und gefunden hatte?

Auch Menzel schien es die Sprache verschlagen zu haben. »Ja ... warum sind wir hier ...?«

»Warum kommen Männer wohl zu mir?« Dorothea Stetzsch hörte sich an wie eine gurrende Taube.

»Wir sind rein dienstlich hier«, sagte Bacheran und gab sich alle Mühe, sein Bedauern nicht durchscheinen zu lassen.

Menzel zog ein Foto aus der Tasche, das Hermann Seidelmann an seinem Schreibtisch zeigte. »War dieser Mann hier einer Ihrer Kunden?«

»Ist das der, den sie zerstückelt haben?«

Bacheran stutzte. Wie schnell sie das geschlossen hatte. So ausführlich hatten die West-Berliner Zeitungen nun auch wieder nicht über den Fall Seidelmann berichtet. Mord und Totschlag waren in diesen Zeiten nicht ganz so selten wie der Halleysche Komet. Und ein Foto des Ermordeten war seines Wissens auch nirgendwo abgedruckt gewesen. »Woher wissen Sie so genau, wer das ist?«

»Nun, mein Junge, soll ich dir mal sagen, wozu dieser kleine schwarze Kasten da auf dem Tischchen erfunden worden ist ...?« Sie zeigte auf ihr Telefon. »Klar, daß man mir Bescheid sagt, wenn irgendwo etwas am Kochen ist. Und außerdem sind seine Geschwister schon lange vor euch durch die Augsburger gezogen und haben ihn gesucht.«

Wieder wunderte sich Bacheran. Diesmal darüber, daß diese Frau ein so gutes Hochdeutsch sprach, daß das mit der Fleischverkäuferin kaum stimmen konnte. Er fragte nach.

Wieder entzückte sie die beiden Männer mit einem Lachen, das zehnmal erotischer war als das des blauen Engels. »Diese Schreiberlinge ... Ich habe ihnen mal erzählt, daß ich mein Fleisch verkaufe ... Da haben sie dann daraus gemacht, daß ich Fleischverkäuferin war. Köstlich! Nein, ich bin gelernte Schauspielerin.«

Darum also ihr Erfolg. Bacheran verstand. Was konnte sie für ein Motiv gehabt haben, Seidelmann zu erdrosseln und in Einzelteile zerlegt in die Ruinen zu werfen? Er sagte laut, was er dachte: »Ich improvisiere einmal, Frau Stetzsch ... Sie und Ihre Freier haben Geld, viel Geld, und man kommt zu Ihnen, um all seine Phantasien auszuleben. Und das geht am besten, wenn dabei auch Kokain oder anderes im Spiel ist. So auch, als Seidelmann zu Ihnen kommt und bedient werden will. Auch Ihre Phantasien sind dabei im Spiel, Tötungsphantasien. Die Männer zu erdrosseln, die Ihnen so viel angetan haben. Und stellvertretend für alle muß der arme Hermann S. dran glauben.«

Dorothea Stetzsch lächelte ebenso herablassend wie anerkennend. »Nicht schlecht, junger Mann. Durchaus brauchbar. Wenn Sie noch ein paar Monate bei mir in die Schule gehen, können Sie ganz weit nach oben kommen. Justizsenator, Justizminister.«

Sie hörte erst zu lächeln auf, als Menzel ganz zufällig gegen einen ihrer Schränke stieß und dessen Tür dazu brachte, so weit aufzuspringen, wie dies ohne Durchsuchungsbefehl eben noch möglich war. Heraus fiel ein Stück Wäscheleine. Lang genug, es einem Menschen um den Hals zu legen.

Als sich Bernhard Bacheran am Abend mit Helga Leupahn vor dem Kino traf, hatte auch er eine Festnahme zu vermelden: die von Dorothea Stetzsch.

»Der Westsektor wird also siegen«, sagte Bacheran. »Wir haben den Mörder – und er ist eine Mörderin.«

»Nein, wir haben ihn. Es ist der Geldwechsler mit dem Kopfschuß. Ein gewisser Rudolf Doberschütz.«

DRITTER TEIL

# Ich. Ich. Ich.
# Elisabeth Kusian

# Kapitel 15

Oberschwester Anita wurde oft mit einer Glucke verglichen, die sich rührend um ihre lieben Kleinen kümmerte, mochten die auch selber schon lange Mutter sein oder langsam auf die Rente zugehen. Sie kam aus Belzig, einer kleinen Stadt im Fläming, hatte ihre Ausbildung 1939 im Rotkreuz-Mutterhaus »Für Deutsche über See« begonnen und nach anderthalb Jahren im Kreiskrankenhaus Pritzwalk und einer entsprechenden Prüfung ihr Diplom überreicht bekommen. Was sie geprägt hatte, waren die Lazaretteinsätze an der Ostfront. Gelenkdurchschüsse, Bauch- und Lungenschüsse, Minenverletzungen, Gelbsucht, Durchfallerkrankungen, Fleck- und Sechstagefieber waren zu versorgen gewesen. Bis ans Nordostende des Asowschen Meeres, bis nach Rostow war sie gekommen und hatte unbeschreibliches Elend miterleben müssen. Daran gemessen war die Arbeit im Robert-Koch-Krankenhaus für sie das reinste Paradies.

Aber Ärger gab es auch hier. Dafür sorgte schon Max Ramolla, der unerbittliche Verwaltungsleiter, Oberstleutnant a. D. Ein derartiger Ordnungsfanatiker und Pedant war ihr nie vorher begegnet. Obwohl ... Streng genommen war er ein armer Kerl, der nichts dafür konnte, daß er so war, wie er eben war: Kopfschuß. In die Wunde oben rechts an der Stirn hätte man einen Radiergummi stecken können.

Ramolla kam hereingestürmt, warf sich auf einen Stuhl und polterte los. »Mit der Kusian, da reicht es mir jetzt. Andauernd kommen Patienten und beschweren sich, daß sie angepumpt werden und ihr Geld nicht mehr zurückbekommen. Unmöglich! Raus mit dieser Person!«

Oberschwester Anita lächelte besänftigend. »Haben wir doch

ein wenig Verständnis für Schwester Elisabeth. Sie ist arm dran. Eine Kriegerwitwe mit drei Kindern.«

»Meine Schwester hat fünf Kinder und keinen Mann ... und geht auch nicht klauen.«

»Frau Kusian ist keine Diebin, ich bitte Sie.«

»Was ist denn das anderes als Diebstahl, wenn man sich etwas borgt und dann nicht zurückgibt ...?!«

»Mundraub im weiteren Sinne, Notwehr ... In ihrer Not wehrt sie sich dagegen, daß ihre Kinder verhungern.«

»Unsinn, die sind im Heim.« Ramolla stand auf und wandte sich zur Tür. »Und ich bin mir sicher, daß alle Medikamente und Instrumente, die wir vermissen, von ihr gestohlen worden sind.«

»Das ist doch alles üble Nachrede. Sie ist nun mal tüchtiger als andere und beliebter bei den Patienten.«

Ramolla verlor nun immer mehr die Kontrolle über sein Verhalten, stampfte so mit dem Fuß auf, daß er die Oberschwester unwillkürlich an Rumpelstilzchen erinnerte, und schrie, nun schon mit weißen Bläschen auf den Lippen, lauthals heraus, was er dachte: »Natürlich klaut sie wie 'n Rabe, um an Geld zu kommen. Damit sie für sich und ihre Kinder 'ne eigene Wohnung mieten und einrichten kann. Haben Sie doch selbst gesagt, daß sie für ihre Kinder alles tut. Raus mit ihr! Sie wissen ja: Eine faule Kartoffel im Sack verdirbt alle anderen.«

Oberschwester Anita breitete die Arme aus wie eine Pfarrerin, die ihre Gemeinde segnete. »Ich werde noch einmal mit ihr reden und ihr sagen, daß wir sie leider entlassen müssen, wenn es noch einmal einen Vorfall gibt. Bitte, lieber Herr Ramolla, drücken Sie doch einmal ein Auge zu. Sie sind doch unter Ihrer rauhen Schale ein herzensguter Mensch, der ...«

»Na schön.« Ramolla stürzte aus dem Raum und warf hinter sich die Tür ins Schloß.

Oberschwester Anita ging zum Aktenschrank, ließ die Jalousie herunter und suchte sich den Ordner mit dem Lebenslauf der Kusian heraus. Noch im Stehen las sie, daß Elisabeth Kusian, geborene Richter, am 8. Mai 1914 in einem thüringischen Dorf zur Welt gekommen war, in Bornsheim. Als letztes von sechs

Kindern. Ihren Vater, einen Gutsarbeiter, hatte sie kaum mehr kennengelernt, der war 1915 in den ersten Tagen des Krieges in Frankreich gefallen. Die Mutter hatte die Kinder mit schwerer Fabrikarbeit über die Runden gebracht.

Die Oberschwester setzte sich wieder, griff zum Telefon und ließ die Beschuldigte rufen.

Zehn Minuten später hockte Elisabeth Kusian auf dem Besucherstuhl rechts neben dem Schreibtisch. Oberschwester Anita stieß einen schweren Seufzer aus, ehe sie begann. »Meine Liebe, Sie merken, daß ich mir Sorgen um Sie mache. Sie sehen nicht eben aus wie das blühende Leben ... Sind Sie krank, bedrückt Sie etwas, kann ich Ihnen helfen ...?«

»Danke, ich schaffe es schon.«

»Ja, indem Sie zum Morphium greifen. Und zum Pervitin.«

Die Kusian tat erstaunt. »Woher wissen Sie das?«

»Ich war wie Sie im Lazarett – und anders hätte es da niemand von uns durchgehalten. Und zufällig fehlt bei uns immer wieder Morphium. Das Pervitin werden Sie sich kaufen – zu überhöhten Preisen. Nun ...« Da ihre Besucherin nur den Kopf gesenkt hatte und nicht willens oder in der Lage zu sein schien, ihr eine Antwort zu geben, blätterte die Oberschwester erst einmal in den Akten, einen Anknüpfungspunkt suchend, um mit dem »armen Menschenkind«, als das sie die Kusian sah, ins Gespräch zu kommen. »Einen Vater haben Sie nicht gehabt, doch aber einen Stiefvater ...?«

Wie von einem Hieb mit einer Haselrute getroffen, fuhr die Kusian auf. »Vater? Nein! Ein Unhold war das, ein schrecklicher Mensch. Meine Mutter hat er mir weggenommen, und immer war er hinter mir her und wollte mir Gewalt antun. Schon wenn ich ihn in der Küche gesehen habe, wie er sich nackend gewaschen hat, bin ich schreiend davongelaufen. Männer, mein Gott!« Sie begann zu schluchzen.

Oberschwester Anita stand auf, trat hinter sie und strich ihr über die Haare. Welch schöne Frau, dachte sie. Wenn sie nur wieder ein Mann fand, der ihr Halt gab. »Haben Sie an Ihrem gefallenen Mann so sehr gehangen, daß Sie sich nicht wieder binden wollen?« fragte sie vorsichtig.

Elisabeth Kusian schüttelte den Kopf. »Nein, nein, ganz im Gegenteil.« Und dann, als sich die Oberschwester wieder gesetzt hatte, erzählte sie einiges aus ihrem Leben. »Mein Mann, der war ebenso geizig und hartherzig wie sein Bruder. Gucken Sie sich meinen Schwager Walter doch einmal an, dann haben Sie ihn. Diese Ehe war eine einzige Tortur. Dreizehn Jahre älter als ich. Nie war er zärtlich zu mir, nie verständnisvoll. Meine Mutter ist mit ihren Ziegen liebevoller umgegangen. Kalt war er, ein einziger Eisklumpen ...«

»Sie Ärmste ...«

»Haushaltsgeld gab es nicht. Täglich hat er mir zwei Mark auf den Tisch gelegt, und die mußte ich dann haargenau abrechnen, auf Heller und Pfennig. Und wenn mal ein Groschen gefehlt hat, dann hat er mich grün und blau geschlagen. Sie können sich vorstellen, wie verzweifelt ich gewesen bin. Ein paar Mal hab' ich auch versucht, mir das Leben zu nehmen. Den Gashahn hab' ich aufgedreht, Tabletten hab' ich geschluckt, mir die Pulsadern aufgeschnitten ... und einmal hab' ich ein Stück Wäscheleine gefunden und mich aufgehängt. Am Fensterkreuz. Im letzten Augenblick ist er aber gekommen und hat mich abgeschnitten. Am schlimmsten war es, als ich mein drittes Kind bekommen hatte. Da gab es Fliegeralarm, und wir mußten alle in den Luftschutzkeller. Kaum waren wir unten, da passierte es: Volltreffer im Nebenhaus ... Die Wände schwanken, das Licht geht aus, Schreie, Staub ... Da haben sie mich dann in die Irrenanstalt bringen müssen. Vier Tage bin ich drin gewesen ...« Das alles war aus ihr herausgesprudelt, nun hielt sie inne, um neue Kraft zu schöpfen.

Oberschwester Anita stand auf und holte ihr ein Glas Wasser. »Aber Sie haben mir doch auch mal von Ihrer großen Liebe erzählt ... Ist das nicht Ihr Mann gewesen ...?«

»Nein, das war der Herbert in Dresden ... 1932 war das, nach meiner Zeit an der Haushaltsschule, da bin ich Haustochter bei reichen Fabrikanten gewesen. So richtig mit Familienanschluß. Eine Villa hatten die, Sie können sich das nicht vorstellen, im Stadtteil Weißer Hirsch. Alles todschick. Herbert war ihr einziger

Sohn. Achtzehn war ich da, er zwei Jahre älter. Theater, Konzert, Oper, Reisen – alles haben wir zusammen gemacht. Er hat mich geliebt und er hat mich heiraten wollen, da ist aber seine Mutter dazwischengegangen und hat mir erklärt, daß ich für ihren Sohn nicht gut genug bin, nicht standesgemäß. Vor die Tür gesetzt hat sie mich.« Die Kusian trank den Rest des Wassers aus, ehe sie fortfuhr. »Aus der Traum. Nein, aus war er nicht, ich hab' ihn heute noch. Na, jedenfalls bin ich dann nach Landsberg gegangen, Landsberg an der Warthe, und hab' dort meinen Mann kennengelernt, den Herrn Chirurgen Dr. med. Wilhelm Kusian ... Das Weitere kennen Sie ja ...«

»Ihr Martyrium, ja ... Aber Ihr Mann ist doch dann eingezogen worden?«

»1942. Ich hab' ja immer geglaubt, daß noch mal ein Wunder geschehen wird. Und wirklich ... Es war eine herrliche Zeit ohne ihn. Allein mit meinen Kindern in der großen Wohnung, kein Zank und Streit mehr. Geld war genügend da, und endlich konnte ich mal rauschende Feste feiern. Die Menschen damals wollten ja alle noch einmal etwas erleben, bevor sie für den Führer in den Tod gingen. Gott, was haben wir da angegeben! Richtige Orgien waren das. Ärzte, Offiziere, alles dabei. Und ich: kein Mauerblümchen mehr, sondern eine viel umschwärmte Frau. Und wenn einer wie mein Herbert aus Dresden aussah, dann hab' ich auch nicht nein gesagt. Ehebruch, mein Gott ... Da war nicht mehr viel zu zerbrechen bei unserer Ehe, da war schon alles zerbrochen.«

Oberschwester Anita nickte. »Ich verstehe: der Heißhunger nach Leben, die Gier, noch alles einmal mitzumachen, bevor die Welt in Scherben fällt und alles zerbricht.«

»Es war die Zeit. Und im Handumdrehen war ja auch alles vorbei. Ich mußte ins Lazarett, um da auszuhelfen ... und das war die Hölle auf Erden. So viel Elend und Sterben ringsum.« Elisabeth Kusian schloß die Augen. »Bis zuletzt hab' ich durchgehalten, bis mir ein russischer Granatsplitter Unterschenkel und Bauchdecke aufgerissen hat.« Sie begann zu schluchzen.

»Schrecklich ...!« Oberschwester Anita holte ein Taschentuch aus ihrem weißen Kittel und gab es ihr, damit Elisabeth Kusian sich die Tränen abtrocknen konnte. »Und die Zeit nach '45 war ja auch alles andere als ein Zuckerschlecken ...«

»Ja. Meinen gefallenen Mann haben sie als Kriegsverbrecher eingestuft, und wir mußten aus unserer Wohnung raus. Meine drei Kinder und ich in einem einzigen Zimmer in der Beusselstraße – das müssen Sie sich mal vorstellen ...! Und keine Arbeit für mich, als ›Nazi-Frau‹ hat mich doch keiner nehmen wollen. Da habe ich meinen Schwager Walter für meinen Mann ausgegeben und bin zum Virchow-Krankenhaus gefahren: Da haben sie Lehrschwestern eingestellt. Mich haben sie zwar genommen, aber dafür mußte ich dann die Kinder ins Heim geben ...«

Oberschwester Anita blickte in die Personalakte. Siegfried war 1935 geboren worden, Sieglinde 1937 und Hedda 1942. Da mußte, sie schmunzelte leicht, als sie das dachte, der Dr. Kusian schon nicht mehr an den Endsieg geglaubt haben. »Aber einen Lichtblick im Leben gibt es doch immer, liebe Frau Kusian ... Manchmal ist unser Gott ein schrecklicher Gott, hin und wieder aber liebt er uns Menschen doch auch und schickt uns einen, der es gut mit uns meint ...«

Die Kusian winkte ab. »Hören Sie auf damit! Mir hat er den Hans geschickt, den Hans Boguslawski. Was hab' ich den geliebt, was hab' ich Schulden gemacht, um den zu verwöhnen und an mich zu binden. Ingenieur ist er, hat er gesagt – und dann ist die Polizei gekommen und hat ihn festgenommen. Bei mir im Bett sozusagen. Nächtliche Bandendiebstähle. Fünf Jahre hat er dafür bekommen. Aber ein Gutes hat das Ganze doch gehabt ...« Sie brach ab.

»Mir können Sie's doch erzählen ...« Die Oberschwester lächelte ihr aufmunternd zu. »Das ist doch wie ein Beichtgeheimnis.«

»Ein Geheimnis ist es nicht, aber ... Na ja, durch den Hans hab' ich einen anderen kennengelernt und auf den setz' ich nun alles ... auf meinen Bub, auf meinen Kurt.«

Oberschwester Anita schaute ein wenig besorgt. »War das ein Freund von diesem ... diesem Boguslawski ...?«

»Nein – der Kriminalbeamte, der ihn festgenommen hat.«

»Na, wenn das kein gutes Omen ist.«

»Ach ...« Wieder seufzte die Kusian. »Ich will nur noch für ihn da sein, ich will ihn mit Geschenken überschütten – aber ...« Sie stockte.

»Aber ...« Oberschwester Anita lächelte. »Er ist verheiratet und hat zwei Kinder.«

»Drei sogar. Und er kann von seiner Frau nicht lassen.«

Die Oberschwester nickte. So war es immer. Dann erschrak sie, denn ihre Vorgängerin im Robert-Koch-Krankenhaus hatte einen kleinen vergilbten Zettel an die Akte der Kusian geheftet, und auf dem stand mit Kopierstift geschrieben: *Achtung, fällt bei unangenehmen Nachrichten immer in Ohnmacht*. Aber, was half es, sie mußte mit der Kusian über das Anpumpen der Patienten und die Diebstähle reden. Sie wollte es so einfühlsam wie möglich angehen. »Meine liebe Elisabeth, ich weiß um Ihre Sorgen und Nöte, aber dennoch kann ich nicht umhin, mit Ihnen über das zu reden, was mir Herr Ramolla vorhin aufgetragen hat. Es sind da einige Vorwürfe gegen Sie erhoben worden ...«

Die Kusian sprang auf, und im Nu waren Hals und Gesicht von scharlachroten Flecken überzogen, die sich schnell zu einer einzigen Fläche vereinten. »Nein!« schrie sie. »Das ist doch alles nur eine schmutzige Verleumdung. Ich habe nichts gestohlen, und wenn ich mir was geborgt habe, dann nur, weil ich Brot für meine Kinder kaufen mußte. Und ich habe das alles immer wieder zurückgezahlt.«

»Es tut mir leid, aber wir müssen das jetzt beide rückhaltlos aufklären, sonst ...«

»Der Ramolla will mich an die Luft setzen, ich weiß!« rief Elisabeth Kusian – und damit fiel sie in Ohnmacht.

Einer der Oberärzte wurde gerufen. Er wollte der Kusian eine Kreislaufspritze geben, zögerte aber, da sie auch so aufzuwachen schien. Sie murmelte unverständliche Worte und Sätze. Als träumte sie, als wäre sie hypnotisiert worden, als hätte sie Halluzinationen. Nur ein Wort verstanden die Oberschwester und der Arzt. Es stand wie ein Startschuß am Anfang eines jeden Satzes: »ICH ... ICH ... ICH ...«

# KAPITEL 16

*ICH – Sonnabend, 17. Dezember 1949*

Ich bin schon ganz verzweifelt. In einer Woche ist Weihnachten, und ich hab' noch immer nichts für Kurt. Das Geld von der Gast ist auch schon wieder weg, draufgegangen für Miete und Lebensmittel. Dieser entsetzliche Frühdienst, den ich schieben muß. Immer schon vor dem Aufstehen aus dem Bett und dann alleine am Frühstückstisch. Dieser Muckefuck – ist der eklig. Aber woher soll ich das Geld für Bohnenkaffee nehmen?

Schon zehn vor fünf, ich muß los. Noch schnell kämmen und schminken. Die Badestube ist wieder mal besetzt. Das ist ja wirklich zum Kotzen. Die Stöhr hat andauernd Dünnpfiff. Na endlich kommt sie raus. Und jetzt muß ich auch noch scheißfreundlich zu ihr sein. Ich kann doch nicht schon wieder die Wohnung wechseln.

»Guten Morgen, Frau Stöhr, wieder mal so früh auf?«

»Ich hab' ja so schlecht geschlafen, Frau Kusian, dieser Sturm gestern.«

»Na, unser Dach ist ja nicht gleich abgedeckt worden. Ich muß jetzt leider, Frau Stöhr, ich hab' Frühdienst heute.«

»Wird's denn heute abend wieder spät werden?«

»Ja, ich will noch nach Teltow raus, die Kinder besuchen.«

»Dann wünsche ich Ihnen einen schönen Tag.«

»Danke, gleichfalls.«

Wie ich aussehe! Ich traue mich gar nicht mehr, in den Spiegel zu sehen. Kurt hat mich immer nur am Abend und meistens bei Kerzenlicht gesehen. Kurt, komm her, nimm mich in die Arme. Warum ist er nicht hier, warum muß ich immer allein sein? Womit hab' ich das verdient? Ich hab' Tausenden von Menschen geholfen – und wer hilft mir? Walter. Ach, Walter ist ein fürchterliches Arschloch. Jeder Schwachkopf ist bei Adolf was geworden, nur dieser Dämlack nicht. Zum Scheißen zu dämlich! Aber ich will mich nicht wieder aufregen. Verdammter Mist, die Wunde am Bauch tut auch schon wieder weh. Weil Kurt gestern zu stark gerammelt hat. Und dann auch noch auf dem Treppenabsatz im Stehen. Er hat's aber wirklich nötig gehabt. Ob ich mir morgens schon Morphium spritze? Wie soll ich denn sonst über den Tag kommen?!

»Frau Kusian, machen Sie doch bitte schnell, bei mir pressiert es mächtig.«

Die Mutter von der Stöhr, auch das noch. Soll sich die alte Scharteke doch in die Hosen machen.

»Ja, ich bin ja gleich fertig.« Also verzichte ich auf das Morphium. Aber wo ist denn mein Pervitin? Da unten im Kulturbeutel. Schnell runterspülen. Wo ist denn mein Zahnputzbecher? 20 Milligramm, das reicht. Ah, schon kann ich besser atmen.

Ich warte. Nach einer Viertelstunde setzt die volle Wirkung ein. Ich springe die Treppen hinunter. Da ist die Stelle, wo Kurt mich gestern genommen hat. Jetzt möchte ich sein Ding im Mund haben und ihm einen blasen. Das hat mir der Leutnant Schulz damals beigebracht, und ich habe noch keinen Mann kennengelernt, der dabei nicht in Ekstase geriet. Man muß nur mit der Zunge an ganz bestimmte Stellen kommen.

Hallo, Leute, hier seht ihr die Chefärztin Dr. Elisabeth Kusian. Ebenso schön wie tüchtig. Unser weiblicher Sauerbruch. Bald werden sie einen Film über mich drehen. Ich habe schließlich eine ungarische Gräfin als Mutter. Wenn die Russen raus sind aus Ungarn, kriegen wir alles wieder, und dann mache ich ein eigenes Krankenhaus auf.

Was steht das ganze Kroppzeug hier am Bahnhof Zoo herum? Warum habe ich kein Auto, wie mir das zusteht, sondern muß mich mit den ganzen Plebs hier in der S-Bahn herumquetschen? Quatschen Sie mich nicht an.

»Entschuldigen Sie, kennen Sie den Mann auf dem Foto hier?«

»Nein. Wer soll denn das sein?«

»Hermann Seidelmann, der Schausteller aus Sachsen, dessen Leiche zerstückelt in einem Ruinenkeller in der Schillerstraße gefunden worden ist.«

»Was soll ich denn mit dem zu tun haben?«

»Er war öfter hier am Bahnhof Zoo ...«

»Ich weiß von nichts.« Ich will weiter, ich will ins Krankenhaus. Ich muß was wegschaffen, solange meine Dosis Pervitin noch wirkt. Schwester Elisabeth hier, Schwester Elisabeth da. Ich weiß ja, daß ich ihr Engel bin. Ich genieße es, ein Engel zu sein. »Sie sind ein guter Mensch, Schwester Elisabeth.« Ja, ich weiß, daß ich ein wunderbarer Mensch bin.

Da kommt meine Oberschwester schon wieder auf mich zu. Hat sie der Ramolla wieder gegen mich aufgehetzt? Nein, ich muß wieder mal einspringen. »Schwester Elisabeth, Sie müssen im OP aushelfen, eine der Operationsschwestern hat einen Unfall gehabt.«

Auch das noch. Ich wollte mir gerade ein Hackepeterbrötchen aus der Kantine holen.

»Hallo, Lisbeth, na, wie geht's?«

»Danke, gestern ging's noch.«

»Du redest so, wie die Kerle immer reden.«

»Wir haben doch die Kerle alle in der Hand, wenn wir nur wollen.«

Ich gehe in den OP und helfe Dr. Carpin. Der lobt mich in den höchsten Tönen. Kein Wunder, wir waren mal ein Wochenende zusammen im Hotel, und da hab' ich ihn von seiner Impotenz geheilt. Aber ich bin auch wirklich gut, wenn ich arbeite, so konzentriert und zuverlässig wie keine andere Schwester. Na ja, das ist die Vererbung. Ohne mich und meine Tips wären die Ärzte hier doch alle hilflos. Die haben die Titel, und ich sorge dafür, daß die Leute fachmännisch behandelt werden. Ohne mich würde der ganze Laden hier zusammenbrechen. Ist doch so! »Sie haben natürlich recht gehabt mit Ihrer Diagnose, Frau Dr. Kusian.«

Ich bin ganz feucht zwischen den Schenkeln, ich muß Dr. Carpin haben. Als er sich die Hände wäscht, bin ich hinter ihm und fasse ihm dahin, wo was zu fühlen ist. Er fährt herum. »Lassen Sie das!« Daraufhin falle ich in Ohnmacht.

Ich erwache im Schwesternzimmer und fühle mich furchtbar elend, furchtbar erschöpft und möchte nur noch eins: schlafen,

schlafen, schlafen. Und ich habe einen fürchterlichen Heißhunger. Anni sitzt da und starrt mich an.

»Geh, hol mir bitte was zu essen. Ja, ansonsten geht's mir wieder gut.«

Ich suche fieberhaft in meiner Handtasche. Da muß doch noch Pervitin sein, in der Puderdose versteckt. Gott sei Dank, da ist es. 10 Milligramm reichen erst einmal. Ich hab' sie intus, ehe Anni wieder zurück ist. Sie hat mir eine Riesenportion Kartoffelsalat mitgebracht und zwei Paar Würstchen dazu. Ich schlinge alles hinunter.

So, jetzt geht es wieder. Ich mache mich an die Arbeit. Ein Rückfall bei Frau Gast, sie liegt im Sterben. Es ist doch Krebs gewesen. Hoffnungslos. Ich möchte ihr etwas spritzen, das sie schnell erlöst. Ich spreche ihr Mut zu. »Wird schon wer'n mit Mutta Beern, mit Mutta Horn is ooch jeworn, bloß Mutta Schmitten, die hat jelitten, die haben se siebenmal jeschnitten, und denn ham se erst jemerkt, det se'n Holzbeen hat.« Ich freue mich, wie sie darüber lacht, weil es sie an ihre Großmutter erinnert, die sie so geliebt hat. Ich schaffe es immer wieder, auch Todkranke zu trösten. Keine andere Schwester kann das außer mir. Wenn ich einmal tot bin, werden sie an meinem Grab sagen: »Sie war eine großartige Frau und Krankenschwester, der Engel von Berlin, eine Berliner Florence Nightingale, die sich für ihre Patientinnen wahrhaft aufgeopfert hat.«

Ich habe Schluß und kann zu meinen Kindern nach Teltow fahren. Sie warten auf ihre Mutter wie die Küken auf die Henne. Ich bin für sie ihr ein und alles. Mein Siegfried, meine Sieglinde, meine Hedda. Ich möchte euch so gern bei mir in einer großen Wohnung haben, ach was: in einem Herrenhaus. Eure Großmutter war schließlich eine Gräfin, und ihr habt Besseres verdient als dieses katholische Heim in Teltow. J.w.d. Ewig bin ich mit der S-Bahn unterwegs. Gott, warum hab' ich keinen eigenen Wagen mehr und keinen Chauffeur – wie früher bei den Eltern und mit Wilhelm zusammen?!

»Kinder, ich habe euch allen was Schönes mitgebracht.« Süßigkeiten, Obst, Spielzeug.

»Mutti, endlich bist du da!«

»Endlich, liebe, liebe Mutti, nimmst du uns wieder in den Arm!«

»Mutti, geh nie wieder fort, bitte, bitte!«

Ich habe das Gefühl, daß es mir das Herz zerreißt. Wenn mich doch die ganze Welt so sehen könnte in meinem Schmerz! Ich würde schon längst Selbstmord begangen haben, wenn mich die Kinder nicht so brauchten und Walter und Kurt und alle meine Patienten. Ich weiß, daß es ohne mich nicht geht.

Und ich werde es schaffen, aus der Misere herauszukommen. Ich bin stark genug dazu. ICH SCHAFFE ALLES, WAS ICH WILL.

# Kapitel 17

*ICH – Mittwoch, 21. Dezember 1949*

Ich habe furchtbar schlecht geschlafen und einen schrecklichen Alptraum gehabt. Ich bin auf dem Friedhof spazierengegangen und habe die Toten wispern gehört. Ich soll sie ausgraben. Einer ist dann aus dem Grab gestiegen und hat sich zu mir ins Bett gelegt. Ich bin aufgesprungen und in die Badestube gelaufen.

Ich denke immerzu an Kurt. Ich muß seine Frau werden. Am zweiten Weihnachtsfeiertag wird er abends bei mir sein können. Zu Hause hat er gesagt, er müßte zum Bereitschaftsdienst, in Wahrheit aber hat er frei. Ich werde ihn mit Geschenken überhäufen! Aber, mein Gott, in drei Tagen ist Heiligabend, und ich habe noch immer keine Schreibmaschine für ihn. Ich weiß, daß ihn nichts glücklicher macht als eine eigene Schreibmaschine. Im Dienst hat er keine und muß alles mit der Hand schreiben. Wenn ich ihm eine Schreibmaschine schenke, wird er das umwerfend finden. Nie hat er ein so wertvolles Geschenk bekommen. Seine Frau, seine Kinder – alle nehmen nur immer von ihm. Ich bin die Erste, ICH, die ihm so vieles gibt.

Ich fühle mich nicht wohl. Gleich nach dem Aufwachen ist es losgegangen. Ich habe das Gefühl, als würde immerzu eine Kugel in mir aufsteigen, vom Unterleib bis in die Kehle. In meinen Beinen jummert es, die Wadenmuskulatur krampft sich zusammen. Ebenso der Bauch, meine Wunde. Ich muß mir Morphium spritzen.

Langsam setzt die Wirkung ein. Ich kann aufatmen. Aber: Wo bekomme ich eine Schreibmaschine, wo bekomme ich das Geld für eine Schreibmaschine her? Geld, Geld, Geld! Ich schreie es heraus. OHNE SCHREIBMASCHINE KEIN KURT, OHNE KURT KEIN GLÜCK. So einfach ist das. Ich habe nicht mehr lange Zeit. Es muß etwas geschehen. Heute noch. Ich muß erst um 18 Uhr zum Dienst. Vorher also.

Erst einmal frühstücke ich. Blutwurst, Marmelade. Muckefuck. Warum haben andere Bohnenkaffee – und ich nur diese Plärre? Warum haben andere eine große Wohnung, wenn nicht gar ein eigenes Haus – und ich nur dieses Loch hier? Durchfall wieder. Im Flur treffe ich Frau Stöhr. Sie kommt vom Einkaufen und hält die Zeitung in der Hand.

»Haben Sie das hier gelesen, Frau Kusian: *Tödlicher Unfall beim Kaninchenschlachten. Der siebenundfünfzigjährige Heinrich Welz aus der Reichenberger Straße 75 im Bezirk Kreuzberg stach sich am Montag abend, als er ein Kaninchen schlachten wollte, in den Oberschenkel und schnitt sich die Hauptschlagader auf. Die Feuerwehr brachte ihn in das Urban-Krankenhaus, wo er bald darauf starb.*«

»Da muß man wirklich bei aufpassen. Mein Schwager Walter und ich, wir schlachten auch manchmal Kaninchen.«

»Aber bitte nicht bei mir in der Wohnung hier!«

»Sie kriegen dann auch was ab.«

Ich mache mich fertig und gehe zum Bahnhof Zoologischer Garten. Ich muß irgendwo ein Geschäft finden, wo sie mir auch ohne Anzahlung eine Schreibmaschine überlassen. Aber wo?

»Guten Tag, Frau Kusian!«

Ich grüße zurück. Eine ehemalige Patientin. Ich weiß, was die anderen im Krankenhaus hinter der hergeflüstert haben: »Die verdient sich ihr Geld mit der Pflaume.« Nebenan in der Augsburger Straße soll sie abends stehen und auf ihre Freier warten. Das bringt mich auf eine Idee ... Dann hätte ich wenigstens das Geld für die Anzahlung. Wenn ich vorher Pervitin nehme, ginge es schon. Was ist schon dabei? Auf einen mehr oder weniger kommt's auch nicht mehr an. Und vielleicht wird's mir ja sogar Spaß machen. So wie '44, als wir bei mir in der Wohnung Silvester gefeiert haben und ... Vielleicht zahlt mir einer fünfzig Mark dafür, wenn ich ihn ranlasse. Nein, nein, nein! Wenn Kurt davon erfährt ... Ich muß auf andere Art und Weise zu Geld kommen: nicht mich verkaufen, sondern etwa anderes. Was aber? Ich habe doch nichts, was sich verkaufen läßt. Ich nicht, aber die Stöhr ... Ich locke einen Altwarenhändler in die Wohnung, gebe mich als die Witwe Stöhr aus, verkaufe dem Mann ihren Teppich aus dem Wohnzimmer, lasse mir eine Abschlagszahlung geben und mache aus, daß sie das gute Stück erst nach Weihnachten abholen. Bis dahin habe ich dann wieder Geld, gehe in den Laden, sage, daß es mit leid tut, und mache die Sache wieder rückgängig. Eine phantastische Idee! So etwas kann sich nur eine Frau wie ich ausdenken. Darin bin ich ihnen allen über.

In der Pestalozzistraße ist ein Kommissionsgeschäft, ein Altwarenladen. Ich kann mich erinnern, daß ich da im letzten Frühjahr einen alten Staubsauger verkauft habe. Ich gehe hin und sehe, daß geöffnet ist. Kurt Gehring heißt der Mann. Auch ein Kurt. Ein gutes Omen.

»Guten Tag, Herr Gehring. Ich bin schon einmal bei Ihnen gewesen ... Aber da haben Sie nicht so blendend ausgesehen wie heute. Ich kann vermuten: Es geht Ihnen gut?«

»Nein, im Gegenteil ... Seit meine Frau tot ist, da ...«

»Ein Mann wie Sie, der muß doch nicht lange allein sein.« Ich weiß, wie man Männer wie den kirre machen kann. Der hat es nötig, das sieht man ihm an. »Ihr Geschäft, das wirft doch was ab.«

»Danke, es könnte besser gehen.«

»Na, da komme ich ja gerade im richtigen Augenblick: Ich habe Ihnen nämlich einen wunderschönen Perserteppich anzubieten.«

»Teppiche nehme ich grundsätzlich nicht in Kommission, und kaufen tue ich sie erst recht nicht. Teppiche sind immer staubig und haben Flecke. Die Leute schütten Kaffee aus, die Kinder pinkeln drauf ...«

»Meiner ist so gut wie neu.«

»Neue Teppiche kaufen die Leute woanders.«

»Tun Sie mir doch den Gefallen, lieber Herr Gehring, bitte! Ich habe drei Kinder und kein Geld, Weihnachtsgeschenke für sie zu kaufen.«

»Aha, da sind ja die drei Kinder, die auf den Teppich pinkeln.«

Ich weiß, daß ich nun meine große Trumpfkarte ausspielen muß. Ich setze mich auf einen Stuhl, schlage die Beine übereinander und sorge dafür, daß mir dabei der Rock nach oben rutscht und er so viel sieht, wie er sehen muß, um plötzlich Appetit zu haben. »Bitte, kommen Sie doch mit ... Sie werden es wirklich nicht bereuen.« Ich weiß, daß ich besser bin als die Dietrich. Aber alles umsonst, Gehring ist immun gegen alles und will nicht in die Kantstraße kommen, um sich den Teppich anzusehen.

»Bitte, verlassen Sie den Laden.«

»Ja, aber nicht, bevor ich Ihnen ein paar runtergehauen habe, Sie hartherziges Schwein Sie!«

Er flüchtet nach hinten und verbarrikadiert sich in seiner Toilette, ich fetze ihm eine Teetasse von der Anrichte und laufe auf die Straße hinaus.

Ich bin erschüttert über mich. Ich kann doch sonst mit meiner Magie die Menschen verzaubern. Warum ist es mir in diesem Fall mißlungen? Da wird es mir klar: weil der Mann in Wahrheit schwul gewesen ist und das mit seiner Frau nur vorgeschoben hat. Klar. Trotzdem. Ich gehe in einen Hausflur und schlucke Pervitin. Das Morphium hat mir zwar die Schmerzen genommen, aber gleichzeitig ist auch mein Feuer dahin. War der Gehring also vielleicht gar nicht schwul, sondern ich nur nicht attraktiv genug. Viele solcher Fehler kann ich mir nicht mehr leisten.

Ich fahre durch die Stadt. Wie im Fieber. Vielleicht habe ich auch Fieber.

DIE SCHREIBMASCHINE ...!
DIE SCHREIBMASCHINE ...!!
DIE SCHREIBMASCHINE ...!!!

Ich muß sie unbedingt haben, koste es, was es wolle.

Ich fahre mit der S-Bahn nach Neukölln. Erst gehe ich zu Hertie. Sie haben keine *Erika* vorrätig. Aber mit nur 20 Mark Anzahlung würde ich sie sowieso nicht bekommen. 20 Mark wären aber schon mein Maximum. Sonst müßte ich hungern. Eine Frau wie ich – und nur 22,25 DM in der Tasche. So ungerecht ist das. Ich bin eben immer zu kurz gekommen im Leben. Ich fühle mich plötzlich wieder so elend und muß auf die Toilette, um noch etwas Pervitin zu schlucken. Vorhin muß es zuwenig gewesen sein.

So ... Ich merke, daß es mir wieder besser geht. Es muß doch in dieser großen Stadt jemanden geben, der mir auf Pump eine Schreibmaschine verkauft! Als ich zum Hermannplatz laufen will, entdecke ich zwischen Rathaus und Fuldastraße einen kleinen Laden. Mackeprang. Was für ein Name. Wer so heißt, der muß sich rumkriegen lassen. Ich gehe hinein.

»Schönen guten Tag, ich bin Oberschwester Anita vom Robert-Koch-Krankenhaus und habe von Herrn Ramolla, unserem Verwaltungsleiter, den Auftrag, mich nach Möglichkeiten umzusehen, fünfundzwanzig Schreibmaschinen für unsere Verwaltung und die Stationen zu kaufen.«

»Oh ...« Dem Händler ist anzusehen, daß er sein großes Glück zu machen hofft. Dennoch gibt er sich zuerst einmal skeptisch. »Hat Ihnen eine verstorbene Patientin ihr ganzes Vermögen vererbt?«

»Nein, wir bekommen das Geld von einer amerikanischen Stiftung – der Benjamin-Franklin-Foundation.« Ich merke, daß ich jetzt wirklich gut in Form bin. Die Schwesterntracht, die ich trage, tut ein übriges.

»Dann darf ich Ihnen ein Angebot unterbreiten?«

Ich nicke. »Ja, natürlich. Und ich werde zusehen, daß Sie den Zuschlag erhalten, wenn es mehrere Angebote geben sollte. Was haben Sie denn so am Lager? Können wir mal ...«

»Sehr wohl, gnädige Frau.«

Der Händler zeigt mir einiges, darunter auch eine *Erika*. Die muß ich haben! Ich mache sofort einen dementsprechenden Versuch. »Es wird Ihnen doch nichts ausmachen, daß ich die einmal mit ins Krankenhaus nehme und wir sie ausprobieren?«

»Wie ...? Ich hätte gedacht, daß Sie ein etwas größeres Modell bevorzugen würden ...?«

Ich merke, daß ich einen Fehler gemacht habe. Da hilft nur noch die Vorwärtsverteidigung, ganz direkt. »Womit Sie recht haben. Doch eine kleine Provision für mich, die dürfte doch drin sein.«

Da stürzt er an mir vorbei und reißt die Tür auf. »Raus! Ehe ich die Polizei hole!«

Ich gebe nicht auf. *Wer sich die Welt mit einem Donnerschlag erobern will, der darf nicht warten, bis ein anderer vor ihm blitzt!* Oberst von Krummensee hat das immer gesungen, mein zärtlichster und zugleich ausdauerndster Liebhaber. Gefallen bei Kattowitz. Sonst hätte er mich geheiratet. Die Familie besitzt ein Wasserschloß bei Plön. Eigentlich bin ich Elisabeth von Krummensee.

Ich gehe zur Post und sehe im Telefonbuch nach, wo noch andere Schreibmaschinenhändler zu finden sind. Hier irgendwo in der Nähe. Da ist einer: Beigang, Linkstraße. Das ist am Potsdamer Platz, da komme ich mit der U-Bahn hin. Drüben ist heute mächtiger Trubel, die Ostberliner müssen Stalins 70. Geburtstag feiern.

Eine Frau Merten bedient mich. Das kriege ich mit, weil der Chef sie so anredet, als er den Laden verläßt, um zu einem wichtigen Kunden zu fahren. »Ich bin bis ein Uhr außer Haus, Frau Merten.« Ich versuche, die Dame zu taxieren. Diesmal richtig, damit nicht wieder so ein Fiasko wie bei Mackeprang erlebe. Sie scheint sehr einfühlsam zu sein. Wahrscheinlich schreibt sie in ihrer Freizeit Gedichte und Liebesromane. Einen Ehering trägt sie, ist also verheiratet, sieht aber nicht sehr glücklich aus. Diese harten Falten um den Mund lassen auf viel Verbitterung schließen. Ich könnte wetten, daß sie mit ihrem Mann in Scheidung lebt. Andererseits ist sie sehr elegant aufgemacht. Schönes Haar, schicke Kleidung. Das deutet darauf hin, daß sie auf der Suche nach einer neuen Bekanntschaft ist. Und vielleicht auch einer neuen Freundin. Wer so viel auf der Seele hat, sucht immer einen, bei dem er sich ausweinen kann, und hört sich auch die Nöte anderer an. Also ... Ich lege mich voll ins Zeug und stöhne erst einmal.

»Ach Gott, das ist ja alles so schrecklich ...!«

Sie sieht mich mit großen Augen an. »Was kann ich für Sie tun ...?«

»Ich bin ja in so einer schrecklichen Notlage ...!«

»Verzeihung ... Aber dies hier ist leider nur ein Geschäft für Büro- und Schreibmaschinen ...«

»Um eine Schreibmaschine geht es ja!« Dankbar fange ich den Ball auf, den sie mir zugeworfen hat. »Kurt, mein Verlobter, ist ein begnadeter Schriftsteller, und ein großer Verlag in München will seinen ersten Roman auch drucken ... wenn er das Manuskript bis Ostern abgeliefert hat. Aber nun kann er nicht schreiben, weil man ihm bei einem Einbruch seine alte Schreibmaschine gestohlen hat.«

»Oh, das ist ja schrecklich!«

Ich sah, daß die Merten wirklich sehr betroffen war. »Und das Geld für eine neue Maschine hat er natürlich nicht ... Die muß ich ihm schenken. Aber ich bin auch nicht auf Rosen gebettet, Sie sehen ja: als Krankenschwester ...«

»Über eine Anzahlung wird sich reden lassen.«

»Mir fällt es im Augenblick sehr schwer ... Ich bin nicht flüssig, ich muß erst auf die nächste Gehaltszahlung warten, denn ... Ach Gott, das ist so schrecklich, daß ich es Ihnen gar nicht erzählen kann.«

»Doch, bitte ...«

Ich setzte mich. »Ja, Walter, mein geschiedener Mann hat mein ganzes Sparbuch abgeräumt und mir buchstäblich den letzten Pfennig aus dem Schreibtisch geklaut ... mit Nachschlüsseln. Aus Rache, weil ich zu Kurt gegangen bin. Dabei hat er mich vorher ständig geschlagen und vor allen Leuten heruntergeputzt. Und nicht nur das: Er hat auch gedroht, Kurt umzubringen, wenn ich weiter mit ihm gehe. Und darum müssen wir beide raus aus Berlin, Kurt und ich. Wir wollen in die amerikanische Zone. Das geht aber nur, wenn Kurt seinen Roman verkauft hat ...« Ich wurde noch eindringlicher. »Und das schafft er nur, liebe Frau Merten, wenn er seinen Roman pünktlich abliefern kann, wenn er also eine Schreibmaschine hat. Eine *Erika* reicht ihm ja.« Ich nahm ein gehäkeltes Tuch aus der Handtasche, um mir die Tränen aus den Augen zu tupfen.

»Sie Ärmste«, sagte Frau Merten. »Ich werde mit meinem Chef sprechen und sehen, was sich machen läßt. Wenn Sie noch einmal wiederkommen würden.«

# KAPITEL 18

*ICH – Donnerstag, 22. Dezember 1949*

Ich fühle mich am Morgen hundeelend und trinke Unmengen an Kaffee. Bohnenkaffee. Endlich habe ich wieder welchen im Haus. Ich habe ein Vermögen dafür ausgegeben. Zufällig habe ich im Krankenhaus eine Schachtel mit fünf nagelneuen Fieberthermometern »gefunden«, und die haben dann beim Altwarenhändler ein paar Mark gebracht. Aber ich kann nicht noch mehr aus dem Krankenhaus mitgehen lassen, denn der Ramolla hat mich ja schon seit langem auf dem Kieker und will mich rausschmeißen. Und Pervitin ist noch teurer.

Die Stöhr hat die Zeitung in der Küche liegenlassen. Ich werfe schnell einen Blick hinein. Was sie für Überschriften haben. *Ohne Herd und Licht / Elend in Wohnlauben* – Na ja, manchen geht's noch schlechter als mir ... *Hoher Gasverbrauch vor Weihnachten* – Weil alle den Gashahn aufdrehen ... *Die Nummern und Plätze des Taxirufs* – Ob ich mir jemals wieder 'ne Taxe leisten kann ...? *Vier Kinder von Autos getötet* – Schrecklich! *Suche nach dem Mörder Seidelmanns* – Na, nach dem Mann können sie lange suchen.

»Guten Morgen, Frau Kusian. Ah, Sie haben wieder mal unsere Zeitung ... Ich bin ja nicht so, aber meine Mutter sagt, daß Sie sich ruhig ein wenig an den Kosten beteiligen könnten, weil das nicht in der Miete enthalten ist.«

Ich koche schon am Morgen vor Wut: diese Zimtzicke, die! Aber ich muß ruhig bleiben, denn ich kann ja nicht schon wieder umziehen. »Lassen Sie nur, Frau Stöhr, ab Mitte 1950 übernehme ich das ganze Abonnement. Da wird ja das Geld von Onkel William endlich da sein, das ich geerbt habe. Es liegt in Dayton/Ohio auf der Bank, aber die Amerikaner haben das Konto gesperrt, weil er angeblich ein großer Nazi gewesen sein soll, was aber völliger Unsinn ist.«

»Gut ...« Die Stöhr reißt mir die Zeitung nun weg. »Meine Mutter möchte sie jetzt gerne lesen.«

Ich fahre zum Dienst. Ramolla kommt auf mich zu. »Ihnen wird zum 31. Dezember dieses Jahres gekündigt!«

Ich kann es nicht fassen. Undank ist der Welt Lohn! Was soll nun werden?! Ich erleide einen Ohnmachtsanfall.

Als ich wieder zu mir komme, schickt mich Oberschwester Anita nach Hause. Ich soll mich ins Bett legen und mir Ruhe gönnen. Gott, wenn die wüßte ... Ich habe keine Arbeit, ich habe genau 15 Mark und 42 Pfennige in der Tasche. Damit soll ich nun auskommen, bis ich im nächsten Jahr von den Ämtern Unterstützung erhalte. Ramolla haßt mich, und wenn ich in Berlin in einem anderen Krankenhaus anfrage, ob eine Stelle für mich frei ist, werden sie vorher bei ihm anrufen und dann sagen: »Bedaure, leider nein.« Ich weiß, daß er bei Leuten, die er nicht mag, versteckte Gemeinheiten in die Zeugnisse reinschreiben läßt. Ich muß in eine andere Stadt ziehen und ein neues Leben beginnen – mit Kurt zusammen. Kurt muß sehen, daß ich ihn liebe, daß ich für ihn alles tue, aber auch wirklich alles. ALLES, ALLES, ALLES! Für ihn bringe ich sogar einen anderen Menschen um.

Ich brauche 200 Mark, 300 Mark, 400 Mark. Vielleicht kann Walter mir was borgen. Ich laufe zum S-Bahnhof Zoologischer Garten und warte auf den nächsten Zug. Da kommt er schon von Charlottenburg her. Ich stehe direkt an der Bahnsteigkante. Ein Schritt – und ich bin in der Ewigkeit. Erlöst von allem. Es zuckt schon in mir ... Nein!!! Ich will noch etwas vom Leben haben, noch viele Jahre mit KURT. Ich will ein zweites Leben haben, ein neues Leben. Wir haben plötzlich Geld und machen eine Privatklinik auf.

»Nach Erkner einsteigen!«

Ich tue es und fahre bis Friedrichstraße, um dort in die Nordbahn umzusteigen, Richtung Velten. Oranienburger Straße, Stettiner Bahnhof, Humboldthain, Gesundbrunnen, Bornholmer Straße, Wollankstraße. Ich steige aus und habe mich wieder in der Gewalt. Vom Bahnhof bis zur Sternstraße ist es nicht weit. Walters Vermieterin kommt mir auf der Treppe entgegen.

»Sie haben Pech, Frau Kusian, ihr Schwager ist gerade aus dem Haus gegangen.«

Alle denken, daß Walter mein Schwager ist und nicht mein geschiedener Mann. Ich habe lügen müssen, um nach dem Krieg im Virchow-Krankenhaus eine Stelle als Lehrschwester zu bekommen, denn als Frau eines alten Nazis hätte mich keiner genommen. Walter mit seinem goldenen Parteiabzeichen – ich hatte plötzlich einen »Kriegsverbrecher« als Mann. Sie haben uns aus der Wohnung rausgeworfen. Auf einem Kohlenkarren haben sie mich '45 aus dem Krankenhaus zurückgebracht. Russische Granatsplitter hatten mir ja Unterschenkel und Bauchdecke aufgerissen. Die Wunden waren noch nicht richtig verheilt, alles voller Eiter. Ausgerechnet in diesen Tagen kam Walter aus der Gefangenschaft zurück, an Leib und Seele zerbrochen. Über eine Woche habe ich ihn versteckt. Er kennt die Verhöre nicht, die ich seinetwegen durchmachen mußte. Kein Geld, keine Arbeit, zu fünft in einem kleinen Zimmer. Ich bin an zwei Krücken durch Berlin gelaufen, um eine neue Bleibe für uns und Arbeit für mich zu finden. Eine Ein-Zimmer-Wohnung mit Kammer haben wir schließlich bekommen. Es war die Hölle. Jeden Tag wurde unsere Ehe mehr zerrüttet, und ich habe aufgeatmet, als Walter endlich die Scheidung eingereicht hat.

Walter ... Irgendwie hänge ich noch immer an ihm. Trotz Kurt. Walter war so schneidig, so zackig. Wenn er mich genommen hat, dann war das immer wie ein Gewittersturm und hat mir den Atem geraubt.

Nun ist er nicht zu Hause. Ich bin enttäuscht. Gleichzeitig aber auch entsetzt, weil ich in Gedanken Kurt betrogen habe. Wie kann ich das nur wiedergutmachen?! Mit der Schreibmaschine natürlich. Aber wo kriege ich das Geld für eine Schreibmaschine her ...? Wie hat mein Großvater immer gesagt: Man kann sich drehen und wenden wie man will, der Arsch bleibt immer hinten.

Ich fahre durch die Stadt, obwohl ich eigentlich kein Fahrgeld habe, und klappere die Läden ab. Ich versuche es mit allen Tricks, ich tische denen die tollsten Geschichten auf, ich breche in Tränen aus – nichts hilft, keiner will mir für 10 Mark Anzahlung eine Maschine überlassen.

Nur Walter kann mir noch helfen. Vielleicht kennt er noch ein paar alte Parteigenossen, die wieder auf die Beine gekommen sind und ihm mit etwas Geld aushelfen können.

So fahre ich wieder in den Wedding, in die Sternstraße. Jetzt ist er zu Hause und gerade dabei, seine Weihnachtsgeschenke für unsere Kinder einzupacken. Er kocht einen Kräutertee für mich. Ich setze mich an den mollig warmen Kachelofen und sehe ihm zu.

»Willst du nicht mithelfen?« fragt er mich.

»Nein, danke.«

»Warum bist du denn so teilnahmslos, was ist denn mit dir los?«

»Ach, Walter...« Ich stehe auf, gehe auf ihn zu und schmiege mich an ihn. »Ich weiß weder ein noch aus. Sie haben mich im Krankenhaus entlassen und wollen auch noch Strafanzeige gegen mich erstatten, weil ich angeblich eine Schreibmaschine gestohlen haben soll. ›Wenn Sie die Maschine nicht bis Heiligabend zurückgebracht haben, Frau Kusian, schicken wir Ihnen die Polizei ins Haus!‹«

»Hast du die Schreibmaschine gestohlen?«

»Nein, Walter. Ich schwör' es dir bei allem, was mir heilig ist. Aber sie glauben mir nicht. Wenn ich nicht bis morgen das Geld für eine neue Schreibmaschine habe, komme ich ins Gefängnis. Walter, du mußt mir was borgen.«

Doch Walter lacht nur. »Ich habe selber nichts. Faß du mal 'nem nackten Mann in die Tasche.«

Ich erleide den zweiten Ohnmachtsfall an diesem Tag. Als ich wieder zu mir komme, liege ich in Walters Bett. Er hat mich dorthin getragen und mir Rock und Bluse ausgezogen. Seine Hand fährt unter meinen Schlüpfer und macht sich dort zu schaffen. Ich denke an Kurt und will die Hand wegschieben, doch er bleibt hartnäckig. Schließlich ergebe ich mich. Ich kann nicht anders. Dieser Tag ist so voller Schmerz gewesen, daß ich meine, das Recht auf ein wenig Lust zu haben. So bleibe ich die Nacht bei Walter...

Gegen drei Uhr morgens muß er auf die Toilette, und als er zurückkommt, bricht es aus mir heraus: »Walter, ich habe etwas Furchtbares getan!«

Er knipst die Nachttischlampe an und sieht mir prüfend ins Gesicht. »Was denn ...? Sag mir, was du getan hast!«

Ich kann nicht, ich presse mein Gesicht in die Kissen.

# Kapitel 19

*ICH – Freitag, 23. Dezember 1949*

Ich weiß nicht mehr aus noch ein. Morgen ist Heiligabend, morgen mittag machen die Geschäfte zu – und ich habe noch immer keine Schreibmaschine für Kurt. Nachts habe ich kaum ein Auge zugemacht. Um acht gehe ich erst einmal zum Zoo, um in Moabit anzurufen und mich krank zu melden. Ramolla fragt nicht, was ich habe, fragt nach keinem Attest, ist nur froh, daß ich nicht mehr bei ihm auftauche. »Aber Ihre Schwesterntracht, die bringen Sie uns gefälligst noch zurück!« Womit habe ich das verdient?!

»Elisabeth, hör auf zu jammern!« Ich reiße mich zusammen. Wo ich nun schon auf den Beinen bin, kann ich auch noch einmal zu Beigang fahren und sehen, ob ich den herumkriegen kann. Ich setze mich also in die S-Bahn und fahre zum Potsdamer Platz. Fast jeden Tag habe ich bei ihm vorbeigeschaut und mir die Schreibmaschine angesehen, die für meinen Kurt bestimmt ist. Aber auch heute scheint Beigang wieder hart zu bleiben.

»Im allgemeinen verkaufen wir nur gegen bar.«

»Machen Sie doch bitte einmal in Ihrem Leben eine Ausnahme!« flehe ich ihn an. »Mein ganzes Lebensglück hängt doch davon ab.«

Frau Merten, die Verkäuferin, nimmt sich meiner an. »Ja, Herr Beigang, bei Frau Kusian, bei einer so netten und adretten Krankenschwester, sollten wir wirklich mal eine Ausnahme machen.«

»Nun gut, lasse ich mich also breitschlagen: 50 Mark Anzahlung, sechs Monatsraten zu 30 Mark.«

Im ersten Augenblick jubele ich und falle ihm um den Hals, als ich aber den Laden verlassen habe, fühle ich mich wieder so elend wie vorher, denn ich habe ja nicht einmal diese 50 Mark. Ich gebe mir den Befehl, erst einmal nach Hause zu fahren, mich wieder ins Bett zu legen und abzuwarten.

Ich fühle mich schlecht, die Wunde schmerzt wieder. Ich habe vielen hundert Menschen geholfen und einigen buchstäblich das Leben gerettet – und wer hilft mir? Niemand. Was hat meine Großmutter immer gesagt: »Hilf dir selbst, dann hilft dir Gott.« Aber wie kann ich mir selber helfen? Doch nur, indem ich das Geld, das mir fehlt, irgendwo stehle oder einen umbringe, der welches hat. Oder ich lege jemanden herein, betrüge ihn, versuche, ihm etwas vorzugaukeln. Aber wie, wie, wie? Ich liege stundenlang im Bett und grübele. Wie komme ich an den Schmuck der Stöhr, wo mag sie ihn liegen haben? Wenn ich den verkaufe oder wenigstens ins Pfandhaus tragen kann ... Sie geht gerade zum Einkaufen, aber ihre Mutter ist da und paßt auf wie ein Luchs. Das geht also nicht. Ich starre an die Decke. Dann fällt mein Blick auf die Schwesterntracht. Wenn ich die nun anziehe und nach einer Gelegenheit suche ...

In der Uhlandstraße fange ich an. Ich suche nach einem Mietshaus, das den Krieg überstanden hat und das so aussieht, als würden Menschen drin wohnen, die gut betucht sind. Als ich es gefunden habe, steige ich ins erste Stockwerk hinauf und suche nach einem altmodischen Namensschild. Eine wohlhabende Witwe zwischen achtzig und neunzig Jahren müßte es sein. Als ich *A. Reich* lese, zucke ich zusammen. Ein Wink des Himmels. Ich drücke auf den golden schimmernden Klingelknopf, ohne mich weiter zu besinnen. Auch ohne Pervitin fühle ich mich großartig. Wie eine Schauspielerin bei der Premiere. Das Lampenfieber. Ich höre schlurfende Schritte. Dann wird drinnen die Blende vor dem Guckloch beiseite geschoben.

»Ja ... Warum schickt man mir nicht Schwester Gerda?«

»Schwester Gerda hat einen Unfall gehabt, ich soll sie vertreten. Ich bin Schwester Hildegard.«

»Dann kommen Sie herein.« Die Kette wird gelöst.

In diesem Augenblick kommt ein Mann die Treppe herunter und erkennt mich. Es ist der Göltzsch vom Möbelladen unten an der Ecke, der mir schon ein paar Mal gefolgt ist und etwas von mir will. Ich habe ihn jedesmal abgewiesen. Aber heute ...

»Na, Frau Kusian, wenn Sie zu mir wollen, haben Sie sich im Stockwerk geirrt. Eine Treppe höher.«

Ich verfluche ihn, denn damit ist mein Plan, was die alte Frau Reich betrifft, zunichte gemacht. Ich ergreife die Flucht, die alte Dame schimpft hinter mir her. Unten auf der Straße holt Göltzsch mich ein. »Na, hat Ihre Erbtante Sie rausgeworfen?«

»Schön wär es, wenn ich eine hätte. Nein, das war ein Irrtum. Ich wollte eine ehemalige Patientin besuchen, habe aber die Adressen verwechselt.«

Göltzsch legt los wie in einem alten Ufa-Film. »Das passiert mir bei Ihnen nie. Ich stehe jeden Abend vor dem Haus Kantstraße 154a und blicke sehnsüchtig zu Ihrem Fenster hinauf. Sie wissen: meine Leidenschaft für Krankenschwestern. Haben Sie heute ein bißchen Zeit für mich?«

»Nein, leider nicht, ich muß ... Es geht um meinen Bruder ... um sein Leben.«

»Liegt er bei Ihnen im Krankenhaus, auf Leben und Tod?«

»Nein. Er hat mit ein paar amerikanischen Offizieren Geschäfte gemacht – gefälschte Papiere für die Einreise in die USA –, und nun hat er das Geld nicht zusammen, das sie von ihm verlangen. Wenn er bis morgen mittag die 500 Mark nicht beisammen hat, die er ihnen schuldet, wollen sie ihn umbringen.«

»Mein Gott! Wie kann ich Ihnen nur helfen?«

Ich bin sicher, daß Göltzsch mir alles glaubt, was ich sage, und so muß ich nicht lange nach einer Antwort suchen. »Wie Sie mir helfen können ...? Indem Sie mir das Geld borgen.«

Er zögert nur kurz, dann begreift er, welche Chance sich da für ihn eröffnet. »Ich muß das Geld erst von der Bank abheben. Wenn ich es Ihnen nachher vorbeibringe? Sagen wir: um vier?«

»Ja, natürlich. Ich koche auch einen schönen Kaffee für uns ...«

Ich bin gerettet! Kurt kriegt die Schreibmaschine. Ich tanze über die Straße. Jedenfalls habe ich das Gefühl, daß ich es tue. Oben bei mir habe ich eine sturmfreie Bude, denn die Stöhr und ihre Mutter sind zu Verwandten nach Finkenkrug gefahren.

Ich mache mich sorgfältig zurecht. Ich hoffe, daß er mir das Geld gibt, ohne mir an die Wäsche zu gehen, aber wenn es denn sein muß, dann soll er es haben. Ich habe im Krankenhaus viele

Patientinnen kennengelernt, die sich ihr Geld mit der Pflaume verdient haben, und das waren nicht die schlechtesten Menschen.

Punkt 4 Uhr steht er bei mir auf der Matte. Er hat eine Aktentasche und eine Flasche Sekt in der Hand und küßt mich. »Ich heiße Gregor ...«

»Kommen Sie.« Er legt ab, und ich führe ihn in mein Zimmer.

Göltzsch setzt sich auf die Couch und wippt auf ihr auf und ab. »Nicht bei mir gekauft und schon ein bißchen abgenutzt. Sie müssen ja ein bewegtes Liebesleben haben.«

»Ich schlafe darauf.«

»Fragt sich nur: mit wem ...?«

»Nur mit Männern, die Geld haben.«

»Dann habe ich ja gute Chancen.«

»Ich glaube nur das, was ich mit eigenen Augen sehe.«

Er zieht seine Brieftasche aus dem Jackett und klappt sie auf. Ein Bündel von Geldscheinen wird sichtbar, und ich schätze, daß es mehr als 1000 Mark sind. Viel mehr jedenfalls als bei Seidelmann.

»Trinken wir erst einmal einen Schluck.« Göltzsch greift nach der Sektflasche. »Hast du Gläser?«

»Nein, da müßte ich erst meine Wirtin ...«

»Dann trinken wir eben aus der Flasche.«

Er läßt den Korken an die Decke fliegen, und wir lassen die Flasche kreisen. Das erinnert mich an die Abende, die ich im Krieg mit meinen Offizieren verbracht habe. Alles ist wie damals. Ich setze mich neben ihn aufs Sofa und greife ihm in den Hosenschlitz. Da ist schon ganz schön was. Ich fange an, ihn zu massieren, und er läßt es sich gefallen. Er fährt mir mit der Hand unter den Rock, und ich lasse ihn dort spielen. Ich weiß, daß man Männer auf diese Art und Weise leicht an einen Punkt bringen kann, wo sie alles tun, was man von ihnen will. Nur auf die Aussicht hin, daß man sie in den nächsten Sekunden richtig ranläßt. Als ich Göltzsch soweit habe, lasse ich sein Ding wieder los und rücke von ihm ab. »... erst wenn ich das Geld für meinen Bruder habe.«

»Wieviel?«

»500 Mark. Und ohne Zinsen bis Ostern.«

»Gut. Aber nur dir zuliebe. Den Schuldschein habe ich draußen im Mantel.« Er geht auf den Flur hinaus. Als er zurückkommt, hat er aber kein Stück Papier in der Hand, sondern eine Wäscheleine. Ich weiche zurück. »Keine Angst. Du ... Ich kann nur richtig, wenn ich dich vorher gefesselt habe.«

Ich glaube ihm nicht, ich sehe ihm an, daß er mich umbringen will. So stürze ich auf ihn zu, um ihm seinen Strick zu entreißen. Er will ihn aber nicht hergeben, und so entspinnt sich zwischen uns ein heftiger Kampf. Er ist ein Mann, ein ausgewachsenes Halbschwergewicht, und ich bin nur eine Frau, aber keine schwache Frau, denn ich habe viele Jahre lang Patienten hochheben müssen. Das gibt Muskeln. Wir wälzen uns über den Boden. Immer wenn er auf mir zu liegen kommt, versucht er, in mich einzudringen, und würgt mich dabei. Ich habe Todesangst. Habe ich die Oberhand, versuche ich ihm die Schlinge um den Hals zu legen und sie zuzuziehen.

Wer weiß, wie es ausgegangen wäre, doch plötzlich fliegt die Tür auf, und die Stöhr steht da und donnert los.

»Ich sehe wohl nicht recht, Frau Kusian!«

»Hilfe!« rufe ich. »Holen Sie die Polizei. Ich bin überfallen worden.«

»Hören Sie auf, mich zu vergackeiern. Ich kenne doch Herrn Göltzsch. Das ist der größte Schürzenjäger weit und breit, und der muß keine Frau überfallen, um zu bekommen, was er will. Und Sie, Herr Göltzsch, Sie sollten sich wirklich schämen. Ihre Frau liegt in der Entbindungsstation, und Sie gehen pausenlos fremd. Dreimal pfui! Und raus hier!«

Da rafft Göltzsch seine Sachen zusammen und stürzt aus der Wohnung. Keinen Pfennig läßt er mir da.

# KAPITEL 20

*ICH – Sonnabend, 24. Dezember 1949*

Ich gerate immer mehr in Panik. Wenn die Stöhr nicht dazwischengekommen wäre ... Wenn, wenn, wenn ... Wenn das Wörtchen wenn nicht wär, wär mein Vater Millionär. Wie kriege ich wenigstens die 50 Mark Anzahlung für die Schreibmaschine zusammen? Ich kann nur noch auf ein Wunder hoffen. *Ich weiß, es wird noch einmal ein Wunder geschehen ...* Wie oft haben wir das damals auf dem Grammophon gespielt. Ich kann es nicht fassen: Mein Leben, mein Glück, meine Zukunft – alles hängt an diesem einen lumpigen 50-Mark-Schein. Ich muß ihn in die Hände, bekommen, ich muß! Ich schlucke wieder Pervitin. 20 Milligramm.

Langsam beginnt es zu wirken. Alle in dieser Stadt, so scheint es mir, haben diese 50 Mark, nur ich nicht. Und das, obwohl ich mehr bin als die alle. Die können sich doch alle eine Scheibe abschneiden von mir. Ich stecke sie doch alle in den Sack. Sie werden einen Film über mich drehen: *Eine Frau, die sich ihr Lebensglück erkämpft.* Oder: *Eine Frau, die über Leichen geht.* Andere haben es ja auch getan, und denen haben sie Denkmale gebaut: Friedrich der Große, Bismarck, Napoleon. In deren Kriegen sind Hunderttausende gestorben. Und ich tue es nur meines kleinen Glückes wegen. *Wenn die Liebe riesengroß ist.* Oder: *Was man aus Liebe tut.* Einer wird kommen und mein Leben verfilmen. Alles wird von »der Kusian« sprechen. *Eine Frau, die nie aufgegeben hat.* Oder: *Eine Frau, die sich nur nimmt, was ihr zusteht.* Nein, das ist als Titel zu lang. Vielleicht nur: *Elisabeth K.* Mein Leben ist wie kein zweites Leben. Mein Leben ist einzigartig. Ich werde den Filmleuten sagen, daß ich mich selber spielen will. Dann steht groß an allen Kinos dran: Die Kusian als Kusian. Dann habe ich Geld in Hülle und Fülle, und meine Kinder können in einem

Schweizer Internat zur Schule gehen. *Von einer kleinen Krankenschwester zu einer großen Diva*, werden sie schreiben. Endlich bin ich die, die ich eigentlich schon immer war.

Jetzt bin ich in Hochform, jetzt kriege ich das Geld zusammen. Ich habe eine Idee, ziehe mir schnell den Mantel über und laufe auf die Straße hinunter, um mich ans Telefon zu hängen. Die Nummer des Robert-Koch-Krankenhauses habe ich natürlich im Kopf.

»Guten Tag, hier ist Schwester Elisabeth. Ich hätte gerne Herrn Ramolla gesprochen.« Man stellt mich durch zu ihm. »Na, endlich. Ich weiß genau, daß Sie noch einmal weit nach oben kommen wollen, Herr Ramolla, in der Politik. Und da macht es sich nicht gut, wenn Ihr Name morgen in der Zeitung steht. *Krankenschwester wirft sich nach ungerechtfertigter Kündigung vor die U-Bahn. In ihrem Abschiedsbrief gibt sie dem Verwaltungsleiter des Robert-Koch-Krankenhauses die Schuld an ihrem Freitod. Max Ramolla schweigt.*«

»Was wollen Sie von mir?«

»250 Mark Schmerzens- oder Schweigegeld, ganz wie Sie wollen.«

»Sind Sie völlig übergeschnappt?!«

»Nein, eiskalt. Ich warte auf dem Bahnhof Zoo, auf dem U-Bahnhof Richtung Ruhleben. Punkt 12 Uhr sind Sie da. Mit dem Geld. Sonst werfe ich mich vor den Zug. Und mein Abschiedsbrief liegt bei mir zu Hause auf dem Schreibtisch.« Damit hänge ich ein.

Ich habe noch eine Stunde Zeit und schlendere durch die Straßen. Es weihnachtet sehr zwischen den Ruinen. Was wird in einem Jahr sein, Weihnachten 1950 ...? Da werde ich mit Kurt in München leben. Wie neugeboren. In meinem zweiten Leben.

Ich blicke immer wieder auf meine alte Armbanduhr. 11 Uhr 48 ist es. Ich laufe zum Bahnhof Zoo und steige in die U-Bahn hinunter. Wird Ramolla kommen? Steht er schon hinter einem der vielen gelben Pfeiler, um mich zu beobachten, ob ich Ernst mache? Ich trete ganz dicht an die Bahnsteigkante heran. Der Zug kommt. Instinktiv mache ich einen Schritt nach hinten.

Ramolla ist noch nicht da, und Ramolla kommt auch nicht mehr. Ich schimpfe leise vor mich hin. »Wieder ein Schuß in den Ofen!« Meine Großmutter hätte zu mir gesagt: »Kind, dir ist aber wirklich das Glück im Hintern verfroren!«

Ich bin nicht weit davon entfernt, mich wirklich vor den Zug zu werfen. Nein, ich will noch leben, mit meinen Kurt zusammen, meinem »Bub«.

So gehe ich wieder nach Hause zurück. Ich muß Beigang anrufen! Fast hätte ich das vergessen, was in meinem Leben das wichtigste ist.

»Guten Tag, lieber Herr Beigang, hier spricht Schwester Elisabeth. Ich wollte doch noch vorbeikommen, die Schreibmaschine gegen die Anzahlung abholen, aber nun komme ich nicht weg aus dem Krankenhaus. Ich bin im Operationssaal nicht abkömmlich – ein schwerer Verkehrsunfall ... Geht es nachher um vier?«

»Nein, leider nicht, denn ich bin gerade dabei, das Geschäft zu schließen, um rechtzeitig bei meiner Familie zu sein. Heute, Heiligabend.«

»Könnten Sie mir die Maschine nicht vorbeibringen ...? In die Kantstraße 154a.«

»Unmöglich, ich wohne in Rudow.«

Ich bin verzweifelt. »Was läßt sich denn da noch machen? Ich flehe Sie an ...!« Das muß ihn angerührt haben, denn ich höre ihn mit der Merten reden. Eine halbe Minute vergeht. »Hören Sie, Frau Kusian ... Heute und morgen geht es nicht, aber meine Frau Merten könnte am zweiten Weihnachtsfeiertag bei Ihnen vorbeikommen und die Maschine mitbringen. Wenn es bis dahin Zeit hat?«

»Ja, gerne, herzlichen Dank.« Mein Kurt will und kann ja erst am zweiten Weihnachtsfeiertag abends zur Bescherung bei mir erscheinen. Ich bin sicher, daß sich noch alles zum Guten wenden wird.

Wieder sind es diese rätselhaften Schmerzen, die mich quälen: Vom Unterleib her steigt in meinem Körper eine Kugel auf, bis zur Kehle. Mein Kiefer und meine Zunge werden starr, ich kann nicht mehr sprechen. Kaum bin ich in meinem Zimmer, da spritze ich mir Morphium.

Walter kommt mit einem Rucksack und bringt mir Kohlen. Bleiben will er nicht, er will zu den Kindern ins Heim. Ich habe nicht die Kraft dazu, mit ihm mitzufahren.

Am frühen Abend sitze ich bei der Stöhr und ihrer Mutter im Zimmer. Einen Weihnachtsbaum hat sie nicht, sondern nur einen Strauß aus Kiefernästen mit ein bißchen Lametta und ein paar bunten Kugeln. Es ist trostlos. Ich denke daran, wie es in anderen Familien zugeht. Die Sehnsucht packt mich, und ich setze mich in die Bahn, um zu Kurt zu fahren. Ich stehe eine halbe Stunde vor dem Mietshaus, in dem er wohnt, und starre zum Fenster hinauf. Dann fahre ich zur Kantstraße zurück und lege mich ins Bett. Ich bin so erschöpft, daß es wie eine Krankheit ist, und schlafe bis zum späten Nachmittag des ersten Weihnachtsfeiertages. Nur der Heißhunger treibt mich aus dem Bett. Ich esse und flüchte mich wieder in den Schlaf.

# KAPITEL 21

*ICH – Montag, 26. Dezember 1949*

Ich hatte mir am Abend noch einmal »M« gespritzt, um ruhig zu schlafen. Ich war wie ein Vogel, der übers Meer ins warme Afrika fliegt. Langsam geht mein Morphium zu Ende. Ich brauche es aber, sonst sehe ich beim Einschlafen immer nur Seidelmanns Gesicht. Fünf Ampullen Morphium hatte ich mir am Bahnhof Zoo gekauft, 2 Milligramm für 25 Mark.

Ich mache mir klar, daß der Tag gekommen ist, an dem sich alles entscheiden wird. Habe ich die Schreibmaschine, habe ich KURT – und dann wird alles gut. Doch ich habe die 50 Mark Anzahlung noch immer nicht beisammen – und werde sie auch nicht beisammen haben, wenn die Merten gegen Mittag kommt. Mir fällt ein, was meine Großmutter immer ausgerufen hat, wenn sie klamm gewesen ist: »Woher nehmen und nicht stehlen?« Also muß ich stehlen, aber was und wo? Bargeld natürlich. Ich überlege, ob ich meine Ortskenntnisse ausnutze und nach Moabit ins Krankenhaus fahre. Manche Patienten haben ja einiges Geld im Schrank. Nein, da wo mich jeder kennt, hat es keinen Zweck.

Was tun? Ich liege wie gelähmt im Bett. Ohne Pervitin komme ich heute nicht in Fahrt. Also schlucke ich 30 Milligramm und ziehe dann los. Es kann doch nicht so schwer sein, mitten im Gedränge den Leuten das Portemonnaie aus der Tasche zu ziehen. Aber als ich zum S-Bahnhof komme, merke ich, daß es am zweiten Weihnachtsfeiertag vormittags kein Gedränge gibt. Die Züge sind leer, die Innenstadt ist wie ausgestorben. Ein paar Menschen stehen am Kurfürstendamm vor den Schaukästen der Kinos. Ich stelle mich neben sie und suche nach einer passenden Gelegenheit. Nichts, ich habe keine Chance. Ich gehe an einigen Cafés vorbei und frage mich, ob ich mich hineinsetzen und versuchen soll, der Serviererin Geld aus der Abkassiertasche zu ziehen. Unmöglich.

Nur ein geübter Taschendieb könnte das schaffen. Ich stehe vor einem Zigarettenautomaten und bin dem Wahnsinn nahe: Da hinter dem Blech stecken die 50 Mark, die ich so dringend brauche wie mein »M« – und ich komme nicht heran. Ich eile weiter. Am U-Bahnhof Uhlandstraße steige ich die Stufen hinunter. Ich trete an den Schalter. Eine müde Frau meines Alters sitzt an der Maschine, mit der die Fahrkarten frisch gedruckt werden. In ihrer Schublade hat sie bestimmt mehr als 50 Mark liegen. Wenn ich nun meinen Haustürschlüssel wie eine Pistole halte. Nein, sie würde nur lachen.

Ich gebe auf. Es hat keinen Zweck. Eher warte ich, bis die Stöhr mit ihrer Mutter spazierengegangen ist, und suche in ihren Schränken nach Geld. Doch als ich in die Kantstraße einbiege, waren sie schon frische Luft schnappen und kommen gerade zurück.

13 Uhr 30. Es klingelt, und ich eile zur Tür. Es ist die Merten. Sie ist festtäglich gekleidet und hält die Schreibmaschine in der Hand. Mein Herz scheint vor Freude zu zerspringen. Ich muß mich sehr zurückhalten, daß ich die Merten nicht umarme.

»Kommen Sie doch einen Moment herein, liebe Frau Merten, und legen Sie ab.« Ich muß sie einlullen, von ihr hängt mein Lebensglück ab.

»Ja, schön, aber nur für einen Schluck Kaffee, ich habe noch eine Verabredung.«

Ich gehe in die Küche, um das Wasser aufzusetzen. Wieder im Zimmer, kann ich nicht mehr an mich halten, stelle die *Erika* auf meinen Schreibtisch und klappe den Deckel auf. Welch wunderschönes Modell. Kurt wird an die Decke springen, wenn er sie sieht. Ich streiche mit den Fingerkuppen über die Tasten. Welch Gefühl! Kurt wird sie jeden Tag berühren und dabei immer an mich denken: »Die habe ich von meiner Lisbeth, und sie hat sie unter so großen Opfern für mich erworben. Nun habe ich keinerlei Mühe mehr, meine Arbeit zu schaffen.« Und er wird mir täglich Liebesbriefe schreiben.

Beim Kaffeetrinken kommt die Merten auf das Geschäftliche zu sprechen und faßt in ihre Handtasche. »Herr Beigang hat mir die Quittung hier mitgegeben ... Für die 50 Mark Anzahlung.«

Ich versuche, gleichmütig zu bleiben, und sehe auf die Uhr. »Gleich zwei ... Mein Schwager wollte schon lange hier sein und mir das Geld bringen, das er mir noch schuldet. Über 100 Mark ...«

Die Merten steht auf. »Das tut mir leid, aber dann muß ich das gute Stück wieder mitnehmen. Herr Beigang hat mir das extra eingeschärft.«

Ich will heftig reagieren, höre aber, daß die Stöhr draußen auf dem Flur hantiert. Also beherrsche ich mich. »Nein, nein, bitte nehmen Sie mir die Maschine nicht wieder weg!« Ich drücke sie auf die Couch zurück. »Könnten Sie nicht am Abend noch einmal wiederkommen, dann bringen wir die Sache endgültig in Ordnung.«

Die Merten zögert. »Ich komme zwar am Abend mit der Straßenbahn noch einmal bei Ihnen vorbei, aber ...« Ihre Angst vor ihrem Chef schien größer zu sein als das Mitleid mit mir. »So ganz ohne kann ich doch nicht ...«

Ich habe eine Idee. »Nehmen Sie doch das Silberbesteck hier als Pfand.« Das hatte ich schon lange für Kurt gekauft, als Geschenk für seine Frau. Die Arme kann ja nichts dafür, daß alles so ist, wie es ist. Ich bin immer großmütig, immer großzügig gewesen.

»Schön«, sagt die Merten schließlich. »Gegen sieben bin ich wieder hier und dann möchte ich aber wirklich die Anzahlung haben.«

Ich bedanke mich bei ihr und geleite sie zur Tür. Als sie gegangen ist, knie ich vor der Schreibmaschine nieder und küsse sie. »Du bist mein Glücksbringer!« Ich tanze durch den Raum. Nun wird alles wieder gut, und ich kann das Leben nachholen, das mir gestohlen worden ist.

Ich laufe noch einmal zum Bahnhof und kaufe mir von meinem letzten Geld einen großen Tannenzweig, den ich in eine Vase stecke und mit viel Lametta schmücke. »Laß mal, Kurt, im nächsten Jahr werden wir im eigenen Haus wohnen und einen großen Weihnachtsbaum haben. Bis Ostern werde ich die Erbschaft aus Amerika ausgezahlt bekommen. Wo möchtest du denn am liebsten eine Villa haben: in Wannsee oder Dahlem?«

Ich stelle die Schreibmaschine unter meinen Tannenzweig, öffne den Kasten abermals und tippe die ersten Zeilen auf ihr für meinen ach so geliebten Kurt, in Großbuchstaben: HIERMIT SCHWÖRE ICH AN EIDES STATT, DASS ICH DICH LIEBE – ELISABETH. Die Zeit vergeht nun wie im Fluge, und ich vergesse alles, was mich bedrückt.

19 Uhr. Draußen auf dem Flur schrillt die Klingel. Ich fahre hoch. Kurt ...?! Die Merten ...?! Ehe ich mich besonnen habe, ist die Stöhr schon an der Tür und öffnet. Ich warte. Dann wird an meine Zimmertür geklopft. »Frau Kusian, Ihr Schwager steht draußen.« Walter – mein Gott! Um meine Ruhe vor ihm zu haben, habe ich ihm erzählt, daß ich an den Feiertagen Dienst hätte. Ich muß zu ihm hinaus, er darf nicht in mein Zimmer. So schließe ich die Tür hinter mir ab und flüstere ihm zu: »Psst, Herr Muschan ist im Zimmer.«

»Ich habe an die Kinder denken müssen. Die sind nun doch noch bei deinen Eltern in Thüringen. Hoffentlich haben sie da alle Geschenke bekommen, auch den Weihnachtsstollen.«

»Ja, ich habe die Sachen mit einem Lkw-Fahrer hingeschickt.« Hinschicken wollen. Sie liegen noch immer in meinem Zimmer unter der Couch. Wegen der Schreibmaschine habe ich alles andere total vergessen. Und der Weihnachtsstollen steht bei mir auf dem schön gedeckten Kaffeetisch neben der Schreibmaschine und wartet auf Kurt. Ich muß auch mal an mich selber denken! Walter ist so traurig, daß er mir furchtbar leidtut. Als er schon auf der Treppe ist, laufe ich ihm hinterher und drücke ihm einen Kuß auf den Mund.

Dann stehe ich am Fenster, sehe auf die Straße hinunter und warte. Auf die Merten, auf meinen Kurt. Noch einmal schlucke ich etwas Pervitin. Wie soll ich sonst über den Abend kommen? Ich muß das Problem Dorothea Merten lösen. So oder so.

20 Uhr 15. Direkt vor unserem Haus befindet sich die Haltestelle der 75. Eine Straßenbahn kommt, und ich sehe Kurt schon, wie er aufsteht und zur Tür geht. Dann steigt er aus und winkt nach oben. Mein Gott, viel zu früh. Er darf nicht vor der Merten bei mir sein. Ich nicke ihm zu und renne dann die Treppen hinunter. Vor der Haustür treffen wir zusammen.

»Was ist denn?« fragt er.

»Du kannst nicht raufkommen, ich habe überraschend Besuch

bekommen. Die Grünstädtels aus Thüringen. Und die dürfen nicht wissen, daß wir beide ... Die halten nicht dicht, und wenn meine Eltern etwas von dir erfahren, ist der Teufel los, da enterben sie mich. Geh rüber ins Delphi-Kino oder warte im *Kindl* am Kudamm auf mich.«

»Ins Kino will ich nicht.«

»Dann geh ins *Kindl*-Restaurant.« Ich küsse ihn. »Nachher wird alles nachgeholt.«

Ich verfluche diesen Augenblick, wo ich ihn ziehen lassen muß, aber es geht leider nicht anders.

Wieder oben in meinem Zimmer, warte ich auf die Merten. Ich ziehe mir meine Schwesterntracht an, weil das bestimmt ein Mittel ist, sie milder zu stimmen. Dann trete ich wieder ans Fenster. Ich will sie abfangen, bevor sie klingelt. Die Stöhr muß nicht alles mitbekommen, was bei mir passiert.

21 Uhr 15. Endlich ist die Merten da, und ich kann sie in den Flur lotsen. Sie trägt einen schicken dunkelbraunen Mantel und einen Hut mit Feder. In der Hand hält sie ein großes Einholnetz, in dem ich Kleidungsstücke und den Besteckkasten erkennen kann. »Entschuldigen Sie, daß es ein bißchen später geworden ist: Ich habe mich bei meiner Freundin Olga festgequatscht«, sagt sie und reibt sich die Hände. »Draußen sind 17 Grad Kälte.«

Ich mache eine einladende Geste. »Legen Sie doch ab und wärmen Sie sich ein bißchen auf bei mir.«

Wenig später sitzt sie auf meiner Couch. Ich schalte das Radio ein und lehne mich dann mit dem Rücken an den heißen Kachelofen. Es wird richtig gemütlich. »Zigarette?« Ich halte der Merten meine Schachtel hin und gebe ihr Feuer, als sie zugegriffen hat. Wie sie denn das Weihnachtsfest überstanden habe, frage ich sie.

»Ach, das ist schon alles furchtbar traurig. Mein Mann und ich, wir haben uns auseinandergelebt. Angeblich, weil ich nur noch an meinen Roman denken würde und kein Interesse mehr an ihm hätte. Aber in Wirklichkeit hat er längst eine andere. Ich glaube, die Frau eines hohen Tiers in der Politik. Ist mir aber auch egal. Wenn ich bloß die Scheidung und das ganze Drum und Dran erst hinter mir hätte.« Sie erzählt mir alles, was ihr auf der Seele liegt, schließlich bin ich ja Krankenschwester.

Ich spreche ihr Mut zu. »Es ist nie zu spät, ein neues Leben zu beginnen. Aber ziehen Sie bloß schnell weg in eine andere Stadt. Wenn Sie Ihrem geschiedenen Mann jeden Tag über den Weg laufen, heilt die Wunde nie.«

»Da sprechen Sie aus Erfahrung ...?«

»Ja.« Ich erzähle ihr einiges über Walter. »Er hängt immer noch an mir, wie ein treuer Hund, und schleppt mir Kohlen an.«

Ich finde sie sehr sympathisch und überlege schon, ob ich ihr nicht das Du anbieten und sie einfach Doris nennen sollte. Doch noch ist ja die Sache mit der Anzahlung für die Schreibmaschine nicht geklärt. Und mein Kurt wartet nun schon seit gut anderthalb Stunden im Restaurant auf mich ... Mein Gott!

22 Uhr. Ich kann es nicht länger aufschieben. »Aber nun das Geschäftliche«, sage ich.

Die Merten weicht mir aus. »Noch eine Zigarettenlänge.«

»Ich habe noch eine Menge vor heute abend.«

»Wenn Sie das Geld noch immer nicht beisammen haben, muß ich die Maschine wieder mitnehmen, so leid es mir tut.«

Die Merten ist unerbittlich. Da ist nichts mehr mit Freundschaft. Ich bin furchtbar enttäuscht von ihr. Ich hasse sie, weil sie mir den Boden unter den Füßen wegzieht. DU ODER ICH! Jetzt geht alles blitzschnell. Es geschieht mit mir, ohne daß ich auf das Einfluß habe, was ich tue. DU HAST ES JA SO GEWOLLT! Sie hätte mir ja die Maschine lassen können. Warum sind die Menschen so egoistisch? DAS SCHADET DIR GAR NICHTS, DU ALTES SELBSTSÜCHTIGES STÜCK DRECK. WARUM GÖNNST DU MIR MEIN LEBENSGLÜCK NICHT!

Ich trete an die Frisiertoilette, um dort etwas zu suchen.

»Ah, da haben Sie ja das Geld.« Sie sagt es vorwurfsvoll und tut beleidigt, als hätte ich ihr die ganze Zeit über eine Komödie vorgespielt. Sie dreht sich nicht einmal nach mir um, sondern beugt sich zum Radio vor, um die Musik lauter zu stellen.

Ich nehme kein Geld aus der Frisiertoilette, sondern eine dünne Wäscheleine. Im Krieg darf man töten, und ich befinde mich im

Krieg mit allen – mit allen, die mir nicht geben wollen, was mir zusteht. Walter hat im Krieg auch einen Menschen getötet. Im Kampf Mann gegen Mann. Im Krieg darf man töten, und dies ist mein Krieg, mein Krieg gegen die Welt.

Mit diesem Gedanken trete ich hinter die Merten und werfe ihr die Schlinge blitzschnell über den Kopf. Mit einem Ruck ziehe ich die Schlinge zu. Doch meine erste Attacke mißlingt. Die Merten ist viel stärker, als ich angenommen habe, und wehrt sich. Wir kämpfen miteinander. DU VERDAMMTES AAS, DU ENTKOMMST MIR NICHT! Schließlich geht ein letztes Zucken durch ihren Körper. Ich untersuche sie. Kein Zweifel: Sie ist tot.

WOHIN MIT IHR? Unten im Restaurant sitzt Kurt. Der Weihnachtstisch ist gedeckt, die Schreibmaschine steht da und wartet auf ihn. Wohin mit der Merten? Sie sieht albern aus mit der Schlinge um den Hals. Wohin denn bloß mit ihr? Ich kann sie nicht in einer halben Stunde zerstückeln und wegschaffen, ich kann sie nicht aus dem Fenster werfen, ich kann sie nicht im Schrank verstecken, denn ich habe keinen, der groß genug ist. Ich drehe mich um meine eigene Achse, ich lasse meine Blicke durch das Zimmer gleiten. Bleibt nur die Couch. Aber paßt sie unter die Couch? Die Holzeisenbahn und die beiden Puppen, die Walter für die Kinder gekauft hat und die ich total vergessen habe, liegen darunter. Ich sehe, daß es nicht geht. Die Couch ist zu flach, zwischen ihrer unteren Leiste und dem Fußboden ist zuwenig Raum. Ich bin dabei zu verzweifeln. Was bleibt mir noch, als mich aus dem Fenster zu stürzen? Ich habe ja schon etliche Selbstmordversuche hinter mir. Ich laufe hin, packe den Messinggriff und bin schon dabei, die Flügel aufzuziehen. Da habe ich eine Idee. Wenn ich die Couch vorn kurz anhebe, sie gegen die Wand lehne, die Merten darunter schiebe und das Ding dann wieder nach unten krachen lasse ... Es funktioniert. Ich kann aufatmen.

Ich lausche. Haben die Stöhr und ihre Mutter etwas mitbekommen? Nur eine Art Tapetentür trennt mein Zimmer von ihrem. Nein. Alles ist ruhig. Ich muß mich vergewissern und gehe hinüber.

22 Uhr 10. Ich klopfe. »Herein!« Ich öffne die Tür und sehe Mutter und Tochter seelenruhig beim Kartenspiel.

Ich sehe sie an. »Können Sie mir wohl drei Weingläser borgen? Ich erwarte nämlich Besuch.« Die Stöhr geht zum Vertiko und nimmt sie heraus. Ich bedanke mich und trage sie in mein Zimmer hinüber. Warum habe ich drei gesagt? Ich weiß es nicht mehr. Vielleicht habe ich gedacht: Ich, Walter und Kurt. Oder: Ich und die Merten und Kurt. Damit die Stöhr keinen Verdacht schöpfen konnte. Wenn die Merten schon tot gewesen wäre, hätte ich mir ja für sie kein Glas ausborgen müssen. Vielleicht hatte ich auch noch die Familie Grünstädtel im Kopf, von der ich Kurt etwas vorgeflunkert habe. Drei Leute: er, sie und die Oma.

22 Uhr 37. Ich gehe mit den drei Gläsern in mein Zimmer zurück und hole mir meinen Mantel. Beim Gehen werfe ich einen letzten Blick auf die Couch. Wenn ich die Decke bis zum Boden hinunterziehe, dann ist die Sache in Ordnung. Gott sei Dank! Ich verlasse mein Zimmer und schließe die Tür hinter mir ab. Zweimal.

22 Uhr 50. Ich laufe zum Kurfürstendamm, voller Angst, daß mein Kurt nicht mehr im *Kindl* sitzt und das ganze Opfer umsonst gewesen ist. Er ist noch da, mir fallen mehrere Steine vom Herzen. Das Restaurant ist leer, und ich entdecke ihn sofort. Er sitzt ganz hinten vor einem leeren Bierglas. Mein armer Bub!

»Ich wollte gerade gehen«, knurrt er.

Ich küsse ihn. »Du glaubst gar nicht, wie peinlich mir das ist! Komm schnell mit nach Hause, ich will auch alles wiedergutmachen. Die Bescherung für dich.« Auf dem Weg zur Kantstraße erzähle ich ihm vom unerwarteten Besuch der Familie Grünstädtel. »Wir haben ein bißchen zuviel Wein getrunken, und am Ende ist der alten Dame so schlecht geworden, daß wir sie mit dem Taxi nach Hause schaffen mußten.«

23 Uhr 05. Ich schließe die Wohnungstür auf. Endlich habe ich meinen geliebten Kurt allein für mich. Eine ganze Nacht lang. Ganz allein für mich.

»Warte einen Augenblick draußen, bis ich die Kerzen angesteckt habe«, bitte ich ihn. Ich erledige das und habe dabei Herzklopfen wie beim ersten Rendezvous. Ich bin am Ziel. Endlich ist es soweit. Mein Kurt wird sehen, wie sehr ich ihn liebe. Ich bin bereit gewesen, alles für ihn zu tun. Nun ist er an der Reihe. Es wird eine lange Nacht werden, mal wird er zärtlich sein, mal stürmisch, und bis zum Morgengrauen wird er mir einen Heiratsantrag gemacht haben!»Ich lasse mich scheiden, und dann gehen wir zusammen in eine andere Stadt und fangen beide ein neues Leben an.«

Ich trete in den Flur hinaus, Kurt ins Zimmer zu holen. Er ist weiterhin etwas mürrisch und fragt mich, ob ich noch immer Besuch habe.

»Wieso denn das?«

»An deinem Haken hängt doch noch ein fremder Damenmantel mit Hut und Schirm ...«

Mein Gott: die Sachen der Merten. Die habe ich in der Hektik ganz vergessen. Ich versuche, alles leichthin abzutun. »Die Sachen ...? Die hat der Besuch vorhin vergessen.«

Kurt versteht das nicht. »Bei dieser sibirischen Kälte draußen ...?«

»Ja, als wir die alte Dame ins Taxi geschafft haben. Aber nun komm mal: die Bescherung ...« Ich ahme das Läuten eines Glöckchens nach. Kurt sieht die drei Weingläser auf dem Tisch, glaubt das mit dem Besuch und fragt zum Glück nicht weiter nach. Strahlend sehe ich ihn an: »So, mein lieber Bub, nun kannst du staunen ...« Ich führe ihn zu seinen Geschenken, als da sind: die SCHREIBMASCHINE, der Besteckkasten und eine Packung amerikanischer Zigaretten.

Wie habe ich mich auf diesen Augenblick gefreut, den Himmel auf Erden wollte ich haben – doch nun ...

Kurt scheint mir sehr gehemmt. Anstatt vor Freude außer sich zu sein und mich ans Herz zu drücken, ist er verlegen und stammelt nur: »Gott, Lis, du bist ja verrückt. Ich bin ja ganz von den Socken ... Die Schreibmaschine ist doch viel zu teuer. Das ist mir wirklich peinlich, diese Geschenke ... Bei meinem Gehalt kann ich mich doch niemals revanchieren ... Mit meinem lumpigen Wollschal, meinem Karton Seife, meinem Kasten Konfekt.«

Ich bin am Boden zerstört. Der Schuß ist voll nach hinten losgegangen. Um die schlechte Stimmung zu überbrücken, bitte ich die Wirtsleute herüber. Die Stöhr und ihre alte Mutter wünschen Kurt und mir ein fröhliches und gesegnetes Weihnachtsfest. Beide bewundern meine Geschenke. Ich gehe in die Küche und koche Kaffee. Dann plaudern wir und kosten vom Weihnachtsstollen.

0 Uhr 30. Die Stöhr und ihre Mutter ziehen sich zurück. Aus dem Radio kommt *Musik bis zum frühen Morgen.* Ich bin noch immer ein bißchen niedergeschlagen, als ich zur Couch gehe und das Nachtlager bereite. Für Kurt und mich. Für unsere Liebe.

Es werden die schönsten Stunden meines Lebens.

ALLES IST GUT. UNENDLICH GROSS IST MEIN GLÜCK.

Endlich habe ich das bekommen, was mir schon seit langem zusteht.

# KAPITEL 22

*ICH – Dienstag, 27. Dezember 1949*

Ich bringe meinen Kurt noch zur Straßenbahn. Eine letzte Umarmung. Dann eile ich in mein Zimmer zurück. Ich muß die Leiche der Merten zerlegen und fortschaffen. Dazu brauche ich aber Pervitin – und ich habe keines mehr. Auch kein Geld, mir welches zu kaufen. Ich überlege. Es bleibt mir nichts anderes übrig, als die schönen Wildlederhandschuhe der Merten zu nehmen und beim Trödler zu verkaufen. Ich bekomme nicht viel dafür, aber es reicht.

Wieder zu Hause, spritze ich »M« und schlucke Pervitin. Als die Wirkung einsetzt, mache ich mich an die Arbeit und ziehe die Merten unter der Couch hervor. Ich sage mir immer wieder: Leiche ist Leiche. Wieviel Tote mag ich in meinem Leben schon gesehen haben? Hunderte. Da wirft mich diese eine auch nicht mehr um. Aber diese verdammte Leichenstarre. Ich habe Mühe, die Merten zu entkleiden. Als die Stöhr einkaufen gegangen ist, hole ich mir ihr schärfstes Messer aus der Küche. Ich ziehe mir einen weißen Kittel an. Dann bin ich wieder die, die ich eigentlich sein müßte: Frau Dr. med. Elisabeth Kusian. Ich erkläre den umstehenden Medizinstudenten die Anatomie des menschlichen Körpers. »Und, meine Herren, was sehen wir am Körper der Toten: eine Menge schon größerer Totenflecke. Was heißt das? Das heißt, das nicht mehr so viel Blut herausfließen wird.« Meine Schnitte sitzen ganz exakt. Sauber wie bei Seidelmann löse ich die Beine aus dem Hüftgelenk und teile sie am Kniegelenk. Als die Merten zerstückelt ist, passen Arme, Beine und Kopf in die beiden Rucksäcke, die Walter mir dagelassen hat und die ich mit Papier ausgeschlagen habe. Den Rumpf muß ich erst einmal in eine Decke wickeln und unter mein Bett schieben. Ich muß noch schwer arbeiten, bis ich den Fußboden gesäubert und viele Eimer mit blutigem Wasser ins Badezimmer getragen habe. Dann verbrenne ich die Papiere der Merten im Ofen. Ihre Handtasche kommt unten auf dem Hof in den Müllkasten.

Als die Dämmerung hereinbricht, bin ich so erschöpft, daß ich mich nur noch aufs Bett werfen und einschlafen kann.

# KAPITEL 23

*ICH – Sonntag, 1. Januar 1950*

Ich muß das Fenster aufreißen. Der süßliche Leichengeruch in meinem Zimmer ist nicht mehr auszuhalten. Die Knallerei ist vorbei. Ich habe Silvester allein »gefeiert«, Kurt hat zum Dienst gemußt. Im Laufe des Neujahrstages wird er aber zu mir kommen, und auch mit Walter ist zu rechnen. Also muß die zerstückelte Leiche endlich verschwinden. An den Tagen zuvor habe ich wie gelähmt im Bett gelegen und nur an die Decke gestarrt. Setze ich »M« und Pervitin ab, verfalle ich immer in tiefe Depressionen.

Nun aber muß ich handeln. Schaff sie in den Ostsektor rüber! Ich folge meiner inneren Stimme, nehme den ersten Rucksack und laufe zur S-Bahn. 4 Uhr 30 ist es, und es sind noch viele Leute unterwegs. Einige feiern noch im Zug und lassen die Schaumweinflasche kreisen. Ich drücke mich in eine Ecke. Wenn einer auf die Idee kommt, mich anzusprechen und zu fragen, ob ich noch etwas Trinkbares im Rucksack habe ... Nein, ich habe Glück. Am Alex steige ich aus. Als ich ein paar Schritte Richtung Norden mache, bin ich sofort in einer einzigen Ruinenlandschaft. Ich lese das Schild *Memhardstraße* und gehe bis zur Prenzlauer Allee. HIER. Ich trete ins Innere eines zerbombten Hauses und entleere meinen Rucksack. Wenn die Ost-Polizei die Leichenteile findet, wird sie den Täter bei sich im sowjetischen Sektor suchen. Mit der West-Polizei ist man sich ja spinnefeind. Im Osten wird alles im Sande verlaufen, unfähig wie die hier alle sind. Und wenn sie die Merten im Westen vermissen, wird nichts weiter passieren. Der Beigang wird zwar wissen, daß sie mir die Schreibmaschine gebracht hat, aber das will ja nichts heißen. »Ja, hat sie«, werde ich sagen. »Und ich hab' ihr auch die Anzahlung in die Hand gedrückt. Wo sie dann aber abgeblieben ist, das hat sie mir nicht gesagt, das entzieht sich meiner Kenntnis.« Und niemand wird mich verdächtigen, denn: NIE WÜRDE EINE KRANKENSCHWE-STER EINEN MORD BEGEHEN!

Dreimal fahre ich. Einmal begegne ich in der S-Bahn einer Bekannten mit ihrem Mann, aber sie lassen mich in Ruhe, als ich nur ganz kurz grüße.

Vormittags kommt Walter und will seine beiden Rucksäcke mitnehmen, aber ich hatte nur Zeit, einen zu reinigen.

»Was ist denn mit dem anderen?« fragt Walter, als er ihn vom Boden hochhebt. »Der ist ja ganz blutig.«

»Da habe ich Kaninchenfelle drin transportiert, den muß ich noch sauber machen.«

Er glaubt es und sagt, daß er den fraglichen Rucksack im Laufe der nächsten Woche abholen werde. Ich habe etwas an mir, das alle Menschen dahin bringt, mir aus der Hand zu fressen.

ICH bin ICH und mir kann keiner. Den möchte ich mal sehen, der es schafft, mir beizukommen!

## Vierter Teil

# »Kriminalpolizei!«

# Kapitel 24

Helga Leupahn saß im Büro und starrte auf den Abreißkalender. 4. Januar 1950. Sie konnte es nicht glauben. Die erste Hälfte des 20. Jahrhunderts war vorüber – und was für eine! Der Kaiser. Der Erste Weltkrieg. Weltwirtschaftskrise. Inflation. 1926: ihre eigene Geburt. Adolf Hitler. Der Zweite Weltkrieg. Bomben auf Berlin. Sie überlebt. Die Atombomben fallen auf japanische Städte. Das Ende des Dritten Reichs. Die Welt braucht eine neue Kraft und eine neue Ordnung: den Sozialismus. Im Osten geht die Sonne auf. Der erste Arbeiter- und Bauernstaat auf deutschem Boden entsteht. Auferstanden aus Ruinen. Das bessere Deutschland. Und sie war ein Teil von ihm.

Die letzten Exemplare der *Täglichen Rundschau* lagen neben ihr auf dem Aktenbock und warteten darauf, in Karolinenhof verwertet zu werden. Weichte man alte Zeitungen eine Weile in einer kleinen Wanne ein, konnte man den Papierbrei nachher kneten und damit die Ritzen in den Dachziegeln verschließen. Gab es irgendwelche Artikel, die man aufheben sollte? Beim Durchsehen blieb sie an der einen oder anderen Stelle hängen. *Nun beginnt die Zeit der Erfolge.* So Walter Ulbricht. Endlich sollte es Windeln und Wäsche für Babys geben. Sie erschrak. »Irgendwann trifft es jeden einmal«, sagte Steffen oft. Immer wieder stieß sie auf den Namen Walter Ulbricht. Noch war er nur der Stellvertreter, als Ministerpräsident wie als Vorsitzender der SED, aber ganz ohne Zweifel der kommende Mann. Ein Sachse. Sie tat sich schwer damit, das gut zu finden. Aber nun ja. Was hatte Ulbricht gesagt …? *Hauptaufgabe: Die Volksmassen überzeugen. Oder-Neiße-Grenze – Grundbedingung des friedlichen Weges. Freundschaft mit der UdSSR. Keine Konzession an den Sozialdemokratismus.* Und Bernhard Bacheran war überzeugter Sozialdemokrat ... Helga Leupahn seufzte beim Weiterblättern.

Die Ausgabe stammte vom Sonntag, den 11. Dezember 1949. Das war der Tag mit dem dicken Ausrufezeichen in ihrem Kalender. Da hatte sie sich zum ersten Mal mit Bernhard getroffen, und er hatte sich mit voller Absicht nasse Füße geholt, um mit dieser Finte die Festung Lübbenauer Weg zu stürmen. Erst hatte sie das mächtig gefuchst, jetzt war sie glücklich darüber. Obwohl ... »Kommt Zeit, kommt Rat.« Ihr Vater hatte sich nachher mächtig aufgeregt. Nicht eigentlich über den unangemeldeten Besuch aus dem Westsektor, das auch, sondern vor allem darüber, daß sie den Aufbausonntag des Demokratischen Frauenbundes geschwänzt hatte. Jetzt las sie es wieder: *Frauen schaffen für den Frieden – Bausteine deutsch-sowjetischer Freundschaft.* »Merkst du nicht«, so ihr Vater, »daß auch das ein Versuch des Klassenfeindes ist, zersetzerisch zu wirken?!« Und er hatte Walter Dehmel zitiert, den Arbeiterdichter: *Diese Zeit ist eine Wende, / Hoffnung ist ihr Stern. / Diese Zeit braucht deine Hände, / Halte dich nicht fern!* Reumütig hatte sie versprochen, sich alsbald zu bemühen, Kandidatin für die Aufnahme in die SED zu werden. Sie kochte sich eine Tasse Kaffee. Lensing-Kaffee – wunderbar. Ein Geschenk von Bernhard. Nun ja ... Sie war eine gute Turnerin, sie konnte Spagat. *Kinder besingen die Völkerfreundschaft,* wußte die *Tägliche Rundschau* zu berichten. Vielleicht auch einmal die Freundschaft zum westdeutschen Volk ... Zu dem aber Bernhard auch nicht zählte, denn West-Berlin war ja kein Teil der Bundesrepublik. Und das Deutsche Reich gab es nicht mehr. Sie hatte schon zu viele West-Filme gesehen, um es nicht in deren Sprache zu denken: Ich liebe einen Staatenlosen. Wenn sie ihn denn liebte. Der mit seiner SPD. Aus dem *Neuen Deutschland* und von ihrem Vater wußte sie, daß die am zerfallen war. Zumindest im Westsektor. Da stand die englandhörige Fraktion um Franz Neumann, Kurt Mattik und Louise Schröder gegen die Anhänger der Amerikaner um Ernst Reuter und Otto Suhr. Aber allesamt waren sie doch nur die Lakaien des Kapitalismus.

Das Telefon klingelte. Sie riß den Hörer hoch. Nein, nicht

Bernhard, nur Gisela aus Schmöckwitz, ihre alte Schulfreundin. Ganz atemlos war sie. »Du, ich habe doch heute meinen Hausarbeitstag und geh' zum Kohlenhändler. Weißt du, was der mir wieder andrehen wollte? Grus statt Briketts. Ja, sagt er, ich bekomme auch nichts anderes. Das soll dein Vater mal schreiben.«

»Du, der ist kein Journalist, der ist Ökonom.«

»Dann kann er aber mal zu einem der Schreiberlinge da hingehen und Dampf machen.«

»Du, bitte nicht am Telefon. Das ist eine Dienstleitung.«

»Aber, ob ihr euren Kater ausgeschlafen habt, darf man ja wohl fragen – oder?«

»Ja ...« Das bezog sich darauf, daß sie und Bernhard bei Gisela und ihrem Mann in der Ebertystraße in Friedrichshain Silvester gefeiert hatten.

»Und: Ist denn auch alles gut reingerutscht ...?«

»Hör auf, bitte.« Gisela war Direktrice in einem Hutatelier in der Prenzlauer Straße, gleich nebenan, Berlin C 2, und liebte schlüpfrige Bemerkungen. »Ich muß sowieso Schluß machen ...«

Siegfried Steffen war gerade hereingekommen. Ihr Vorgesetzter qualmte trotz aller guten Vorsätze auch im neuen Jahr weiter wie ein Schlot. Vornehmlich rauchte er Josetti-Cigaretten. »Casino-Club – unter Verwendung von Auslandstabak«, sagte er erklärend. »Ach, Kindchen, ich bin ja so froh ...«

»Worüber?«

»Daß die Verbrecher im Sozialismus so fortschrittlich sind, ihre Opfer gleich bei uns vor der Haustür abzulegen.«

Helga Leupahn mochte es nicht sonderlich, wenn so flapsig dahergeredet wurde. Ein Mord war keine Komödie, und im Jahre 6 nach Hitler brauchte man nicht mehr so zu tun, als bewegte man sich in einem seiner Ufa-Filme. Auch wenn man wie Steffen kurz vor der Rente stand. Sie wurde nun ganz bewußt sehr förmlich. »Hat es ein weiteres Kapitalverbrechen gegeben?«

»Wie ...?« Steffen schien irgendwo eine vergessene Flasche Sekt gefunden und ausgetrunken zu haben. »Bei Ihnen ist doch schon das Kapital als solches ein Verbrechen.«

»Herr Kommissar! Zur Sache bitte.«

Steffen fiel auf einen Stuhl und stieß die Luft aus den Lungen. Auch aus dem Magen quoll sie heraus. Süßliche Gärung erfüllte den Raum. »Die Sache ist eine Frau. Kinder haben die Leiche gefunden. Memhardstraße, Ecke Prenzlauer Allee. *Vamos*!« Das bezog sich darauf, daß Steffen alter Spanienkämpfer war. Als solcher glaubte er auch, unantastbar zu sein. Er redete immer so, wie ihm der Schnabel gewachsen war, und bis jetzt hatte es keiner gewagt, ihn zu maßregeln. Aber allen war klar, daß es sich seine Oberen nicht mehr lange bieten lassen würden, daß er Ulbricht, Pieck und Grotewohl und die ganze Nomenklatura laufend verspottete.

Das Vopo-Präsidium lag an der Neuen Königstraße, der späteren Otto-Braun-Straße, und bis zum Fundort der Leiche waren es nicht einmal 500 Meter. Luftlinie allerdings, denn zwischen Ausgangspunkt und Ziel lag bergeweise Trümmerschutt, zogen sich die zerbombten Häuserzeilen wie Gebirgskämme dahin. In der Memhardstraße, die in etwa parallel zum Stadtbahnviadukt verlief, war nahezu alles zerstört. Das erste Haus, das den Krieg mit ein paar Einschußlöchern in der Fassade überstanden hatte, stand hinten an der Münz-, Ecke Liebknechtstraße, der späteren Rosa-Luxemburg-Straße, die hinaufführte zum U-Bahnhof Schönhauser Tor, ehemals Horst-Wessel- und bald Rosa-Luxemburg-Platz. Auch Teile des Kaufhauses Tietz wurden noch genutzt. Die Memhardstraße Nr. 3 war das Eckhaus an der Prenzlauer Allee.

»Die Leiche ist zerstückelt worden«, sagte Steffen, als sie in die Ruine hinunterkletterten. »Was darauf schließen läßt, daß das hier nicht auch der Tatort ist.«

Ein Scheinwerfer war aufgestellt und ließ daran denken, daß hier ein Film gedreht wurde. »Die Mörder sind unter uns, zweiter Teil«, sagte Steffen dann auch.

Der Torso war in Unterwäsche eingewickelt worden. Weibliche Unterwäsche. Kopf und Gliedmaßen lagen daneben.

»Das erinnert stark an den Fall Seidelmann«, sagte Helga Leupahn.

»Richtig, Genossin. Allerdings ist diesmal offensichtlich alles vorhanden.«

»Ich vermute, weil eine Frau im allgemeinen leichter ist als ein Mann.«

»Das wird es sein. Aber warum verteilt der Täter, wenn es derselbe war wie im Fall Seidelmann, nicht wieder alles im Ost- und im Westsektor ... in der Hoffnung, daß die Stumm- und die Markgraf-Polizei jede Zusammenarbeit ablehnen und er dadurch unentdeckt bleiben wird?! Das ist die Frage.«

Helga Leupahn dachte nach. »Nun ja ... Vielleicht hat er mitbekommen, daß es da doch Kontakte gibt.«

Steffen lachte. »Wird er Sie Arm in Arm mit dem Klassenfeind Bacheran gesehen haben?«

»Wir verkehren nur dienstlich miteinander«, erwiderte Helga Leupahn steif und förmlich und merkte gar nicht, daß sie log.

»Wie verkehrt man eigentlich dienstlich miteinander? Hält man dabei seine Dienstmarken hoch, wenn man's miteinander treibt?« Steffen lachte mit kratziger Stimme und gab wieder einmal das Double von Ernst Busch: *Wir sind die Moorsoldaten und ziehen mit dem Spaten ...*

Helga Leupahn gab sich alle Mühe, die Phantasie ihres Vorgesetzten in andere Bahnen zu lenken. »Aber wenigstens haben wir es bei den zerstückelten Leichen nicht wieder mit Kannibalismus zu tun. Wie vor zwei Jahren in Chemnitz.« Da hatte der sechsundsechzigjährige Bernhard Oehme – auch ein Bernhard – seine Schwester getötet. *... und dann richtig waidmännisch zerlegt. Wie ein Stück Wild. Dann hat er selber von dem Fleisch gegessen ...*

Steffen begann zu singen: »*Püppchen, du bist mein Augenstern, / Püppchen, ich hab' dich zum Fressen gern ...*« Er brach ab. »Nee, bitte keinen Inzest. Dann schon lieber Mord.« Er wandte sich wieder der Leupahn zu. »Und weiter ...?«

»Oehme hat dann versucht, das Fleisch seiner Schwester auf dem Schwarzen Markt zu verkaufen. Die westdeutsche Presse hat das mitgekriegt und geschrieben: *Jetzt fressen sie sich in der Ostzone schon gegenseitig auf!*«

»Sehr schön ...« Steffen wandte sich nun den Kollegen der Spurensicherung zu, doch er erfuhr von ihnen nicht mehr als das, was er ohnehin schon wußte oder wenigstens vermutet hatte. »Müssen wir mal abwarten, was uns Dr. Weimann morgen vormittag sagen wird, wenn er wieder in der Hannoverschen Straße ist und sich alles angesehen hat.«

Der Obermedizinalrat kam dann schnell zu einem Urteil. »Ohne Frage: derselbe Täter wie bei Seidelmann. Auch hier verraten die Trennstellen die Hand eines Fachmanns. Und oben am Hals wieder eine harte, schmale, horizontal verlaufende Strangmarke.«

Helga Leupahn machte sich Notizen zum Opfer: *Weiblich. Mittelgroß, etwa 1,60 bis 1,65. Schlank, aber von kräftiger Gestalt. Etwa 40 Jahre alt. Braune Augen, rotbraun gefärbtes Haar. Goldkrone in der linken Oberkieferhälfte.*

»Soll ich die West-Kripo denn auch von dem neuen Fund verständigen?« fragte Helga Leupahn.

»Schicken Sie dem lieben Herrn Bacheran ein Fernschreiben.«

# Kapitel 25

Bernhard Bacheran saß an seinem Schreibtisch und wartete, daß es Feierabend wurde. Es war ruhig im Dienstgebäude der Staatsanwaltschaft am Fehrbelliner Platz. Viele der Kolleginnen und Kollegen hatten zwischen Neujahr und dem darauffolgenden Wochenende ein, zwei Tage Urlaub genommen oder waren krank geworden. Der erste Donnerstag im Jahr war trübe, nur selten hellte es auf, zwischendurch rieselte ein wenig der Schnee. Die Temperatur lag knapp unter Null, und auch nachts war der Frost nur mäßig. Das war gut so, denn auch im ersten Winter nach der Blockade waren Holz und Kohlen noch immer Mangelware. Langeweile plagte Bacheran. So schlug er zum zweiten Mal den Schnellhefter auf, in dem er alles zum Fall Seidelmann gesammelt hatte. Es sah nicht gut aus, was die Suche nach dem Täter betraf. Vor fast drei Wochen, am 16. Dezember, hatten sie gehofft, am Ziel zu sein, doch weder bei Rudolf Doberschütz, dem Geldwechsler mit dem Kopfschuß, noch bei der schönen Dorothea Stetzsch, Peitschen-Thea genannt, hatte sich der Tatverdacht erhärten lassen. Dank ihrer Anwälte hatten sie Weihnachten zu Hause feiern können.

Bacheran schlug den Hefter wieder zu. Auch wenn er den Inhalt noch ein drittes Mal durchging, würden ihm keine neuen Einsichten kommen. So beschloß er, auf die Toilette zu gehen. Als er sich in der Kabine eingeschlossen hatte, bemerkte er, daß das Papier alle war. Dafür steckte ein *Telegraf* im Halter. Bacheran sah auf das Datum: 5. Januar 1950. Das war ja heute. Obwohl die Raumtemperatur nur wenig über 10 Grad lag, nahm er sich für seine Sitzung Zeit. Daß er so gern Zeitung auf dem Klo las, sollte er von seinem Vater geerbt haben. »Der konnte seine proletarische Herkunft ja nie ganz verleugnen.« Nun ja. Bacheran überflog die Überschriften. *Conny Rux hatte Pech ...* Was war passiert? Der bekannte Boxmeister hatte in einem Personenauto gesessen und war in Neukölln, Sonnenallee, Ecke Erkstraße, mit dem Polizeiobersekretär Oskar M. zusammengestoßen. – *Sprung aus dem vierten Stockwerk ...* Die fünfunddreißigjährige Witwe Karoline K. aus Wilmersdorf war in selbstmörderischer Absicht aus dem Fenster ihrer im vierten Stockwerk gelegenen Wohnung in der Jenaer Straße 7 gesprungen. – *Opiumverkäufer vor der Wechselstube ...* Schloß-, Ecke Schildhornstraße war der siebenunddreißigjährige beinamputierte Paul L. aus Ölsnitz im Voigtland festgenommen worden, als er 25 Gramm Opium, das aus alten Wehrmachtsbeständen stammen sollte, verkaufen wollte. – *Leichenfund in einer Hausruine ...* Bacheran zuckte zusammen, glaubte seinen Augen nicht zu trauen. Jedes Wort las er: *Spielende Kinder entdeckten gestern nachmittag in der Ruine Memhard-, Ecke Prenzlauer Straße Teile der Leiche einer etwa 35 bis 45 Jahre alten Frau. Die Gliedmaßen und der Kopf waren vom Rumpf getrennt, der Torso in Unterwäsche eingehüllt. Die Ermittlungen ergaben, daß die Teile einzeln zum Fundort geschafft worden sind. Die Tat kann vor etwa sechs bis acht Tagen ausgeführt worden sein. Die ostsektorale Polizei ersucht die Bevölkerung mitzuteilen, wo eine etwa 1,60 bis 1,65 m große, kräftige Frau mit braunen Augen und rotbraun gefärbtem Haar vermißt wird. Oberhalb des Nabels hat die Frau ein linsengroßes braunes Muttermal. Ein vorgefundener blauer Wollschlüpfer trägt die Firmenzeichen AKA Mottenecht durch Eulan der IG, Größe 44.*

Bacheran vergaß, warum er eigentlich die Toilette aufgesucht hatte, sprang auf und zog sich hastig die Hosen hoch. Sein Zorn auf Helga Leupahn war gewaltig. Da waren sie nun liiert – und dennoch hielt sie es nicht für nötig, ihn zu informieren. Doch sofort setzte die Selbstkontrolle bei ihm ein: Hör auf, du tust ihr unrecht, denn wer sagt dir denn, daß dieser neue Leichenfund etwas mit Seidelmann zu tun hat ...? Schon ... Aber ... Das Stichwort Ruine hatte ihn die Parallele ziehen lassen, seine Neigung zum Kalauern: *Aufgefunden in Ruinen ...* Er eilte in sein Büro, um Helga anzurufen. Als er zum Hörer greifen wollte, sah er, daß ihm inzwischen jemand ein Fernschreiben auf den Schreibtisch gelegt hatte. Er nahm es hoch und überflog es. Von der Kripo drüben. Sie informierten ihn nun tatsächlich über den Leichenfund am Alex. Unterschrift *H. Leupahn.*

Er war im Nu wieder versöhnt. Wahrscheinlich hatte sie die Meldung nicht eher absetzen können. Er mußte sie unbedingt sprechen. Doch es gab nicht übermäßig viele Leitungen zwischen den Sektoren, und so brauchte er sage und schreibe elf Versuche, bis er sie endlich am Apparat hatte.

»Endlich ... Du bist aber nicht die zerstückelte Frau vom Alex.«

»Hör auf, mit so was spaßt man nicht!«

»Ich dachte nur, weil ...« Ihr Ernst kam ihm manchmal allzu bieder vor, und um ihn zu konterkarieren, setzte er noch einen drauf. »Ich dachte nur wegen des blauen Schlüpfers ... Ist doch deiner auch: Mottenecht. Meine kleine süße Motte du.«

»Das ist eine Dienstleitung«, mahnte sie ihn.

»Okay, um es mal mit meiner Neuköllner Besatzungsmacht zu sagen: Wie sieht es denn mit dem berühmten *opus moderandi* aus?«

»Die Leiche vom Alex ist ebenso kunstgerecht zerlegt wie die aus der Schillerstraße, wie Seidelmann.«

»Aber diesmal handelt es sich beim Opfer ganz ohne jeden Zweifel um eine Frau?« hakte er nach.

Nun zeigte sie doch Ansätze von kabarettreifem Humor. »Wir waren uns da nicht so ganz sicher. Kannst du mir mal sagen, woran man das erkennen kann ... Vielleicht ist das bei euch im Westsektor anders als bei uns.«

Er fabrizierte ein lautes Kußgeräusch. »Du bist ein Schatz. So lieb' ich dich. Aber überlegen wir mal, was das für den Fall Seidelmann bedeutet ... Zuerst einmal, daß es bei Seidelmann keine Beziehungstat gewesen sein dürfte.«

Sie widersprach ihm. »Warum denn? Noch wissen wir ja gar nicht, ob Seidelmann und die Tote vom Alex nicht doch in irgendeiner Beziehung zueinander gestanden haben. Dazu müßten wir erst einmal ihre Identität festgestellt haben.«

»Und das habt ihr noch nicht?«

»Nein.«

»Wirklich nicht – oder darf ich's nur nicht wissen?«

»Wirklich nicht. Bei uns hat sich noch niemand mit zweckdienlichen Hinweisen gemeldet. Und bei den als vermißt gemeldeten Frauen im demokratischen Sektor ist keine dabei, die es sein könnte.«

Daß sie vom Ostsektor als dem »demokratischen Sektor« sprach, ärgerte ihn, er ließ es aber, sie dahingehend zu korrigieren, daß es »diktatorischer« oder »totalitärer Sektor« heißen mußte.

»Dann werde ich mal bei uns in der Vermißtenstelle nachfragen oder nachfragen lassen.«

»Das wäre naheliegend, wenn es ein und derselbe Täter ist und er auch da beim *opus moderandi* bleibt: morden im Westsektor und die zerstückelte Leiche in den Ostsektor verbringen.«

»Wenn es ein und derselbe Täter ist ...«, wiederholte Bacheran.

»Wenn. Aber ist es nicht für gewöhnlich so, daß Mehrfachtäter, daß Massenmörder entweder nur Frauen töten – wie unser Berliner S-Bahnmörder Paul Ogorzow zum Beispiel – oder nur Männer, junge Männer – wie etwa Haarmann in Hannover?«

»Keine Regel ohne Ausnahme.«

»Was aber alles nicht dafür spricht, daß wir es mit einem Lustmörder zu tun haben. Das sieht doch eher nach Raubmord aus, nach Habgier ...«

»Wenn beide, der Seidelmann und die Tote vom Alex, in irgendein Netz verwickelt sind, kann es sich auch um Verdeckungsmorde handeln. Wir müssen da wirklich mit unseren Vermutungen sehr vorsichtig sein.«

»Oder ein Geisteskranker, der Lust daran hat, Menschen zu zerstückeln.«

»Wir werden sehen. Du, ich muß jetzt Schluß machen.«

»Hoffentlich nicht mit mir, sondern nur mit unserem Gespräch.«

»Ich will nach Hause, ich fühl' mich nicht so ...«

»Da kann ich als Mann nicht so richtig mitfühlen, aber ruh dich mal aus.«

»Auf Wiederhören dann!« Und schon hatte Helga Leupahn aufgelegt. Kurz und schmerzvoll, wie sie immer sagte.

Bacheran küßte den schwarzen Telefonhörer, bevor er ihn wieder auf die Gabel legte. Dann rief er Norbert Menzel an und informierte ihn über das Fernschreiben aus dem Ostsektor und das Gespräch mit der Kripo drüben.

»Soll ich mich alleine bei der Vermißtenstelle umhören, oder kommen Sie mit?«

»Machen Sie mal alleine, ich hab' heute meinen Kegelabend.«

»Okay.« Bacheran kam von diesem »okay« nicht mehr los. Na schön, es konnte nichts schaden, wenn sie denn West-Berlin wirklich einmal zum 49. oder 50. Bundesstaat der USA machen sollten, wie es sich immer wieder welche wünschten.

Nach einigen Mühen bekam Bacheran die Telefonnummer der Vermißtenzentrale West heraus und rief sofort dort an. Die Daten der Toten vom Alex, wie sie im Fernschreiben festgehalten waren, wichen ja ein wenig von denen ab, die im *Telegraf* standen, Bacheran bastelte aber aus beiden Quellen ein »Signalement« zusammen, das den Sachbearbeiter dort schnell fündig werden ließ.

»Ja, das könnte eine gewisse Dorothea Merten sein, gerufen Doris. Vermißt seit dem 26. Dezember 1949 abends. Wohnhaft in Spandau. Von dort wollte sie am zweiten Weihnachtsfeiertag zu ihrer Schwester nach Weißensee fahren, also in den Ostsektor, ist aber dort niemals angekommen.«

»Können Sie mir Namen und Adresse der Schwester nennen, damit wir direkt mit ihr sprechen können?«

»Ja, warten Sie ...« Nur mühsam bekam er alles zusammen. »Ilse Breitenstein, irgendwo in Weißensee, Rennbahnstraße ...«

»Telefon hat sie nicht?«

»Nein, privat nicht. Ich hab' aber die von ihrer Dienststelle, Betriebshof Treptow/Elsenstraße. Sie ist nämlich Straßenbahnfahrerin.«

Bacheran bedankte sich und rief sofort dort an. Was du heute kannst besorgen ... Das war ihm so in Fleisch und Blut übergegangen, daß er nicht anders konnte.

»Ja, die Frau Breitenstein ... Die is nich da, sitzt im Augenblick auf der 3.«

»Die 3 ...? Die fährt doch auch bei mir hier am Fehrbelliner Platz vorbei ...?«

»Wenn se nich vorher entgleist is, sicher ...«

»Ob Sie mir wohl sagen könnten, wann Frau Breitenstein hier beim nächsten Mal vorbeikommt ...«

»Mann, Sie haben Wünsche!«

»Ihre Schwester ist womöglich ermordet worden, und wir brauchen ihre Hilfe, um den Mörder zu fassen.«

»Denn isset wat anderet. Det dauert aba. Jehm Se mir mal Ihre Nummer, ick ruf zurück.«

Das tat der Mann von der BVB dann auch, und so stand Bacheran pünktlich um 18 Uhr 33 unten an der Haltestelle. Die Straßenbahn kam, und tatsächlich stand beziehungsweise saß eine Frau an der Kurbel. Bacheran stieg ein, stellte sich neben den Führerstand und wartete, bis abgeklingelt worden war. Er zögerte ein wenig, die Fahrerin anzusprechen, denn zum einen schien sie vom Typ her eine jener Frauen zu sein, wie sie im Film von Grete Weise, Fita Benkhoff oder Adele Sandrock repräsentiert wurden, also mit Kodderschnauze und Haaren auf den Zähnen, und zum anderen stand ja über der Windschutzscheibe groß und breit, daß die Unterhaltung mit dem Wagenführer während der Fahrt strengstens untersagt war. Nach der dritten Haltestelle aber wagte er es dennoch, sich vorzustellen.

»Entschuldigen Sie, daß ich Sie anspreche, aber es ist dringend. Mein Name ist Bernhard Bacheran, ich bin von der Staatsanwaltschaft Berlin, hospitiere aber derzeit bei der Mordkommission.«

Ilse Breitenstein riß die Kurbel so kräftig herum, als würde sie eine Notbremsung vornehmen müssen. »Ick hab's schon inna Zeitung gelesen ... Die Tote da am Alex ... Und schon jedacht: Mein Gott, wenn dit ma nich die Doris is.«

»Nur wegen der Beschreibung, also der äußeren Merkmale ...? Oder gab es da auch andere Anhaltspunkte?«

»Sie war so bedrückt in letzter Zeit.«

»Genaueres hat sie Ihnen aber nicht gesagt?«

»Ick hab' ooch nich jefragt, weil ick dachte, det is wieda wegen Rudi. Rudi is ihr Mann. Sie wollen sich scheiden lassen, wohnen aber noch in derselben Wohnung. Weil Rudi doch Schlächter von Beruf is.«

Bacheran wurde hellhörig. Da paßte ja vieles zusammen. Der Beruf des Mannes wie die Aussage der Schwester, daß Dorothea Merten in letzter Zeit so bedrückt gewesen sei. Klar: Ihr Mann hatte Seidelmann ermordet – und sie hatte davon erfahren. Nun fürchtete sie, daß er sie mit einem weiteren Mord zum Schweigen brachte. Bacheran bedankte sich, sprach der Fahrerin sein Mitgefühl aus und ließ sich die Spandauer Adresse geben: Pichelsdorfer Straße 5. Hermannplatz stieg er aus, suchte sich eine Telefonzelle und rief Kommissar Menzel an, obwohl er wußte, daß der zum Kegeln gehen wollte. Dementsprechend war er wenig erfreut über die Überstunden, die ihn erwarteten, sah aber schließlich ein, daß er nach Lage der Dinge in Spandau auftauchen mußte.

»Ich werde sehen, daß ich einen Dienstwagen kriege. Am besten, Sie fahren mit der U-Bahn bis Ruhleben und bauen sich da unten am Bahnhof auf. Ich nehm Sie dann mit. Sagen wir: in 40 Minuten.«

Es klappte bestens, doch als sie das Mietshaus in der Pichelsdorfer Straße erreichten, war die Haustür schon abgeschlossen. An den Luxus eines »Klingelklaviers« war in diesen Jahren noch nicht zu denken.

»Wer ist denn der bessere Fassadenkletterer von uns?« fragte Bacheran.

»Na, Sie«, lachte Menzel. »Sie sind der Jüngere und wollen ja mal hoch hinaus.«

»Gut.« Bacheran war irgendwie noch immer der große Junge geblieben, und so ging er zur Regenrinne und tat, als würde er sich hochhangeln wollen. Nach einem Meter sprang er aber wieder hinunter und sagte, daß er doch lieber auf einen nach Hause kommenden Mieter warten wolle. »Und wenn es bis Mitternacht dauert.«

Sie wurden aber schon eher erlöst, als jemand die Treppe herunterkam und das Haus verlassen wollte. Ein kräftiger, etwas grobschlächtiger Mann von etwa 50 Jahren.

Bacheran sprach ihn an. »Entschuldigen Sie, dürfen wir gleich mal rein, wir wollen nämlich jemanden besuchen: einen Herrn Merten. Wohnt der hier?«

»Der steht vor Ihnen. Is was mit meine Frau?«

»Sie haben sie bei der Polizei als vermißt gemeldet – oder wer?« fragte Menzel.

»Ja, ich. Aber, wie kommen Sie'n dazu, mich hier ... Is det schon 'n Verhör?« Rudi Merten sah so aus, als würde er keiner Prügelei aus dem Wege gehen.

Bacheran wich unwillkürlich einen Schritt zurück und beeilte sich, ihn dadurch ruhigzustellen, daß er ihm verriet, wer sie waren. »Und da die ermordete Frau, deren Leiche wir am Alexanderplatz gefunden haben – so säuberlich zerstückelt, wie das nur ein gelernter Fleischer kann – höchstwahrscheinlich Ihre Ehefrau ist, würde ich mich an Ihrer Stelle nicht zu weit aus dem Fenster lehnen.«

Rudi Merten warf ihm einen bösen Blick zu, und man merkte ihm deutlich an, wie sehr er sich beherrschen mußte. »Bin ick nun schon verhaftet?«

»Nein«, antwortete Menzel. »Aber wir hätten gern mal mit Ihnen gesprochen und uns in Ihrer Wohnung umgesehen.«

Sie stiegen hinauf. Merten schloß die Wohnungstür auf und ließ sie eintreten. Dabei schwieg er ostentativ. Bacheran wurde von einem Gefühl erfaßt, daß er nicht so schnell deuten konnte. Als würde er die Wohnung wie die Tote schänden. Laß die Toten ruhen ... Es war auch ein wenig von dem Schauer dabei, den man empfand, wenn man eine heilige Stätte betrat. Dabei war es eine Wohnung wie jede andere auch. Dunkle Möbel, zu Beginn der Nazizeit gekauft, dunkle Tapeten, nachgemachte Perserteppiche. Alles ein wenig verstaubt, die Stühle und das Sofa abgesessen. Was aus dem Rahmen fiel, war einzig und allein der Schreibmaschinentisch im Wohnzimmer. In der Maschine steckte ein Bogen. Jemand, höchstwahrscheinlich die Merten selber, hatte ein paar Zeilen getippt. Bacheran ging hin, sie zu lesen. Ein Gedicht: *Solange du noch lebst, / Ist ein jedes Ende auch ein neuer Anfang, / Solange du noch strebst, / Ist ein ...* Offenbar war es schwer, urteilte Bacheran, etwas zu finden, das sich auf Anfang reimte und irgendeinen Sinn ergab.

Er wandte sich an Rudolf Merten. »Ihre Frau hat sich auch als Schriftstellerin, als Dichterin versucht?«

»Ja. Und seitdem sie diese Macke hatte, diesen Hang zum Höheren, war ich ihr nicht mehr gut genug.«

Menzel ging umher, sah sich alles an, berührte aber nichts. »Sagen Sie, Herr Merten ... Sie waren Ihrer Frau so fremd geworden, daß Sie Weihnachten nicht mit ihr zusammen gefeiert haben?«

»Nee, bin ick denn ...?! Sie ist Heiligabend zu ihrer Schwester gefahren und wollte am zweiten Feiertag wieder zurück sein in Spandau.«

»War sie aber nicht?«

»Nee. Darum hab' ick ja ooch Vermißtenanzeige erstattet. Am dritten Feiertag.«

»Sie hätte ja auch noch bei ihrer Schwester gewesen sein können ...«, wandte Menzel ein.

»War se aba nich. Ick hab' die Ilse nämlich im Betriebshof angerufen.«

Bacheran fand das ein wenig verwunderlich. »Warum denn so viel Sorge um Ihre Frau, wo Sie sie doch ansonsten liebend gern losgeworden wären?« Sein Verdacht ging dahin, daß Merten nur deswegen so schnell zur Vermißtenstelle gegangen war, um von vornherein über jeden Verdacht erhaben zu sein. Alle würden doch sagen: Wenn er wirklich der Täter ist, wäre er ja schön dumm, wenn er ...

Merten ließ sich nicht aus der Ruhe bringen. »Noch ist sie meine Ehefrau. Und solange wie wir verheiratet sind, da ... Man hofft ja in solchem Falle immer noch, daß sich alles wieder einrenken wird. Ich wollt' mich ja auch nicht scheiden lassen.«

Menzel war jemand, der eine gewisse Vorliebe für Dreiecksgeschichten hatte und sofort in eine ganz bestimmte Richtung dachte. »Sie wollen sich nicht scheiden lassen, Herr Merten, haben aber ganz bestimmt eine Geliebte ...?«

»Ja, so 'ne Dunkelhaarige.«
»Deren Namen dürfen wir aber erfahren?«
»Den kenn' ick selber nich.«
»Sie müssen Sie doch irgendwie angeredet haben?«
»Nur mit ›mein Engel‹ und so. Ihr Mann is ein hohes Tier inner Politik. Hat sie mir gesagt. Aber über Weihnachten war er im Krankenhaus.«
»Und da haben Sie sich hier in dieser Wohnung getroffen?«
»Ja. Meine Frau war ja nicht da.«
»Und wo haben Sie Ihren ›Engel‹ kennengelernt?«
»Am Anhalter Bahnhof, bei die Buden da. Ein Freund von mir handelt da mit Seife. Da hab' ich vor Weihnachten mitgeholfen.«
»Ich denke, Sie arbeiten bei Siemens.«
»Da war ich krankgeschrieben.«
Bacheran hatte den Dialog zwischen Merten und dem Kommissar aufmerksam verfolgt. Nun ja, auszuschließen war das nicht, obwohl es doch sehr nach Kino klang: Merten und die Dunkelhaarige ermorden die Schreibmaschinenverkäuferin, um freie Bahn zu haben. Es war eine Spur, der man unbedingt nachgehen mußte. Menzel schien Ähnliches zu denken, denn immer wieder ging sein Blick über den Teppich und die Dielen. Auch daß er nun dringend auf die Toilette mußte, schien keinen anderen Grund zu haben, als daß er sich umsehen und nach Blutflecken suchen wollte.
Bacheran nahm sich statt seiner Rudi Merten vor. »Mal ehrlich: Sollte die Tote vom Alex wirklich Ihre Frau sein, dann möchte ich nicht in Ihrer Haut stecken. Das mit der Geliebten, deren Namen Sie nicht kennen, das können Sie doch einem erzählen, der sich die Hose mit der Kneifzange anzieht.« Immer wieder ertappte sich Bacheran dabei, Wendungen seines Vaters zu benutzen, wenn er mit »Leuten von der Straße« sprach.
Menzel kam aus der Toilette zurück, und seinem Gesicht war abzulesen, daß er nichts gefunden hatte. Aber was besagte das schon. Sie konnten die Leiche der Dorothea Merten ganz woanders zerstückelt haben. Oder so gut aufgewischt haben, daß ohne Lupe oder Mikroskop nichts zu machen war. Ob sich Menzel

dennoch entschloß, Rudolf Merten vorläufig festzunehmen? Ja, er tat es.

»Ich dürfte Sie dann bitten, uns zu begleiten, Herr Merten. Der Untersuchungsrichter wird dann entscheiden, was mit Ihnen passiert.«

## Kapitel 26

Helga Leupahn saß in ihrem Zimmer im Vopo-Präsidium und dachte mit Grauen an den Feierabend in Karolinenhof. Mit ihren Eltern am Abendbrottisch, dann vor dem Radioapparat und in der Leseecke. Biedermeier pur, ebenso gemütlich wie langweilig. Das, wovon sie den ganzen Krieg über geträumt hatten ... Sie wußte, daß sie undankbar war. Aber ... Leben war mehr. Bernhard hatte vorhin angerufen und gesagt, er müsse zum Geburtstag seiner Cousine Gudrun. Sehr überzeugend hatte das nicht geklungen. Nie hatte er vorher etwas von einer Gudrun erzählt. Ob alles schon aus war, bevor es begonnen hatte? Vielleicht war es das Beste so. Nein. Um sich abzulenken, griff sie zur *Täglichen Rundschau*. In Zwickau war im volkseigenen Audi-Werk der 500. Personenkraftwagen vom Typ DKW F 9 fertiggestellt worden. In den Muldenhütten bei Freiberg/Sachsen war die Bleierzeugung 1949 um 148 Prozent höher als vor zwei Jahren. In der UdSSR hatte das Volkseinkommen seit 1913 eine Steigerung um 842,9 Prozent erfahren. Immer mieser dagegen ging es den 1,5 Millionen Arbeitslosen in Westdeutschland. Viele von ihnen lebten nur von Kartoffeln und trockenem Brot.

»Dann können wir ja hoffen, daß die alle als Flüchtlinge in die DDR kommen«, sagte Steffen, der lautlos eingetreten war und sah, was sie gerade las. »Macht mal schon bei euch in Karolinenhof das Dachgeschoß frei. Ach nee, ihr habt ja keine Geschosse zu Hause, ihr seid ja für Frieden und Abrüstung.«

Helga Leupahn war zu irritiert, um darauf etwas erwidern zu können. Sie verstand nicht, daß ein Mann wie Siegfried Steffen solche Reden führen konnte. Er war Spanienkämpfer, gehörte der Vereinigung der Verfolgten des NS-Regimes (VVN) an, war SED-Mitglied – und legte dennoch ein solches Maß an westlicher

Dekadenz an den Tag, daß sie eigentlich verpflichtet gewesen wäre, ihrem Politoffizier davon Meldung zu machen: »Der Genosse Steffen fällt auf durch eine Ironie unserem Arbeiter- und Bauernstaat gegenüber, die man nur zersetzend nennen kann.« Natürlich tat sie es nicht, dazu war Steffen ein viel zu netter Kerl und sie zu anständig, aber dennoch. Nun, bald ging er ja in Rente, und sein Nachfolger ging hoffentlich mit der neuen Zeit.

Am besten, sie wurde dienstlich. »Gibt es etwas Neues im Mordfall Memhardstraße?«

Steffen setzte sich, zündete sich eine Zigarette an und kämpfte eine Weile mit seinem Raucherhusten. »Ja ... Hat Bacheran Ihnen nicht Bescheid gesagt?«

»Nein ...« Wäre sie vier Jahre alt gewesen, hätte sie geweint, so enttäuscht war sie, so verlassen kam sie sich vor.

Steffen sah ihr ins Gesicht, verstand sofort und suchte sie zu trösten. »Das Telefon wird wieder mal nicht funktioniert haben, und so hat er nur ein Fernschreiben geschickt. Und das ist dann bei mir gelandet.«

Sie war ihm dankbar. »Ja ... Und was steht drin?«

»Daß es sich bei der Toten sehr wahrscheinlich um eine Verkäuferin aus Spandau handelt, eine gewisse Dorothea Merten, auch Doris gerufen. Ihre Schwester will sich mit uns in Verbindung setzen, um sie zu identifizieren.«

»Wenn ich mir so vorstelle, ins Leichenschauhaus zu müssen, um meine Schwester ...«

Steffen lachte so heiser, hart und kehlig, wie er es sich bei Ernst Busch abgeguckt hatte. »Sie haben doch gar keine.«

»Ich hätte aber eine haben sollen, doch dann kamen erst die Weltwirtschaftskrise und die Arbeitslosigkeit und anschließend die Nazis. Da wollten meine Eltern kein Kind mehr in die Welt setzen.«

»So fehlt uns heute einer mehr, den Sozialismus aufzubauen«, sagte Steffen. »Das hätte Ihr Vater doch bedenken müssen.« Es klopfte, so daß er abbrechen mußte. »Ja, herein ...«

Es erschien eine rundliche Frau in einer viel zu weit geschnittenen Straßenbahneruniform, deren Farbe irgendwo zwischen

Grau, Anthrazit und Grün liegen mochte und an eine Pferdedecke erinnerte, und stellte sich als Ilse Breitenstein vor. »Ich soll wegen meine Schwester ... die Dorothea Merten ... Das ist ja so schrecklich alles. Da hat sie nun den Krieg überlebt, und nun ... Aber vielleicht ist sie es ja gar nicht, vielleicht ist sie nur mit einem Mann auf und davon.«

Der Kommissar stand auf und begrüßte sie. »Steffen mein Name ... Meine Kollegin Helga Leupahn ... Ja dann, Frau Breitenstein ... Was sein muß, muß sein. Einen Dienstwagen haben wir nicht zur Verfügung, so weit ist der Sozialismus noch nicht entwickelt, und der 9er Bus fährt auch mal wieder nicht, aber wir werden ja auch so zur Hannoverschen Straße kommen.«

Die S-Bahn brauchte vom Alexanderplatz bis zum Lehrter Stadtbahnhof keine zehn Minuten. Wie immer in der Hauptverkehrszeit waren die Züge überfüllt, und sie standen eng aneinander gepreßt. Ilse Breitenstein versuchte mit ihrer inneren Anspannung dadurch fertig zu werden, daß sie ununterbrochen redete. Über die Kindheit und die Ehe ihrer Schwester, über das, was sie im Krieg erlebt hatten, über die Toten, die es in der Familie gegeben hatte. Sosehr Helga Leupahn ihren Kopf auch zur Seite drehte, immer wieder bekam sie Speicheltröpfchen ab. Tröstlich war nur, daß es Steffen ebenso erging.

Endlich waren sie am Ziel. Sie quetschten sich zur Tür. Dort standen die Passagiere besonders dicht beieinander. Wie von einer Gummiwand prallten sie ab. »Bitte ... Können Sie nicht mal ein bißchen Platz machen! Wir müssen raus hier!« Steffen mußte seinen Körper als Rammbock einsetzen. Wie einen Korken aus dem Flaschenhals stieß er vier, fünf Leute auf den Bahnsteig hinaus. Alles schimpfte, aber sie hatten es geschafft, bevor der Stationsvorsteher den Zug weiterfahren ließ.

Eisiger Wind pfiff über den Lehrter Güterbahnhof, und Helga Leupahn dachte mit Schrecken daran, in den Humboldthafen zu stürzen, über die dünne Eisdecke zu schlittern und einzubrechen. An der Charité vorbei kamen sie zum Leichenschauhaus. Zu sagen gab es nicht mehr viel. Glücklicherweise.

Als Ilse Breitenstein die zerstückelte Leiche aus der Memhardstraße sah, schrie sie auf: »Die sieht ja aus, als wenn ich sie mit der Straßenbahn überfahren hätte! Ja, das is sie. Mein Gott, Doris, Mensch ... Macht sie wieder lebendig! Ihr Ärzte, ihr könnt doch alles!« Damit brach sie zusammen und mußte ins nahe Krankenhaus gebracht werden.

Wenig später stand Günther Beigang am Seziertisch und bestätigte Steffen, daß es sich bei der Toten um seine Verkäuferin Dorothea Merten handelte. »Schrecklich ... Aber ich hatte von Anfang an so eine Ahnung, als ich morgens die Meldung vom Leichenfund da am Alex gelesen hatte.«

Steffen wurde hellhörig. »Was für eine Ahnung?«

»Na, weil sie in letzter Zeit so komisch war. Angst vor irgendwas hatte. Vor ihrem Mann wahrscheinlich. Sie hatten sich getrennt, haben aber noch in derselben Wohnung gelebt. Ehe man heute was findet ...«

Helga Leupahn sah ihren Vorgesetzten an. »Ich hake da mal nach.«

»Gut.« Steffen führte die kleine Gruppe auf den Flur und steckte sich eine Zigarette an. »Sagen Sie, Herr Beigang, wann haben Sie denn Frau Merten zum letztenmal lebend gesehen?«

Der Kaufmann überlegte nicht lange. »Am Heiligabend, nach Geschäftsschluß. Ich hab' sie noch mit dem Auto zur S-Bahn gefahren. Zum Potsdamer Platz.«

»Immer Kavalier ...«

»Ja. Nein: weil sie noch eine Schreibmaschine zu tragen hatte, eine *Erika*, eine Reiseschreibmaschine, die sie zu einer Kundin bringen sollte.«

»Wie das?« Helga Leupahn konnte sich keinen Reim darauf machen.

Beigang suchte sich zu erinnern. »Eine Krankenschwester ... die hatte die Maschine am Heiligenabend bei mir gekauft, als Geschenk für ihren Verlobten, das Geld für die Anzahlung aber nicht bei sich gehabt, wohl überhaupt noch nicht beisammen gehabt. Da sind wir dann übereingekommen, daß Frau Merten ihr die *Erika* am zweiten Weihnachtsfeiertag nach Hause bringt und das Geld dann in Empfang nimmt.«

»So viel Liebe unter den Menschen ...« Steffen war in solchen Fällen immer etwas skeptisch.

»Frau Merten wollte von Spandau nach Weißensee zu ihrer Schwester und ist da sowieso vorbeigefahren«, erklärte ihnen der Händler, ohne sich ganz genau erinnern zu können. »Oder umgekehrt. Jedenfalls war sie immer sehr gefällig.«

»Hm ...«, machte Steffen, und Helga Leupahn sah ihm an, daß er diesen Günther Beigang nicht für ganz koscher hielt. »Kommen wir noch mal zu dieser Krankenschwester ...«

»Ja, die kam meiner Ansicht nach aus dem Robert-Koch-Krankenhaus.«

»Das liegt doch in Moabit«, sagte Helga Leupahn. »Und da fährt sie zu Ihnen in die ...«

»... in die Linkstraße, Nähe Potsdamer Platz«, ergänzte Beigang. »Ja. Das spricht sich überall herum, daß ich mehr Schreibmaschinen am Lager habe als andere. Ich war aber auch in den Krankenhäusern und habe gefragt, ob da Bedarf besteht.«

»Nun gut ... Aber wie diese Krankenschwester hieß ... heißt ... das wissen Sie nicht zufällig noch?« fragte Steffen, und Helga Leupahn war sich sicher, daß er Beigang der Tat verdächtigte und diese Krankenschwester für eine bloße Erfindung hielt, um sie auf die falsche Fährte zu locken.

Beigang überlegte. »Irgend etwas mit Ku ... Kudrian, Kusanke, Kusan ... Nein. Aber warten Sie, ich muß es ja irgendwo aufgeschrieben haben.« Er öffnete seine Aktentasche und begann, darin zu wühlen. Ein Ordnungsfanatiker war er nicht. Und mit dem einen Auge schien er auch Schwierigkeiten mit dem räumlichen Sehen zu haben. Endlich hatte er die Kladde mit der Aufschrift *Außenstände* gefunden. »Hier ... Und hier steht es auch: *E. Kusian, Charlottenburg, Kantstraße 154a bei Stöhr.*«

Eine halbe Stunde später stiegen Kommissar Steffen und seine Assistentin am Bahnhof Zoo aus der S-Bahn und bewegten sich Richtung Kantstraße.

»Ich habe ein sehr ungutes Gefühl dabei«, sagte Helga Leupahn. »Wir sind hier in West-Berlin und dürfen das nicht. Wenn uns die Stumm-Polizei und die Amerikaner ...«

Steffen lachte. »Kindchen, das ist hier der britische Sektor, und die Engländer, die sind nicht so verbissen. Im Zweifelsfall: Ich kenn' da welche. Auch von den Amis. Ernest Hemingway war nicht der einzige, der in Spanien gegen die Faschisten gekämpft hat.«

»Wenn sie uns kriegen, sperren sie uns ein.«

»Freuen Sie sich darauf, das auch mal kennenzulernen.« Steffen suchte nach seiner letzten Zigarette. Dann sang er leise: »*Wir sind die Moorsoldaten und ziehen mit dem Spaten ...*«

»Auch bei uns in der DDR wird man zornig auf uns sein.«

»Ich nehm' alles auf meine Kappe.«

Damit hatten sie die Kreuzung der Kant- und Fasanenstraße erreicht und standen wenig später vor dem Haus Nr. 154a. Vier Stockwerke waren hinaufzusteigen, und Steffen mit seiner Raucherlunge und einem Lungendurchschuß geriet in arge Atemnot. »Daß die hier im vornehmen Westen nicht mal einen Fahrstuhl haben ... Auf die Bourgeoisie ist auch kein Verlaß mehr ...«

Dann standen sie vor den Namensschildern. *W. Stöhr* mit schwarz ausgelegter Fraktur auf golden blitzendem Messing und *Kusian* mit Kopierstift auf grauer Pappe. Damit war klar, wer Wohnungsinhaber und wer Untermieter war. Steffen schnaufte und erklärte Helga Leupahn, sie bräuchten nun gar nicht mehr in den Zoo zu gehen, um sich die Walrösser anzusehen. Dann wandte er sich ab, um sich die Lungen frei zu husten. Die Wände wackelten, und weiter unten gingen einige Türen auf. Er gab Helga Leupahn das Zeichen zu klingeln. Sie tat es, und nach einigen Sekunden hörten sie Schritte drinnen auf dem Flur. Dann wurde das Guckloch aufgezogen. »Wer ist dort bitte?«

Steffen machte eine formvollendete Verbeugung. »Entschuldigen Sie die Störung, Frau Stöhr ... Entschuldigung, gnädige Frau ... Wir hätten gern die Frau Kusian gesprochen. Oder sind Sie das schon selber?«

»Nein. Aber meine Untermieterin ist nicht zu Hause.«

Steffen zückte nun seine Plakette und hielt sie vor den Türspion. »Kriminalpolizei!«

Daraufhin löste Frau Stöhr die Kette und öffnete die Tür. »Guten Abend ... Womit kann ich Ihnen behilflich sein?«

»Wie gesagt: Wir möchten gern zu Frau Kusian. Das ist doch die Krankenschwester ...?«

»Ja, das ist sie. Aber meine Untermieterin ist gegen 17 Uhr fortgegangen – mit einem Herrn von der Kriminalpolizei.«

»Sch... ade«, sagte Steffen. Auch Helga Leupahn war wenig froh darüber, daß die West-Kripo schneller gewesen war als sie.

»Frau Kusian ist doch die Freundin von Herrn Kriminalsekretär Muschan«, fügte Frau Stöhr hinzu, redselig wie sie war.

»Oh ...« Sogar ein alter Hase wie Steffen brauchte ein paar Sekunden, um das zu verarbeiten. »Nun gut ... Bestellen Sie bitte der Frau Kusian, daß wir morgen vormittag wieder vorbeikommen.«

Auf dem Weg zurück zur S-Bahn hatten sie Zeit genug, über die Sache zu reden.

»Erst hatte ich ja gedacht, daß diese Kusian die Merten ... Eifersucht, so eine Dreiecksgeschichte ... Aber wenn sie mit einem Kollegen von uns befreundet ist: Der wird doch eine Mörderin bestimmt nicht decken.«

»Weiß man's ...« Steffen mußte einen erneuten Hustenanfall über sich ergehen lassen. »Vielleicht hat er keine Ahnung von ...«

Helga Leupahn hatte plötzlich einen ganz bestimmten Verdacht. »Wenn die West-Polizei das nun alles eingefädelt hat, um uns madig zu machen?«

»Im Kalten Krieg ist zwar alles möglich, aber ... noch sehe ich nicht, wie man uns den Seidelmann und die Merten sozusagen in die Schuhe schieben will.«

»Der amerikanische Geheimdienst kann das alles eingefädelt haben.«

»Na, so genial sind die nun auch wieder nicht. Fahren wir doch erst mal ins Robert-Koch-Krankenhaus und sehen, ob die Kusian dort Dienst hat.«

Nein, hatte sie nicht. Aber zu ihrer Überraschung fügte die Oberin, auf die sie zugegangen waren, noch hinzu, daß Schwester Elisabeth in Moabit auch nie wieder Dienst haben werde. Obwohl sie von vielen Patienten für einen Engel gehalten worden sei.

»Wieso denn das, wenn sie ...?«

»Weil sie ihr Dienstverhältnis zum 31. Dezember 1949 gekündigt hat. Nachdem wir ihr dies nahegelegt hatten.«

»Dürfen wir den Grund dafür erfahren?«

»Ich möchte nicht darüber reden.« Damit wandte sich die Oberin von ihnen ab.

»Was nun?« fragte Helga Leupahn.

»Suchen wir uns einen, der nicht ganz so rücksichtsvoll ist.«

Sie fanden ihn in Verwaltungsleiter Max Ramolla. Steffen zuckte zwar zusammen, als er den Oberstleutnant a. D. erblickte, ließ ihn aber reden.

»Die Kusian hat das Ansehen der Schwesternschaft dadurch diskriminiert, daß sie unzählige Patienten um Geld anborgte, ohne daß Rückzahlung erfolgte. Außerdem ist sie eine notorische Lügnerin.«

Helga Leupahn bedankte sich für diese Auskunft. Sie machten sich auf den Weg zum Bahnhof Bellevue, um nach Hause zu fahren. Die große Frage war, ob man die Kusian der Tat beziehungsweise der Taten verdächtigen konnte, mußte, sollte.

»Eine Krankenschwester, noch dazu ein Engel in Schwesterntracht ...« Helga Leupahn fiel es schwer, die Kusian für eine Doppelmörderin zu halten.

Steffen seufzte. »Ach Gott, Kind, wenn das Leben so einfach wäre. Ich habe genügend Menschen kennengelernt, die Sonntag ein Engel waren und Montag der Teufel. Es steckt alles in uns drin.«

»Aber eine Frau ... und die Leichen derart zerstückelt. Nein!« Für Helga Leupahn war das Ganze völlig unvorstellbar. »Nur weil die Merten ihr die Schreibmaschine gebracht hat, muß sie doch nicht ... Das ist doch so wie bei dem Mann, der zufällig einen Ermordeten findet und deswegen automatisch für den Mörder gehalten wird.«

Steffen wurde drastisch. »Ja: Wer'n zuerst gerochen, dem ist er aus dem Arsch gekrochen ... Wir neigen eben alle zu einfachen Lösungen.«

»Was nun?«

»Wir verabschieden uns jetzt in den Feierabend und treffen uns morgen früh um 7 Uhr 30 wieder vor der Kantstraße 154a.«

Helga Leupahn sah in fragend an. »Ob ich nicht doch Herrn Bacheran anrufen soll?«

»Nein. Und dies ist eine dienstliche Weisung.«

Helga Leupahn fuhr nach Karolinenhof hinaus, wechselte mit ihren Eltern nur wenige Worte und zog sich dann mit der Bemerkung, sie habe ihre Tage und noch dazu Migräne, in ihr Zimmer zurück. Zum erstenmal in ihrem Leben spielte sie mit dem Gedanken an Selbstmord. Nein, das war keine Lösung. Sie schluckte eine Schlaftablette, aber die hatte eher eine aufputschende Wirkung, denn nun wehrte sie sich erst recht gegen das Einschlafen. Ich will wach bleiben! Doch gegen die Chemie kam sie auf Dauer nicht an. Es war wie bei einer zu schwach dosierten Narkose. Irgendwann zwischen 2 und 3 Uhr morgens fiel sie aber dennoch in einen tiefen Schlaf. Aber schon um 5 Uhr 45 lärmte ihr Wecker und brachte ihren Kreislauf in die Nähe des Kollaps. Mit viel kaltem Wasser, warmes gab es ohnehin nicht, versuchte sie, wieder in Schwung zu kommen. Wenn sie die Straßenbahn 6 Uhr 17 nicht bekam, konnte sie nicht pünktlich um 7 Uhr 30 bei der Krankenschwester in der Kantstraße sein. Sie schaffte es wirklich, wenn auch ohne richtiges Frühstück.

Steffen kam drei Minuten zu spät und hustete erbärmlich. »Dagegen hilft nur Treppensteigen ...«

Doch Elisabeth Kusian war schon ausgeflogen. »Sie ist zur Vermißtenstelle West bestellt«, erzählte ihnen die Wohnungseigentümerin.

Steffen ärgerte sich und flüsterte Helga Leupahn ins Ohr, daß sie sich wenigstens das Zimmer der Kusian ansehen sollten, wenn die schon von der West-Kripo ausgequetscht werde. »Schade, Frau Stöhr. Aber wenn Sie so nett sein würden, uns einmal das Zimmer Ihrer Untermieterin zu zeigen.«

»Warum denn das? Frau Kusian ist doch keine Verbrecherin.«

»Nein, das nicht, aber ...« Helga Leupahn hatte Mühe, eine Begründung zu finden. »Wir interessieren uns auch nicht für sie, sondern für die Gäste, die sie hatte.«

»Dann kommen Sie bitte.«

Gewöhnt an die kleinen und niedrigen Räume im Einfamilienhaus ihrer Eltern, erschien Helga Leupahn das Zimmer der Kusian wie ein kleiner Saal. Aber billig und abgewohnt sah alles aus. Die Blümchentapete war ausgeblichen, aus dem Grün war schmutziges Grau geworden. Ihre Großmutter bezeichnete solche Behausungen immer als Läusepension. Aber urgemütlich war es hier. Couch und Bett standen an den Wänden. Dazu kamen Kleiderschrank, Wasch- und Schreibtisch. In der Fensterecke stand noch immer der Weihnachtstisch, geschmückt mit einem großen Tannenzweig, künstlichem Schnee, Lametta und ein paar fast niedergebrannten roten Kerzen. Daneben lagen ein paar kleinere Geschenke: ein Stück Seife, eine Flasche Eau de Cologne, ein Lebkuchen.

»Nichts anfassen, nichts mitnehmen«, sagte Steffen.

Helga Leupahn nickte. Sie hätte es ohnehin nicht getan. Sie sah sich nur um. Aber nicht nur das: Sie ließ auch ihr Taschentuch und ein paar Münzen zu Boden fallen, um nach ihnen suchen und sich dabei die Rillen zwischen den Dielenbrettern aus nächster Nähe anschauen zu können. Aber nirgendwo ließ sich Blut entdecken. Auch Steffen wurde nicht fündig.

»Nichts, was uns interessieren könnte«, sagte er zur Witwe Stöhr, die in der Tür stand und ihr Tun mit kritischen Blicken begleitete. »Ob wir einmal kurz telefonieren könnten?« Nachdem er die Erlaubnis dazu bekommen hatte, rief er bei der Vermißtenzentrale West an, stellte sich kurz vor und fragte, ob Frau Kusian dort schon vorgesprochen habe. Nein. »Dann sagen Sie ihr doch bitte, wenn sie noch vorbeikommen sollte, daß sie auch ins Vopo-Präsidium am Alex kommen und sich bei mir melden möge.«

# Kapitel 27

Bernhard Bacheran hatte seine Tante zwar zum Anhalter Bahnhof gebracht und ihr noch geholfen, den Koffer ins Gepäcknetz zu hieven, verzichtete aber auf eine große Abschiedszeremonie mit Taschentuch und Wink-Arie, wie sie die Schwester seiner Mutter schon gern gehabt hätte. Zwar ging es nur für ein paar Tage zu einer Cousine nach Dresden, aber man konnte ja nie wissen, was einem in der Ostzone so alles blühte. Ehe man sich's versah, war man in Sibirien in einem Lager gelandet.

Der Zug verschwand in Richtung Yorkstraßenbrücken, und Bacheran schlenderte zum Ausgang Askanischer Platz. Noch war der Anhalter mit Leben erfüllt, doch es ging schon das Gerücht, daß die Reichsbahn, die ja dem Osten unterstand, ihn aufgeben wollte und beim West-Berliner Senat Pläne in der Schublade lagen, die seinen Abriß vorsahen. »Was die Bomben der Alliierten nicht geschafft haben ...«, murmelten die Leute.

Bacheran erinnerte sich an die Erzählungen seiner Mutter, wie sie und ihr Mann früher vom Anhalter nach Budapest und nach Verona gefahren waren, und eine gewisse heitere Stimmung erfüllte auch ihn. Tschaikowsky – *Capriccio italién.* Er schlug sich den Mantelkragen hoch. Die Halle hatte kein Dach mehr, und der Regen war eisig. Ein Männlein fegte die Wasserlachen mit einem schütteren Reisigbesen auf die Gleise hinunter. Ein Gepäckträger schleppte zwei Eimer »Winsinia-Aprikosen-Konfitüre« und drei zusammengebundene Bücklingskisten zum Zug nach Erfurt. Eben war auf einem anderen Bahnsteig ein Zug aus Dresden angekommen, und an der Sperre drängten sich die Leute. Die meisten sahen noch so aus wie eben aus dem Bunker gekommen. Neue Schuhe gab es kaum, und vielfach ersetzten noch Bindfäden die Schnürsenkel. Fast alle Frauen trugen Kopftücher, und die Mäntel der Männer waren zumeist aus zweierlei Stoff: An das graue Tuch der Wehrmacht war irgend etwas angestückelt worden. Nun tragen fast alle Deutschen Uniform, dachte Bacheran, die Uniform der Not.

Draußen vor dem Bahnhof war zur Möckernstraße hin eine Budenstraße entstanden. Mitten in der Trümmerwüste. Findige Händler wollten den Ostleuten gleich nach deren Ankunft in West-Berlin das Geld abnehmen. Auf großen schwarzen Schildern priesen sie mit dicker weißer Kreide ihre Waren an: 1a Fettbücklinge die Fünf-Pfund-Kiste zu 2,95 West oder 18,50 Ost. Gasanzünder kosteten 2,50 Ost, ein halbes Pfund Margarine 5,15, ein Stück Badeseife 6,20.

»Alles viel billiger als bei uns in der HO«, hörte Bacheran einen der angereisten Sachsen sagen. »Ich bin schwerbeschädigt und kann 25 Prozent billiger fahren – da kauf' ich gleich für das ganze Dorf ein.«

»Mama, sind das Gelbe da Zetronen oder Appelsinen?« fragte eine Vierjährige.

Ein altes Muttchen blieb beim Geflügelhändler stehen und legte ihm eine gerupfte Gans auf den wackligen Tisch. »Wir sind aus Lommatzsch. Ach bitte, lieber Mann, kaufen Sie mir doch die Gans hier ab. 10 Pfund für 15 West-Mark. Ich brauche eine Fahrradbereifung für meinen Mann. Bei uns gibt's doch bloß Buna, und das hält nicht.«

Der Händler winkte ab. »Nee, Frau ... Wer kooft ma jetzt nach Weihnachten noch 'ne Janz ab?!«

Ebenso enttäuscht war der Mann, der mit ihr nach West-Berlin gekommen war, um hier Äpfel zu verkaufen. Der angesprochene Händler winkte ab. »Nee, Sie. Im Laden kosten sie nur 25 Pfennige, und auf der Treppe kriege ich gerade mal 20 dafür.«

»Fahren Se ma zum Kudamm, da ham die Leute am meisten Geld«, riet ihm jemand.

Bacheran hätte den Leutchen gern etwas abgekauft, aber er mußte ja so schnell wie möglich zur Vermißtenstelle. Er machte sich daran, den zweiten Teil seines Auftrages Anhalter Bahnhof in Angriff zu nehmen, also nach Rudi Merten und seiner geheimnisvollen dunkelhaarigen Geliebten zu forschen. Doch wen er auch ansprach, er bekam nur eine Antwort: »Tut ma leid, keene Ahnung.«

Es war schon so spät geworden, daß er in Versuchung geriet, sich eine Taxe zu nehmen. Nein. Doch. Wenn schon nicht mit dem Orient-Expreß nach Bagdad, dann wenigstens mit der Taxe zur Vermißtenstelle. Wie der Herr Oberstaatsanwalt kam er sich vor. Nur schade, daß Helga nicht neben ihm saß. Wahrscheinlich hätte sie sich geweigert, in eine Taxe zu steigen. Wenn sie etwas haßte, dann die dekadente Bourgeoisie. Und die begann bei ihr mit dem Auto als solchem.

In der Vermißtenstelle hatte man von der Kusian noch nichts gesehen und gehört, und Bacheran setzte sich auf einen freien Platz neben den Beamten, zu dem sie der Pförtner schicken würde, wenn sie noch eintreffen sollte.

Um 9 Uhr 30 war es dann soweit. Es klopfte, und nach dem gleichmütigen »Ja, bitte« des Beamten betrat eine Frau in einem recht modischen blauen Mantel das Zimmer.

»Mein Name ist Frau Kusian«, sagte sie. »Ich soll mich hier in der Sache Merten melden.«

Bacherans erster Eindruck von Elisabeth Kusian war durchaus positiv. Obwohl sie keine Schwesterntracht trug, war ihr durchaus anzumerken, daß sie einen Beruf ausübte, bei dem es um Hilfsbereitschaft und Zuwendung ging. Aber da war noch etwas anderes. Wie sie ihr Becken vorstreckte, wie sie ihren Körper präsentierte, das hatte etwas von dem, was seine Tante immer als »nuttig« bezeichnete, und auch Bacheran konnte nicht anders, als sich auszumalen, wie es wohl sein würde, auf ihr zu liegen und ... Gott, die Frau war fast vierzig Jahre alt und hätte auch seine Mutter sein können. Dennoch. Vielleicht lag es auch daran, daß sie Krankenschwester war und man denen ja nachsagte, daß sie allesamt Vamps waren, nur darauf aus, die Männer zu vernaschen.

Elisabeth Kusian zeigte sich sehr besorgt. »Glauben Sie wirklich, Frau Merten ist etwas passiert? So eine nette, hilfsbereite Person. Sie ist ja so freundlich gewesen, mir am zweiten Feiertag eine Schreibmaschine in die Wohnung zu bringen. Als sie kam, hatte ich die Anzahlung dummerweise immer noch nicht. Da gab ich ihr ein zwölfteiliges Silberbesteck als Pfand. Am Abend kam sie noch einmal vorbei, und da gab ich ihr das Geld ...«

»Wann ist das bitte gewesen?« fragte Bacheran, der sich hier als Vertreter Menzels fühlte.

»So gegen zehn.«

»Gegen 22 Uhr also?«

»Ja. Frau Merten wollte noch nach Weißensee. Ich habe sie noch zum Bahnhof Zoo begleitet. Sie hatte Angst, daß ihr am Alexanderplatz die letzte Straßenbahn vor der Nase wegfahren könnte.«

Wird sie wohl auch sein, dachte Bacheran, und dann ist sie umhergeirrt, um nach einer Fahrmöglichkeit zu suchen ... und ist dabei ihrem Mörder in die Hände gefallen. Irgendwo im Umkreis des Alexanderplatzes. Ihre Leiche hat er dann in die Ruine an der Memhardstraße geschleppt.

»Mehr kann ich Ihnen wirklich nicht sagen«, beteuerte Elisabeth Kusian immer wieder. »Wenn ihr nur nichts passiert ist.«

»Hoffen wir das Beste«, sagte der Beamte von der Vermißtenstelle West. »Ich danke Ihnen, Sie können gehen ... Ach so, das Ost-Präsidium in der Neuen Königstraße möchte Sie in dieser Angelegenheit auch noch sprechen. Wenn Sie keine Bedenken haben ...«

»Wieso Bedenken?«

»Na, von wegen Ostsektor und so ...«

»Nein. Ich hab' doch nichts zu verbergen.«

Für Bernhard Bacheran war das ein überzeugender Auftritt, und als er eine halbe Stunde später Kommissar Menzel in dessen Büro gegenübersaß und Bericht erstattete, war er bereit, für Elisabeth Kusian seine Hand ins Feuer zu legen. »Völlig ausgeschlossen, daß diese Frau den Seidelmann und die Merten ermordet haben könnte. Das ist wirklich ein absurder Gedanke.«

Menzel war dabei, sich mit einer aufgebogenen Büroklammer die Fingernägel zu reinigen. »Die Vorstellung, einen Menschen zu zerstückeln, ist noch absurder ... und dennoch.«

»Ich tippe noch immer auf Rudi Merten«, erklärte Bacheran.

»Da muß ich Sie enttäuschen, mein Lieber: In der Wohnung der Merten in Spandau keinerlei Spuren.«

»Und ich muß Sie ebenfalls enttäuschen, Herr Kommissar: Am Anhalter Bahnhof keinerlei Spuren von Rudi Merten und einer dunkelhaarigen Geliebten.«

»Die gibt es aber wirklich ...« Menzel drehte sich um, um sich zu vergewissern, daß sie auch wirklich allein im Zimmer war. Auch sprach er von nun an um einiges leiser. »Es ist die Frau eines Senators. Sie hat bestätigt, daß sie zur Tatzeit mit Rudolf Merten zusammen war. Das bleibt aber unter uns. Weisung von ganz oben. Und wenn Sie jemals ein Sterbenswörtchen darüber verlauten lassen sollten, insbesondere der Leupahn gegenüber, dann ist es mit Ihrer Karriere ein für allemal vorbei. Rudi Merten ist nicht der Täter, Rudi Merten ist abzuhaken. Ist das klar?«

»Ja.«

Als Bacheran dann bei Helga Leupahn anrief, bemühte er sich um ein außerordentlich korrektes Verhalten. Wahrscheinlich gab es Leute in West-Berlin, die jedes Gespräch mit dem Osten abhörten. Dem amerikanischen Geheimdienst wurde ja einiges nachgesagt. »Ich darf Sie hiermit über zweierlei in Kenntnis setzen, Frau Leupahn. Erstens, daß der Ehemann der Merten, Herr Rudolf Merten, als Täter auf keinen Fall in Frage kommt. Ad eins haben sich in der gemeinsamen Wohnung in der Pichelsdorfer Straße in Spandau keinerlei Spuren gefunden, und ad zwei ist Mertens Alibi absolut hieb- und stichfest. Darüber hinaus haben wir die Krankenschwester Elisabeth Kusian bei ihrem Besuch in unserer Vermißtenstelle gebeten, alsbald bei Ihnen im Präsidium vorstellig zu werden – was sie auch zugesagt hat. Sie hat angegeben, die Dorothea Merten am zweiten Weihnachtsfeiertag gegen 22 Uhr zum Bahnhof Zoo gebracht zu haben, von wo aus Frau Merten zu ihrer Schwester nach Weißensee fahren wollte. Unsererseits bestehen keinerlei Bedenken und Verdachtsmomente der Schwester Kusian gegenüber.«

»Ist das alles, was Sie uns mitzuteilen haben?« kam es ebenso kühl zurück.

»Ja. Aber vielleicht ließe es sich einrichten, daß ich mich einmal

direkt bei Ihnen vor Ort informiere, wenn Sie mit Frau Kusian geredet haben.«
»Wir lassen von uns hören, Herr Baggermann.«
»Vielen Dank, Frau Läusedran.«

# Kapitel 28

Helga Leupahn sah auf den Kalender. Nicht zu fassen: Es war schon wieder Freitag. Der erste Freitag im neuen Jahr. Im neuen Jahrzehnt sogar. Noch fiel es ihr schwer, 1950 statt 1949 zu schreiben. Obwohl die 40er Jahre so schrecklich gewesen waren. Zumindest bis 1945. Hitler ... Sie stellte sich vor, was an diesem Tage, dem 6. Januar 1950, sein würde, hätte es Adolf Hitler und die Nazis nie gegeben. Berlin keine Trümmerwüste, Deutschland nicht zerstückelt, keine 55 Millionen Toten in Europa. Aber auch keine Chance, den Sozialismus aufzubauen und ein neues Deutschland zu schaffen ... Die Dialektik.

Ihr Telefon klingelte. Bernhard ... Schnell nahm sie den Hörer von der Gabel. Nein, nur ihr Chef. Sie möge schnell in sein Zimmer kommen: Der Pförtner habe gemeldet, daß die Kusian im Hause sei. Helga Leupahn ließ alles stehen und liegen und machte sich auf den Weg. Als sie wenig später der Krankenschwester zum ersten Mal von Angesicht zu Angesicht gegenüberstand, blieb ihr Seismograph absolut ruhig. Kein Ausschlag in irgendeine Richtung. Sicherlich gehörte die Kusian automatisch zum Kreis der Verdächtigen, aber daß sie freiwillig gekommen war, sprach für ihr reines Gewissen. Außerdem schien sie eine intelligente Frau zu sein – und welcher intelligente Mensch brachte jemandem um, von dem viele andere wußten, daß er bei ihm zu Gast gewesen war. Ganz zu schweigen davon, daß die Frau von Hause aus eine Samariterin war und Leben rettete, wo immer es ging, anstatt es zu vernichten.

Aber ... Helga Leupahn hatte, angeregt von ihrem Vater, einen Artikel über *Frauen als Täterinnen in Vernichtungsanstalten und Konzentrationslagern* geschrieben und war dabei auch auf etliche Krankenschwestern gestoßen, die ihren Patienten »Einschläferungsmittel« in Form von Tabletten und Spritzen verabreicht hatten. Eine gewisse Pauline Kneissler beispielsweise, Stationsschwester in den Krankenanstalten Grafeneck, Hadamar und Kaufbeuren, hatte auf Anweisung des Innenministeriums Tausende von »geisteskranken« Deutschen und Ausländern zu Tode gebracht. Gewissensbisse: keine. Die Schwester Anna Gastler, die in mindestens zwanzig Fällen an Tötungen beteiligt war, hatte zu Protokoll gegeben, sanft, liebevoll und voller Mitgefühl mit ihren Opfern umgegangen zu sein: *Bei dem Eingeben des aufgelösten Mittels ging ich mit großem Mitgefühl vor ... Beim Eingeben nahm ich sie liebevoll in die Arme und streichelte sie dabei. Wenn sie beispielsweise den Becher nicht ganz austranken ... so redete ich ihnen noch gut zu.*

Und Elisabeth Kusian ...? War sie womöglich auch von diesem Virus infiziert, daß es »unwertes« Leben gab, dessen Vernichtung als gute Tat zu gelten hatte ...? Nun, die äußeren Umständen waren in den Fällen Seidelmann und Merten auf keinen Fall miteinander zu vergleichen – aber war es dennoch möglich, daß die Kusian ihre beiden Opfer als »unwert« definiert hatte? Seidelmann aus »moralischen Gründen«, weil er als Ehemann und mehrfacher Vater mit ihr ins Bett gehen wollte, und die Merten vielleicht, weil sie womöglich so hartherzig war, ihr die Schreibmaschine, von der womöglich ihr Lebensglück abhing, nicht ohne Anzahlung überlassen zu wollen? »Die haben es nicht anders verdient.« Würde sie das bei ihren Taten gedacht, gemurmelt haben?

Doch vorerst war das alles nur Spekulation. Die Realität sah so aus, daß Steffen der Kusian eine Tasse Kaffee bringen ließ und sie von seinen übriggebliebenen Weihnachtskeksen kosten ließ. Richtig gemütlich war es – und er das Wohlwollen in Person. Ausführlich ließ er die Kusian vom Schreibmaschinenkauf bei Beigang in der Linkstraße und der freundlichen Frau Merten erzählen.

»Die Schreibmaschine war sicherlich als Weihnachtsgeschenk gedacht«, warf er ein. »Eine *Erika* von der Elisabeth ...«

»Nein, sie war für mich«, antwortete die Kusian. »Ich hatte im Krankenhaus zum 1. Januar gekündigt und wollte eine Stellung als Sprechstundenhilfe annehmen. Dazu muß man Maschineschreiben können.«

Helga Leupahn sah, daß Steffen sich mit dem Zeigefinger im rechten Ohr bohrte. Das tat er immer, wenn er glaubte, jemanden beim Lügen ertappt zu haben. Wie in diesem Falle die Krankenschwester. Günther Beigang, der Chef der Merten, hatte doch klipp und klar gesagt, die Kusian habe die Schreibmaschine als Geschenk für ihren Verlobten käuflich erwerben wollen. Und zugleich fiel Helga Leupahn ein, was man im Krankenhaus über die Kusian gesprochen hatte: daß sie eine notorische Lügnerin sei.

Steffen ging aber nicht auf diese Ungereimtheiten ein, sondern blieb weiterhin bei seiner Taktik, diese Vernehmung als Plauderstündchen zu inszenieren. »Sie wollen also in Ihrer freien Zeit auf der Maschine üben ...?«

»Ganz richtig«, nickte die Kusian.

Hm, dachte Helga Leupahn, dann hätten wir ja die *Erika* bei ihr im Zimmer unbedingt entdecken müssen. Aber in der Kantstraße 154a hatte es im Zimmer der Kusian keine Schreibmaschine gegeben. Nun schön, vielleicht hatte sich die Witwe Stöhr die *Erika* mal eben ausgeborgt ... Eher unwahrscheinlich. Viel wahrscheinlicher war, daß sie die Maschine verschenkt hatte. Womöglich an ihren Freund, den Kollegen von der West-Kripo.

»Haben Sie denn wirklich schon auf Ihrer neuen Maschine geübt?« fragte Steffen.

»Aber ja. Ein herrliches Spielzeug.«

»Sie hatten sich also zwischen den beiden Besuchen der Frau Merten die 50 Mark für die Anzahlung beschafft, ihr gegeben und sie dann zum Bahnhof Zoo begleitet«, faßte Steffen zusammen. »Ist Ihnen da jemand begegnet, den Sie kennen?«

Elisabeth Kusian schloß die Augen, um kurz nachzudenken. »Nicht daß ich wüßte ...«

Steffen ging nun zum Angriff über. Langsam und bedächtig, aber gut vorbereitet. »Pech für Sie, Frau Kusian.«

»Wie meinen Sie das?«

»Frau Merten ist ermordet worden, und wir müssen wissen, ob sie Ihre Wohnung lebend verlassen hat.«

Die Kusian sprang auf. »Das ist doch lächerlich. Ich bin Krankenschwester ... und das sagt doch alles. Ich will ja gern zur Aufklärung der Sache beitragen ...«

»Na, wunderbar. Aber dann hören Sie bitte endlich auf, uns anzulügen.«

»Das verbitte ich mir!«

Der Kommissar zählte ihr nun in aller Ruhe auf, in welchen Punkten sie bisher gelogen hatte. »Warum, Frau Kusian?«

»Entschuldigen Sie ...« Das war mehr gehaucht als gesprochen.

»Die Schreibmaschine war also für Ihren Verlobten?«

»Ja.«

Steffen sah auf seine Notizen. »Und die Bescherung war am zweiten Feiertag?«

»Ja. Ja, sicher.«

»War Ihr Verlobter bei Ihnen, als Frau Merten zum zweitenmal erschien?«

Die Kusian zögerte keine Sekunde mit ihrer Antwort. »Ich habe ihn hinausgeschickt, während wir das Geschäftliche erledigten.«

Steffens Gesicht hellte sich auf. »Na sehen Sie, dann haben Sie ja einen Zeugen.«

Doch die Kusian senkte den Kopf und setzte sich wieder, um Zeit zu gewinnen. »Nun ... Wissen Sie, Herr Kommissar ... Ich weiß nicht, ob Sie mich verstehen, aber ... ich möchte nicht, daß mein Bekannter in die Sache hineingezogen wird. Er ... ist verheiratet.«

Steffen nickte, schrieb etwas auf einen Zettel und schob ihn zu Helga Leupahn hinüber. Sie überflog die beiden Zeilen: *Kriminalsekretär Muschan, Revier Nr. 28. Setzen Sie alles daran, daß er hier bei uns auftaucht.*

Helga Leupahn stand auf und verließ das Zimmer, um die Sache zu erledigen. Ein Kollege kam, um ihre Stelle einzunehmen und zu verfolgen, wie Steffen die Kusian nun ausführlich zur Person vernahm. Die Nummer 39 22 91 für das Revier in der Wilsnacker Straße 6 war schnell gefunden.

# KAPITEL 29

Helga Leupahn hatte in der politischen Schulung immer wieder zu hören bekommen, daß das kapitalistische System verrottet sei, und sie war zutiefst von der Wahrheit dieser These überzeugt. Natürlich war nicht alles wörtlich zu nehmen, was die SED über den Westen verlautbaren ließ, daß dort alles marode sei, und wie bei jeder Propaganda und Agitation waren auch in diesem Falle Abstriche zu machen, doch im Großen und Ganzen stimmte es schon. Da paßte es ins Bild, daß ein Kriminalsekretär, noch dazu verheiratet und mit mehreren Kindern gesegnet, der Geliebte einer mordenden Krankenschwester war. Gemütlich und bieder sah er zwar aus, dieser Muschan, aber bürgerlich und biedermeierlich waren ja auch die Männer gewesen, die in den KZs gemordet hatten. Das wollte also gar nichts besagen. Ganz im Gegenteil.

Steffen hatte die Kusian in der Obhut seiner Leute zurückgelassen und war ins Zimmer gekommen, in das Helga Leupahn den West-Kollegen geführt hatte. Immerhin war er gekommen.

»Ihre Kollegin hat mich gebeten, daß ich als Privatmann kommen soll«, sagte Muschan.

»So ist es.« Steffen gab ihm die Hand. »Wir möchten ja nicht, daß Sie wegen Hochverrats in einer Arrestzelle landen. Setzen wir uns erst mal. Die Kollegin Leupahn haben Sie ja schon kennengelernt.«

Muschan nickte, während er sich setzte und die Füße von sich streckte. »Ja, ohne daß sie mir aber verraten hat, weshalb ich vorbeischauen sollte.«

»Es geht um die zerstückelte Frauenleiche vom Alex ... Memhardstraße ... Eine gewisse Dorothea Merten.«

Muschan überlegte nicht lange. »Hab' ich in der Zeitung von

gelesen. Das ist aber Sache von M I/3, da hab' ich nichts mit zu schaffen.«

»Klar, Sie sind ja auch als Privatperson hier.«

»Versteh' ich nicht ...«

Steffen vermied diesmal lange Eröffnungszüge. »Sagt Ihnen der Name Elisabeth Kusian etwas ...?«

Muschan fuhr auf. »Ist sie etwa auch ...?«

»Ermordet worden? Nein, nein, da können Sie ganz beruhigt sein.«

»Ganz im Gegenteil«, fügte Helga Leupahn dazu.

»Wie soll ich das verstehen?« fragte Muschan.

Steffen steckte sich eine Zigarette an. »Frau Kusian steht unter Mordverdacht.«

»Das ist doch unmöglich. Sie ist Krankenschwester, sie ist warmherzig, sie ist eine wunderbare Frau. Das muß alles ein furchtbarer Irrtum sein.«

»Das hoffe ich ja auch. Für Sie. Aber mal der Reihe nach. Sie sind also mit Frau Kusian befreundet?«

Muschan wand sich ein wenig. »Ja ...«

»Sie haben also ein Verhältnis mit ihr?«

»Ist das schon ein Verhör?«

»Nein, nein, nur ein Gespräch unter Kollegen. Nur so zu unserer Information. Ich weiß nicht, wieweit Ehebruch bei Ihnen im Westen strafbar ist, aber es will Sie ja auch keiner reinreiten ... Kurz und gut: Wir suchen einen Entlastungszeugen für Frau Kusian – und da sind wir auf Sie gekommen. Wenn Sie uns nur kurz schildern könnten, was da am zweiten Weihnachtsfeiertag in der Kantstraße 154a passiert ist.«

Muschan suchte sich zu sammeln. »Ja ... Das ist ja alles eine Katastrophe für mich ... Ich wußte ja, daß die Strafe einmal kommen würde. Aber ich war ihr sozusagen hörig, wenn Sie wissen, was ich damit sagen will ...«

Steffen nickte. »Von Mann zu Mann, natürlich. Aber mit Rücksicht auf die anwesende Dame wollen wir das Thema nicht weiter vertiefen. Sie waren also Weihnachten bei ihr, am zweiten Feiertag ...?«

»Ja, um Viertel neun so etwa, 20 Uhr 15. Sie muß meine Schritte gehört haben. Jedenfalls stand sie schon vor der Wohnungstür, bevor ich oben war und geklingelt hatte. ›Du, ich hab' unerwartet Besuch bekommen, du kannst jetzt nicht ...‹ Ich mußte runter in eine Gaststätte und hab' da lange gewartet, fast bis 23 Uhr. Da hat sie mich dann abgeholt. Ich mußte im Flur warten, bis sie die Weihnachtskerzen angezündet hatte. Ich war ganz von den Socken, als sie mir die Schreibmaschine zeigte. ›Für dich.‹ Mir war das peinlich, immer diese Geschenke. Ich kann mich doch nicht revanchieren, bei meinem Gehalt ...«

»Und woher eine Krankenschwester so viel Geld hat, darüber haben Sie nicht nachgedacht?« fragte Steffen.

Muschan verstand die Frage, verstand das Erstaunen des Kollegen nicht. »Wieso? Sie hat doch reiche Schwiegereltern. Die haben in Gera eine Klinik und schicken ihr immer wieder Geld.«

Steffen hatte sich gut vorbereitet und drückte dem Kollegen aus dem Westsektor einen Auszug aus dem Melderegister in die Hand. »Und was sagen Sie dazu?«

Muschan las leise vor, was da geschrieben stand: »*Kusian, Elisabeth, geborene Krüger ... Vater Emil Krüger, Obermelker ... Ehemann Walter Kusian, Kellner, zur Zeit Bauhilfsarbeiter, Berlin-Wedding, Sternstraße ...*« Er ließ das Blatt sinken. »Das ist doch nicht möglich ...«

»Es gibt nicht nur männliche Hochstapler«, sagte Steffen. »Aber wie auch immer, ist Ihnen im Zimmer Ihrer Freundin etwas aufgefallen?«

»Eigentlich nicht ...«

Steffen wurde nun sozusagen dienstlich. »Ich würde Ihnen raten, Herr Kollege, nun als Kriminalbeamter auszusagen und nicht als Freund der Beschuldigten. Gemeinsam mit ihr untergehen ... Wenn es ein Film aus Hollywood wäre, dann ja, so aber ...«

Helga Leupahn sah, wie Kurt Muschan mit sich kämpfte, und sie hatte Mitleid mit ihm. Wenn, dann war er ein Opfer der Kusian. Nur hatte sie ihn nicht erdrosselt und anschließend zerstückelt, sondern mit ihrer Liebe überhäuft.

Steffen ließ Muschan eine halbe Minute Zeit, alles zu bedenken, nicht länger. »Nun ... Was ist Ihnen aufgefallen?«

»Da war ein Damenmantel«, flüsterte Muschan, wohl ahnend, daß er die Kusian damit ans Messer lieferte. »Die Lis ... die Frau Kusian sagte, die Bekannten hätten ihn vergessen, da sie so eilig aufbrechen mußten ... Ach ja, ein Damenhut war auch noch da ...«

Kommissar Steffen ließ Muschan nun lesen, was die Schwester der Merten über die Kleidung der Ermordeten zu Protokoll gegeben hatte, und hakte dann nach. »Sind das die Sachen, die Sie bei Ihrer Freundin in der Kantstraße gesehen haben?«

»Ja ...« Muschan hatte die Ellenbogen auf den Schreibtisch gesetzt und das Gesicht in die Schale seiner Hände gebettet. Die Finger kneteten die Schläfen. »Sie muß da irgendwie reingeraten sein ... Kann ich ihr gegenübergestellt werden?«

Steffen dankte ihm für dieses Anerbieten. »Ja, das wäre uns sehr lieb ... Kommen Sie ...«

Zwischen dem Kommissar und Helga Leupahn ging Muschan über den Flur. Er schien ihr plötzlich um Jahre gealtert. Fast schlurfte er. Die nächsten Tage und Wochen würden schrecklich für ihn sein. Alles, was er bisher geheimgehalten hatte, würde in der Zeitung stehen, sein Doppelleben. Seine Frau erfuhr nun alles, die Konstruktion seines Lebens brach zusammen wie ein Kartenhaus.

Sie standen vor dem Zimmer, in dem die Kusian festgehalten wurde. Steffen klopfte kurz, dann riß er die Tür auf. Das Paar starrte sich an.

»Bub! Bub!« schrie die Kusian und stürzte auf ihn zu. Doch Muschan wich ein paar Schritte zurück, und Helga Leupahn hielt sie fest. »Bub, du glaubst doch nicht auch, daß ich ...«

Kurt Muschan hatte sich jetzt fest im Griff. »Du mußt die Wahrheit sagen, Elisabeth! Wenn du schweigst, belastest du auch mich!«

Die Kusian schluchzte. »Ich kann die Wahrheit nicht sagen, weil ich dich belogen habe ... Meine Aussage wäre so unwahrscheinlich. Deshalb sage ich lieber nichts.«

Dann aber, als Kurt Muschan wieder gegangen war und man sie offiziell festgenommen hatte, sagte sie doch etwas.

»Ich konnte das in Kurts Beisein nicht sagen, weil ... Es geht um einen anderen Mann.«

»Wie?« fragte Helga Leupahn. »Sie hatten zugleich mit Herrn Muschan noch ein intimes Verhältnis mit einem anderen Mann?«

»Nein, das war lange davor, aber trotzdem ... Also ...« Die Kusian konzentrierte sich. »Anfang 1948, da habe ich im *Alten Ballhaus* einen Gemüsegroßhändler kennengelernt, den schönen Harry ... Harald Henschke ...«

»Und was hat das nun mit dem Mordfall Merten zu tun?« fragte Steffen.

»Sehr viel, Herr Kommissar ... Wie das Leben so spielt, Berlin ist ja 'n Dorf. Als nun die Frau Merten Weihnachten bei mir ist, sprechen wir über dieses und jenes und sehen uns alte Fotos an. Da schreit sie plötzlich auf: ›Den da kenn' ich auch!‹ Und was soll ich Ihnen sagen: Das war der Harry Henschke. Stellt sich raus, daß er die Doris, die Frau Merten, schon die ganze Zeit über bedrängt hat. Er war auch Kunde im Schreibmaschinengeschäft, da hat er sie kennengelernt. Er war verrückt nach ihr, er wollte unbedingt mit ihr in die Betten, doch sie hat ihn nicht gemocht. Da hat er gesagt: ›Und bist du nicht willig, so brauch' ich Gewalt.‹ So richtig verfolgt hat er sie, und sie hat mächtig Angst vor ihm gehabt.«

Sie nahmen das zu Protokoll, und gleich nachdem die Kusian abgeführt worden war, mußte Helga Leupahn bei Beigang im Schreibmaschinengeschäft anrufen und sich nach Harry Henschke erkundigen.

»Ja, das stimmt, er ist Kunde bei mir, obwohl er irgendwo im Ostsektor wohnt, am Alex, und hat der Frau Merten wirklich an die Wäsche gewollt.« Günther Beigang war sich da ganz sicher.

Helga Leupahn bedankte sich und unterrichtete ihren Vorgesetzten. Steffen hängte sich sofort ans Telefon, und eine Viertelstunde später hatten vier bewaffnete Vopos den Gemüsegroßhändler in seiner Wohnung verhaftet. Der nahm das gottgeben hin und protestierte auch nicht, als er von Steffen vernommen wurde.

»Wegen der Merten ... Ich wußte ja, daß das so kommen würde.«

»Und warum sind Sie nicht von sich aus bei uns erschienen?«

»Kein Mensch is so dumm, schlafende Hunde zu wecken.«

»Danke ...« Helga Leupahn fand diesen Henschke widerlich. Gemüsegroßhändler, Zwischenhändler ... Es wurde Zeit, daß die Partei diesen Parasiten das Handwerk legte. Warum hauten die nicht freiwillig in den Westen ab? Bürgerliche Überreste waren das, fauliges Fleisch.

»Sagt Ihnen der Name Elisabeth Kusian etwas?« fragte Steffen.

»Ach Gott, die ...« Henschke machte eine abfällige Handbewegung. »Die hab' ich vor zwei Jahren mal gehabt. Als Medizinstudentin hat sie sich ausgegeben und heiraten wollte sie mich nicht, weil ich nicht aus akademischen Kreisen komme.«

»Und seitdem haben Sie sie nicht mehr wiedergesehen?«

»Nein.«

»Aber Frau Merten haben Sie öfter gesehen?«

»Ja, so oft es ging. Ich war wild nach ihr.« Henschke gab das unumwunden zu.

»So wild, daß Sie ihr auch mit Gewalt gedroht haben ...?«

»Ach, daher weht der Wind. Nee, Herr Kommissar, so einer bin ich nicht: Ich krieg' auch so, was ich will.«

»Aber nicht bei der Merten.«

»Zugegeben, nicht so schnell, wie ich gewollt habe.«

»Und da haben Sie am zweiten Weihnachtsfeiertag ein wenig nachhelfen wollen ...?«

»Wie denn: Ich war vom 21. bis gestern in Oberhof bei meinem Bruder.«

Eine Stunde später war alles abgeklärt. Die Recherche vor Ort hatte ergeben, daß Harald Henschke Oberhof zwischen dem 21. und dem 29. Dezember mit Sicherheit nicht verlassen hatte. Die Vopo brachte ihn wieder nach Hause.

»Es ist mir ganz lieb so«, sagte Steffen und klimperte mit einem Schlüsselbund. »Wissen Sie, wem das gehört?«

Helga Leupahn mußte nicht lange überlegen. »Der Kusian wahrscheinlich.«

»Richtig. Und um 23 Uhr treffen wir uns noch einmal vor dem Hause Kantstraße 154a.«

»Wie ...?« Helga Leupahn war erschrocken. »Sie wollen doch nicht etwa ...?«

»Ich will nicht, ich muß. Sicherheitshalber mit einer Zeugin: Ihnen.«

»Ohne richterlichen Durchsuchungsbefehl ... und sozusagen im feindlichen Ausland ...?« Sie konnte es noch immer nicht fassen.

»Kind, wissen Sie, was Lenin über die Sozialdemokraten gesagt hat ...? Nein? Wenn sie bei einer Revolution auf dem Bahnhof einen Zug stürmen wollten, würden sie zuerst eine Bahnsteigkarte kaufen.« Er lachte. Das Lachen ging in einen Hustenanfall über. Sein Kehlkopf. »Und ich will keine Bahnsteigkarte kaufen. Es wird einen großen Prozeß um die Kusian geben – und da soll unserer Seite der Sieg gehören. Die Markgraf-Polizei schlägt die Stumm-Polizei 3:0. Alles ist Kampf.« Damit nickte er ihr freundlich zu und verschwand in Richtung Kantine, sich neue Zigaretten zu kaufen. »Bis zu unserem Rendezvous heute abend.«

»Ich werde pünktlich dasein.« Sie konnte nicht anders, als ihn zu bewundern, obwohl die Sache nicht legal war. Er hatte ja recht. Wenn man den Sozialismus aufbauen wollte, dann nicht durch Zögern, sondern durch kraftvolles Zupacken. Aber ... Wenn da nur nicht ihr anderes Rendezvous an diesem Abend gewesen wäre: das mit Bernhard Bacheran. Er hatte sie nach Hause in die Fuldastraße eingeladen. Um 18 Uhr 30 zum Essen. Um seine Mutter und seine Tante einmal zu beschnuppern. Um vorher noch nach Karolinenhof zu fahren und sich umzuziehen, war die Zeit zu knapp. Also mußte sie sich damit begnügen, sich auf der Toilette ein wenig frisch zu machen. Der prüfende Blick in den Spiegel ließ Zweifel in ihr aufkommen, ob es wirklich gut war, nach Neukölln zu fahren. So wie sie aussah, entsprach sie sicherlich nicht dem, was sich Bernhards Mutter unter einer Schwiegertochter für ihren einzigen Sohn vorgestellt hatte. Kein molliges Frauchen mit einem kecken Hütchen, sondern eher eine hagere Politkommissarin mit Kopftuch und umgehängter Kalaschnikow. Das war zwar etwas überspitzt, aber dennoch: Was sollte sie in einem bürgerlichen Haushalt wie diesem? Sie suchte sich zu bremsen. »Mein Gott, du fährst nicht in den Buckingham Palast zur Königin von England oder in die Villa Krupp.«

Trotzdem ... Als sie in Neukölln aus der S-Bahn stieg, fühlte sie sich wie in einem fremden Land. Obwohl die Straße, die sie entlangging, nach Karl Marx benannt war. Das waren andere Deutsche hier. Aufgedrehter, bunter gekleidet, amerikanischer eben. Sie befand sich ja auch im amerikanischen Sektor. Sofort hallte es in ihr: *Go home, Ami – Ami go home, spalt' für den Frieden dein Atom!* Ob man sie schon beschattete? Quatsch. Sie war ein kleines Licht bei der Vopo. Aber eine Frau mit Perspektive. Man hatte sie erst neulich in der Schulung davor gewarnt, daß die westlichen Geheimdienste sich verstärkt an Bürger der DDR heranmachen würden. Alles wollten die wissen. Schon damit der RIAS in seiner Sendung *Aus der Zone, für die Zone* etwas zu hetzen hatte. Die Schaufenster waren voller, als sie es erwartet hatte. Doch was besagte das schon, wo die ausgebeuteten Massen kein Geld hatten, das alles zu kaufen, was da lag! Sicher, noch lief die amerikanische Wirtschaftsmaschinerie auf vollen Touren, weil Präsident Truman die Rüstung weiter ankurbelte, aber die kommende Wirtschaftskrise würde dadurch nur noch schlimmer werden. Der Tag war nicht mehr fern, wo die Menschen aus dem Westsektor in den demokratischen Sektor kamen, um in der HO einzukaufen. Sie verstand nicht, warum sich die Westdeutschen den Amerikanern gegenüber wie die Speichellecker verhielten. Es war doch ein Schulbeispiel für die anglo-amerikanischen Methoden kolonialer Knechtung, daß man der pharmazeutischen Industrie in Deutschland 70 000 Patente gestohlen hatte, mit diesen in den USA teure Medikamente produzierte und die dann in Westdeutschland auf den Markt warf. Die *Tägliche Rundschau* hatte darüber ausführlich berichtet.

Sie prallte gegen einen Mann, den sie im schwachen Licht der Straßenlaternen gar nicht wahrgenommen hatte. »Oh, Verzeihung ...«

»Das verzeihe ich dir nie, daß du mich nicht erkannt hast.« Es war Bernhard, der ihr ein Stück entgegengekommen war. »Als Lotse für die letzten Meter. Die Fuldastraße ist nämlich voller gefährlicher Klippen.«

Sie küßten sich, aber sie genoß es nicht so richtig. Er war ihr irgendwie fremd, und sie kam sich fast so vor wie eine Französin, die sich in der Zeit der Besatzung durch die Hitler-Wehrmacht mit einem deutschen Soldaten eingelassen hatte. Kollaboration. Eine widerliche Sache. Andererseits: Von einem Mann wie diesem hatte sie schon immer geträumt. Diese lässige amerikanischer Art. *Casablanca.* Humphrey Bogart. Bernhard Bacheran hätte als sein Doppelgänger auftreten können. Und sie war vom Typ her Ingrid Bergmann. Diese Vergleiche, diese Bilder verwirrten sie zutiefst. Mein Gott, warum konnte sie keinen Mann aus Köpenick lieben!

Bernhards Mutter und seine Tante empfingen sie sozusagen mit »spitzen Fingern«, als würde sie ihnen ein Abonnement des *Neuen Deutschland* aufschwatzen wollen.

»Legen Sie bitte ab, Fräulein Leupahn. Ich hätte gedacht, wir würden uns in einem Restaurant am Kurfürstendamm zum Essen treffen, aber mein Sohn hat mich gebeten, in unserem bescheidenen Heim einen kleinen Imbiß herzurichten.«

So geziert hatte noch keiner mit ihr gesprochen. Na ja, eine Lehrerin. Die konnten wohl nicht anders. Die Schwester, diese Erna Nostiz, war noch um einiges schlimmer. Gott, war das eine aufgetakelte Fregatte. Eine kranke Galle sollte sie haben. Man sah es ihr an. Fehlte nur Bernhards Vater, der Herr Pfarrer. Helga Leupahn fürchtete, daß ihr Vater sie vor die Tür setzen würde, wenn er erfuhr, in welche Familie sie da hineingeraten war. Sollte es je zu einer Verlobung kommen, dann mußte man sie zweimal feiern: einmal in Neukölln, nur sie dabei, und zum anderen draußen in Karolinenhof, nur Bernhard dabei.

»Du mußt meine Mutter und meine Tante nicht so kritisch mustern«, sagte Bernhard. »Sie sind keine Nazis und waren nie welche. Meine Mutter wählt immer CDU, meine Tante SPD.«

»Keine Politik am Abendbrottisch. Bitte.« Seine Mutter war da sehr energisch. »Reden wir lieber über ihr schönes Schmöckwitz.«

»Sie wohnt in Karolinenhof, Mutter.«

»Laß doch Fräulein Leupahn mal selber zu Wort kommen.«

»Danke.« Helga Leupahn wußte nicht, ob sie sich für Schabefleisch oder Fleischsalat als Belag entscheiden sollte, und hielt ihre Schrippe unentschlossen in der Hand. Die war viel heller als im Ostsektor, aber auch hohler und aufgeblasener. »Ja, Karolinenhof, Lübbenauer Weg. Meine Mutter arbeitet aber im Reifenwerk in Schmöckwitz.«

»Mein Mann wollte sich vor dem Krieg auch einmal ein Grundstück in Karolinenhof kaufen«, sagte Annemarie Bacheran. »Aber dann ...« Nun erzählte sie von den Reisen, die sie mit ihrem Mann unternommen hatte.

Helga Leupahn hörte zwar zu, war aber mit ihren Gedanken ganz woanders, nämlich bei der Kusian und dem anstehenden »Besuch« in der Kantstraße. Wenn nun die Stumm-Polizei auftauchte und sie verhaftete? Würde Bernhards Einfluß schon groß genug sein, sie da wieder herauszuholen? Sie hörte ihn sagen: »Ja, aber nur, wenn du zu mir in den Westen ziehst.«

Nach dem Essen spielten sie Rommé, und die Atmosphäre wurde merklich entspannter. Vielleicht ging es ja doch irgendwie mit Bernhards Anverwandten.

»Handrommé!« rief Erna Nostiz.

Helga Leupahn hatte nicht aufgepaßt, hätte noch einige Karten anlegen können und mußte sechs Pfennig zahlen. Als sie ihr Ostgeld aus der Handtasche zog, protestierte Bernhards Tante. »Bitte nur richtiges Geld. Oder sonst zum Kurs 6:1.«

»Nimm's leicht«, sagte Bernhard Bacheran. »Pech im Spiel, Glück in der Liebe, so ist es im Leben nun mal.«

»Sie sind bei der Vopo?« Annemarie Bacheran sah sie ein wenig inquisitorisch an.

»Bei der Kriminalpolizei.«

»Aber nicht mehr lange ...« Bernhard war bemüht, alles leicht zu nehmen. »Denn bald wird es ja in der DDR kein Verbrechen und keine Verbrecher mehr geben.«

»Es sei denn, sie kommen aus dem Westen zu uns rüber.«

Annemarie Bacheran konnte kaum an sich halten. »Das ist doch nicht etwa Ihr Ernst, Fräulein Leupahn?!«

Bernhard ging dazwischen. »Nein, Mutter. Sie hat nur den einen Fall im Kopf, wo höchstwahrscheinlich jemand aus dem Westsektor zwei Leichen zerstückelt und im Ostsektor abgelegt hat. Aber lassen wir das. Wer gibt?«

»Immer der, der fragt.«

»Dein Vater hat immer gesagt: Der Spieler wird von Gott verachtet, weil er anderen nach dem Gelde trachtet.«

So kamen sie über die Runden, ohne daß es den großen Eklat gegeben hätte. Helga Leupahn war erleichtert. Aber immer wieder hatte sie verstohlen auf die große Standuhr gesehen. Unaufhaltsam schwang der Perpendikel hin und her, und bald war es 10 Uhr. Ging sie davon aus, daß Bernhard sie noch zur Bahn brachte und sie deswegen erst einmal in die falsche Richtung fahren mußte, dann war allmählich ans Aufbrechen zu denken.

»Ja, ich muß wohl so langsam … Bis Karolinenhof raus ist es ein weiter Weg, und ich muß auf alle Fälle noch die letzte 86 kriegen.« Sie kam sich schmutzig vor, daß sie Bernhard so belügen mußte. Als würde sie ihn betrügen. Aber es war unmöglich, ihn in die Aktion Kantstraße einzuweihen. Also Augen zu und durch.

Der Abschied von den beiden Damen geriet nicht gerade herzlich, war aber doch nicht ganz so förmlich wie die Begrüßung. »Lassen Sie sich bald wieder einmal bei uns blicken, Fräulein Leupahn.« Vielleicht würde es schon noch werden.

Im Hausflur ging das Licht aus, und Bernhard nahm sie in die Arme. So stürmisch, daß es ihr den Atem nahm. Und brünstig. Schon war er mit seinen Händen unter ihrem Mantel, ihrem Pullover, ihrem Rock. Ehe sie es verhindern konnte, rieb er sich an ihr. Stöhnend. Sie mochte das nicht, ließ es aber mit sich geschehen. Als Ausgleich dafür, daß sie ihn belog. »Helga, ich liebe dich.« Sie biß als Antwort in sein Ohrläppchen. An seinem Zucken erkannte sie, daß er ejakulierte. In die Unterhose. Seine Mutter würde Krämpfe kriegen, wenn sie es bemerkte. Das Licht flammte auf. Sie fuhren auseinander. Ein anderer Mieter war nach Hause gekommen. Sie gingen nach unten. Hintereinander und sehr auf Distanz bedacht.

Erst unten auf der Straße legte er ihr wieder den Arm um die Taille. »Wir sind ja noch gar nicht dazu gekommen, über die Kusian zu reden.«

Bemüht, gleichmütig zu wirken, informierte sie ihn in knappen Worten darüber, daß man die Krankenschwester in der Neuen Königstraße vorübergehend festgenommen habe.

Er hielt unwillkürlich inne. »Ihr ... eine West-Berlinerin?«

»Wenn sie den Seidelmann wirklich ermordet hat: Der war aus der DDR. Und wenn sie die Merten auch zerstückelt hat: Ihr Opfer ist bei uns im demokratischen Sektor aufgefunden worden. Also ...«

»Na gut.« Bacheran ging weiter Richtung U-Bahn und zog sie mit sich fort. »Ich bin kein Diplomat. Hat sie denn schon ein Geständnis abgelegt?«

»Nein. Sie tischt uns dauernd neue Lügen auf, und wir müssen mal sehen, wie es weitergehen soll.« Auch über Kurt Muschan schwieg sie sich aus. Ein Dienstgeheimnis war das eine, die Liebe das andere. Sie würde den Teufel tun und der Stumm-Polizei die Kastanien aus dem Feuer holen. Je mehr Fehler die machte, um so besser stand die Vopo da. Steffen war in diesem Punkte Recht zu geben – und nicht nur in diesem.

»Läufst du wieder zum Bahnhof Neukölln, oder fährst du mit der U-Bahn oder mit der 47?«

»Am liebsten mit der U-Bahn. Da friert man beim Warten nicht so.« Wieder log sie ihn an, denn in die U-Bahn stieg sie nur hinunter, um nachher mit der Linie C zur Stadtmitte zu fahren und dort in die Linie A umzusteigen, um schnell am Zoo zu sein. »Du mußt mich nicht auf den Bahnsteig runterbringen. Ich hasse lange Abschiede.«

»Und ich liebe sie.«

Sie hoffte nur, daß er nicht so sehr Kavalier war und auch noch mit ihr in die U-Bahn sprang, um mit ihr zusammen bis zur S-Bahn zu fahren. Doch, er tat es, verliebt wie er war, wollte jede

Sekunde mit ihr nutzen. »Am liebsten würde ich mit dir jetzt in ein Hotelzimmer gehen und ...«

»O ja ...« Warum nicht, dann wären die Würfel wenigstens gefallen. Steffen hätte am nächsten Morgen getobt, ihr Fahnenflucht vorgeworfen und dafür gesorgt, daß man sie bei der Vopo rauswarf. Na und! Bernhard hätte sie bestimmt im Westen untergebracht.

»Ich nehme den Gedanken als Tat.« Natürlich hatte er nur Spaß gemacht. Daß Männer nie ahnten, wann was zu tun war.

So war sie sehr schweigsam, als sie in der U-Bahn nebeneinander saßen. Peinlich war es auch, denn wer eine feine Nase hatte, mußte merken, daß er nach Samen müffelte. Aber es waren ja nur zwei Stationen. Er brachte sie noch zur S-Bahn hinauf. Sie gingen Hand in Hand, und sie fühlte sich irgendwie, obwohl sie kein Wort darüber verloren hatten, als seine Verlobte. Da war sie in ihren Anschauungen doch noch ganz altmodisch und bürgerlich: War man mit einem Mann im Bett gewesen, galt man danach als verlobt. Der Zug kam, stieß zischend seine angestaute Bremsluft aus und hielt. Er riß ihr die Tür auf. Ein letzter Kuß in der Tür. Er stieß ihr seine Zunge in den Mund und fuhr hin und her mit ihr. So obszön, daß es in ihrem Bauch erst kribbelte, dann zuckte. »Bernhard, Bernie ...«

»Türen schließen! Zurückbleiben!«

Helga wich zurück. Die beiden Türhälften fuhren knapp vor ihr krachend gegeneinander. Ein Ruck beim Anfahren, und sie wurde auf die Sitzbank geschleudert. Wollte noch winken, aber die Scheiben waren beschlagen. Schon waren sie auf freier Strecke. Sie setzte sich ordentlich hin und merkte, daß sie im Schritt feucht war. Nicht nur er hatte nun etwas zu verbergen, sondern auch sie. Was blieb ihr, als darüber zu schmunzeln. Wenn sie Steffen unter die Augen trat, würde sie rot werden ... Steffen. Mein Gott, wo war sie eigentlich? Für einen Augenblick hatte sie die Orientierung verloren. Ein Bahnhof, der Zug rollte langsam aus. Sie wischte das Kondenswasser von der Scheibe. Köllnische Heide. Ah ja. Am Besten, sie fuhr bis Baumschulenweg und stieg da in die Stadtbahn um. Wenn sie Glück hatte, kam sie nur ein paar Minuten zu spät.

Es war aber doch schon 23 Uhr 15, als sie das Haus Kantstraße 154a erreichte.

»Fünf Minuten vor der Zeit ist des Soldaten Pünktlichkeit«, sagte Steffen mit mildem Tadel.

»Mein Instinkt sagt mir, daß die Witwe Stöhr gerade eben erst eingeschlafen ist.«

»Dann man los. Wir sind ein Ehepaar, das spät nach Hause kommt.« Kommissar Steffen schloß die Haustür auf, verzichtete aber darauf, auf den Lichtschalter zu drücken. Im Dunkeln in den vierten Stock zu steigen, war kein Vergnügen, aber sie kannten ja das Treppenhaus und seine etwaigen Tücken vom ersten Besuch her. »Psst ... wie Winnetou und Old Shatterhand.«

»Ja-ha ...« Helga Leupahn wunderte sich, daß sich Steffen auf Karl May bezog, denn der sächsische Phantast war in der DDR so gut wie verboten.

Sie kamen ohne Schwierigkeiten oben an, und Steffen öffnete die Wohnungstür nahezu lautlos. Im Korridor blieben sie einen Augenblick lang stehen und hielten den Atem an. Nirgendwo in den Räumen brannte mehr Licht. Irgend jemand schnarchte. Wahrscheinlich Frau Stöhrs Mutter. Das Zimmer der Kusian war abgeschlossen. Aber er hatte ja ihre Schlüssel und schloß auf. Nach kurzem Lauschen – »Nichts ...« – drückte er die Klinke hinunter, stieß die Tür auf und ließ Helga Leupahn vorbei. »Die Vorhänge vor«, flüsterte er ihr zu.

Helga Leupahn ging zum Fenster und tat, wie ihr geheißen. Wie ein Einbrecher kam sie sich vor. Auf alle Fälle taten sie etwas Verbotenes. Wenn jetzt plötzlich die amerikanische Militärpolizei ... Nein, es war ja der britische Sektor. Dann also Agenten des englischen Geheimdienstes MI 5. Der Kronleuchter flammte auf. Ihr Herzschlag setzte aus. Aber nichts weiter, Steffen hatte nur den schwarzen Lichtschalter herumgedreht.

»Wenn die Merten wirklich in diesem Zimmer ermordet worden ist, dann muß es Spuren geben, verdammt noch mal.« Er machte sich daran, die Couch von der Wand zu ziehen und dahinter nachzusehen. »Nichts ...«

Helga Leupahn sah in den Schreibtischschubladen nach, immer

darauf gefaßt, eine abgetrennte Hand oder einen abgesägten Fuß zu finden. Obwohl ... Man hatte ja alles gefunden, was zur Merten gehört hatte. Dennoch ... Aber so intensiv sie auch suchte, sie wurde nicht fündig.

Schon wollte Steffen auch diesen zweiten Besuch bei der Kusian als ergebnislos abbrechen, da faßte er noch einmal hinter den Kachelofen und brachte etwas zutage, was er im ersten Augenblick für einen Putzlappen hielt. »Nanu, was ist denn das hier ...?«

»Ein Schlips!« rief Helga Leupahn, alle Vorsicht vergessend. »Eine Herrenkrawatte. Blau mit gelben und mit roten Streifen.«

Steffen machte zwar »Psst!«, teilte aber ansonsten ihre Begeisterung. »Die kann nur einem gehört haben ...«

»Dem Hermann Seidelmann.«

»Richtig. Und das bestätigt meine These, daß der Seidelmann und die Merten von derselben Hand zerstückelt worden sind. Kommen Sie, wir ziehen uns jetzt zurück und sorgen morgen früh dafür, daß hier Leute von der Spurensicherung anrücken, egal ob aus dem Ost- oder dem Westsektor. Wenn die Kusian ihre beiden Opfer wirklich hier in diesem Zimmer zerstückelt hat, dann muß viel Blut geflossen sein ... und sich zwischen den Dielen finden. Das kann man nicht alles wegwischen.«

# Kapitel 30

Bernhard Bacheran war früh ins Polizeipräsidium West in der Friesenstraße gefahren, um zuzuhören, was der Kriminalsekretär Kurt Muschan über seine Einvernahme im Polizeipräsidium Ost zu berichten hatte. Dabei bemühte er sich, möglichst neutral zu wirken und sich nicht anmerken zu lassen, daß er Muschan nicht nur kannte, sondern auch um dessen Affäre gewußt hatte.

Man schrieb den 7. Januar 1950, und da dieser Tag ein Sonnabend war, hofften alle, bis Mittag fertig zu sein.

»Ich selber habe nicht den geringsten Anlaß gehabt, daran zu zweifeln, daß Frau Kusian der Engel ist, für den sie von ihren Patienten immer gehalten worden ist.«

»Ja, ja, der berühmte Instinkt eines Kriminalbeamten«, brummte Menzel.

»Immerhin ist Herr Muschan aus freien Stücken gekommen und hat uns berichtet, was mit Frau Kusian los ist und daß sie im Ostsektor verhaftet worden ist«, warf Bacheran ein.

»Und nun?« fragte ein Mann aus dem Stab des Polizeipräsidenten.

Menzel brauchte nicht lange zu überlegen. »Wir setzen uns mit den Ost-Kollegen in Verbindung und sehen uns einmal gemeinsam das Zimmer in der Kantstraße an. Sagen wir 11 Uhr. Die Spurensicherung soll ihre Köfferchen mitbringen.« Dann grinste er und wurde politisch: »Die drüben haben die Kusian und wir hier den Tatort, wahrscheinlich jedenfalls. Da muß man sich zusammenraufen.«

Man telefonierte miteinander, bat die Oberen, die Sache abzunicken – und traf sich dann tatsächlich zum vorbestimmten Zeitpunkt im Zimmer der Kusian. Die Ost-Seite hatte Kommissar Steffen und Helga Leupahn aufgeboten, die West-Kripo war durch Kommissar Menzel und etliche Kriminaltechniker vertreten. Dazu kam Bernhard Bacheran, der sich aber mehr als Schlachtenbummler fühlte denn als Amtsträger. Irgendwie genoß er die Szene. Sie ersparte ihm den nächsten Theaterbesuch. Man spielte das Stück *Die Kusian – der kalte Engel,* und teils war das eine Tragödie, teils eine Farce. Grotesk war zum Beispiel, wenn er so tun mußte, als könne er Fräulein Leupahn nicht ausstehen, und wenn die beiden alten Haudegen der Berliner Kripo so taten, als wäre der andere gar nicht im Raum. Kein Wunder, war doch der eine, Steffen, Rotfront- und Spanienkämpfer und der andere, Menzel, strammer CDU-Mann, ehemaliger Leutnant der Hitler-Wehrmacht und einer, der mit deutschnationaler Begeisterung NSDAP gewählt hatte, ohne daß er der Bewegung beigetreten wäre.

Wortlos machte man sich an die Arbeit. Das Ergebnis konnte sich sehen lassen. Da waren ein Holzkoffer, der ganz offensichtlich zum Transport von Leichenteilen gedient hatte, das Küchenmesser, das mit einiger Wahrscheinlichkeit zum Zerstückeln der Leichname beider Opfer benutzt worden war und noch, wie ein Blick durch die Lupe ergab, Blutspuren trug, und schließlich ein Gummihandschuh, an dem einige Schamhaare klebten. Menzel durchwühlte die Schränke und stellte zwei Herrenhemden und ein paar weiße Socken sicher, die viel zu groß für die Füße der Kusian waren. Den Kriminaltechnikern gelang es zudem, Blutspuren an Wolldecken, an einem Rucksack, am Schlafsofa und in den Ritzen des Fußbodens zu sichern.

Den vielleicht wichtigsten Fund aber machte Helga Leupahn. »Hier hinterm Schrank: eine Wäscheleine!« Als sie das Bündel hervorgeangelt hatte, fiel ein abgeschnittenes Stück von knapp anderthalb Metern Länge zu Boden. »Damit wird sie ihre Opfer erdrosselt haben.«

»Fehlt uns nur noch das Geständnis der Kusian«, sagte Bacheran.

»Wir werden uns alle Mühe geben«, brummte Steffen und machte sich daran, die Kleidungsstücke, die offenbar dem ermordeten Seidelmann gehört hatten, an sich zu nehmen.

»Moment mal, Herr Kollege!« Menzel riß ihm alles wieder aus der Hand. »Das gehört ja wohl uns.«

»Dann kommen Sie mit ins Präsidium der Volkspolizei, um es der Beschuldigten selber unter die Nase zu halten«, sagte Steffen, nicht ohne Schärfe.

Es war mehr eine Aufforderung als eine Frage, und so war Menzel auch sofort auf Hundert. »Ich habe von Ihnen keine Befehle entgegenzunehmen, und ich darf Sie daran erinnern, daß wir uns hier im Westsektor befinden.«

»Natürlich.« Steffen wurde nun süffisant. »Morde wie diese sind im demokratischen Sektor auch nur schwer vorstellbar.«

»Bei Ihnen sind noch ganz andere Dinge vorstellbar«, gab Menzel zurück. »Zum Beispiel sowjetische Konzentrationslager auf deutschem Boden und die Verschleppung tausender unschuldiger Menschen nach Sibirien. Auch Stalin ist ein Massenmörder, und wer Stalin verehrt, der ...«

»Gehen wir«, sagte Steffen und faßte Helga Leupahn am Ärmel.

Bacheran verdrehte die Augen und warf einen verzweifelten Blick gen Himmel. Sicher, in der Sache hatte Menzel ja recht, aber dennoch hätte ein bißchen mehr Diplomatie oder technokratisches Denken, ganz wie man wollte, sicher gutgetan.

Nachdem die Ost-Delegation abgezogen war, wurden Menzel und Bacheran von der Wohnungsinhaberin in die gute Stube gebeten und zu einer Tasse Kaffee eingeladen.

»Das ist ja alles so schrecklich!« Frau Stöhr brach in Tränen aus. »Ich sitze mit meinem Muttchen auf dem Sofa und höre Radio ... und nebenan wird jemand umgebracht. Aber ich schwöre Ihnen, Herr Kommissar, wir haben nichts gehört. Nicht, daß Sie uns jetzt auch noch ... Meine Mutter ist so schwerhörig, daß wir das Radio immer voll aufdrehen müssen.«

»Um Gottes willen, Frau Stöhr, auf Sie fällt doch nicht die leiseste Spur eines Verdachtes.« Bacheran suchte sie zu beruhigen und strich ihr, als wäre er ihr Sohn, leicht über den Ärmel ihrer Seidenbluse.

»Und die Frau Kusian war immer wie ein Engel für mich ... in ihrer Schwesterntracht. Aber man kann ja keinem Menschen ins Herz sehen.«

»So ist es.«

Menzel hatte das Gefühl, sich nun Bacheran gegenüber für seinen emotionalen Ausbruch rechtfertigen zu müssen. »Ich bin ja wirklich kein kalter Krieger, aber ... der Dieter Friede war ein guter Freund von mir.«

»Wer ist Dieter Friede?« fragte Bacheran.

»Einer der über fünftausend Menschen, die nach Kriegsende in Berlin verschwunden sind, vom Osten verhaftet oder entführt. Dieter war Journalist beim *Abend* und ist am 2. November 1947 in den Ostsektor gelockt worden und nicht mehr zurückgekommen. Laut ADN soll er von den Sowjets wegen Spionage für die USA und Großbritannien verurteilt worden sein. Moskau streitet aber alles ab. Nun wissen Sie auch, warum mich keine zehn Pferde in den Osten rüberkriegen werden. Die sollen die Kusian ausliefern, ich fahr' jedenfalls nicht zum Alex rüber, um sie dort zu vernehmen.«

Bacheran fand, daß der Fall Kusian furchtbar verfahren war. Die Leiche des Schaustellers Seidelmann aus der DDR lag im Leichenschauhaus West und die der West-Berliner Bürgerin Dorothea Merten im Leichenschauhaus Ost. Aber noch kurioser: Die des Doppelmordes dringend verdächtige Krankenschwester Elisabeth Kusian wurde im Vopo-Präsidium im Ostsektor festgehalten, obwohl sie West-Berlinerin war und ihre Taten auch im Westsektor begangen hatte. Und zur Revanche saß die West-Berliner Mordkommission auf den Beweisstücken, die zur Überführung der Kusian im Osten dringend gebraucht wurden.

»Was nun?« fragte er Norbert Menzel.

»Wir legen Seidelmanns Bruder die Kleidungsstücke vor, die wir bei der Kusian gefunden haben. Wir fragen bei allen ihren Freundinnen und Bekannten nach, wem sie was geschenkt hat, ebenso bei ihrem geschiedenen Ehemann, und wir klappern alle Reinigungsanstalten in der Nähe ihrer Wohnung ab, ob sie da was hingegeben hat.«

Bacheran war ein wenig erstaunt. »Meinen Sie wirklich, sie hat das nicht gleich alles in die Mülltonne geworfen? Wenn ich Sie jetzt umbringen würde, dann wäre es doch geradezu blödsinnig, wenn ich Ihre Sachen zum Kleiderhändler bringen würde ... oder vorher noch in die Reinigung.«

»Gott, ja, aber Frauen wie die Kusian sind eben so erzogen worden, nie etwas wegzuwerfen. Bei denen ist Schmalhans immer Küchenmeister gewesen, die haben immer zuwenig Geld und zuviel Schulden gehabt, die scheißen auf den Pfennig, um's mal auf Berlinisch zu sagen. Verschwendung ist für sie eine der Todsünden. Da riskieren sie lieber Lebenslänglich, als einen Anzug, einen Hut oder ein schönes Oberhemd in den Müll zu werfen. Nein, das bringen sie zum Altwarenhändler und verscheuern es da.«

»Das wäre doch hochgradig irrational.« Bacheran konnte sich über eine solche Denkweise richtiggehend aufregen.

»Die Merten bei sich im Zimmer zu ermorden, obwohl andere wußten, daß sie bei ihr war, was ist denn das?«

»Sie haben recht: Der Verstand muß bei der Kusian völlig ausgesetzt haben.«

»Solche Täter glauben nun mal, daß sie klüger sind als alle anderen zusammen und daß wir sie nie kriegen werden. Hätten sie diesen Glauben nicht, würden sie sich vielleicht noch bremsen können.«

Dies alles hatten sie schon im Treppenhaus und auf dem Weg zum Bahnhof Zoo besprochen. Nach diesem gedanklichen Höhenflug war nun zum kriminologischen Kleinkram überzugehen. Mehrere Kolleginnen und Kollegen wurden hinzugezogen, und am Abend des 7. Januar hatte die West-Kripo die gesamte Kleidung Seidelmanns und der Merten beschlagnahmt.

»Soll ich das nun alles in den Ostsektor rüberbringen?« fragte Bacheran, auch in der Hoffnung, Helga Leupahn noch einmal zu sehen.

Menzel tippte sich nur an die Stirn. »Sind Sie denn ...?! Nee, die Kameraden drüben sollen mal selber sehen, wie sie fertig werden. Je früher sie bei der Kusian auf Granit beißen, desto eher wird sie an uns ausgeliefert werden. Und außerdem: Es gibt da Gerüchte, der Seidelmann soll nicht nur zum Geldumtauschen nach Berlin gekommen sein ...« Er schwieg bedeutungsvoll. Es war die Zeit, in der sich die Agenten aus Ost und West in Berlin ein Stelldichein gaben und alles möglich war.

# KAPITEL 31

Helga Leupahn saß an ihrem Schreibtisch im Vopo-Präsidium und war in einer derart depressiven Stimmung, daß sie nicht zögerte, sich einen Schluck von Steffens Nordhäuser Doppelkorn in ihren Muckefuck zu gießen. Das ganze Wochenende hatte sie oben in Rostock gehockt, weil eine Tante 60 geworden war, und dabei Bernhard furchtbar vermißt. Ohne ihn war es kein Leben mehr. Sie brauchte ihn wie ein Trunksüchtiger seinen Alkohol. So weit war es also mit ihr gekommen ... Sie riß das Blatt vom Kalender. Es war Montag, der 8. Januar 1950. Die Hälfte dieses Jahrhunderts war nun auch schon vorüber, und es ging auf das Jahr 2000 zu. Unfaßbar. Sollte sie es erleben, dann war sie ... sie mußte rechnen ... 74 Jahre alt. Und hieß nicht mehr Leupahn, sondern Bacheran. Nein. Doch. Sie würde es schon schaffen, Bernhard herumzukriegen, daß er in die DDR übersiedelte. Sie hatte mit ihrem Vater darüber gesprochen. Der hielt es nicht für ausgeschlossen, daß man Bernhard Bacheran, verließ er auch noch die SPD und wurde SED-Mitglied, einen juristischen Lehrstuhl anbieten könnte. Ach, so etwas gab es nur im Film ... Nein, er würde stur bleiben und lieber auf sie und den Professorenhut verzichten, als in die »Ostzone« zu kommen. Am besten, sie nahm sich den Strick ...

Steffen kam herein und hatte genauso schlechte Laune wie sie. »Das ist doch alles zum Kotzen! *Venceremos* – ja, denkste, wenn man nichts weiter als das hier hat.« Er fuhr mit Seidelmanns Schlips in der Luft herum. »Und den haben wir auch noch klauen müssen ...« Er musterte die blaue Krawatte mit den gelben und den roten Streifen. »Aber mal sehen, vielleicht haben wir Glück, und das gute Stück löst bei der Kusian die berühmte Gefühlslawine aus. Kommen Sie, ich hab' sie schon vorführen lassen.«

»Mir geht's nicht so gut«, sagte Helga Leupahn.

»Keine Angst, wenn Sie umkippen sollten: Wir haben ja eine Krankenschwester dabei. Und ich pass' schon auf, daß Sie nicht zerstückelt werden.«

Helga Leupahn riß sich zusammen. Als sie Elisabeth Kusian im Vernehmungszimmer gegenübersaßen, erschien ihr die so aufgeräumt und fröhlich, als hätte man sich zum Kaffeekränzchen oder zum Romméspielen getroffen. Offensichtlich brachte sie die Morde an Seidelmann und der Merten überhaupt nicht mit sich in Verbindung. In ihrem Bewußtsein mußte das eine ganz andere Frau gewesen sein, nicht sie. Aber man konnte ja in keinen Menschen hineinsehen. Helga Leupahn wünschte sich eine Erfindung, die das möglich machte. Wenigstens bei Mördern.

Kommissar Steffen blieb bei seiner Strategie, verschlafen zu wirken und den Eindruck zu erwecken, man habe alle Zeit der Welt, auf ein Geständnis zu warten.

»Na, Frau Kusian, haben Sie gut geschlafen bei uns im Grand Hotel Vopo.«

Die Antwort kam mechanisch. »Ein reines Gewissen ist ein sanftes Ruhekissen.«

»Das freut mich. Dann wird es Ihnen ja auch keine Mühe machen, uns einmal zu erklären, wie diese Krawatte hier in Ihr Zimmer gekommen ist ...«

»Sie haben alles durchsucht?«

»Ja. Mit der West-Polizei zusammen.«

Die Kusian strich sich in aller Ruhe Rock und Bluse glatt. Sie trug heute wieder ihre Schwesterntracht aus dem Robert-Koch-Krankenhaus. »Ach Gott, Herr Kommissar ... Ich bin eine alleinstehende Frau – und da kann schon einmal ein Herrenschlips zurückbleiben.«

»Auch der hier?«

»Weiß ich nicht.«

»Sie wissen aber, wem er gehört ...?«

»Nein, woher ...?«

»Er gehört einem gewissen Hermann Seidelmann.«

»Ich kenne keinen Hermann Seidelmann.« Sie lächelte auch bei dieser Antwort so gleichmütig, ja fröhlich und gottergeben wie eine Sängerin der Heilsarmee bei ihrem Auftritt vor der Kaiser-Wilhelm-Gedächtniskirche.

Steffen warf einen Blick zu Helga Leupahn hinüber und nickte ihr zu, was soviel heißen sollte wie: Mach du mal weiter. Sie tat es. »Nun gut, Frau Kusian, aber die Dorothea, die Doris Merten, die kennen Sie doch ...?«

»Ja, die war doch bei mir wegen der Schreibmaschine. Und die hab' ich doch am zweiten Weihnachtsfeiertag noch runter auf die Straße gebracht ...«

»Ich weiß: im Rucksack hinten – und zwar zerstückelt.«

»Mein Gott, hören Sie doch endlich auf, mir da etwas anzuhängen!« Die Kusian schlug mit der flachen Hand auf den Tisch. »Ich weiß doch genau, was hier gespielt wird: Sie brauchen eine Mörderin aus dem Westsektor, damit die Welt sieht, wie schlecht der Westen ist. Alles Verbrecher.«

Helga Leupahn mußte sich eingestehen, daß ihr Überraschungsangriff gescheitert war. So schnell ließ sich die Kusian nicht überrumpeln. Das mochte daran liegen, daß sie sich in diesem Augenblick als eine ganze andere sah, eine ganz andere *war* als bei ihren Taten. Insofern log sie vielleicht nicht einmal. So gesehen wußte Helga Leupahn, daß sie keine Chance hatten, die Kusian zu knakken, was sie ihr auch vorhalten mochte. Um eine solche Festung sturmreif zu schießen, brauchte man Wochen. Man mußte nur immer wieder anrennen, so uneinnehmbar die Mauern auch schienen. »Lassen wir die Fakten sprechen, Frau Kusian. Unsere Kriminaltechniker – nicht die aus dem demokratischen, sondern die aus Ihrem Sektor – haben in Ihrem Zimmer in der Kantstraße starke Blutspuren gefunden.«

»Frau Merten hat in meinem Zimmer nicht geblutet.«

»Sie können doch nicht leugnen, daß heute Montag ist – oder?«

»Hören Sie, das ist doch alles nur eine Finte. In Wirklichkeit lebt doch Frau Merten noch. Ich möchte sie sehen.«

Steffen erhob sich. »Das können Sie haben, Frau Kusian, und zwar heute abend im Leichenschauhaus.« Er winkte einen Wachtmeister herbei. »Bitte abführen.«

Helga Leupahn saß noch immer schweigend da, als die Kusian längst wieder draußen war. Fast hatte sie das Gefühl, daß es sich um eine Art erweiterten Selbstmord handelte. Die Krankenschwester hatte erst Seidelmann und dann die Merten ermordet, um später selber zu sterben. Vielleicht hatte sie noch gar nicht erfahren, daß die Todesstrafe gerade eben abgeschafft worden war. In Westdeutschland jedenfalls. Nicht in der DDR. War das der Grund, daß sie die Leichen zum größeren Teil in den Ostsektor geschafft hatte? Nein, das war alles zu weit hergeholt. Auch der Gedanke, daß sie es wie ein alter mongolischer Krieger gemacht hatte: einen anderen Menschen mitzunehmen, wenn man die lange Reise ins Jenseits antreten mußte. Gemeinsam sterben. Nein, das traf es nicht. Doch Helga Leupahn hörte nicht mehr auf zu grübeln. Beim Seidelmann, da mochte es ein ganz gewöhnlicher Raubmord gewesen sein, aber bei der Merten ... Da hatte sie sich doch an den Fingern einer Hand ausrechnen können, daß man sie alsbald verhaften würde. Und im Unterbewußtsein hatte sie das offenbar auch billigend in Kauf genommen, das heißt gewollt. Ja, schön und gut, aber warum gab sie das nicht zu, warum legte sie nun kein umfassendes Geständnis ab? Helga Leupahn fragte Steffen danach.

»Ja nun, Kind ...« Auch der hatte keine Antwort parat, die halbwegs schlüssig war. »Wir wissen mehr über das Weltall draußen als über den Menschen, der neben uns sitzt, das ist nun mal so. Die letzten Gründe unseres Handelns bleiben immer im Dunkel. Wir können nur Vermutungen anstellen. Und bei der Kusian vermute ich, daß sie irgendwie aus zwei Menschen besteht, die das Schicksal zusammen in eine Hülle gesteckt hat. Der eine handelt, während der andere gerade schläft, also irgendwie ausgeschaltet ist und das gar nicht richtig mitbekommt.«

»Ich bin nur *ein* Mensch.«

»Auch Sie handeln so, als wären Sie zwei. Die eine Helga Leupahn möchte gerne in der DDR in die führenden Kader aufsteigen, die andere Helga Leupahn aber läßt sich mit dem Klassenfeind ein.«

Sie lief rot an. »Ich gehe immer davon aus, daß Bernhard Bacheran zu uns stößt.«

Steffen konnte mitunter auch ziemlich grimmig werden. »Daß er gut stoßen kann, daran ist wohl kaum zu zweifeln, aber lassen wir das ... Zurück zur Kusian. Mal sehen, ob sie zusammenbricht, wenn wir sie mit der Leiche der Merten konfrontieren.«

Das geschah spätabends in der Hannoverschen Straße, doch die Kusian stand völlig ungerührt vor der Kühlbox, aus der man die Merten gezogen hatte. Sicher, als Krankenschwester war sie den Anblick einer Toten gewohnt, aber in diesem Falle ... Steffen hatte extra dafür gesorgt, daß man die abgetrennten Gliedmaßen vorher ein Stückchen vom Rumpf weggezogen hatte.

»Furchtbar, wie Menschen so etwas tun können«, sagte die Kusian, und es klang so wie die Erklärung eines Politikers. Tief empfunden, ehrlich, voller Abscheu und Empörung.

»Meine Hochachtung, Frau Kusian.« Steffen verbeugte sich vor ihr. »Sie haben da saubere Arbeit geleistet. Wie auch bei Seidelmann. Wo haben Sie das gelernt, Leichen so kunstgerecht zu zerlegen – war Ihr Vater Chirurg?«

»Nein, Internist. Wir hatten ja die Klinik in Gera.«

»Das ist doch ein Hirngespinst.«

»Das ist Politik. Meine Eltern sind enteignet und nach Sibirien verschleppt worden. Alles soll vernichtet werden: erst meine Eltern, dann die Akten – und jetzt ich. Jetzt wollen Sie mir die beiden Morde anhängen.«

Steffen wußte, daß der RIAS und die westlichen Hetzblätter diese Version der Kusian nur allzugern übernehmen würden. Man mußte also sehr vorsichtig sein. Vielleicht sollte er dem Oberstaatsanwalt doch empfehlen, sie alsbald an den Westen auszuliefern. Sollten die drüben ihren Spaß an ihr haben. Nein, nicht, bevor sie ein ausführliches Geständnis abgelegt hatte. Alle sollten sehen, wo die bessere Kriminalpolizei zu Hause war.

Also nahm er sie auch am nächsten Morgen wieder in die Mangel und bat Helga Leupahn dabeizusein. Eine bessere Möglichkeit zum Lernen gab es nicht. »Nun, Frau Kusian, soll ich Ihnen noch einmal all die Indizien aufzählen, die gegen Sie sprechen?« begann Steffen. »Das Küchenmesser mit dem Blut, der Schlips des Herrn Seidelmann ...«

»Ich sage kein Wort mehr.«

»Gut, dann schweigen wir von etwas anderem.«

Steffen wollte sie schmoren lassen, auf kleiner Flamme gar kochen. Er rieb sich die Hände, die ihm kalt geworden waren, und saß dann zusammengesunken und entspannt auf seinem Stuhl wie ein wartender Droschkenkutscher auf seinem Bock. Helga Leupahn hatte das Glück, daß die *Tägliche Rundschau* vom 10. Januar 1950 aufgeschlagen vor ihr lag. Die Überschrift war heute ganz besonders fett: *Nur die Nationale Front kann die Westzonen retten*. Gerhart Eisler hatte erklärt, daß es innerhalb von sechs Wochen nach Wiederherstellung der Einheit Berlins gelingen würde, die Erwerbslosigkeit in den Westsektoren zu beseitigen. Prof. Kuczynski untermauerte diese These durch überzeugendes Zahlenmaterial. Links in der Mitte stand etwas weniger dick: *Die Ruhr ist und bleibt deutsch!* Max Reimann, der Vorsitzende der KPD Westdeutschlands, hatte in einer internationalen Kampfkundgebung zur fortschrittlichen Bevölkerung der Westzonen gesprochen und gegen das Ruhrstatut und die Remilitarisierung gewettert. Ihr Blick blieb an der Werbung hängen. *GEMOL – gut eingeweicht ist halb gewaschen. 25 Pfg. Fewa wäscht ganz neutral. VVB SAPOTEX, Chemnitz. HALBZEIT-ZIGARETTEN – das Ergebnis einjähriger Forschungsarbeit in den Zweigbetrieben des VVB TABAK. Die Beste für 15 Pfennige.* Der Theater- und Filmkalender 1950 brachte auf sechzig Bildseiten einen Querschnitt durch das deutsche und sowjetische Film- und Theaterschaffen. Preis DM 1,40. Vielleicht kam Bernhard am Sonnabend mit ins Theater.

Steffen schien nun doch keine Freude mehr an diesem Spielchen zu haben. Er stand auf, ging zu seinem Mantel, suchte nach seinen Zigaretten und fluchte leise, als er nur noch eine leere Schachtel fand. Er brauchte dringend etwas zu rauchen. Also wechselte er die Taktik.

»Ach ja, Frau Kusian, mit der Liebe, das ist ja so eine Sache ...« Er seufzte, setzte sich wieder und sah sie aufmerksam an. »Ich habe da auch so meine Wunden ... Sie hieß Conchita ... Tagelang sind wir durch die Berge marschiert, haben nachts nebeneinander gelegen und uns geliebt ... Und bei den Gefechten mit den Franco-Leuten habe ich ihr mehr als einmal das Leben gerettet. Und wissen Sie, was dann passiert ist: Dann hat sie mich verraten. Um sich zu retten, hat sie mich geopfert. Das Kommando war schon angetreten, mich zu erschießen ...« Er schloß die Augen. »Nun, Schwamm drüber ... Aber wissen Sie, das erinnert mich so ein bißchen an Sie, an Ihren Kurt, an Ihren Bub, den Kollegen Muschan ...«

»Wieso, was ist mit dem?« Sie hatte ihre Sprache wiedergefunden. Steffen hatte richtig kalkuliert.

»Wollen Sie ihn mal sehen?«

»Der ist doch nicht hier, der ist doch im Westsektor.«

»Nein, der ist hier, nur ein paar Meter von Ihnen entfernt.«

»Das kann doch nicht sein.«

»Doch, das ist so. Unsere Staatsanwaltschaft hält ihn fest, weil sie ihn der Mittäterschaft anklagen will. Ihretwegen, Frau Kusian, Ihretwegen muß er so furchtbar leiden.«

»Kann ich ihn sehen?«

»Ja, selbstverständlich können Sie das.« Norbert Steffen griff zum Telefon.

Zwei Minuten später ging die Tür zum Nebenraum auf, und in der Tür stand Kurt Muschan. Mit Handschellen und Ketten gefesselt.

»Nein!« schrie Elisabeth Kusian und sank ohnmächtig in sich zusammen.

Als sie wieder zu sich gekommen war, erlitt sie einen Weinkrampf, und dann brach es aus ihr heraus.

»Lassen Sie meinen Kurt wieder laufen, er ist unschuldig. Ich war es, ich ganz allein.«

# KAPITEL 32

Bernhard Bacheran hatte die Pressestelle der Staatsanwaltschaft gebeten, ihm alle Zeitungsberichte zum Fall Kusian auszuschneiden und aufzukleben. Zu Hause zog er im Kampf um die abonnierte Zeitung immer den kürzeren, und meistens kaufte er sich auf dem Weg zum Dienst auch keine, denn dort lag ja alles, was auf dem Markt war, gratis herum. Es wurde ausführlich über Elisabeth Kusian berichtet, ohne daß sie in den Mittelpunkt des Interesses rückte. Die fetteste Überschrift fand sich im *Abend* vom 9. Januar 1950: *Krankenschwester als Doppelmörderin verhaftet – Hat die Charlottenburger Operationsschwester ihre Opfer zerstückelt?* *Der Abend,* der trotz seines Namens immer schon mittags erschien und sich als Boulevardblatt sah, hatte den nachfolgenden Bericht dennoch sehr sachlich gehalten. Aufhorchen ließ Bacheran nur der letzte Satz: *Die Kriminalpolizei konnte bisher noch nicht die Herkunft aller Sachen, die in der Wohnung gefunden wurden, ermitteln. Sie vermutet daher, daß die Kusian noch weitere Verbrechen begangen hat.* Wer Zyniker war, konnte hoffen, daß Berlin in der Kusian endlich einmal wieder eine Serienmörderin von Weltniveau bekam. *Der Tagesspiegel* als seriöse Zeitung war am 10. Januar 1950 sogar etwas marktschreierischer als *Der Abend*: *Krankenschwester als Massenmörderin? – Untaten an Hermann Seidelmann und Doris Merten vor der Aufklärung.* Der Text war weithin im nüchternen Protokollstil verfaßt – der dritte Absatz allerdings, der mit *Ein Schrei in der Nacht* überschrieben war, ließ Bacheran an Edgar Wallace denken: *In einer der letzten Dezembernächte – an das genaue Datum kann sich keiner erinnern – hat ein gellender Schrei die Mieter des Hauses Kantstraße 154a aus dem Schlaf gerissen. Zehn, zwanzig Minuten hat mancher der Hausbewohner wach gelegen. Doch es blieb still nach diesem Aufschrei, und die Hausbewohner schliefen wieder ein.* Spannender allerdings waren für ihn die beiden letzten Sätze: *Die Mordkommission des Polizeipräsidiums in der Friesenstraße wird bei der Staatsanwaltschaft die Auslieferung in die Westsektoren beantragen. Man nimmt an, daß diesem Ersuchen stattgegeben wird, da die Verbrechen in West-Berlin verübt worden sind.* Am 11. Januar 1950 berichtete *Der Tagesspiegel* – mit einem Foto von der Größe eines Paßbildes – vom Geständnis der Kusian. *Beim Anblick der Krawatte des Opfers zusammengebrochen,* hieß es in der Überschrift. Bacheran stutzte, denn Helga Leupahn hatte ihm die Sache etwas anders geschildert. Danach hatten sie sich beim Verhör mehr auf die Tötung der Merten als auf die Seidelmanns konzentriert und den Widerstand der Kusian dadurch gebrochen, daß sie ihr den Geliebten in Ketten gegenübergestellt hatten. Hm ... Insgesamt 37 Stunden lang sei die Krankenschwester verhört worden. *Die Fragen jedoch waren immer die gleichen geblieben.* »*Wo waren Sie am Abend des 3. Dezember?*« »*Erinnern Sie sich nicht? Es war ein Sonnabend.*« »*Ich weiß nicht*«, hatte Frau Kusian stets geantwortet. »*Sie sind am Bahnhof Zoo gesehen worden*«, hatten die Kriminalbeamten geblufft. »*Warum gestehen Sie nicht?*« Erst die besagte Krawatte habe dann bei ihr die Dämme brechen lassen. Unter der Zwischenüberschrift *Mörderin schildert Seidelmanns Tod* zeigte G. J. Prinz, der Verfasser des Artikels, daß er über ganz besondere Talente verfügte: *Das ausströmende Blut ließ sie in einen Eimer fließen, den sie später in die Toilette entleerte. Dann zerstückelte sie die Leiche, packte die einzelnen Teile in Rucksäcke und Koffer und transportierte sie so zu den Ruinengrundstücken, wo sie später gefunden wurden.* Vergleichsweise nüchtern, sehr nüchtern sogar las sich das, was die im Ostsektor erscheinende *Berliner Zeitung* vom 11. Januar 1950 zu berichten hatte: *Doppelmörderin legt Geständnis ab – Zwei schwere Bluttaten aufgeklärt / Erfolg guter Zusammenarbeit.* So weit die Überschrift. Natürlich konnte man nicht darauf verzichten, der West-Polizei eins auszuwischen: *Nachdem der Ehemann der Frau Merten eine Vermißtenanzeige erstattet hatte, begab sich Frau K. zum Polizeipräsidium in die*

*Friesenstraße, um einen etwaigen Verdacht zu entkräften. Leider ließ man Frau K. hier wieder laufen.* Ja, ja, dachte Bacheran: Dümmer als die Polizei erlaubt. Aber zum Glück gab es ja die Genossinnen und Genossen von der Vopo, die Sache wieder in Ordnung zu bringen.

Bacheran mußte kräftig niesen. Draußen herrschte ein fürchterliches Matschwetter, und er hatte nasse Füße bekommen. Seine alten Schuhe waren wie ein Sieb. Vorgestern nacht hatte es fünf Zentimeter Neuschnee gegeben, und bei der Straßen- wie der S-Bahn waren viele Weichen nicht mehr zu stellen gewesen, was zu erheblichen Verspätungen geführt hatte, nun aber wehte aus Südwesteuropa ein milder Wind heran und ließ in der Innenstadt alles wieder schmelzen. Abermals wurde Bacheran von einem Niesanfall erschüttert. Es war Zeit, sich ein Auto anzuschaffen. Vielleicht konnte er bei Mutter und Tante einen kleinen Kredit aufnehmen. Mit Helga im Auto durch die Lande fahren – ein wunderschöner Gedanke. Und vielleicht der letzte kleine Grund für sie, in den Westen zu gehen ... Bei Ford hatten sie gerade die Preise gesenkt, und der TAUNUS SPEZIAL kostete nur noch DM 6285. Nur noch ...

Gerade hatte er intensiv an Helga gedacht, da rief sie auch schon an. »Das nenne ich Gedankenübertragung.«

Sie gab sich außerordentlich dienstlich. »Ich wollte Ihnen nur mitteilen, Herr Bacheran, daß sich die Kusian bei uns im Frauengefängnis die Pulsadern aufgeschnitten hat.«

Bacheran zuckte zusammen, als er das Bild dieser Szene vor Augen hatte. »Und ...?« Sollte man aufatmen, wenn sie dabei ...? Oder Mitleid mit ihr haben, auch wenn sie eine Doppelmörderin war ...?

»Nein, nein, sie ist noch im letzten Augenblick vor dem Verbluten gerettet worden.«

»Na, dann kann sich ja die Presse, dann können sich ja die Berliner weiterhin einen schönen Prozeß erhoffen.«

»Sei doch nicht so zynisch!«

»Ich will doch immer nur das Beste für die Menschen. Und so eine Schauergeschichte ist doch nun mal für alle eine schöne Sache. Von den beiden Ermordeten und den sonst noch Involvierten einmal abgesehen.«

»Du solltest wirklich in die USA gehen.«

»Dann aber nur mit dir, Helga, nur mit dir.«

»Nur über meine Leiche.«

»Zerstückelt oder im Stück?«

»Du, ich leg' gleich auf.«

»Nicht ohne dich vorher mit mir fürs Kino zu verabreden.«

»Was gibt es denn?«

»Warte mal, ich hab' 'ne Menge Zeitungen vor mir liegen.« Bacheran begann zu blättern und zu suchen, fand aber nicht viel. »Im ›Studio‹ am Kurfürstendamm *Das verlorene Glück* mit Yvonne Printemps ... Nee, da gehen wir lieber nicht rein. In der ›Kurbel‹ *Der Fächer* ... Ich weiß nicht so recht. Aber hier, in der ›Bonbonniere‹: *Schleichendes Gift*. Etwas über Geschlechtskrankheiten, o Gott. Aber da können wir sowieso nicht zusammen reingehen – hör mal, was hier steht: *Achtung! Da dieser Film das Thema in bisher kaum gezeigter Form der Öffentlichkeit zugänglich macht, wird er für männliche und weibliche Besucher in getrennten Vorstellungen gezeigt und nimmt damit dem Besucher jegliche Peinlichkeit.* Na ...?«

»Wenn es dir nicht peinlich ist, würde ich lieber ins Theater gehen.«

»Da haben wir im Hebbel-Theater den *Othello* und im Schloßpark-Theater *Des Teufels General* ...«

»Beides bitte.«

»Gleichzeitig oder nacheinander?«

»Gleichzeitig.«

»Da müßte ich dich ja doch zerstückeln ...«

Womit sie wieder beim Thema Kusian waren. Das war natürlich auch am Abend bei der gemeinsamen Mahlzeit mit seiner Mutter und seiner Tante überaus aktuell, und insbesondere Annemarie Bacheran ergriff beredt Partei für die Kusian.

»Das sind doch alles finstere Machenschaften der Volkspolizei. Ich sage nur: Gehirnwäsche. Das Geständnis wird man ihr doch nur unter seelischem Druck abgepreßt haben. Warum? Um zu zeigen, wie dekadent der Westen ist: Seht her, da sind sogar die Krankenschwestern Massenmörderinnen.«

»Mutter, alle Indizien sprechen gegen die Kusian.«

»Man kann doch das alles so drehen, daß sie als die Schuldige dasteht. Alles, was uns heilig ist, will man doch in den Schmutz ziehen. Vom Osten aus. Was haben unsere Krankenschwestern alles geleistet – in den Bombennächten und im Endkampf um Berlin.«

»Das stellt doch auch keiner in Frage, Mutter.«

»Doch. Ein Kollege hat mir erzählt, daß die Kusian durch russisches Granatfeuer verwundet worden ist, als sie verletzte Soldaten gepflegt hat. Eine solche Frau sollte einen Orden bekommen und nicht vor Gericht gestellt werden.«

»Das eine hat doch nichts mit dem anderen zu tun«, beharrte Bernhard Bacheran.

»Doch!«

Bacheran machte auch in den nächsten Tagen die Erfahrung, daß man in West-Berlin nicht wahrhaben wollte, daß die Kusian eine Doppelmörderin war. *Der Abend* hatte sich ein paar handgeschriebene Zeilen von ihr verschafft und sie, ohne den Namen zu nennen, einem Graphologen mit der Bitte um ein Gutachten übergeben. Am 13. Januar 1950 wurde dann unter der Überschrift *Die Handschrift der Mörderin* darüber berichtet. *»Ein nüchterner Verstandesmensch, egoistisch, konsequent, praktisch begabt. Mangel an Phantasie, Mangel an seelischer weiblicher Mitschwingungsfähigkeit, kein weiblicher Typ. Mit Minderwertigkeitskomplexen behaftet. Sehr zurückhaltend mit der Fähigkeit zum Schweigen und Verschweigen. Empfindlich. Mit unentwickeltem Weltbild. Naive, fast kindliche Einstellung zur Umwelt.« So weit des Gutachten des Graphologen ... Für eine Mörderin hätte er die Schreiberin nicht ohne weiteres gehalten, sagt er, nachdem er erfährt, wessen Schrift er gedeutet hat.* Bacheran fand das alles sehr unwissenschaftlich, und es erinnerte ihn, diffus wie es war, eher an ein Horoskop.

Das Interesse am Fall Kusian flaute damit ab – um aber dann beim Prozeß vergleichsweise gigantische Ausmaße anzunehmen.

Doch der begann erst zwölf Monate später. Nur die *Berliner Zeitung* kartete am 13. Januar 1950 noch einmal nach, hauptsächlich wohl, um »ihr politisches Soll zu erfüllen«, wie nicht nur Bacheran meinte. Die Überschrift lautete: *Zusammenarbeit in Berlin ist möglich – Was lernen die Berliner aus der Aufklärung des Falles Kusian?* Im Text wurde dann die Zusammenarbeit von Ost und West groß herausgestellt: *Versagt die Zusammenarbeit, stößt sie auf Ablehnung oder wird sie überhaupt, wie es von seiten West-Berliner Stellen oft geschehen ist, aus sogenannten »politischen Gründen« abgelehnt, dann hat die Bevölkerung das Nachsehen und zieht den kürzeren. Nicht die »Beamten«, nicht die »Politiker« haben darunter zu leiden, sondern die Millionen Werktätigen, die in den Mauern unserer zweigeteilten Stadt zu Hause sind. – Ihr Wohl und Wehe muß uns aber allen am Herzen liegen, ihnen das Leben leichter zu machen, ist unsere Aufgabe. Dazu gehört, daß Berlin wieder eine einheitliche Stadt wird. Bis dahin sollten aber alle Dienststellen der Behörden in West und Ost sich bemühen, gut zusammenzuarbeiten, um so die ersten Voraussetzungen für ein wieder ersprießliches Leben in der deutschen Hauptstadt zu schaffen. Daß eine solche Zusammenarbeit durchaus möglich ist und zu Erfolgen führt, hat nicht zuletzt die Aufklärung des Mordfalles Kusian eindeutig gezeigt.* Wie schön sie das gesagt hatten – Bacheran bewunderte die Ost-Berliner wegen ihrer Meisterschaft in der politischen Agitation. Im Klartext hieß das: Berlinerinnen und Berliner in den Westsektoren, entschließt euch, Teil der DDR zu werden – und ihr geht herrlichen Zeiten entgegen.

Am 8. Februar 1950 war es dann soweit: Die Kusian wurde an den Westen ausgeliefert. Im Dienstbericht des West-Berliner Kriminalkommissariats M I/3 wurde dies wie folgt vermerkt: *Nach fernmündlicher Rücksprache und fernmündlicher Vereinbarung wurde heute um 9.05 Uhr die am 6.1.1950 von der KI M des Ostsektors festgenommene Krankenschwester Elisabeth Kusian, geb. Richter, 8.5.1914 in Bornsheim/Thüringen geboren, Berlin-Charlottenburg, Kantstraße 154a bei Stöhr wohnhaft, an der Sektorengrenze, das heißt an der Sandkrugbrücke/Invalidenstraße, in*

*Empfang genommen (...). Übergeben wurde ein Aktenband sowie ein kleiner Koffer der Kusian mit persönlichen Sachen. Einlieferung ins Untersuchungsgefängnis Alt-Moabit 12a.*

Dort sollte sie Bernhard Bacheran wenig später sehen, wiedersehen. In einem Konferenzraum hatten sich Dr. Weimann, Kriminalkommissar Menzel und zwei weitere Beamte eingefunden, um mit der Kusian zu reden. Die Ost-Berliner Kollegen hatten zwar die Vernehmungsprotokolle mitgeschickt, doch Menzel und die Staatsanwaltschaft West neigten dazu, dies alles als wertlos anzusehen. Die DDR war für sie ein Unrechtsstaat – und folglich konnte das, was die dortigen Behörden zu Papier gebracht hatten, bei einem Prozeß vor einem westlichen Gericht keinen Bestand haben. Ergo war bei den Ermittlungen in den Mordfällen Seidelmann und Merten und bei der Vernehmung der Kusian noch einmal ganz von vorne anzufangen, fast jedenfalls.

Elisabeth Kusian wurde hereingeführt. Sie trug graublaue Gefängniskleidung und hielt den Kopf tief gesenkt. Man geleitete sie auf die linke Seite des langen Konferenztisches und plazierte sie dort. Mutterseelenallein saß sie da, und Bacheran »dauerte« sie schon wieder, wie er mit einem alten Ausdruck seines Vaters dachte. Die Phalanx der Männer war auf der rechten Seite des Tisches aufgereiht. Menzel als Leiter der Mordkommission ergriff als erster das Wort.

»Fühlen Sie sich zu dieser Vernehmung imstande, Frau Kusian? Wie geht es Ihnen?«

»Danke, gut.« Ihre Stimme war schwach, und noch immer hatte sie die Schultern hochgezogen. Als wollte sie Kopf und Gesicht verstecken.

Menzel stellte ihr die anwesenden Herrn vor. Als der Name Dr. Weimann fiel, blickte sie zum ersten Mal auf. Ihre großen, dunklen Augen glänzten fiebrig. Der Obermedizinalrat, der neben Bacheran saß, murmelte, daß ihm dieses Gesicht irgendwie bekannt vorkäme. »Diese hervorspringenden Backenknochen, dieser volle, sinnliche Mund ...« Bacheran staunte.

»Nun, Frau Kusian, sind Sie doch einmal so nett, uns etwas über Ihr Leben und Ihre Person zu erzählen.« Menzel wollte so den Kontakt zur Kusian herstellen und sie erst einmal reden lassen.

»Ja ... Geboren worden bin ich am 8. Mai 1914 in Thüringen.« Leise, mit sanfter Stimme und durchaus bereitwillig erzählte sie von sich. Ihr Tonfall war fast singend. Da war kein harter Laut, da war alles abgeschliffen. Bacheran machte sich Notizen: *Harte Jugend auf dem Lande. Eine herzlose und bald gescheiterte Ehe. Drei Kinder, nach der Scheidung im Heim. Ein möbliertes Zimmer nach dem anderen. Männerbekanntschaften. Ewige Geldsorgen.*

Da hakte Menzel wieder ein. »Und es naht nun das Weihnachtsfest, und Sie wollen Ihrem Kurt etwas schenken, vor allem eine Schreibmaschine, haben aber nicht das Geld dazu. Da läuft Ihnen der Herr Seidelmann aus Sachsen über den Weg ...«

Sofort verkrampfte die Kusian. Steil aufgerichtet saß sie nun da. Ein Block aus Stein, aus Eis. »Ich habe das alles schon einmal bei der Ost-Polizei geschildert. Ich möchte nicht, daß diese Punkte noch einmal berührt werden.«

Menzel wurde nun geradezu harsch. »Ihre Angaben im Osten treffen offenbar nicht ganz zu. Ich möchte Sie dringend bitten, uns das alles noch einmal zu wiederholen.«

Bacheran fragte sich, was er an der Stelle der Kusian jetzt getan hätte. Geschwiegen wahrscheinlich, kein Wort mehr gesagt, sich abführen lassen. Sie wurde ja nicht gefoltert, wenn sie den Mund nicht mehr aufmachte. Aber sie tat es nach einigen Sekunden, wenn auch stockend und sichtbar widerwillig. Warum wohl? Weil sie so erzogen worden war, weil sie in einer Welt aufgewachsen war, wo man Autoritäten Rede und Antwort zu stehen hatte. Basta. Sonst wurde man verprügelt, in den Keller gesperrt, bekam nichts zu essen und eine Woche Stubenarrest.

Sie begann mit dem 3. Dezember und einer kurzen Schilderung des zwielichtigen Milieus am Bahnhof Zoo. »Schwarzmarkthändler, Strichmädchen, Penner ... Die Geldwechsler: Ost gegen West.«

»Und was haben Sie da gewollt?«

»Nichts. Ich mußte ja da durch, wenn ich von der S-Bahn kam und nach Hause wollte.«

»Aber vom Herrn Seidelmann haben Sie sich trotzdem ansprechen lassen?«

»Ja, weil ich Ost-Mark gebraucht habe.«

»Wozu das?«

»Weil ich die Schreibmaschine in Ost bezahlen sollte.«

Menzel sah auf seine Notizen. »Seidelmann hatte 1800 DM-Ost bei sich. Und die haben Sie bei ihm gesehen ...?«

»Ich habe bei ihm 30 DM-West gegen 180 DM-Ost eingetauscht.«

»Haben aber noch weitere 75 Ost-Mark gebraucht, hatten aber kein Westgeld mehr bei sich. Was Sie ihm auch gesagt haben ...« Menzel ließ nicht locker.

»Ja. Da hat er mich dann gefragt, wo ich wohne. Das hat er sich dann aufgeschrieben. Er würde abends vorbeikommen, so gegen acht, wenn's recht wäre.«

Bacheran hatte das Bild genau vor Augen: Da stand der beleibte Schausteller aus dem Voigtland auf dem Hardenbergplatz, schrieb *Schöne Frau am Zoo* auf seine Zigarettenschachtel und hatte wohl weniger den Tausch von Geld als den Austausch von Zärtlichkeiten im Kopf. Vor der Heimreise noch einmal so richtig ... was erleben und das erleben, was ein Provinzler sich seit hundert Jahren vom Sündenbabel Berlin so alles versprach.

»Es klingelte gegen acht«, erzählte die Kusian. »Meine Wirtin kam auch aus ihrem Zimmer und ging zur Korridortür. Ob ich sagte, der Besuch sei wohl für mich, oder ob sie bis zur Tür mitgegangen ist, weiß ich nicht mehr.«

Bacheran schlug im Geiste die Hände über dem Kopf zusammen: Mein Gott, kein Mensch konnte doch so dußlig sein, jemanden in seinem möblierten Zimmer zu ermorden, wenn seine Wirtin das Opfer vorher gesehen hatte! Fast bedauerte er, nicht der Anwalt und Verteidiger der Kusian zu sein. Mit diesem Ausruf hätte er doch jede Mordanklage ad absurdum führen können. »Hohes Gericht, meine Mandantin ist doch eine hochintelligente Frau und kein Kretin! Und nur ein solcher hätte doch in solch einer Situation einen Raubmord geplant, einen Raubmord begangen.«

Menzel war jetzt auf jedes Detail bedacht. »Wie waren Sie angezogen?«

So harmlos die Frage schien, sie traf die Kusian ins Innerste, denn sie schlug die Augen nieder und schämte sich ganz offensichtlich. »Ich hatte die Tracht noch an ...«

Menzel verpaßte die Chance, ihr Zeit zu lassen. Vielleicht hätte sich aus dem aufsteigenden Schamgefühl so etwas wie Reue entwickelt. Zu schnell kam sein Peitschenknall. »Sagen Sie, Frau Kusian, hatten Sie die Schlinge, mit der Sie Seidelmann erdrosselten, schon vorher geknotet?«

Da sprang Elisabeth Kusian wütend auf. »Ich verweigere jede Aussage!« Ihr Stuhl kippte um und schlug mit der Lehne polternd auf dem Boden auf. Ihre dunklen Augen funkelten, und ihre Stimme überschlug sich, als sie den Kommissar anschrie. »Ich habe vor der Ost-Polizei ein Geständnis abgelegt, ich sage es nicht noch einmal ... Ich kann nicht ...« Sie taumelte und mußte sich gegen die Wand des Vernehmungszimmers lehnen. Aus ihrem Körper war jede Kraft gewichen. Er zuckte nur noch unter ihrem krampfhaften Schluchzen. Bacheran fühlte einen starken Impuls, aufzustehen, seinen Arm um sie zu legen und sie zu trösten, unterdrückte ihn aber. Bist du verrückt, eine Doppelmörderin! Du bist nicht Jesus.

Ratlos blickte Menzel zu Dr. Weimann hinüber. Der war Arzt und ... »Ist das ein Nervenzusammenbruch?« flüsterte er. »Ist sie nicht mehr vernehmungsfähig?«

Dr. Weimann erhob sich, ging um den langen Konferenztisch herum und legte der Kusian die rechte Hand beruhigend auf die Schulter. Ihr Schluchzen verebbte langsam. Bacheran glaubte zu wissen, worum es dem Obermedizinalrat in diesem Augenblick ging, um die Frage nämlich, ob die Kusian diesen Ausbruch nur inszeniert hatte, um Zeit zu gewinnen und nicht in Menzels Falle zu tappen. Gab sie zu, die Schlinge vorher geknüpft zu haben, dann war es ein kaltblütiger, ein heimtückischer Raubmord und ihr drohte eine womöglich lebenslange Haftstrafe. Kam das Gericht zu der Ansicht, daß sie spontan gehandelt hatte, würde die Strafe erheblich milder ausfallen. Aber vielleicht war es auch gar kein Kalkül, sondern die Erinnerung an das Furchtbare, das am 3. Dezember geschehen war, hatte sie die Contenance verlieren lassen.

Dr. Weimann gab sich alle Mühe, die Seele der Kusian so behutsam freizulegen wie ein Chirurg den Bauchraum. »Wollen Sie vielleicht darüber sprechen, wie Sie die Toten zerstückelt haben?«

Bacheran ahnte, worauf das zielte: auf den großen Wunschtraum der Kusian, selber Ärztin zu sein und zu operieren. Ihrem »Verlobten« Kurt Muschan wie ihren Kolleginnen gegenüber hatte sie sich als die Witwe eines Chirurgen ausgegeben, als studierte Medizinerin oder zumindest eine Frau, die ein solches Studium begonnen hatte. Und die Fähigkeiten dazu besaß sie ja, siehe die kunstgerecht abgetrennten Gliedmaßen ihrer beiden Opfer. Also war das mehr als bewußte Hochstapelei und Großmannssucht, waren das keine Zwecklügen, sondern Hilfskonstruktionen ihrer Psyche. Um zu überleben, mußte sie sich als Chirurgin sehen, zeitweise jedenfalls, und nahm in dieser Phase die Vision als Wirklichkeit. Um dann wieder grausam abzustürzen.

»Nun?« Dr. Weimann wartete noch immer auf eine Antwort.

»Das habe ich doch schon im Osten gesagt.« Sie wirkte müde und erschöpft.

In Dr. Weimanns nächster Frage sollte stille Bewunderung mitschwingen. »Ist es richtig, daß Sie dazu nur ein Küchenmesser benutzt haben?« Wobei die Betonung auf dem »nur« lag.

Doch sie ging nicht darauf ein. »Auch diese Frage habe ich im Osten beantwortet.« Dabei preßte sie ihre Hände vors Gesicht, wie um ihren Mund gewaltsam zu verschließen.

»Frau Kusian, ich habe beide Toten seziert«, fuhr Dr. Weimann fort. »Dabei war ich sehr erstaunt ...«

Sie nahm die Hände vom Gesicht und wandte sich dem Obermedizinalrat erwartungsvoll zu. »Ja ...?«

»Ihnen ist da eine vorbildliche Hüftauslösung gelungen.«

»Oh ...« Sie zog die Augenbrauen hoch, und Bacheran schien es, als würde sie geradezu aufblühen. Widerstandslos ließ sie sich zu ihrem Stuhl führen, den er ihr inzwischen aufgehoben hatte, und sank auf die Sitzfläche aus dunkelgrünem Kunstleder. Nachdem sie tief Luft geholt und dabei hörbar geseufzt hatte, schloß sie die Augen, um in sich nachklingen zu lassen, was der berühmte Gerichtsmediziner ihr gesagt hatte. Und fast entschuldigend meinte sie, daß sie in chirurgischen Dingen ja eigentlich keinerlei Erfahrung habe.

»Haben Sie, um diese ungewohnte Arbeit durchzustehen, vielleicht vorher Morphium gespritzt?« fragte Dr. Weimann weiter.

Sie nickte ihm wie anerkennend zu. »Herr Doktor, Sie sind schon auf dem richtigen Weg ...«

Doch Dr. Weimann stieß nicht nach, sondern stand in diesem Augenblick da, als hätte ihn der Schlag getroffen. Irgend etwas mußte ihm durch den Kopf geschossen sein und aus der Fassung gebracht haben. Was aber? Endlich vermochte er in Worte zu fassen, was ihn derart bewegte: »Frau Kusian, Sie sind mir gleich so bekannt vorgekommen: Haben Sie vielleicht Vorträge besucht, die ich im Robert-Koch-Krankenhaus gehalten habe?«

»Natürlich, ja!« Das war geradezu freudig herausgeschmettert.

»Waren Sie auch in dem Lichtbildervortrag, als ich über gewaltsames Ersticken sprach? Über Erdrosseln und so weiter?«

Sie musterte ihn mißtrauisch und dachte lange nach. Dann schüttelte sie den Kopf und sagte merkwürdig mechanisch und mit gepreßter Stimme: »Im Moment, als das Furchtbare passierte, war ich mir dessen in keiner Weise klar.«

Für Bacheran war das ein eindeutiges Ja. Dann hieß das also im Klartext, daß der Obermedizinalrat Dr. Weimann, Helfer der Polizei bei der Aufklärung von Verbrechen und Helfer des Gerichtes bei der Suche nach Wahrheit, daß der bei der Ausbildung der Kusian zur Doppelmörderin entscheidend, wenn auch unfreiwillig mitgeholfen hatte. Ein bedrückender Gedanke.

Dr. Weimann jedenfalls hatte es zunächst die Sprache verschlagen. Und da sich Menzel und seine Kollegen mit gesenkten Köpfen Notizen machten, war es an Bacheran, den Dialog mit der Kusian sozusagen am Köcheln zu halten. »Wir wissen, daß Sie eine Frau mit viel Gemüt sind, mit viel fraulicher Wärme ... und können uns einfach nicht vorstellen, daß Sie am 3. Dezember ganz seelenruhig in Ihrem Zimmer gesessen und auf Herrn Seidelmann gewartet haben, um ihn ... um ihm sein Geld abzunehmen ...«

»Als ich vom Dienst kam, habe ich mir Morphium gespritzt. Zwei Kubikzentimeter, nicht intramuskulär, sondern subkutan in den Oberschenkel ... Als dann Seidelmann kam, war ich von dem ›M‹ müde. Das merkte er und fragte, was mit mir wäre. Um die M-Wirkung zu beseitigen, habe ich dann Pervitin genommen. Wieviel Tabletten, weiß ich nicht. Es ist mir aber zum Teil gelungen, die M-Wirkung herunterzudrücken ...«

Nun hatte sich Dr. Weimann wieder so weit gefangen, daß er fortfahren konnte. »Haben Sie im weiteren Verlauf des Besuchs von Seidelmann nochmals etwas genommen?«

»Nur Kaffee und Pervitin. Sie wissen doch selbst: Hätte ich nochmals Morphium gespritzt, dann wäre ein Zustand eingetreten, in dem ich die Tat nicht hätte ausführen können.«

Bacheran registrierte genau, wie kollegial sie da mit Weimann zu plaudern suchte ... und gar nicht merkte, wie sie sich dabei um Kopf und Kragen redete. Daß Menzel nun mit seiner nächsten Frage kam, empfand sie als eine höchst unangemessene Störung.

»Frau Kusian, wie kamen Sie überhaupt auf den Gedanken, Seidelmann zu töten? Was ist da in Ihnen vorgegangen?«

Gereizt sah sie ihn an, so nach dem Motto: Was wollen Sie überhaupt von mir?! Scheren Sie sich doch endlich davon! »Ich kann Ihnen keine Erklärung darauf geben. Ich will und kann auch nicht. Ich habe schon so viele Menschen angeschuldigt ... Ich will ja auch alles auf mich nehmen ...«

Bacheran wurde hellhörig. Wollte die Kusian damit abermals andeuten, daß sie drüben im Ostsektor ein falsches Geständnis abgelegt und die beiden Taten in Wahrheit gar nicht begangen hatte? Weil es ihre Berufung war, anderen Menschen zu helfen, half sie auch in diesem Falle einem anderen und war bereit, dessen Schuld auf sich zu nehmen. Aus Liebe vielleicht? Das konnte doch nur heißen, daß Kurt Muschan der Mörder war ... Unsinn, zumindest schwer vorstellbar. Aber was war auf dieser Welt unmöglich?

Kommissar Menzel war kein Freund des Metaphysischen, er liebte es eher irdischer und blieb bei seiner Linie. »Frau Kusian, Sie sind doch eine reizvolle Frau. Seidelmann kam zwar als Geldwechsler zu Ihnen, aber es ist doch anzunehmen, daß Sie auch als Frau auf ihn gewirkt haben. Hat er sich Ihnen vielleicht genähert?«

Kalt sah die Kusian ihn an. »Nein. Das muß nicht sein, wenn ein Mann in meine Wohnung kommt.« Dann setzte sie an, ihr Zusammensein mit Seidelmann ausführlich zu schildern. »Er hatte seinen Mantel ausgezogen, weil es draußen stark geregnet hatte. Wir tauschten das Geld. Er sah den Zeitungsständer mit den Illustrierten und fragte, ob er darin ein bißchen blättern könnte. Ich ging in die Küche und setzte Kaffeewasser auf, ging auch in die Badestube und machte mich etwas frisch. Ich brachte ihm den Kaffee ...«

»Haben Sie ihm etwas in den Kaffee getan?« wollte Menzel wissen.

Die Kusian protestierte heftig. »Nein, wer bin ich denn?! Er las eifrig in den Illustrierten und sagte: ›So was sieht man bei uns im Osten nicht.‹ Der Kaffee tat ihm gut. Er erzählte, daß er die letzte Nacht auf Bahnhöfen zugebracht habe. Er meinte: ›Ich habe Berlin jetzt erst richtig kennengelernt.‹ Dann wollte er wissen, ob ich viel ausgehe. Und dann erzählte er von dem Lokal *Casablanca* ... Ich habe mich am Radio zu schaffen gemacht, weil es nicht so recht funktionierte. Sonst habe ich auf der Chaiselongue gesessen ...«

»Haben Sie auch Nachrichten gehört?« fragte Menzel. Bacheran vermutete, daß er damit herausfinden wollte, wann Seidelmann bei ihr gewesen war und ob sie die Wahrheit sagte.

Doch sie ließ sich nicht festnageln. »Ich bin viel rein- und rausgelaufen. Ich weiß nicht, ob zwischendurch Nachrichten kamen. Nein, es war nur Musik.«

Menzel griff nun hinter sich, wo auf einem Tisch die Beweisstücke gestapelt waren. Er öffnete eine Tüte, nahm eine sauber aufgerollte Wäscheleine heraus und legte sie vor der Kusian auf den Tisch. Sie musterte sie gleichmütig. »Haben Sie von dieser Leine jedesmal ein Stück abgeschnitten, um Herrn Seidelmann und Frau Merten damit zu töten.«

»Ja.«

»Haben Sie bei der Tötung des Seidelmann in das Stück Wäscheleine eine Schlinge gemacht und die dann zusammengezogen?«

»Ja.«

»Wie lange haben Sie ihn so festgehalten? Hat er nach seinem Hals gegriffen, um die Schlinge loszumachen?«

»Das weiß ich nicht.«

»Hat er aufgeschrien?«

»Nein, bestimmt nicht«, beteuerte die Kusian und schilderte die Ermordung Hermann Seidelmanns so wie den natürlichen Tod eines x-beliebigen Patienten. »Ich war von hinten an ihn herangetreten, warf ihm die Schlinge über den Kopf. Seidelmann sprang vom Stuhl auf. Er drehte sich zu mir herum. Doch nach Sekunden wurde er bereits bewußtlos. Und dann war er tot ...«

»Moment mal, so schnell ging das wohl nicht! Wie lange hat es gedauert, bis Seidelmann zu Boden ging?«

Die Kusian schwieg dazu. Menzel hielt ihr die Aussage vor, die sie vor der Ost-Kripo gemacht hatte. Bacheran kannte diese, und in einem Film hätte er die Szene wie folgt ablaufen lassen:

Die Kusian weiß aus dem Lichtbildervortrag von Dr. Weimann, daß der Erdrosselungstod blitzschnell eintreten kann, wenn der Strick kräftig auf die Nervenreflexzonen einwirkt. Doch im entscheidenden Augenblick ist sie zu zaghaft. Eine letzte Tötungshemmung ist da im Spiel. Seidelmann kann sich noch herumdrehen. Damit hat sie nicht gerechnet. Er schaut seiner Mörderin ins Gesicht. Grenzenloses Erstaunen sieht sie. Seine Augen flehen um Gnade. Dann leistet er Widerstand, dann kämpft er um sein Leben. Er droht damit, all ihre Pläne zunichte zu machen, ihr Lebensglück zu gefährden. Sie haßt ihn dafür. Als Toter kann er nicht reden, überlebt er aber, geht er zur Polizei – und sie wandert ins Gefängnis. Die Leiche wird sie schon zerstückeln und beseitigen können. An jeder Straße gibt es Dutzende von Ruinen. Seidelmann ist jetzt ihr Feind. Sie muß ihn beiseite schaffen, will sie selber überleben. Sie ist ohnehin eine athletische Frau. Jetzt verleihen ihr Haß und Angst übermenschliche Kräfte. Sie hält die Schlinge fest, bis Seidelmann das Bewußtsein verliert, steckt sich dann eine Zigarette an und beobachtet ihn aufmerksam. Wird er noch ein paar Atemzüge tun, wird er womöglich wieder zu sich kommen? Nein. Sie kniet sich neben ihn und fühlt ihm den Puls. Das ist ihr täglich Brot, das ist pure Routine. Kein Zweifel ist mehr möglich: Seidelmann ist tot. Nun beginnt sie, seine Taschen nach dem Geld zu durchwühlen.

Die Kusian hatte sich inzwischen besonnen und setzte nach ein paar Floskeln genau da wieder ein, wo Bacheran in Gedanken angekommen war. »Dabei fand ich eine Brieftasche, es war eine dunkle, glaube ich. Ich fand darin vier 50-Mark-Scheine West und 135 DM-Ost. Ich steckte das Geld in meine Handtasche. Es war auch ein Personalausweis in der Brieftasche. Den habe ich mit der Brieftasche im Ofen verbrannt.«

»Haben Sie sich den Ausweis angesehen?«

»Nein, ich wollte nicht wissen, wie der Mann heißt, den ich umgebracht hatte.«

Bacheran konnte ein leises »Hm ...« nicht unterdrücken, denn es war undenkbar, daß sich der Mann beim Betreten der Wohnung nicht vorgestellt hatte. Ganz offensichtlich war die Kusian dabei, die Tat kräftig zu verdrängen. Was ihm Dr. Weimann zuflüsterte, schien ihm recht zu geben.

»Sehen Sie, Bacheran, das entspricht ganz dem Bild von Mördern, wie ich es kenne. Auf der einen Seite wollen sie die Entdeckung der Tat verhindern und gestehen sich somit auch ein, sie begangen zu haben, auf der anderen geben sie sich alle Mühe, diese Tat vor sich selbst, vor ihrem besseren zweiten Ich zu verleugnen.«

Bacheran nickte. »Ja: Unmöglich, daß ich das gewesen bin, ich doch nicht.«

»Schon in dem Augenblick, in dem sie das Opfer beiseite schaffen, beginnen sie, sich von ihrem Verbrechen zu distanzieren und die Erinnerung daran in immer tiefere, immer entlegenere Zonen ihres Bewußtseins zu verdrängen. Das fällt leichter, wenn das Opfer namenlos bleibt.«

»Bitte Ruhe«, mahnte Menzel mit Blick auf Dr. Weimann und ließ die Kusian schildern, wie sie es geschafft hatte, die Leiche aus ihrem Zimmer zu schaffen.

Bacheran schrieb alles in Stichworten mit: *Hat zwei Rucksäcke zu Hause, in der ihr Mann ihr Kohlen gebracht hat. Dazu zwei Pappkartons. Es fehlt ihr ein großer Koffer. Sie wirft eine Decke über den Toten und fährt zu ihrer Freundin Anni Gruschwitz, um sich einen zu leihen. Die hat keinen, borgt sich aber einen Holzkoffer von ihrer Nachbarin. Danach macht sie sich in der Kantstraße an die Arbeit. X-mal geht sie mit Eimer und Wasser über den dunklen Korridor in die Küche und ins Bad, ohne daß die Stöhr was merkt. Es ist 3 Uhr 15 morgens, als sie die Spuren beseitigt und die zerstückelte Leiche in den Koffer und die Rucksäcke gepackt hat.* Frage Menzel: »Haben Sie darüber nachgedacht, wo Sie die Teile abwerfen wollen?« Antwort Kusian: »Ich habe nichts gedacht, ich habe überhaupt nicht gedacht. Sie wissen nicht, wie einem Menschen zumute ist, der Morphium und Pervitin nimmt.« *Läuft mit dem schweren Koffer und einem Rucksack zur S-Bahn und fährt vom Bahnhof Zoo zur Friedrichstraße. Geht über die Weidendammer Brücke. Muß den Koffer andauernd absetzen. Links und rechts sind Ruinen. Aber immer wenn sie die Leichenteile hineinwerfen will, kommen ihr Menschen entgegen. Fürchtet aufzufallen. Die Friedrich- geht in die Chausseestraße über. Die Kusian biegt nach rechts ab, Richtung Stettiner Bahnhof. Kennt die Straßen nicht. Schüttet Kopf und Gliedmaßen Seidelmanns schließlich in einen Ruinenkeller und fährt mit den leeren Behältnissen in ihre Wohnung zurück. Wirft sich dort den zweiten Rucksack auf den Rücken und schleppt ihn zum U-Bahnhof Knie. In der Ruine Schillerstraße legt sie den Torso ab. Es wird schon hell.*

»Haben Sie die Teile bewußt auf den Ost- und den Westsektor verteilt?« fragte Menzel noch.

»Nein, da hab' ich gar nicht dran gedacht.«

»Nun gut. Dann ist Schluß für heute. Zum Fall Merten morgen. Ich danke Ihnen, Frau Kusian, ich danke Ihnen, meine Herren. Mahlzeit.«

## Fünfter Teil

# Der Sensationsprozeß

# KAPITEL 33

Bernhard Bacheran genoß den ersten Sommer des neuen Jahrzehnts. Obwohl, der Wetterbericht vom 8. Juli 1950 verhieß nicht allzuviel: wechselnd bewölkt, etwas gewittrig, am Tage bis 20 Grad, nachts um 15 Grad. Sich da mit Helga im Freien zu vergnügen, war mit der Gefahr verbunden, sich das Nierenbecken oder die Blase zu entzünden – aber wohin sonst, ließ man sie doch weder in der Fuldastraße noch in Karolinenhof mal ein Stündchen allein. Was also unternehmen?

Er saß in seinem Büro und blätterte im *Telegraf*. Sein Blick hakte automatisch da ein, wo das Wort Neukölln zu lesen war: *Gestern nachmittag mußte die Polizei vier Reporter des sowjetdeutschen Berliner Rundfunks in der Hermannstraße in Neukölln in Schutzhaft nehmen, da die Bevölkerung eine drohende Haltung gegen die Rundfunkreporter einnahm, als diese eine Funkreportage über den Wassermangel in Neukölln machen wollten.* Was gab es des weiteren? An der Ecke Berliner- und Uhlandstraße waren zwei kommunistische Agitatoren von den Leuten verprügelt worden. In einer Laubenkolonie in Friedenau war eine neunundvierzigjährige Frau in einer Regentonne ertrunken. Am Bayerischen Platz hatte man stundenlang und leider vergeblich nach der vermißten sechsjährigen Petra Koch gesucht. Am Tegeler Weg war die Richtkrone für das zentrale Landgericht Berlin hochgezogen worden.

Er erinnerte sich an den ständigen Ausruf seiner Großmutter: »Kinder, wie die Zeit vergeht!« Nun war das Jahr 1950 auch schon wieder zur Hälfte vorüber. Und was es nicht alles schon gebracht hatte: Die Arbeitslosenzahl in der Bundesrepublik war mit über zwei Millionen, gleich 13,5 % aller Arbeitsfähigen, auf dem Höchststand angelangt und West-Berlin von der Bundesregierung zum Notstandsgebiet erklärt worden. Die Air France hatte von Tempelhof aus die Linie Berlin – Frankfurt – Paris in Betrieb genommen. Borsig in Tegel, von den Franzosen demontiert, hatte die Produktion wiederaufgenommen. Konrad Adenauer hatte West-Berlin in seiner Eigenschaft als Bundeskanzler Mitte April zum ersten Mal besucht. Am 1. Mai hatte es auf dem Platz der Republik vor dem Reichstag unter dem Motto *Gegen Einheit in Ketten, für Frieden und Freiheit* die bisher größte politische Kundgebung West-Berlins gegeben – und natürlich war Bacheran mit Mutter und Tante dabeigewesen. Ende Mai war dann in Ost-Berlin »mächtig wat los jewesen«: Man hatte das Deutschlandtreffen der FDJ mit 700 000 Teilnehmern inszeniert. Erstmals nach Kriegsende hatte im Olympiastadion wieder ein Endspiel um die Deutsche Fußballmeisterschaft (West) stattgefunden, und vor 100 000 Zuschauern war der VfB Stuttgart mit 2:1 gegen Kickers Offenbach als Sieger vom Platz gegangen. Die Landessender im Westen hatten sich zur ARD zusammengeschlossen. Am Kurfürstendamm war das Maison de France eingeweiht worden und am Wittenbergplatz das KaDeWe wiedereröffnet. Beim Prozeß gegen die Gladow-Bande, die 1948/49 mehr als 50 Raubüberfälle in Berlin verübt hatte, verurteilte ein Schwurgericht in Ost-Berlin drei Männer zum Tode. Die Verhandlung gegen Elisabeth Kusian würde, so hieß es, nicht vor Januar 1951 beginnen.

Die Kusian war aber nicht das beherrschende Thema, als Bernhard und Helga am Sonntag im Angelkahn ihres Vaters auf der Dahme ruderten, das waren die Kartoffelkäfer. In der DDR gab es systematische Suchaktionen, um dadurch *den amerikanischen Anschlag auf die Ernährung der Deutschen in der Ostzone zunichte zu machen.* An der niedersächsischen Zonengrenze hatten sich größere Gruppen von FDJlern zur Agitation versammelt, um die Bauern im Westen zum Mitmachen zu bewegen.

»Schön, daß sie dich nicht auch zum Sammeln eingesetzt haben«, sagte Bacheran. »Aber so'n süßen kleinen Käfer, wie ich ihn hier vor mir habe, wird sowie keiner finden.«

Helga Leupahn ging auf seinen heiteren Ton nicht ein. »Ich

glaub' schon, daß da was Wahres dran ist. Wer anderen Atombomben auf den Kopf wirft, der wird auch bei Kartoffelkäfern keine Skrupel haben.«

»Ham Sie's nich 'n bißchen kleiner?« fragte Bacheran. Wie sollte das nur angehen, sie zu heiraten und mit ihr zusammenzuleben? Höchstens so, wie es ihm sein alter Klassenkamerad Rüdiger empfohlen hatte. Der studierte Soziologie und Ethnologie und hatte ihn auf die Sitten und Bräuche der Dobu verwiesen. Die lebten auf einer der Ostspitze Neuguineas vorgelagerten Insel und galten als gesetzlos, hinterlistig und durch und durch böse. Jeder war bei ihnen jedermanns Feind, und jede Siedlung lebte mit jeder anderen Siedlung ständig im Krieg. Man verwüstete sich gegenseitig die Felder und wandte Zaubermittel, die Krankheit und Tod bringen sollten, gegeneinander an. Um die sozialen und biologischen Schäden der Inzucht auf Dauer zu vermeiden, kam man aber in den von Frauen beherrschten Sippen nicht umhin, sich Ehepartner aus anderen Siedlungen zu holen. Wenn nun der Mann aus der Siedlung A eine Frau aus der Siedlung B heiratete und zu ihr zog, dann fiel er als Arbeitskraft für seine Herkunftsfamilie aus, und die Feinde hatten den Vorteil. Das ging also nicht. Ebenso unmöglich war es, daß die Frau in sein Dorf zog. Was also tun, wollte man in der Zeit überleben? Nun, die Dobu lösten das Problem auf eine wirklich geniale Art und Weise: Von der Hochzeit bis zum Grabe lebte das Paar abwechselnd ein Jahr im Dorfe des Mannes und ein Jahr in dem der Frau. Der jeweils Fremde konnte damit, dem kulturellen Leitsystem entsprechend, immer gehörig demütigt und geschurigelt werden.

Helga Leupahn war ein wenig skeptisch, als Bacheran ihr dieses Modell vorgetragen hatte. »Wie soll das denn bei uns funktionieren: melderechtlich. Ich kann doch nicht in Neukölln wohnen und gleichzeitig bei der Vopo sein.«

»Siehst du mal, daß uns die Naturmenschen in allem um einiges voraus sind.« Mehr fiel Bacheran auch nicht ein. Es war nun mal die berühmte Quadratur des Kreises. »Ach was, warum sollen wir uns darüber Gedanken machen? Du weißt ja: Die Liebe überwindet alle Grenzen.«

Dann fuhren sie ins Schilf, und da so ein Angelkahn einen ziemlich breiten und vor voyeuristischen Blicken gut geschützten Boden hatte und zudem kentersicher war, konnten sie sich ausgiebig lieben. Es war absurd. Da war er ein absoluter Nazihasser – und liebte dennoch diese eher herben und stählernen Körper, die deren Fotografen und Bildhauer verherrlicht hatten und denen sie, die bekennende Sozialistin beziehungsweise Kommunistin, in so hohem Maße entsprach. Alles an ihr war hartes Fleisch, nur die Innenseite ihrer Schenkel war wie weiches Moos – und erst recht das, in das einzudringen er so süchtig war. Dieser Kontrast machte ihn rasend.

Danach lagen sie auf dem Rücken und sahen wortlos in den märkisch blauen Himmel, über den nur hin und wieder kleine Wolken segelten. Federn, Wattebällchen. Leise gluckste das Wasser. Nur wenn ein Motorboot oder ein Dampfer vorbeigefahren waren, klatschten die Wellen gegen das Holz, und sie schaukelten sanft wie in einer Hängematte.

»Siehst du die Sterne?« fragte Bacheran.

»Jetzt am hellichten Tag?«

»Auch da sind sie am Himmel, wo sollen sie sonst geblieben sein, man sieht sie nur nicht, weil die Sonne alles überstrahlt.« Er machte eine kleine Pause. »Und was lehrt uns das?«

»Keine Ahnung, sag es ...«

»Daß manchmal auch die Sonne – Synonym für das Helle, das Gute, die Lebenskraft – unseren Blick auf anderes verstellen kann. Und ihr habt die Sonne in der FDJ-Fahne ...«

Sie schloß die Augen. »Mußt du jetzt auch noch politisch werden?«

»Das macht ihr doch auch immer. Und ich denke, du brauchst das.«

»Ich brauche ganz was anderes. Komm ...«

Träume wurden also wahr, doch hinterher das Kaffeetrinken bei ihren Eltern ... Wie bei den Dobu.

Helgas Vater machte ihn dafür verantwortlich, daß so viele alte Nazis in Schlüsselpositionen der Westzonen eingerückt waren. »Wobei Ihre Juristen-Kollegen die schlimmsten sind. Blutrichter bei den Nazis – und heute fällen sie wieder ihre Urteile im Namen des Volkes. Und die Offiziere der verbrecherischen Hitler-Wehrmacht, wo sind die geblieben? Die sitzen heute in den Vorständen der Konzerne. Adenauer reicht ihnen allen die Hand. Und was tun Sie dagegen, Herr Bacheran? Nichts.«

»Doch, ich bin immerhin in der SPD.«

»Das reicht wohl kaum.«

Bacheran konnte nicht umhin, Herrn Leupahn weithin recht zu geben, denn auch er empfand die Entnazifizierung als Witz. Dennoch. Wer Stalinist war und selber im Glashaus saß, hatte kein Recht, mit Steinen zu werfen. »Natürlich wissen wir, daß zu viele der alten Nazis ungeschoren davongekommen sind, und werden dafür sorgen, daß ihre Verbrechen nicht in Vergessenheit geraten. Aber ohne Mehrheiten im Parlament geht es nun mal nicht, diesbezügliche Gesetze zu erlassen. Zum Glück ist die Bundesrepublik keine Diktatur wie ...«

»Was ist denn gegen die Diktatur des einzig Vernünftigen, der reinen Vernunft eigentlich einzuwenden?«

»Daß die Konflikte in ihr unterdrückt werden, daß die Oppositionellen verhaftet und in Lager gesteckt werden.« Jetzt redete sich auch Bernhard Bacheran in Rage. »Das ist doch die große Stärke der freien Welt, daß wir unsere Konflikte auf dem freien Markt austragen, das heißt: im Parlament, und keine KPdSU oder SED haben, die sagen: ›Die Partei hat immer recht.‹«

Nun mischte sich auch Helga Leupahns Mutter ein. »Bei Ihnen, Herr Bacheran, hat doch das Parlament auch nichts zu sagen, da wird doch nur das getan, was das Monopolkapital sich wünscht.«

»Immerhin sorgt es für Verhältnisse, die vergleichsweise so paradiesisch sind, daß Woche für Woche Tausende von Flüchtlingen zu uns kommen.«

»Das sind doch alles verblendete Menschen, die ihren Schritt morgen schon bereuen werden.«

So ging es noch eine Weile, und Bacheran bemühte sich schließlich, das Gespräch auf Alltägliches zu bringen. Daß seine Tante so gut Mohnpielen zubereiten konnte. Daß er neulich im Wedding

Strohhut-Emil auf seinem Fahrrad gesehen hatte. Daß es jetzt wieder Lakritze zu kaufen gab. Hannelore Leupahn erzählte, daß der Konsum in Schmöckwitz wegen der Versorgung des großen Zeltplatzes zwischen Zeuthener und Krossinsee besonders gut beliefert werde und daß alles viel billiger sei als in West-Berlin.

Gegen Abend wurden die diplomatischen Beziehungen zwischen Bacheran und Herrn Leupahn doch etwas besser, als er sich nämlich anbot, ihm dabei zu helfen, das Dach seines Schuppens zu teeren. »Es läuft immer durch, wenn's mal stärker regnet.« Bacheran bekam eine alte Trainingshose aus KdF-Zeiten, kletterte die Leiter hinauf und kniete sich oben auf die alte und schon überaus rissige Dachpappe. Neue gab es zwischen Suhl und Rostock keine. Er hätte Leupahn ja gerne zwei, drei Rollen in Neukölln gekauft und mit nach Karolinenhof gebracht, doch der lehnte solche Geschenke aus dem Westen kategorisch ab. Nur zu einem Eimer Teer hatte er sich überreden lassen. »Für Ihre Frau ... statt Blumen.« Die schwarze Masse wurde nun auf der Herdplatte erhitzt und zu Bacheran nach oben gereicht, wo er sie mit einem alten Handfeger mühsam verstrich. Es war eine Drecksarbeit, und nach einer Stunde sah er schlimmer aus als ein Kind, das in Matsch und Schlamm gespielt hatte.

»Wie bei den Dobu«, sagte er, als er wieder von der Leiter kletterte, und sah Helga an. »Wann kommst du zu uns in die Fuldastraße, um unseren Keller aufzuräumen und das Gerümpel auf den Müll zu tragen?«

Immerhin, es waren keine neuen Gräben aufgerissen worden, und vielleicht zeigte sich sogar ein leichter Silberstreif am Horizont.

Helga Leupahn brachte ihn zur Haltestelle der 86 an der Vetschauer Allee. Zum Schluß sprachen sie dann doch noch über die Kusian.

»Montag bin ich in Moabit zufällig dem Dr. Weimann über den Weg gelaufen, und da hat er mir gesagt, die Kusian würde ihn anflehen, er möge doch alles tun, damit sie Kurt Muschan sehen könne. ›Nur einmal, dann will ich nichts mehr vom Leben.‹ So wörtlich.«

»Und – will er in dieser Hinsicht was unternehmen?«

»Ja. Er ist ja mit ›der Erforschung der seelischen Tathintergründe‹ beauftragt, wie das so schön heißt, kommt aber damit nicht weiter. Vielleicht erzählt sie mehr von ihren Motiven, so sein Kalkül, wenn sich die beiden noch einmal gesehen haben. Weimann ist also dabei, den Untersuchungsrichter zu überzeugen, den Muschan aber auch. Wenn es klappt, will er mir Bescheid sagen.«

# KAPITEL 34

Bernhard Bacheran saß in der Straßenbahn und fuhr mit der 44 vom Fehrbelliner Platz nach Moabit. Ihm gegenüber hockte eine dicke Frau auf dem roten Lederpolster und verlangte ihm das letzte ab – an Durchhaltevermögen. Denn sie schwitzte stark und roch dabei nach Kuhstall. Zur besseren Ventilation hatte sie ihr gräßlich geblümtes Kleid weit über die Knie geschoben, so daß ihre wabbligen Schenkel sichtbar wurden. Fette Wülste. Zwischen Knie und Wade schnürten ihr die zu engen Gummibänder der Kniestrümpfe die Adern ab. Sehr ästhetisch war das wirklich nicht. Dazu kam, daß sie, heiß und stickig war es in der Bahn, wie ein Bernhardiner hechelte. Ein wenig neidvoll sah Bacheran aus dem Fenster: wie glückliche Männer allein in ihren Autos saßen und den Berliner Sommer genossen. Nun, man konnte nicht alles haben. Er hatte wenigstens seine Helga. Wirklich? Ach.

Er versuchte wieder, sich auf seine Lektüre zu konzentrieren. *Vor dem Sturm.* Fontanes erster großer Roman, von dessen Existenz er, bis ihn seine Tante aus der VHS Neukölln mitgebracht hatte, nichts gewußt hatte. Das Schicksal einer Adelsfamilie im Oderbruch zur Zeit der Besetzung Preußens durch die Franzosen. Wie Berndt von Vitzewitz auf Hohen-Vietz eine Art Volkssturm aufbaut, um sich gegen Napoleon zu erheben. *Wir werden einen frohen, einen heiligen Krieg haben.* Bacheran schlug das Buch wieder zu. Das war wohl derzeit doch nicht die richtige Lektüre. Lieber sah er wieder aus dem Fenster. Wie lange mochte es wohl dauern, bis auch die letzte Ruine abgeräumt war, wie lange, bis die Häuserfronten wieder geschlossen waren? Viele Gebäude, so auch die ehemalige Reichsstelle für Getreide und Futtermittel am Fehrbelliner Platz, waren beschädigt und nur noch hohle Baukörper: das Dach weithin zerstört, alle Fenster ohne

Glas und Rahmen, die Zwischendecken eingestürzt, Putz und Fassade verrußt. In der Wilmersdorfer Straße hatte sich schon einiges geregt: Auf abgeräumten Ruinengrundstücken waren hölzerne Flachbauten entstanden, in denen wagemutige Geschäftsleute Radios, Textilien und anderes anboten. Das Ganze sah ein wenig nach Jahrmarktsbuden aus, aber auch nach einer Stadt im Wilden Westen. Die Berliner Straße in Charlottenburg hingegen war noch immer das reinste Freilichtmuseum für zerbombte Städte. Kaum ein Haus war stehengeblieben. Nur das häßlichste Gebäude weit und breit, für Bacheran jedenfalls, das Rathaus, war verschont geblieben.

Über das Knie und die March- und Franklinstraße kam er nach Moabit. Obwohl er selber Staatsanwalt war, fast schon jedenfalls, wurde er wie ein potentieller Schwerverbrecher durchsucht, bis er ins Untersuchungsgefängnis eingelassen wurde. Der rührige Obermedizinalrat erwartete ihn schon ungeduldig. Sie begrüßten sich.

»Herzlichen Dank, Herr Weimann, daß Sie mir die Gelegenheit geben dabeizusein.«

»Gern geschehen. Aber wissen Sie ... Ich brauche auch einen Menschen, mit dem ich darüber reden kann, denn irgendwie bleibt mir die Kusian noch immer ein Rätsel.«

Bacheran lächelte. »Das Rätsel ist weniger die Kusian, das Rätsel sind vielmehr all die Millionen Menschen, die vom Schicksal, das heißt von den Nazis und vom Krieg um ihre Jugend, um ihr Leben betrogen worden sind und die daraus dennoch *nicht* den gleichsam naturrechtlichen Anspruch ableiten, sich nun das holen zu dürfen, was ihnen eigentlich zugestanden hätte – und sei es mit illegalen Mitteln bis hin zum Mord. Warum tun die das, warum gehen die treu und brav ihrer Arbeit nach und lassen sich nichts zuschulden kommen? Weil bei ihnen die Psyche intakt ist, geblieben ist, und weil bei ihnen das zu stark ausgeprägt ist, was Sigmund Freud das Über-Ich nennt: Du sollst nicht töten.«

»Schön, aber die Kusian war ja Engel und Teufel in einer Person.«

»Man liest ja auch von KZ-Leitern, die Tausende von Menschen auf dem Gewissen haben und zu Hause die zärtlichsten Väter waren. In der menschlichen Natur ist alles angelegt. Wir alle sind potentielle Mörder.«

Dr. Weimann seufzte. »Wenn man mir für mein Gutachten nur zehn Jahre Zeit ließe ... bis die Psychologie und Psychiatrie mehr über die menschliche Seele herausgefunden haben.«

»Woran ich meine Zweifel habe, daß sie das haben werden.« Bacheran kramte in seinen Taschen. Letzten Monat hatte er Fontanes *Schach von Wuthenow* gelesen und sich auf einem abgerissenen Zeitungsrand eine Sentenz herausgeschrieben. »Warten Sie ... Hier ...« Schließlich hatte er das Gesuchte gefunden »... *wie lösen sich die Rätsel? Nie. Ein Rest von Dunklem und Unaufgeklärtem bleibt, und in die letzten und geheimsten Triebfedern andrer oder auch nur unsrer eignen Handlungsweise hineinzublicken, ist uns versagt.*«

»Versuchen müssen wir es dennoch ...«

Damit führte ihn Dr. Weimann zu einer etwas größeren Zelle, die als Konferenzraum diente. Die Kusian sprang auf, als der Schließer die Tür geöffnet hatte und sie eintreten konnten.

»Ich bin Ihnen ja so von Herzen dankbar, Herr Obermedizinalrat.« Sie drückte Dr. Weimann lange die Hand. »Wird denn mein Kurt auch wirklich kommen?«

»Er hat es mir fest zugesichert. Aber setzen wir uns erst einmal.«

Am Tisch gab es nur drei Stühle, so daß sich Bacheran ans Fenster zurückziehen mußte, wo ein Hocker stand. Es war ihm sehr recht.

»Wie geht es Ihnen sonst so, Frau Kusian?«

»Ein solches Schicksal habe ich nun wirklich nicht verdient, aber noch ist ja nicht aller Tage Abend.«

Als Dr. Weimann nachhaken wollte, stand Kurt Muschan in der Tür. Verlegen, schuldbewußt, unschlüssig. Fast stieß ihn der Vollzugsbeamte in den Raum. Mit einem wilden Aufschrei stürzte die Kusian auf ihn zu und bedeckte sein Gesicht mit ihren Küssen. Auch seine Hände küßte sie. Wie beim Geschlechtsakt stammelte sie alle Kosenamen, die sie ihm gegeben hatte. »Mein Bub! Mein Kurti! Mein Kurtispatz! Mein wilder Hengst!«

Der Kriminalsekretär war völlig versteinert und zu keiner Regung fähig. Sein Gesicht sah so aus, als hätte der Zahnarzt gerade den Bohrer angesetzt. Alles schien ihn gewaltig zu schmerzen. Die Gefühlsstürme seiner Lisbeth waren nur noch peinlich für ihn. Er ließ sie über sich ergehen. Da war kein Funke Mitleid und Mitgefühl in ihm. Bacheran empfand ihn in diesem Augenblick als ziemlich widerwärtig. Von Schuld war hier nicht zu sprechen, aber irgendwie hatte er ja doch Anteil daran, daß die Kusian zur Mörderin geworden war. Hätte er sich von seiner Frau getrennt und wäre zu ihr gezogen, dann lebten Seidelmann und die Merten noch. Nein, es war ihm nicht vorzuwerfen, daß er es nicht getan hatte, aber dennoch ... Ohne ihn als Katalysator hätte es die beiden Morde nicht gegeben. Natürlich konnte er nichts dafür, aber es hätte ihn doch irgendwie belasten müssen. Bacheran stellte sich vor, wie es sein würde, wenn er erfuhr, daß Helga Leupahn einen Mord begangen hatte. Würde er dann rufen: »Geh mir aus den Augen!« oder würde er tröstend seinen Arm um ihre Schultern legen und sagen: »Komm, laß es uns gemeinsam durchstehen«?. Konnte man das von einem normalen Menschen erwarten – zumal wenn er dadurch seine Karriere aufs Spiel setzte ...? Ja. Nein. Nicht jeder war ein Übermensch.

Die Kusian ließ nach ihrer gewaltigen Aufwallung nun von Muschan ab, und ihre Tränen versiegten. Locker und entspannt, ganz wie ein junges Mädchen erzählte sie dem Geliebten von ihrem Leben. So, als sei dies hier ihre erste Begegnung.

»Ach, weißt du, Bub, die Elisabeth Kusian in Thüringen, auf dem Lande, die Elisabeth Kusian hatte immer nur einen großen Traum: raus aus dem Kuhstall und eine schöne Wohnung haben, weit weg in der Stadt, eine Villa, zu den höheren Ständen gehören, einen Mann haben, von dem sie geliebt wird und den sie liebt. Und viele glückliche Kinder ... Ach ja, Elisabeth ...«

Wie von einer fremden Frau sprach sie über sich, als sei diese Elisabeth Kusian nicht sie, sondern eine ganz andere. Erst als sie von ihrer Ehe berichtete, war sie nicht mehr so auffallend fröhlich, da wurde ihr Gesicht hart und ihre Stimme rauh. Ein einziges Martyrium, keine Farbe war düster genug, es auszumalen.

»Schon auf dem Weg zum Standesamt habe ich mir gesagt: Mit diesem Mann sollst du nun ein Leben lang zusammensein ... Das ist das Schlimmste in einer Ehe, wenn man schlecht darin wird statt gut. Kurt, sag deiner Frau, sie kann glücklich sein, daß sie dich hat ...«

Nun erfaßte es auch Muschan, und er hatte Mühe, seine Tränen zurückzuhalten. Bacheran dachte es mit einem weiteren Romantitel Theodor Fontanes: *Unwiederbringlich.* Für die Kusian war unwiederbringlich alles dahin, ein zweites Leben gab es nicht. Seine innere Kontrollinstanz mahnte ihn, nicht rührselig zu werden: Das gibt es auch für ihre Opfer nicht. Ihre unschuldigen Opfer. Er richtete seine Blicke zum Himmel hinauf: Herr, wenn du die Menschen wirklich lieben würdest, dann gäbest du ihnen die Chance, das Rad ihres Lebens ein Stückchen zurückzudrehen und von einer bestimmten Stelle an noch einmal von vorn zu beginnen und alles anders zu machen, besser.

»Wir sollten langsam zum Schluß kommen«, sagte Dr. Weimann.

Kurt Muschan erhob sich als erster, froh darüber, dem entronnen zu sein, was für ihn die Hölle sein mußte, und machte rückwärts ein paar Schritte zur Tür hin, unsicher, ob und wie er sich von seiner früheren Geliebten verabschieden sollte. »Ja, dann ...«

Da stand auch die Kusian auf, ging auf ihn zu, legte ihm die Hände auf die Schultern und blickte ihm tief und starr in die Augen. »Bub, sieh mich an! Du kennst mich doch. Denk an all das, was du mit mir erlebt hast ... Kannst du dann noch glauben, daß ich diese Taten wirklich begangen habe? Kannst du mich überhaupt für fähig halten, solche entsetzlichen Dinge zu tun?«

»Nein. Aber laß mich, Lisbeth, bitte!« Er riß sich los von ihr, das heißt, er drehte sich weg von ihr, tauchte unter ihren ausgestreckten Armen hinweg, nahm denen ihren Halt, so daß die Kusian dastand wie bei einer gymnastischen Übung. Dann wollte er die Tür aufreißen, doch die war nur von außen zu öffnen. Er hämmerte dagegen und schrie, daß man ihn rauslassen sollte. Als aufgeschlossen wurde, sprang er auf den Flur hinaus, als wäre das ein Bahnsteig. Nur abspringen, bevor der Zug Fahrt gewann. Schluß, aus, alles vergessen.

Die Zurückgebliebenen schwiegen. Alle hatte diese Szene mitgenommen, nicht nur die Kusian.

Eine Minute mochte vergangen sein, bis Dr. Weimann die ersten Worte fand. »Sagen Sie, Frau Kusian, war das eben etwa Ihr Ernst?«

Kalt musterte sie ihn. »Glauben Sie vielleicht, ich sage so etwas zum Spaß?« Dr. Weimann hatte Mühe, die Tragweite dieses Satzes richtig zu erfassen. »Soll das bedeuten, daß Ihre Geständnisse, daß alles, was Sie mir in unseren vielen Gesprächen erzählt haben, plötzlich nicht mehr wahr ist?«

»Ich habe nie ein Geständnis abgelegt.«

Auch Bacheran traute seinen Ohren nicht. Er selbst war doch dabeigewesen, als die Kusian ihre Taten in allen Einzelheiten geschildert hatte.

Dr. Weimann suchte die Contenance zu wahren. »Und wer soll es in Wirklichkeit gewesen sein?«

»Ach, lassen Sie mich doch in Frieden. Haben Sie denn nicht schon genug in meiner Seele herumgewühlt? Ich will zurück in meine Zelle.«

Dr. Weimann und Bacheran blieben ratlos zurück und beschlossen, gemeinsam essen zu gehen und alles noch einmal in Ruhe zu besprechen. In der Turmstraße fanden sie nach längerer Suche ein annehmbares Eßlokal. Bacheran bestellte sich eine Rindsroulade, Dr. Weimann ein Wiener Schnitzel. Man hatte das Gefühl, sich etwas Gutes tun zu müssen.

»Wenn Sie wirklich alles widerrufen sollte, dann freue ich mich schon jetzt auf den Prozeß im nächsten Jahr«, sagte Bacheran.

»Ach, abwarten. Das hat sie vorhin nur getan, um zu verhindern, daß Muschan ihr völlig fremd wird – oder sie ihm noch unheimlicher. Daher wollte sie in ihm den Glauben an ihre Unschuld wecken oder wenigstens den Zweifel an ihrer alleinigen Schuld.«

Bacheran blieb skeptisch. »Wie hat mein Großvater immer gesagt: ›Da ist nichts mehr zu löten an der Holzkiste.‹ Um bei der Kiste zu bleiben: Die ist doch rettungslos verfahren. Auch wenn sie dreist freigesprochen würde: Sie kann doch nicht etwa annehmen, daß Muschan nun seine Frau und seine Familie verläßt, um mit ihr ein neues Leben zu beginnen.«

»Wer weiß, was Frauen im Frühling alles träumen«, erwiderte Dr. Weimann in Anspielung an einen bekannten Schlager. »Aber wahrscheinlich hat sie aus einem ganz anderen Grund so reagiert. Sie hatte ja immer noch gehofft, daß ich ihr verminderte Zurechnungsfähigkeit wegen Morphiummißbrauchs bescheinigen würde – habe ich aber nicht und werde ich auch nicht. Also braucht sie zu ihrer Entlastung etwas anderes: den geheimnisvollen Unbekannten als wirklichen Täter. Aber das kann auch auf ihren wackeren Verteidiger zurückzuführen sein ... Seit einigen Tagen hat sie ja einen. Und wissen Sie, wer das ist ...?«

»Nein, woher ...«

»Mein jüngerer Bruder, der Herr Dr. Arno Weimann. Und dieses Schlitzohr wird ihr nahegelegt haben, die abrupte Wendung mir gegenüber noch zu vollziehen, bevor mein schriftliches Gutachten abgeschlossen ist. Aber damit sind wohl beide auf dem Holzweg.«

»Wie gesagt: Ich bin gespannt auf den Prozeß.«

Bis dahin sollte noch ein halbes Jahr vergehen, und als Bacheran den Gerichtsmediziner im November 1950 zufällig im Renaissance-Theater traf, berichtete der ihm, daß er noch mehrere Male mit der Kusian gesprochen hatte.

»›Sie haben mich zum Popanz einer psychiatrischen Studie gemacht‹, hat sie mir dabei erklärt. Und immer wieder läßt sie durchblicken, daß sie nicht die Mörderin ist. ›Ich erwarte noch viel vom Leben‹, hat sie beim letzten Besuch betont. ›Wenn ich die Wahrheit sage, Dr. Weimann, dann wandert ein anderer lebenslänglich ins Zuchthaus. Ich aber werde nach zwei Jahren herauskommen und ein neues Leben beginnen ...‹ Und ich ahne auch bereits, wer dieser geheimnisvolle Andere ist ...«

# KAPITEL 35

Bernhard Bacheran konnte es nicht fassen, als er am Sonntag morgen das Blatt vom Kalender riß: Man schrieb schon den 7. Januar 1951. Das alte Jahr war durchwachsen zu Ende gegangen. Walter Ulbricht war zum Generalsekretär des ZK der SED gewählt worden. Die DDR-Behörden hatten mit der Sprengung des Berliner Schlosses begonnen – für Bacheran ein unfaßbarer Akt von Geschichtsvernichtung. Der Flüchtlingsstrom aus dem Osten war weiter angestiegen – 1950 waren rund 60 000 Einwohner der DDR nach West-Berlin gekommen. Sämtliche Lager waren überfüllt. Vom Turm des Schöneberger Rathauses läutete jetzt die Freiheitsglocke. Im Oktober hatte Bundespräsident Theodor Heuss die Deutsche Industrieausstellung in den Messehallen am Funkturm eröffnet. Bacheran mochte den Mann nicht besonders, hatte er doch Hitlers Ermächtigungsgesetzen zugestimmt und sich damit als dessen Steigbügelhalter betätigt. In diesem Punkt war Helga Leupahn schon recht zu geben. Am 22. November hatte die deutsche Fußball-Nationalmannschaft im ersten Länderspiel nach dem Krieg die Schweiz mit 1:0 geschlagen.

»Ob es ein Leben nach dem Tod gibt, weiß man nicht«, sagte Bacheran, als er mit Mutter und Tante am Frühstückstisch saß, »aber nach dem Krieg gibt es sehr wohl eins.«

»Das wird alle die freuen, die jetzt in Korea kämpfen«, warf seine Tante ein.

»... und sterben«, fügte er hinzu.

»Für uns!« Seine Mutter blitzte ihn an. »Für die Freiheit und gegen die Weltherrschaft des Kommunismus.«

»Na, bevor wir hier in Berlin den Dritten Weltkrieg haben, dann doch eher: *Lieber rot als tot.*«

Seine Mutter wurde immer gereizter. »Das ist wohl der Einfluß von Fräulein Leupahn.«

»Besser Einfluß als Ausfluß«, brummte Bacheran, um dann doch ernsthaft zu werden. »So sehr ich Ulbricht verabscheue, aber drüben ist auch nicht alles schlecht, und die marxistische Kritik am kapitalistischen System ist für mich weithin richtig.«

»Dann geh doch rüber!«

Bacheran lachte. »Nur, wenn ihr mitkommt. Ohne euch wäre ich doch völlig hilflos.«

Seine Tante suchte zu vermitteln. »Nun kabbelt euch doch nicht schon wieder. Friede auf Erden! Bist du heute abend zu Hause, Bernie? Wir sollten mal wieder so richtig Rommé spielen, meinetwegen auch Skat ...«

»Tut mir leid, ich will mit Helga ins Kino.« In diesem Augenblick wurde an der Wohnungstür geklingelt. Er fuhr zusammen. Sonntag vormittag 10 Uhr 30. »Wer kann 'n das sein?«

Seine Mutter warf ihre Serviette auf den Tisch. »Gott, das habe ich ja vollkommen vergessen: Das wird Fräulein Ritter sein. Mit der wollte ich ja die Klassenreise der 10a und anderes besprechen ...« Sie eilte auf den Korridor hinaus.

»Deine Schwester ist eine verdammte Lügnerin«, sagte Bacheran zu seiner Tante, ohne es indes so kraß zu meinen, wie es klang. »Denkst du denn, ich durchschaue das nicht: daß sie die Ritter nur einlädt, damit ich Feuer fange und Helga sausen lasse?«

Erna Nostiz wollte abwiegeln. »Sie meint es doch nur gut mit dir. Für sie ist deine Helga ein – bitte verzeih mir den Ausdruck – kommunistisches Flintenweib, das dich ins Elend stürzen wird.«

»Vielleicht liebe ich kommunistische Flintenweiber«, sagte Bacheran, und darin steckte wohl wirklich das berühmte Körnchen Wahrheit, denn nie war er stärker erregt, als wenn Helga Stiefel trug und wie eine strenge Kommissarin wirkte. Wahrscheinlich brauchte er dies als Kontrast zu seiner fraulich fülligen bis schwabbligen Mutter. Soweit er in Freuds Schriften geblättert und gelesen hatte, geschah dies wohl zur Abwehr inzestiöser Tendenzen.

Rosemarie Ritter war 26 Jahre alt und zu Beginn des Schuljahres als Referendarin an die Schule seiner Mutter gekommen. Ihre Fächer waren Deutsch und Latein, für Bacheran eine schreckliche Mischung, denn er haßte Aufsätze, die nach dem Muster »Was hat sich der Dichter dabei gedacht« zu schreiben waren, und das Lernen von Lateinvokabeln war die reinste Folter für ihn gewesen. Heute bedauerte er das, denn als Jurist brauchte man, wollte man glänzen, schon gute Lateinkenntnisse, und Latein sollte auch gut sein fürs logische Denken.

Die junge Lehrerin kam herein. Man gab sich die Hand. Er spürte, wie nervös sie war. Wer fünfmal die Woche vor einer Horde losgelassener Sekundaner stand, der mußte schon recht hartgesotten sein, und dennoch ... Wie die Röte in Wellen von ihren Ohrläppchen über die Wangen zum Hals zog, das ließ in ihm einen ganz bestimmten Verdacht aufkommen: Gott, die ist verliebt in mich. Bis über beide Ohren. Vielleicht hatte er seiner Mutter unrecht getan, und die Initiative zu diesem Frühstück zu viert war nicht von ihr ausgegangen, sondern von Fräulein Ritter. Rosemarie. Sie setzte sich und wandte sich seiner Mutter zu. Ostentativ und ausschließlich. Wenn das kein Indiz war, daß sie nur seinetwegen hier war. Er hatte Zeit, sie zu mustern. An sich war sie gar nicht so übel. Als Lehrerin hatte sie dieselbe herbe, strenge, ein wenig maskuline Art, die ihm auch bei Helga Leupahn so gefiel. Und ihre Figur ... Auch da konnte er sich vorstellen, daß es durchaus lustvoll mit ihr sein konnte. Und sie hatte Helga gegenüber den unschätzbaren Vorteil, aus dem Westen zu sein. Da brauchte er keine Angst zu haben, das Schicksal eines Dobu-Mannes teilen zu müssen. Abgesehen davon, daß es seiner Karriere nur förderlich sein konnte, wenn seine Frau in West-Berlin Beamtin war. Und so attraktiv und gebildet wie sie war, klug und wortgewandt, da konnte er sich auf jeder Party mit ihr sehen lassen und Furore machen. Im Gegensatz zu Helga, der man immer ansah, daß sie die Unternehmer, Richter, Anwälte und Politiker aus dem Westen am liebsten alle eingesperrt hätte.

Als Bacheran das alles gedacht hatte, stand er auf, um auf den Flur zu stürzen. Der Ekel hatte ihn gepackt, der Ekel vor sich selbst. »Mein Gott, was bin ich für ein Schwein.« Und schnell hatte er seinen Mantel von der Garderobe gerissen und sich Schal, Hut und Handschuhe zusammengesucht.

»Einen schönen Tag noch die Damen!« rief er ins Wohnzimmer. »Ich fahre jetzt nach Karolinenhof raus, um Helga abzuholen.«

Er kam erst wieder so richtig zu sich, als er in der S-Bahn saß. Sehr erleichtert darüber, sich anständig verhalten zu haben. So wie es sein Onkel Waldemar immer von ihm verlangte: »Bleib sauber, Junge.« Aber irgendwie war er doch nicht restlos glücklich. Diese Rosemarie steckte wie ein Geschoß in seinem Körper. Er konnte nicht anders, als es mit diesem Bild zu denken. Vor ihr zu fliehen, reichte nicht, das Geschoß mußte richtiggehend herausoperiert werden. Aber wie? Indem er Helga Leupahn heiratete ... Der Gedanke ließ ihn hochfahren. Mein Gott, nein! Es war unvorstellbar. Was dann? Er wußte keine Antwort. Rechts von ihm lag das weite Areal des Friedhofs Baumschulenweg. Keine schlechte Alternative, dort zu liegen und seine Ruhe zu haben. Für immer und ewig.

Am Bahnhof Grünau, als es in die 86 umzusteigen galt, zögerte er. War es Helga wirklich recht, wenn er so unerwartet auftauchte? Nein, sicher nicht, schon ihrer Eltern wegen. Und vielleicht war sie nicht allein, sondern hatte Besuch, lag mit einem linientreuen Polizeioberrat im Bett und gab sich hin. Die Vorstellung erregte ihn. Nicht nur wegen ihrer voyeuristischen Elemente, sondern auch, weil sie schicksalsträchtig war: Erwischte er Helga in flagranti, wäre sie schuld an ihrer Trennung gewesen und er hätte kein schlechtes Gewissen haben müssen, wäre sauber geblieben, wenn er sich Rosemarie zugewendet hätte.

Unschlüssig blieb er stehen, ließ die erste 86 Richtung Schmöckwitz abfahren, ohne einzusteigen. Lief er zu Fuß nach Karolinenhof, gewann er Zeit. War aber auch eine Stunde lang mit sich und seinen Gedanken allein, sicher eine einzige Qual. Ob er erst bei Leupahns anrief und ihnen sagte, er sei zufällig in Grünau und ob sie etwas dagegen hätten, wenn er nach Karolinenhof käme, um Helga schon früher zu treffen? Ja. Nur hatte er keine Ostgroschen für die Telefonzelle. Und jemanden ansprechen und tauschen? Das tat er ungern. Wenn man da an den Falschen geriet ...

Er ließ es also und wanderte zu Fuß in Richtung Karolinenhof. Genau denselben Weg entlang wie beim ersten Rendezvous mit Helga. Etwas mehr als ein Jahr war es nur her und dennoch eine Ewigkeit. Und was würde in einem Jahr sein ...? Waren sie da schon ein Ehepaar und wohnten in ... Es fiel ihm kein Berliner Ortsteil ein, den er sich als gemeinsamen Wohnsitz vorstellen konnte. Wie denn auch, siehe das Dobu-Muster. Wenn sie nun auswanderten? Aber wohin denn? Sie würde ihm nie ins kapitalistische und er ihr nie ins sozialistische Ausland folgen. Blieben die mehr oder minder neutralen Länder. Finnland? Nicht schlecht, aber zu kalt und eine Sprache, die nicht zu lernen war. Indien? Was sollten ein westdeutscher Jurist und eine ostdeutsche Polizistin in Indien? Verdammt, die Erde war so groß, da würde sich doch wohl ein Plätzchen finden, wo sie in Ruhe leben und ihre Kinder großziehen konnten.

Er kam an die Dahme und sah zum anderen Ufer hinüber. Da war der Schilfgürtel, in dem sie im Sommer so oft mit ihrem Kahn gewesen waren. In ihrem Liebesnest. Nun war alles grau und die Schilfhalme schütter wie das Haar eines Greises. War alles dahin, unwiederbringlich? Wurde der Kalte Krieg alsbald zum heißen Krieg? Fielen die ersten Atombomben auf Berlin, und wurde ganz Deutschland für viele hundert Jahre unbewohnbar?

Es war ein Tag, wo ihm jeder Optimist als Geisteskranker erschien. Und wenn er sich nun doch einließ auf ein Leben in der DDR? Sie feierten ja alle Überläufer aus dem Westen gehörig, und auch hier war ihm die Karriere sicher. Aber: War Helga eine Messe wert? Sollte er allem abschwören, was ihm bis jetzt als hoch und heilig galt: Freiheit und Demokratie, freie Wahlen und offenes, kritisches Denken? Nein. Und da gab es ja auch noch einen schönen Preis, wenn er im Westen blieb und Helga hier bei sich im Osten ... Rosemarie.

»Bernie, du hier?!« Ein Freudenschrei – und sie flog ihm in die Arme. Spontan, gefühlsbetont, so ganz gegen ihre sonstige Art.

Er preßte sie an sich. Wenn das nichts zu bedeuten hatte. »Helga, meine Helga ... für immer ...«

Dumm war nur, daß sie nicht allein war, sondern mit ihren Eltern zusammen. Die Leupahns hatten sich zwischen Frühstück und Mittagessen ein wenig die Beine vertreten und frische Luft schöpfen wollen. Er merkte ihren Eltern an, wie entsetzt sie waren, daß ihre Tochter ihren Liebhaber so begrüßt hatte wie in einem Hollywoodfilm. Das ließ für die Zukunft das Schlimmste befürchten, und dies war ganz eindeutig definiert: daß ihre Helga die Arbeiter- und Bauernmacht schmählich verriet und in den Westen ging. Dafür wollten sie nicht gelebt, gearbeitet und gelitten haben. So hatten sie zunächst nichts Eiligeres zu tun, als dafür Sorge zu tragen, daß die beiden nicht Hand in Hand durch Karolinenhof marschierten. Das hätte sich schnell herumgesprochen und wäre nicht gut für sie gewesen.

Also verwickelte Herr Leupahn Bacheran in ein Gespräch über das im letzten Sommer von der DDR unterzeichnete Abkommen über die »Oder-Neiße-Friedensgrenze«. »Die Kriegshetzer im Westen laufen ja noch immer Sturm dagegen – und was halten Sie davon?«

Bacheran überlegte einen Augenblick. »Begeistert bin ich nicht. Meine Vorfahren kommen alle aus der Neumark, aus Pommern und aus Ostpreußen. Und das soll nun alles nicht mehr zu Deutschland gehören ... Aber wir haben nun mal den Krieg verloren – Wehe den Besiegten! –, und unter Hitler sind im Namen der Deutschen so viele ungeheuerliche Verbrechen begangen worden, daß diese Strafe sicherlich gerecht ist: der Verlust unserer Einheit wie der unserer Ostgebiete. Wenn die Kusian für zwei Morde schon lebenslänglich bekommt, was soll denn da das deutsche Volk erst bekommen, wo es für über 50 Millionen Tote und für die Judenvernichtung verantwortlich ist ...? Sozusagen die Todesstrafe, was Ostpreußen, Pommern, Schlesien und die Neumark betrifft, also Verlust für alle Zeiten, und dreimal lebenslänglich, was die Teilung angeht. Rechnen wir ein Leben mit 50 Jahren, dann wären wir erst im Jahre 2100 wiedervereinigt.«

»Irrtum«, sagte Herr Leupahn. »Der Sieg des Sozialismus ist nicht aufzuhalten, und noch in diesem Jahrzehnt wird Deutschland wieder eine Einheit sein: unter roter Flagge.«

»Wie schön, da brauchen sich ja Ihre Tochter und ich keine Sorgen mehr um unsere Zukunft zu machen.«

Obwohl Herr Leupahn ihm seine Ironie schon anmerkte, wurde es ein vergleichsweise entspanntes Zusammensein. Man schien sich mit ihm als Schwiegersohn abgefunden zu haben, zumal er ja nun alles andere als ein Kriegstreiber war. Wo die Liebe hinfällt ... Sie war eben eine Himmelsmacht, und wenn Helga ihn partout wollte, dann mußte man eben das Beste daraus machen. Wie bei der Aufklärung des Falles Kusian schien auch hier der Pragmatismus zu siegen.

Als Helga und er nachher in die Stadt fuhren, merkten sie aber schnell, daß mit dieser Einigung auf der Bewußtseinsebene überhaupt noch nicht entschieden war, wo sie denn nun zusammen wohnen und leben wollten.

»Du ziehst natürlich nach West-Berlin.«

»Nein, du in den Ostsektor.«

Da kamen sie nicht weiter. Früher im Mittelalter, fiel Bacheran ein, als sich die beiden Schwesterstädte Berlin und Kölln nicht einigen konnten, wo das gemeinsame Rathaus mit der Gerichtslaube gebaut werden sollte, hatte man es auf der Grenze, das heißt mitten über der Spree errichtet. »Vielleicht sollten wir sehen, daß wir eine Wohnung auf der Oberbaumbrücke bekommen«, sagte er.

Im Kino kamen sie auf andere Gedanken. Im »Cinema Paris« sahen sie Max Ophüls Meisterwerk *Der Reigen* und waren »ganz weg«, wie es Bacheran später auf den Punkt brachte. Aufgekratzt waren sie, wild aufeinander. Aber wohin sollten sie gehen? Sich ein Hotelzimmer zu nehmen, fehlten ihm Mut und Geld, und zu Hause in der Fuldastraße hockte seine Mutter mit Rosemarie. Da hatte er die Idee, zum Dienstgebäude zu fahren.

Der Pförtner war schnell eingeschüchtert: »Morgen beginnt der Kusian-Prozeß, wissen Sie ja, und da hat die Verteidigung einen Zeugen aufgetrieben, der uns unser ganzes Konzept durcheinanderbringen wird. Vor allem die Aussagen vor der Vopo sollen angezweifelt werden. Darum muß ich mit der Kollegin Leupahn hier noch einmal alles durchgehen.«

Die guckte so griesgrämig, wie es eben ging. Natürlich mußte sich Bacheran einem Pförtner gegenüber nicht rechtfertigen, damit der ihm den Schlüssel aushändigte. Aber der mußte dies in seiner Kladde vermerken, und wenn dann einer seiner Vorgesetzten nachfragte und der Mann anzügliche Bemerkungen machte, war der Skandal nicht weit. »Der Bacheran treibt es jetzt schon am Sonntag mit seinen Miezen bei uns im Büro.« Was folgte, waren längere Gespräche, die mehr Verhören glichen, ein Vermerk in der Personalakte und eine Beförderungsgeschwindigkeit, die gegen null ging.

All das aber minderte später im Büro seine Lust nur wenig, zumal Helga aus der Not eine Tugend machte, sich über seinen Schreibtisch beugte und ihn von hinten eindringen ließ. Eine gänzlich neue Erfahrung für ihn. Wenn man so wollte: ein Höhepunkt seines Lebens.

Am nächsten Sonntag wiederholten sie alles. Da hatte Helga wegen der Gedenkfeier für Karl Liebknecht und Rosa Luxemburg erst am späten Nachmittag kommen können. An der Gedächtniskirche trafen sie Norbert Menzel, den Bacheran eine Ewigkeit nicht mehr gesehen hatte. Es ging ihm nicht schlecht, denn er stand kurz vor seiner Pensionierung und freute sich schon auf sein Laubenpieperdasein.

»Beim Kusian-Prozeß hätten wir uns ja sowieso gesehen«, sagte er. »In der nächsten Woche bin ich als Zeuge geladen.«

»Sie soll ja alles widerrufen wollen, was sie an Geständnissen abgelegt hat. Da werden Sie es schwer haben, dem Gericht zu helfen. Einiges ist ja wirklich im Unklaren geblieben.«

Menzel gab sich gelassen. »Machen Sie mal was, wenn die Kusian immer wieder neue Unbekannte aus dem Hut zaubert und sagt, daß die es gewesen sind. Nehmen Sie mal einen Menschen unter die Lupe, bevor Sie seinen Namen kennen.« Dies hatte er auch in Richtung der Ost-Berliner Kollegin gesprochen, denn es war im Westsektor bekannt, daß man seine Arbeit drüben wenig schätzte.

Helga Leupahn gab sich sybillinisch. »Sie werden es aus verschiedenen Gründen nicht leicht haben.«

»Alle werden das nicht. Schon wegen des Massenandrangs. Die

Leute stehen jetzt schon Schlange. Das müssen Sie gesehen haben, fahren Sie mal hin.«

»Keine schlechte Idee.«

Nachdem sie sich von Menzel verabschiedet hatten, spendierte Bacheran eine Taxe und ließ sich mit Helga nach Moabit fahren. Und richtig: Vor dem Kriminalgericht hatte sich eine solche Menschenmenge eingefunden, daß es fast wie eine Demonstration gegen die Kommunisten aussah.

»Das ist ja eine richtige Kusian-Psychose«, stellte Bacheran fest und ging auf einen der Stumm-Polizisten zu, die für Ordnung sorgen sollten. »Wie sieht's denn aus, Herr Kollege?«

»Sie sind ...?«

»Von der Staatsanwaltschaft.« Bacheran zog seinen Dienstausweis aus der Brusttasche.

»Eintrittskarten gibt es erst morgen früh, aber die ersten Interessenten sind schon seit 18 Uhr hier.«

Die Leute, die der Beamte meinte, saßen auf Stühlen und in Decken gemummelt vor der kleinen Freitreppe und richteten sich auf eine lange Nacht ein. Und das im Januar bei Temperaturen knapp unter dem Gefrierpunkt. Immer neue Berlinerinnen und Berliner kamen hinzu, die Schlange wuchs und wuchs. Bacheran schätzte sie schon auf gut hundert Meter. Er rechnete. Wenn man zu zweit anstand und einen knappen Quadratmeter Raum für sich beanspruchte, dann waren das jetzt schon, wo es auf 20 Uhr zuging, an die zweihundert Menschen. Und 60 bis 70 Karten, hatte er gehört, konnten nur vergeben werden.

Ein geduckter Typ mit Schlapphut und altem Ledermantel war unhörbar hinter ihn getreten. »Eine Eintrittskarte ... 50 Mark.«

»Wo haben Sie denn die her, jetzt schon ...?«

»Wollen Sie oder wollen Sie nicht?«

»Danke, ich hab' 'ne Freikarte.«

»Oh ...« Der Mann machte, daß er weiterkam.

Bacheran sah ihm hinterher. »Die Kusian ... So berühmt möchte ich auch mal sein, daß die Leute 50 Mark bezahlen oder eine Nacht lang anstehen, um meinen Auftritt zu erleben. Was meinst du denn, Helga, wen soll ich umbringen?«

Abgesehen davon, daß sie diese Art von westlich dekadentem Humor nicht mochte, kam sie zu keiner Antwort mehr, weil gerade eine heftige Rangelei zwischen den Polizisten und den Wartenden begann. Die schrien, daß man die Türen aufmachen sollte, damit sie die Nacht im Gericht verbringen konnten, und schoben nach vorn, während die Polizisten sie abzudrängen und zu zerstreuen suchten.

»Das ist ja widerlich«, sagte Helga Leupahn. »Diese Sensationsgier.«

Bacheran grinste. »Du weißt doch: Brot und Spiele, um die Massen ruhig zu stellen. Damit ist auch klar, wer die Kusian gebeten hat, zwei Morde zu begehen: unsere Regierung in Bonn, mit Ernst Reuter zusammen. Der Monopolkapitalismus ist schuld an allem. Wie immer. Unter diesen Umständen wird es dir wohl schwerfallen, morgen früh hierzusein ...?«

»Wart's mal ab.«

# KAPITEL 36

Bernhard Bacheran sah dem Kusian-Prozeß mit derselben Spannung entgegen wie ein Fußballnarr dem Endspiel um die Deutsche Meisterschaft. Am 15. Januar 1951, einem Montag, sollte er beginnen. Schon um 5 Uhr 30, also weit vor dem offiziellen Frühstück mit Mutter und Tante, war er wach. Neben seinem Bett lag der Schnellhefter mit den alten und schon leicht vergilbten Zeitungsausschnitten vom Dezember 1949 und Januar 1950. Er hatte sie vor dem Einschlafen noch einmal sorgfältig durchgelesen. Hinzugekommen war bis jetzt nur wenig. *Der Abend* hatte Mitte letzter Woche in einem längeren Artikel den Fall noch einmal repetiert. Die Überschrift – teils in Großbuchstaben – war ein echter Blickfang: »*DIE SCHÖNE FRAU VOM ZOO ...*« *stand auf der Zigarettenschachtel des ermordeten Seidelmann.* Darunter, am rechten Rand der Seite, war die Kusian auf einem außerordentlich gut gelungenen Keystone-Foto zu sehen. Eine wirklich schöne Frau. Man sprach von *einem der unheimlichsten Raubmord-Prozesse Berlins nach dem Kriege* und gab sich in den beiden letzten Abschnitten alle Mühe, die Sache anzuheizen: *Was verschweigt die Kusian?* »*Wenn ich verurteilt bin, werde ich nur Ihnen die Wahrheit sagen!*« *gesteht sie einem der untersuchenden Ärzte.* – »*Eine abartige, psychopathische Person mit disharmonischen Zügen. Weder erblich belastet noch geistesschwach. Sie ist voll zurechnungsfähig.*« *So das Gutachten des medizinischen Sachverständigen. Die Anwälte der Kusian, zwei der bekanntesten Strafverteidiger Berlins, Dr. Weimann und Dr. Nicolai, schweigen sich aus. Warten wir ab.* Der *Telegraf* vom Sonntag, den 14. Januar 1950, also von gestern, hatte der Kusian in seinem Berlin-Teil an die 75 Zeilen gewidmet und vor allem auf die psychologischen Hintergründe der beiden Morde abgehoben: *Kaum ein*

*Prozeß hat seit Kriegsende die Öffentlichkeit so stark erregt wie der gegen die Doppelmörderin Kusian, der morgen vor dem Moabiter Schwurgericht beginnt. Das Sensationelle dieses Prozesses liegt weniger in der Schwere der Verbrechen als in den psychologischen Hintergründen, in der Persönlichkeit der Angeklagten. – »Alles oder nichts« steht über dem Leben dieser Frau. »Will man ein Ziel erreichen, muß man alle Mittel, die einem zur Verfügung stehen, anwenden«, heißt es in ihrem Tagebuch unter dem 20. Juni 1949. (...) Hier die warmherzige, vorbildliche Krankenpflegerin, aufopferungsvolle Mutter, zärtliche Geliebte. Dort die haltlose und triebhafte, die verschlagene grausame Mörderin. Zwei Seelen in einer Brust. Wird der Prozeß sie enträtseln?*

Es wurde Zeit für die Morgentoilette. Es war genau geregelt, wer von wann bis wann im Badezimmer sein durfte. Er war der erste, obwohl er zumeist als letzter die Wohnung verließ. Auch beim Frühstück war die Kusian Thema Nummer eins.

Seine Tante äußerte ein gewisses Verständnis für die Doppelmörderin. »Seit '33 sind so viele Menschen umgebracht worden ... Was ist denn da ein Menschenleben noch wert, wird sie sich gesagt haben. Und das Leben hat sie doch um alles betrogen. Kein Wunder, daß sie sich jetzt nehmen wollte, was ihr eigentlich zugestanden hätte.«

»Erna!« Bernhards Mutter war zutiefst empört. »Solche Taten sind durch nichts zu entschuldigen, und ich bedaure nur, daß sie die Todesstrafe abgeschafft haben. Stell dir nur vor, wir hätten mit ihr zu tun gehabt ...«

Kurz vor halb neun ging Bacheran aus dem Haus. Die Sonne war gerade aufgegangen. Es hatte leichten Nachtfrost gegeben, jetzt mochten es aber zwei, drei Grad über Null sein. Es war so trist, daß die roten Schlußlichter der Autos weit und breit die einzigen Farbflecke waren. Er fror bis ins Mark hinein und wünschte sich auf ein Südsee-Atoll. Jack London war einer seiner Lieblingsautoren. Schnell lief er die Treppen zur U-Bahn hinunter. Auch dort war es bei den wenigen Funzeln an der Decke nicht sonderlich hell, aber wenigstens vergleichsweise warm. Von Neukölln nach Moabit zu kommen, war gar nicht so einfach. Er überlegte eine Weile und entschied sich dann, mit der U-Bahn bis zum Stettiner Bahnhof zu fahren, von dort zur Sandkrugbrücke zu laufen und anschließend in die 44 zu steigen.

Helga Leupahn stand schon in der Turmstraße vor dem Kriminalgericht Moabit und wartete auf ihn. Er schlich sich von hinten an sie heran und flüsterte ihr ins Ohr, er sei der Hermann Seidelmann aus Plauen. »Wieviel kostet es heute bei dir?«

»Sehr witzig!« Sie war ein wenig verschnupft, küßte ihn aber dennoch.

Er konnte es nicht lassen. »Hinten rein, nicht vorne.«

»Hör auf damit!«

Bacheran tat harmlos. »Was ist denn? Siehst du nicht die lange Schlange hier? Da müssen wir uns aber nicht anstellen, wir haben doch sozusagen reservierte Plätze und können vom Hintereingang rein, von der Wilsnacker Straße aus.«

Es dauerte noch eine gute Viertelstunde, bis sie ihre Plätze im Raum 230 eingenommen hatten. In der zweiten Reihe rechts außen hatte man sie plaziert. Obwohl die Uhr gerade einmal 9 Uhr 27 zeigte, war der Große Schwurgerichtssaal schon überfüllt. Und draußen auf dem Flur drängten sich noch immer Hunderte, die keine Eintrittskarte bekommen hatten, aber unentwegt ausharrten, bewegt von der einen Frage: »Hat sie es getan, oder kommt die große Sensation?«

Bacheran und Helga Leupahn waren keinen Augenblick zu früh erschienen, denn kaum hatten sie sich auf ihrer Bank sozusagen häuslich eingerichtet, wurde die Kusian hereingeführt. Sie trug keine Schwesterntracht, sondern ein älteres dunkelblaues Kostüm mit weißer Bluse und machte einen sehr gepflegten Eindruck. Schlanker schien sie geworden zu sein, fast etwas mager. Sie war schlicht frisiert. Ihr Gesicht war blaß und wächsern, nur die Nasenspitze wirkte gerötet. Unaufhörlich knetete sie die rauhen und auffällig kräftigen Hände. So als würde sie die vor einer Operation sorgfältig waschen und desinfizieren. Wahre Blitzlichtsalven der Fotografen empfingen sie. Zehn Minuten ging das so. »Wie bei Gina Lollobrigida«, sagte Bacheran. Dabei wirkte die Kusian weder auffallend schön noch irgendwie faszinierend häßlich, sondern nur unauffällig. Bald fiel sie in eine Art Trance und hockte etwas merkwürdig auf der Anklagebank, nach vorn gebeugt, den Rücken ohne Kontakt zur Lehne. »Wie bei hartem Stuhlgang auf der Toilette«, flüsterte Helga Leupahn. Die Geräuschkulisse erinnerte Bacheran an eine Schulaula, bevor eine große Feier begann. Alles war aufgeregt, zugleich aber auch von einer heiteren Vorfreude erfüllt. Viele, die hinten saßen, packten ihre Operngläser aus. Journalisten kamen herein und wurden von den Verteidigern begrüßt. Hinter Bacheran erzählte jemand, daß Dr. Arno Weimann, ein jüngerer Bruder des Gerichtsmediziners, im Dritten Reich mehrmals Mitglieder illegaler politischer Gruppen verteidigt hatte.

Das Hohe Gericht betrat den Saal, die Anwesenden erhoben sich. Punkt 9 Uhr 30 begann der Prozeß. Die Verhandlung führte Landgerichtsdirektor Dr. Korsch. Sechs Geschworene saßen ihm zur Seite. Während Dr. Korsch mit sonorer Stimme einen der Schöffen vereidigte, traten die Beisitzer, Landgerichtsrätin Dr. Marion Gräfin Yorck zu Wartenburg und Landgerichtsrat Schulz, hinter ihre Stühle. Die Gräfin mit dem großen Namen fiel sofort durch ihren mittelalterlich frisierten Pagenkopf auf. Bacheran suchte sich zu erinnern. Ludwig Graf Yorck zu Wartenburg war preußischer Feldmarschall gewesen und hatte am 30. Dezember 1812 in Tauroggen mit den Russen etwas eigenmächtig einen Neutralitätsvertrag geschlossen und damit Napoleons Ende eingeläutet, und Peter Graf Yorck zu Wartenburg war Mitbegründer des Kreisauer Kreises gewesen und als Widerstandskämpfer gegen die Nazis 1944 hingerichtet worden. »Von eine solche Frau verurteilt zu werden, det hebt ja unjemein«, sagte Bacheran, bewußt berlinernd. »Det möchte ick ooch mal ham.« An einem Tisch für sich hatte Staatsanwalt Kuntze Platz genommen und gönnte sich den Anflug eines Lächelns. Als ahnte er den großen Paukenschlag, der alsbald kommen sollte ...

Der Vorsitzende bat die Kusian, vor den Richtertisch zu treten. Sie tat es langsam, tastend, schwankend und schien wegen der vielen Mikrofone ein wenig verwirrt zu sein. Eine solche Situation kannte sie nicht. Die Stimme versagte ihr, als sie sich zu ihrer Person äußern sollte. Dann sprach sie leise und stockend mit thüringischem Akzent.

»Ich habe das ganze Leben hindurch kämpfen müssen. Ich hatte nicht genug Geld. Ich hatte die Hauptlast einer zerrütteten Ehe zu tragen. Ich liebte einen anderen ...«

*Ich, ich, ich*, dachte Bacheran.

Immer flüssiger wurde nun die Rede der Kusian, dann aber, als Dr. Korsch sie zum erstenmal nach den beiden Morden fragte, war sie eine ganz andere Frau und wollte nicht mehr mitmachen.

»Ich verweigere die Aussage«, erklärte sie mit fester Stimme. »Ich habe nichts zu sagen, ich sage nichts ...«

Nun stand Arno Weimann auf – und der Paukenschlag kam: »Es ist der seltene Fall eingetreten, daß die Verteidigung eventuell gegen die früheren Aussagen der eigenen Mandantin plädieren wird. Wir hatten zunächst geglaubt, die Morde aus der Morphiumsucht der Frau Kusian erklären zu können. Inzwischen stellte sich heraus, sie nahm wohl Morphium und Pervitin, war aber nicht süchtig. Wir bitten nun das Gericht ergebenst, den Sachverhalt genau zu prüfen. Wir vermuten nämlich, daß Frau Kusian die Morde nicht begangen hat, nicht begangen haben kann!«

Unfaßbar! Obwohl man es irgendwie auch erwartet hatte. Es war ja schon immer von einem geheimnisvollen Anderen die Rede gewesen. Einige im Saal hatten höhnisch gelacht. Alles tuschelte nun aufgeregt miteinander und fragte sich, ob die Verteidigung wirklich so viel mehr wußte als der Staatsanwalt und die Kriminalpolizei. Die Richter und Geschworenen blickten befremdet in die Runde.

»Klar«, flüsterte Helga Leupahn. »Jetzt setzen sie alles daran, unsere Arbeit madig zu machen, all das, was wir im demokratischen Sektor ermittelt haben.«

»Ach, komm ... Das ist eher der Versuch, die Stimmung in der Stadt auszunutzen – und die ist ja ganz eindeutig pro Kusian. Es kann nicht sein, was nicht sein darf, das heißt, bestimmte Berufsgruppen dürfen keine Mörder sein, sonst bricht das ganze Wertgefüge zusammen: Ärzte, Pfarrer, Mütter, Krankenschwestern, mütterliche Krankenschwestern ...«

Dr. Nicolai, der zweite Verteidiger, legte nun nach. »Frau Kusian war zur Zeit des Mordes an dem Schausteller Seidelmann krankgeschrieben. Die linke Hand war verletzt, ein Finger geschient. Sollte unter diesen Umständen Frau Kusian wirklich in der Lage gewesen sein, einen kräftigen Mann wie den Schausteller Seidelmann zu erdrosseln? Nein!«

Ein geschickter Schachzug, Bacheran mußte das neidlos anerkennen. Doch Dr. Korsch ließ sich nicht so schnell ins Bockshorn jagen. Er wechselte mit den Verteidigern noch ein paar Worte und winkte dann den Saalwachtmeister herbei, um ihn zu bitten, ans Telefon zu gehen und aus dem schräg gegenüberliegenden Robert-Koch-Krankenhaus den Arzt herbeizurufen, der Elisabeth Kusian damals behandelt hatte.

Bis der Mann eingetroffen war, sollte die Kusian ihren Lebenslauf schildern. Sie tat es mit belegter Stimme und in sehr sachlicher Art und Weise, und Bacheran erfuhr nichts Neues. Außer daß Walter Kusian, ihr geschiedener Mann, Träger des »Goldenen Parteiabzeichens« der NSDAP gewesen war.

Als der Arzt dann in den Saal gekommen war und seine Aussage machte, mußte die Verteidigung ihre erste Niederlage hinnehmen. Auf der Karteikarte, die er mitgebracht hatte, war eindeutig vermerkt, daß Schwester Kusian am 3. Dezember, dem Tag ihres ersten Mordes, nur noch leichte Wunden am Zeige- und Mittelfinger gehabt hatte.

»Und ...?« fragte Dr. Korsch. »Hat ... hätte sie damit die Tat begehen können?«

Die Antwort war klar und eindeutig: »Wenn die Angeklagte die Tat verüben konnte, dann war sie dazu auch mit der so verbundenen Hand imstande.«

Der Vorsitzende konnte nun dazu übergehen, die Verwandten, Freunde und Bekannten der beiden Mordopfer anzuhören, aber auch Kolleginnen und Freundinnen der Angeklagten.

Zuerst waren die Angehörigen Seidelmanns an der Reihe. Durchweg erzählten sie das, was Bacheran und Helga Leupahn längst wußten. »Mit einer solchen Frau gab sich mein Schwager nicht ab«, sagte eine der Frauen. Auch Hannes Seidelmann zeigte sich felsenfest davon überzeugt, daß sein Bruder Hermann nie ein außereheliches Verhältnis eingegangen wäre. Seine Witwe zuckte zusammen, als Dr. Weimann ihr ein Glas Wasser reichen wollte – dasselbe Glas, das die Kusian zuvor angefaßt hatte. »Nein, ich trinke dieses Wasser nicht.«

Herta, Vera und Christa, die Krankenschwestern aus Moabit, berichteten unisono, daß die Angeklagte zu ihren Patienten selbstlos, aufopferungsvoll und nett gewesen sei.

Spannend wurde es erst, als Annemarie Gruschwitz, die Freundin der Kusian, aufgerufen wurde.

Dr. Korsch musterte sie. »Sie haben der Angeklagten den Koffer geliehen, mit dem die Leichenteile weggeschafft wurden. Haben sie nach der Rückgabe noch Blut bemerkt?«

»Ja.«

»Und Frau Kusian daraufhin angesprochen?«

»Ja.«

»Und was hat sie gesagt?«

»Daß sie noch Kaninchen befördert hat.«

Der Landgerichtsdirektor zeigte sich ein wenig verwundert, und Bacheran hatte den Eindruck, daß er der Freundin nicht so recht traute. Zwar war das Wort Mittäterschaft noch nicht gefallen, aber dennoch. »Sagen Sie, Frau Gruschwitz, Sie haben auch keinen Verdacht geschöpft, als Ihnen Frau Kusian den Mantel von Herrn Seidelmann gebracht hat – mit Blutflecken daran ...?«

»Nein. Lisbeth hat gesagt, sie hätte Nasenbluten gehabt.«

Auch Bacheran fand diese Naivität ein wenig verwunderlich, hatte doch von der zerstückelten Leiche in den Ruinen einiges in der Zeitung gestanden. Andererseits: Wäre er selber sofort stutzig geworden, wenn ihm ein guter Freund einen blutbefleckten Mantel zum Tausch oder Weiterverkauf mitgebracht hätte? Wohl eher nicht.

Trotzdem blieb er beim Kopfschütteln, als Annemarie Gruschwitz erzählte, daß sie mit der Kusian zum Bahnhof Zoo gefahren war. »Da habe ich den Mantel für 30 DM an einen Ausländer verkauft und Lisbeth ein Paar Schuhe an den Besitzer eines Schokoladenstandes. Für 8 Mark.«

»Und – hat sie Ihnen nicht gesagt, wo sie das alles her hatte ...?«

»Doch: von einem dankbaren Patienten.«

»Und am dritten Weihnachtsfeiertag hat Ihnen Frau Kusian einen Hut und einen Schal geschenkt?« Sachen der ermordeten Dorothea Merten.

»Ja. Aber wie hätte ich denn ahnen können, daß die ... ›Ich Ärmste habe keinen Menschen, mit dem ich Weihnachten feiern kann‹, hat sie zu mir gesagt. ›Da, nimm.‹«

Dr. Korsch wandte sich an die Angeklagte. »Was haben Sie dazu zu sagen, Frau Kusian?«

»Ich verweigere die Aussage«, war ihre einzige Antwort.

# KAPITEL 37

Bernhard Bacheran hatte beschlossen, heute mit der S-Bahn nach Moabit zu fahren, obwohl das eigentlich ein kleiner Umweg war. Aber so hatte er die Chance, seine Helga schon um einiges eher zu sehen: Ostkreuz nämlich. Er verglich den Kusian-Prozeß des öfteren mit einem Fortsetzungsroman in der Zeitung oder einer Mehr-Etappen-Radrundfahrt wie dem *Giro d'Italia* oder der *Tour de France:* Jeden Tag war man aufs Neue gespannt, wie es denn wohl weiterging. Der zweite Verhandlungstag war für Dienstag, den 16. Januar 1951, angesetzt. Der Wetterbericht meldete: Noch leicht unbeständig, kühler, wechselnd wolkig, vereinzelt Graupelschauer, Höchstwerte um 3 Grad. Mit anderen Worten: ein sehr ungemütlicher, trüber und naßkalter Tag. Er sollte, was Berlin betraf, zwei Höhepunkte haben: einmal die irrtümliche Landung eines sowjetischen Düsenjägers in Tegel, der aber sofort wieder durchstartete, bevor es diplomatische Verwicklungen geben konnte, und zum anderen die dramatische Wendung im Kusian-Prozeß.

Als Bacheran frühmorgens Bahnhof Neukölln in die S-Bahn stieg, fand er auf der Sitzbank eine liegengelassene *Berliner Zeitung*. Die nutzte den Mordprozeß unter der Überschrift *Sensation um jeden Preis* zum ideologischen Rundumschlag: *Um es gleich vorwegzunehmen: für Zeitgenossen, die an blutigen Mordgeschichten nach den bewährten Vorbildern amerikanischer Gangsterfilme wie am namenlosen Leid anderer Menschen Freude und Befriedigung empfinden, hält der K u s i a n – P r o z e ß das, was er – laut bombastischer Propaganda des RIAS und der Westpresse – allgemein versprochen hatte. Nicht etwa der Umstand, daß die 36-jährige Krankenschwester Elisabeth K u s i a n im Dezember des Jahres 1949 zwei Menschen in ihre Charlottenburger Wohnung lockte und mit einer Schlinge hinterrücks erdrosselte, begeistert die Zuschauer so einmütig, die sich redlich unter Anwendung ihrer Körperkräfte eine der 70 »Eintrittskarten« zum Kusian-Theater erstanden und erprügelt haben. – Diese Begeisterung entspricht ganz dem Willen des USA-Lehrmeisters für Unkultur und dürfte wohl eher auf die Tatsache zurückzuführen sein, daß die Mörderin ihre Opfer nach der Tat mit einem Brotmesser zerstückelte und die Leichenteile – geschickt die unglückselige Spaltung der Stadt ausnutzend – in Hausruinen des d e m o k r a t i s c h e n Sektors versteckte. Mit dem Sensationsrummel um den Kusian-Prozeß versuchen die West-Berliner Machthaber und ihre Hintermänner die Bevölkerung von ihren Remilitarisierungsplänen, von der drohenden Kriegsgefahr und von dem durch ihre Heimatstadt rollenden Panzerwagen abzulenken. »Mit dem Brotmesser zerstückelt ...« lautet der Titel dieses Realität gewordenen Filmes, über den die Arbeitslosen der Westsektoren Zeit und Sorgen vergessen sollten ...*

Geschrieben hatte dies jemand unter dem Pseudonym »Cobra«. Und gleich darunter fand sich unter der Überschrift *Neues Terrorurteil* eine Notiz, die Leserinnen und Lesern die Augen über die West-Justiz öffnen sollte: *Das Schöffengericht Tiergarten unter Vorsitz von Richter K o g g e verurteilte am Montag den jugendlichen Friedenskämpfer Rudi Großkopf aus dem Bezirk Wedding zu vier Monaten Gefängnis. Großkopf war in der Nacht zum 25. November im Bezirk Wedding verhaftet worden, als er sich auf dem Heimweg von einer FDJ-Sitzung befand. Man fand bei ihm demokratische Zeitungen.*

Auf all das spielte Bacheran dann an, als er wenig später auf dem Bahnhof Ostkreuz Helga Leupahn begrüßte. »Na, meine kleine jugendliche Friedenskämpferin, hast du auch schon brav alles gelesen, was in deiner demokratischen Zeitung geschrieben steht?«

Ihr blieb der Kuß sozusagen im Halse stecken. »Hör auf zu hetzen!«

»Wer hetzt denn hier: ihr doch.«

»Psst, wir sind noch im demokratischen Sektor.«

»Wenn ihr wirklich eine Demokratie wärt und die Leute ihre Regierung ehrlich wählen könnten, dann hieße euer oberster Kriegsherr bestimmt nicht Walter Ulbricht.« In Ostkreuz war der Bahnsteig D so weitläufig, daß man schon reden konnte, ohne Angst vor unliebsamen Lauschern haben zu müssen.

Helga Leupahn begann zu agitieren. »Unter bestimmten historischen Umständen ist es notwendig, die ideologisch verblendeten Massen quasi zu ihrem Glück zu zwingen.«

»Gut, dann betäube ich dich nachher, wenn du im Westsektor bist, verschleppe dich per Flugzeug nach Bonn und sorge dafür, daß du in einer Art Zwangstrauung meine Ehefrau wirst.«

»Nur über meine Leiche.«

»Bitte. Werde ich eben nekrophil.«

Der Zug Richtung Charlottenburg fuhr ein und setzte ihrem Dialog ein Ende. Sie hatten Glück und konnten zwei gegenüberliegende Sitzplätze ergattern. Bacheran fragte sie, was sie denn vom Kusian-Artikel in der *Berliner Zeitung* hielte.

»Absolut richtig, was da steht. Was Cobra da aufzeigt, ist doch genau der Weg, den bei euch die Kultur nehmen wird: die Massen ablenken und betäuben, damit die Imperialisten ungestört ihre Pläne verfolgen können. Früher haben die Nazis gesungen *Heute gehört uns Deutschland, morgen die ganze Welt*, und heute singen das die Amis. Die Monopolkapitalisten werden doch nicht eher ruhen, als bis sie sich alle Völker untertan gemacht haben.«

Bacheran grinste. »Wenn es da das sowjetische Brudervolk und Jossif Wissarionowitsch Dschugaschwili, genannt Stalin, nicht gäbe.«

»Deine Analyse ist absolut richtig, Genosse Bacheran«, erwiderte sie im strengen Ton eines Politoffiziers.

Bacheran wertete es als ein Anzeichen von Selbstironie und freute sich. Den Rest der Fahrt bis zum Bahnhof Bellevue redeten sie über das, was Berlin im Kleinen bewegte. Die Männer im Westsektor klagten, daß sie für einen Haarschnitt jetzt schon 80 Pfennige berappen mußten, im Einzelfalle sogar eine volle Mark, und es wurde der Vorschlag debattiert, Arbeitslosen und Rentnern nur 50 Pfennig abzunehmen, was aber die Friseurinnung aufschreien ließ: Da ginge man pleite. »Wer arm ist, sollte verpflichtet werden, sich eine Glatze zuzulegen«, sagte Bacheran beim Durchblättern des *Tagesspiegel,* den er sich zusammen mit der *Berliner Zeitung* und dem *Telegraf* gekauft hatte. Er las Helga vor, was er im Lokalteil fand: *Der erste Filmball nach dem Kriege, der am Sonnabend im Esplanade stattfand, ist zwar sehr elegant und mit sehr viel Besuchern vonstatten gegangen* – mein Gott, was für ein Deutsch! –, *aber er war noch nicht das große Ereignis, da er die Dezentralisation des deutschen Films widerspiegeln mußte.* Bacheran sah Helga Leupahn an. »Und wer freut sich am meisten darüber, daß es kein Babelsberg mehr gibt? Hollywood natürlich. Bahne frei, Osterei.« Dann: *Wieder Tod im Kinderwagen. – Am Sonntag vormittag wurde die sieben Wochen alte Claudia Ch. in der Koblenzer Straße in Wilmersdorf von der Mutter im Kinderwagen tot aufgefunden.* Und gleich darunter: *Gasschlauch hatte sich gelöst. – In der Küche ihrer Wohnung in der Schnackenburgstraße 9, Friedenau, wurden am Sonntag vormittag die 29jährige Gerda G., ihr 9jähriger Sohn Volker und der 35jährige Fleischer Robert M., der ebenfalls dort wohnte, durch Gas vergiftet tot aufgefunden. Der Schlauch des Gaskochers hatte sich gelöst.* Bacheran hielt einen Augenblick inne. »Es scheint mir so, als würde das die Taten der Kusian etwas relativieren ...«

»Wieso das?« Helga Leupahn konnte ihm da partout nicht folgen.

»Weil ...« Er zögerte mit einer Antwort, weil das, was ihm auf der Zunge lag, so banal war, daß er es nicht aussprechen mochte: Gestorben wird immer. »Weil es fast so scheint, als sei alles vorherbestimmt: Ist es dein Schicksal, durch Gasvergiftung zu sterben, stirbst du durch Gasvergiftung. Ist es dein Schicksal, ermordet zu werden, wirst du ermordet. Und in dieser Sicht ist die Kusian nichts weiter als ein ausführendes Organ des Schicksals, einer höheren Macht – und damit selber absolut schuldlos. Im Buch des Lebens ist festgelegt: Seidelmann, du wirst von der Kusian erdrosselt werden, und du, Dorothea Merten, wirst das zweite Opfer sein.«

»Wenn du das bei uns im Aufsatz geschrieben hättest, würdest du 'ne glatte Fünf bekommen haben: Bacheran verliert sich in metaphysischem Geschwafel.«

»Dann erklär du mir die Taten der Kusian mal in materialistischer Klarheit.«

»Fehlgeleitete biochemische Prozesse in bestimmten Regionen ihres Gehirns haben Tötungsimpulse bei ihr ausgelöst.«

»Und wer hat diese Prozesse fehlgeleitet?«

»Bestimmte Stimuli in ihrer Kindheit, vor allem aber in der Nazizeit.«

Bacheran lachte. »Das ist nun irgendwie doch wieder die Freudsche Theorie, daß das Über-Ich Lücken aufweist.«

Sie gab sich alle Mühe, ebenso geringschätzig zu wirken wie er. »Komm mal mit in die Pathologie und zeige mir ein Über-Ich, das sie gerade herausoperieren.«

Sie konnten sich nicht einig werden und stritten sich, bis sie kurz vor 9 Uhr 30 im Gerichtssaal Platz genommen hatten.

»Der Tragödie zweiter Akt«, sagte Bacheran. »Oder besser: Ring frei, Runde zwei.«

Als erster Zeuge wurde der Altwarenhändler Kurt Gehring vernommen. Auf ihn war die Kripo gestoßen, weil Annemarie Gruschwitz, die Freundin der Kusian, in seinem Kommissionsgeschäft in ihrem Auftrag Kleidungsstücke Seidelmanns und der Merten verkauft hatte.

»Zeuge«, begann der Vorsitzende, »kennen Sie die Angeklagte?«

Gehring bejahte dies mit einer leichten Verbeugung in Richtung von Dr. Korsch. »Ich lernte die Angeklagte schon am 21. Mai 1949 kennen. Sie verkaufte mir einen Staubsauger. Im Dezember erschien sie wieder und forderte mich auf, in ihre Wohnung zu kommen, um einen Teppich anzusehen, den sie verkaufen wollte.«

Ein Raunen ging durch den Saal, und alle dachten und flüsterten sie dasselbe: Da hat er aber Glück gehabt, daß er nicht ihr drittes Opfer geworden ist.

Der Altwarenhändler, dem bei diesem Gedanken offenbar

leicht übel wurde, brauchte Sekunden, bis er fortfahren konnte. »Als ich ihr sagte, daß mich der Teppich nicht interessierte, wurde sie wütend und schimpfte. Sie erzählte mir, daß sie drei Kinder hätte und Krankenschwester sei. Ich fand ihr Benehmen sonderbar.«

Der Vorsitzende wandte sich nun an die Angeklagte, die den Worten des äußerlich unscheinbaren Händlers bis jetzt eher desinteressiert gelauscht hatte. »Frau Kusian, stimmt es, daß Sie in dem Kommissionsgeschäft waren?«

Alle erwarteten nun, daß Elisabeth Kusian dieselbe Haltung wie gestern an den Tag legen und alles, was auf sie zukam, mit den stereotypen Worten »Ich verweigere die Aussage« abblocken würde. Doch zur Verblüffung aller sprang sie nun auf und war voller Feuer.

»Jawohl, ich habe dort einen Staubsauger verkauft, von einem Teppich weiß ich aber nichts. Ich besitze keinen Teppich, folglich kann ich auch keinen verkaufen.«

Doch Gehring ließ sich von ihrem Ausbruch nicht im geringsten beeindrucken. »Ich kann beschwören, daß sie mich aufgefordert hat, unbedingt in ihre Wohnung zu kommen, um mir den Teppich anzusehen.«

»Das ist nicht wahr, ich hatte keinen Teppich!« rief die Kusian dazwischen.

Helga Leupahn murmelte, daß das doch eine Bagatelle sei, doch Bacheran gab dem Vorsitzenden recht, so lange auf diesem Punkt »herumzureiten«. Hatte sie wirklich versucht, Gehring mit einem Trick in ihre Wohnung zu locken, dann konnte ihr bei Seidelmann viel leichter ein Tatvorsatz unterstellt werden, was von entscheidender Bedeutung für das Strafmaß war. So fand er es auch durchaus in Ordnung, daß Gehring vereidigt wurde.

Der nächste Zeuge wurde von Bacheran in die Schublade »komischer Vogel« einsortiert: ein Gefängnisgeistlicher namens Stromberg. Der Pater verweigerte seine Aussage aus prinzipiellen Gründen, obwohl ihn die Kusian von der Wahrung des Beichtgeheimnisses entbunden hatte.

Dann war es endlich soweit: Walter Kusian wurde an den Zeugentisch gerufen. Mit tastenden Schritten betrat er den Saal. Sein dunkelbrauner Anzug sah sehr abgetragen aus. Seine Bewegungen wirkten unsicher und wie abgehackt, noch immer militärisch. Das schien ihm aber Halt zu geben, den letzten Halt sozusagen. Er duckte sich, als würden ihn die Blicke der Zuschauer wie Steine treffen. Ohnehin schon schmächtig, wirkte er dadurch noch um einiges unscheinbarer. »Mann, is det 'n kleenet Würstchen«, wurde hinter Bacheran geflüstert. »Und dit bei die Frau.« Womit die Kusian gemeint war.

Walter Kusian wurde zur Person befragt. Seine Stimme war leise und gepreßt und sein Körper so verkrampft, daß er bei der Vereidigung die Hand kaum hochheben konnte. Die Finger zitterten ihm. Obwohl er als geschiedener Ehegatte das Recht gehabt hätte, die Aussage zu verweigern, besann er sich keinen Augenblick: »Nein, ich will alles sagen, was ich weiß.«

»Ehemaliger SA-Scharführer war er also und alter PG«, hielt Helga Leupahn noch einmal fest. »Träger des Goldenen Parteiabzeichens ...« Und was sie dachte, war ihr deutlich anzusehen: Einem solchen Mann ist alles zuzutrauen.

Aber auch Bacheran registrierte denselben Reflex, und mit diesem kam ihm ein dunkler Verdacht: Ob da nicht etwa alte Rechnungen beglichen worden waren ...?

Der Vorsitzende kam langsam zur Sache. »Herr Kusian, sind Sie dann so freundlich und schildern uns die Ehe mit der Angeklagten?«

Walter Kusian nickte, und Bacheran schien es, als hätte er dabei »Zu Befehl, Herr Doktor!« gemurmelt. »Ja, wie soll ich anfangen ... Meine Frau ... Als ich sie kennenlernte, sagte sie mir, sie sei die Tochter eines Majors, der im Ersten Weltkrieg gefallen ist. Während des letzten Weltkrieges hat sie sich mehrfach mit anderen Männern eingelassen. Als ich einmal nach Hause kam, sagte meine älteste Tochter: ›Wir mußten zu Mutti immer Tante sagen, wenn Onkels da waren.‹«

Dr. Korsch blätterte in den Akten und wirkte ein wenig abwesend. »Ja, ja ... Ihre Ehe ist ja dann auch 1947 geschieden worden. Sie beide haben sich lange Zeit nicht gesehen, dann hat Ihre Frau

Ihnen einen Brief geschrieben, um den Kontakt wiederaufzunehmen ... Wann haben Sie zum ersten Mal Rauschgift bei Ihrer Frau bemerkt?«

»Schon in der Ehe nahm sie große Mengen Schlaftabletten.«

»Wissen Sie, warum?«

»Nein, aber sie ist ein bedauernswerter Mensch, sie hat zwei Seelen. Sie unternahm dauernd Selbstmordversuche, und ich war eigentlich immer ihr Pfleger. Ständig war sie in Geldnot, und '48 ist sie ja von einem Kerl hereingerissen worden. Ja, und in der Zeit war es auch, daß sie einmal sagte: ›Sieh her‹, den Rock hob und sich eine Morphiumspritze in den Oberschenkel jagte.«

»Sie haben sich also rührend um Ihre geschiedene Frau gekümmert und ihr Holz, Kohlen und Lebensmittel gebracht ...«

»Ja, ich hänge doch noch immer an ihr.« Walter Kusian schien den Tränen nahe zu sein, und Bacheran kam nicht umhin, sein Bild von ihm zu korrigieren.

»Sozusagen als Gegengabe hat Sie Ihnen dann im Dezember 1949 einiges geschenkt«, fuhr der Vorsitzende fort. »Eine gestreifte Hose, ein schwarzes Jackett und eine Aktentasche.«

Walter Kusian nickte. »Ja, dies ist an dem.« Und als ein Gerichtsdiener ihm die aufgezählten Kleidungsstücke zeigte, bestätigte er es noch einmal ganz ausdrücklich.

»Sie gehörten dem am 3. Dezember 1949 ermordeten Hermann Seidelmann«, rief der Staatsanwalt.

Daraufhin wandte sich Dr. Korsch an die Kusian. »Angeklagte, haben Sie ihm die Sachen gegeben?«

»Nein!«

Walter Kusian schüttelte darüber nur den Kopf. Er schrie nicht etwa los und beschuldigte sie zu lügen, sondern setzte an, ruhig und besonnen zu schildern, wie ihre Zusammenkünfte im Dezember 1949 verlaufen waren. »Um die Weihnachtszeit herum war meine Frau sehr deprimiert. Als ich sie fragte, was ihr fehle, antwortete sie: ›Walter, ich habe etwas Furchtbares gemacht!‹ Und als ich in sie drang, sagte sie: ›Das kann ich erst sagen, wenn ich auf dem Sterbebett liege.‹ Damals habe ich geglaubt, sie habe sich wieder mal wichtig machen wollen. Heiligabend habe ich ihr dann einen Rucksack mit Kohlen gebracht und am zweiten Feiertag wieder. Beide Male ließ sie mich nicht in ihr Zimmer. Ich verlangte die Rucksäcke zurück, doch sie sagte, sie hätte sie verliehen.«

Während Walter Kusian mit monotoner Stimme aussagte, ließ Bacheran die Kusian nicht aus den Augen. Sie hockte nicht mehr zusammengekauert auf ihrer Bank, sondern hatte sich hoch aufgerichtet, wirkte auf ihn wie eine Sportlerin kurz vor dem Startschuß. Ihre Augen waren starr auf ihren Mann gerichtet. Als wollte sie ihn hypnotisieren.

Doch der ließ sich nicht beirren. »Am Neujahrstag durfte ich in ihr Zimmer«, fuhr er fort. »Ich sah die beiden Rucksäcke liegen und wollte sie mitnehmen. Aber sie gab mir nur einen. In dem anderen wären blutige Kaninchenfelle transportiert worden, er müßte noch gereinigt werden ...«

Im Saal war es still geworden. Ein jeder stellte sich vor, wie sie die zerstückelten Leichen Seidelmanns und der Merten in diesen Rucksäcken abtransportiert und in die Ruinen geworfen hatte.

Schon während der letzten Sätze ihres geschiedenen Mannes war die Kusian unruhig hin und her gerutscht, hatte geschwankt und wäre fast vornüber auf den Boden gestürzt, nun aber schnellte sie hoch und ging mit langen, schnellen Schritten auf den Richtertisch zu. Fast grün war sie im Gesicht, und irgendwie mußte aufgrund der starken Erregung das Blut in ihren Adern schlecht zirkulieren, denn ihre Hände waren, als sie sich vor dem Vorsitzenden abstützte, blau angelaufen.

»Ich möchte sprechen.«

Der Vorsitzende gab Walter Kusian einen Wink, beiseite zu treten und seine Frau reden zu lassen.

Sie begann so leise, daß man sie selbst in den vordersten Reihen kaum verstand. »Ich war ein Jahr in Untersuchungshaft. Ich kann nicht sagen, was ich durchgemacht habe. Ich möchte meinem geschiedenen Mann klarmachen, was ich erlitten habe.« Dann schilderte sie eine Dreiviertelstunde lang, immer lauter werdend, den Verlauf ihrer Ehe und stellte diese Zeit als ein einziges Martyrium dar. Daß ihr Mann sie geschlagen und die Kinder in unmenschlicher Weise gezüchtigt habe.

»Das ist nicht wahr!« rief Walter Kusian dazwischen.

»Doch, es ist wahr«, murmelte Waldemar Weimann, der schräg hinter Bacheran Platz genommen hatte. »Das hat er mir gegenüber öfter zugegeben. ›Um das Schlechte herauszuprügeln, was die Mutter ihnen beibrachte.‹ So seine Begründung.«

Die Kusian atmete jetzt nur noch stoßweise und krampfhaft und hatte am ganzen Körper zu zittern begonnen. Bacheran notierte sich: *Wie bei einem Elektroschock.* Anschließend redete sie wie unter Hypnose.

»Mein Mann sagt, er hat die Kinder nicht geschlagen. Aber es sind Beweise vorhanden, daß die Kinder das selbst ausgesagt haben – daß er den Jungen dabei mit dem Kopf ins Bett gesteckt hat, damit die Nachbarn nicht hören sollten, wie er schrie ... Als unsere Zweite bei einer Schuluntersuchung sich auszog, hat sie einen blutunterlaufenen Rücken gehabt. Der Schularzt hat mich gefragt, wie das gekommen wäre. Ich habe gesagt, ich hätte das Kind geschlagen. Das brachte mir eine Verwarnung vom Jugendamt ein. Acht Tage lang mußte ich das Kind vorzeigen. Aber mein Mann weiß, wie das wirklich geschehen ist. Ich habe das auf mich genommen, weil er in der Partei war und ich Angst hatte, daß zur Polizei muß ...«

Bacheran und Helga Leupahn neigten dazu, ihr in dieser Hinsicht Glauben zu schenken. Zum einen sah Walter Kusian wirklich so aus, wie man sich einen dumpfen Sadisten vorzustellen hatte, und zum anderen waren solche Strafen in bestimmten Kreisen durchaus üblich gewesen. Weiter wusch die Kusian schmutzige Wäsche und erzählte das, was er schon lange wußte, doch trotzdem blieb Bacheran jede Sekunde voll eingeschaltet, denn irgendwie fühlte er, daß dies alles nur Vorbereitung war und der große Schmetterball bald kommen mußte. Und so war es denn auch ...

»Dann kam es zu diesem entsetzlichen Verbrechen ...« Die Stimme der Angeklagten wurde leise, und es schien, als wollte sie nur dem Vorsitzenden etwas ins Ohr flüstern. »Ich will jetzt sagen, wie es dazu gekommen ist. Ich will endlich Ruhe haben ... Herr Seidelmann war mir nicht fremd.«

Ein Raunen ging durch den Saal. Alle wußten, daß sie immer wieder behauptet hatte, der Mann aus der Zone sei ihr erstmals am 3. Dezember begegnet, seinem Todestag, und sie sei auf keinen Fall jene »schöne Frau vom Zoo« gewesen, die er auf seiner Zigarettenschachtel festgehalten hatte. Und nun dieses:

»Ich habe Herrn Seidelmann als Geldwechsler am Bahnhof Zoo kennengelernt. Jeden Morgen bin ich von dort zum Dienst gefahren; dabei werden einem die Gesichter, die täglich da sind, bekannt. ›Warum so eilig, Schwester?‹ rief Herr Seidelmann mir manchmal nach. Dann grüßten wir uns, schließlich hat er mich angesprochen. An der Straßenbahnhaltestelle. ›Kann man nicht mal eine Tasse Kaffee trinken?‹ Weil ich mit Herrn Muschan gegangen bin, sagte ich: ›Keine Zeit.‹«

»Und wann war dann Herr Seidelmann zum ersten Mal bei Ihnen zu Besuch?«

»Am Samstag, den 3. Dezember. Mein Mann wollte sich am Tag davor mit mir am Zoo treffen. Er sollte dort eine größere Summe umwechseln. Ob für seinen Arbeitgeber oder für einen Kollegen, weiß ich nicht mehr. Aber mein Mann kam nicht. Als ich spätabends nach Hause kam, stand er vor der Tür mit einem Sack Kohlen oder Holz. Er wollte mit nach oben, aber ich sagte: ›Es ist zu spät, die Wirtin schläft schon.‹ Da hat er mir gedroht: ›Ich hab' das satt. Immer habe ich dir Geld gegeben, nie hast du gefragt, wo ich's hernehme. Du hast nur genommen und hast nicht gefragt, ob es mein letztes Brot ist. Jetzt will ich nicht mehr warten ...‹ Ich mußte ihm versprechen, daß ich am nächsten Tag zu ihm in die Wohnung komme. Es war dies der fragliche Samstag ...«

Bacheran übersetzte das in Klartext: Walter Kusian sollte also seiner geschiedenen Frau gedroht haben, sie nicht mehr mit Geld und Gütern zu unterstützen, wenn sie ihm nicht endlich wieder den Beischlaf gestatten würde. Dies mit einem Ausrufungszeichen: Er ist immer noch scharf auf mich gewesen!

Dr. Korsch bat die Kusian nun, genau zu schildern, was sich am 3. Dezember 1949 ereignet hatte.

»Ja.« Und dann entwarf sie ein wirklich faszinierendes Szenario. »Eigentlich war ich für Samstag mit Herrn Muschan verabredet. Aber weil ich zu meinem Mann kommen sollte, telefonierte ich, daß ich nicht kann. Ich bin ins Krankenhaus gefahren, um dort zu baden. Herr Seidelmann stand am Zoo. ›Schöne Frau, warum so traurig?‹ fragte er. So ist es zur Verabredung gekommen, daß wir abends ins Kino wollten. Er sollte mich abholen ... Er kam um die fünfte Stunde. ›Sie kennen mich gar nicht und kommen zu mir‹, sagte ich. ›Ich bin geschieden, ich habe Kinder ...‹ Ich sagte ihm auch, daß mein geschiedener Ehemann mir nachstellte. Da klopfte es. Es war mein Mann ... ›Ich möchte Sie nicht aufhalten, Schwester Elisabeth‹, sagte Seidelmann. Ihm war die Szene peinlich, und er machte Anstalten zu gehen. Da knurrte ihn mein Mann an: ›Ihr braucht mir kein Theater vorzuspielen. Von mir aus sagt ruhig weiter du zueinander.‹ Mein Mann hat nämlich Herrn Seidelmann für Herrn Muschan gehalten, für meinen Kurt. Ich habe nur gesagt: ›Wir haben uns nicht geduzt.‹ Damit es zu keiner Auseinandersetzung zwischen den beiden kommt, bin ich zum Schrank gegangen und habe meine Zivilkleidung herausgenommen und zu Herrn Seidelmann gesagt: ›Ich gehe mit ins Kino.‹ Ich habe mich dann im Badezimmer umgezogen und die Haare gemacht. Wie ich an meine Zimmertür kam, war die verriegelt. Ich konnte mir nicht denken, warum. Ich habe geklopft. ›Moment‹, sagte von drinnen mein Mann. Endlich machte er die Tür auf, verriegelte sie aber hinter mir sofort wieder. Das Licht war aus, aber mein Zimmer ist nie ganz dunkel. Ich merkte, daß die Couch verschoben war, der Tisch stand schief, Illustrierte lagen auf dem Boden. Mein Mann kam zu mir, ganz dicht. ›Jetzt hast du's soweit gebracht‹, sagte er. ›Du hast mich zum Mörder gemacht, du trägst die Schuld.‹ Der arme Seidelmann hat hinter dem Schreibtisch gelegen, mit einer Wäscheleine erdrosselt.«

Das schlug ein wie eine Bombe. Die Sensation war da. Nicht nur im Saal atmeten sie alle auf, später war die ganze Stadt erleichtert. Was nicht hatte sein können, war also wirklich nicht gewesen. Es war ausgeschlossen, eine Krankenschwester als bestialische Mörderin zu sehen. Das Gefühl hatte also nicht getrogen.

Auch Bacheran konnte sich dieser Stimmung nicht entziehen.

»Du, soweit ich die Akte Kusian kenne: Ihre Darstellung des Mordes an Seidelmann wird ihr keiner widerlegen können. Und gegen Walter Kusian spricht eine Menge: Er war eifersüchtig auf seine Frau, und er ist ausgebildeter Krankenpfleger und war sechs Jahre als Sanitätsfeldwebel im Krieg.«

»Psst ...!« machte Helga Leupahn nur, denn die Kusian war noch nicht am Ende.

»Ich mußte dann meinem Mann ein Messer aus der Küche holen, und er fing an, die Leiche zu zerstückeln. Ich habe das getan, was mein Mann mir befahl. Wir haben bis zum Morgen gearbeitet. Dann haben wir die Leichenteile in die Rucksäcke gepackt und versteckt, am Knie und am Stettiner Bahnhof. Ich war nie eine Morphinistin. Jetzt aber griff ich zum Morphium, nachdem diese entsetzliche Tat geschehen war.«

Dr. Korsch schaute ein wenig skeptisch auf die Angeklagte. Er wurde in den nächsten Tagen 70 Jahre alt und war durch nichts mehr zu erschüttern. Obwohl Bacheran manchmal das Gefühl hatte, daß der Vorsitzende allem nicht mehr so ganz folgen konnte, hier war er hellwach und kam sofort auf die Merten zu sprechen.

»Sagen Sie, Frau Kusian, den Mord an der Dorothea Merten, den Mord am 26. Dezember, den hat Ihr Mann ebenfalls begangen ...?«

»Ja. Er ist unvermutet bei mir erschienen, als mir Frau Merten gerade die Schreibmaschine gebracht hat. Zu dritt haben wir Wein und Likör getrunken. Ich weiß es nicht, aber die beiden scheinen sich gekannt zu haben. Plötzlich hat mein Mann der Frau von hinten eine Schlinge um den Hals gelegt und sie erdrosselt. Ich habe es nicht verhindern können. Er hat mir gedroht, mich ebenfalls umzubringen, wenn ich den Mund aufmachen würde. Und die Kinder, wenn die das alles erfahren sollten ... Dann haben wir die Leiche zusammengeschnürt und in einen Seesack gesteckt, und mein Mann ist dann mit diesem Paket in einer Taxe davongefahren. Anschließend habe ich Kurt, der in einem Restaurant gewartet hat, zu einer gemeinsamen Weihnachtsfeier in mein Zimmer geholt.«

»Ist das alles, Frau Kusian?«

»Ja. Ich habe bis jetzt gelogen, ich habe unendlich viel gelogen. Jetzt kann ich nicht mehr weiter, ich möchte endlich Ruhe haben.« Zutiefst erschöpft setzte sie sich wieder.

Für Dr. Korsch war es nun an der Zeit, sich Walter Kusian noch einmal vorzunehmen. »Was sagen Sie dazu ...?«

»Das ist von Anfang bis Ende erlogen!«

Der Vorsitzende wurde daraufhin ein wenig harsch. »Herr Kusian, es ist doch merkwürdig, daß Sie so häufig mit Ihrer geschiedenen Frau zusammenkamen!«

Walter Kusian überlegte nicht lange. »Ja, warum sollte ich es nicht tun? Wir wollten sogar wieder zusammenziehen, um das Geld für die doppelte Miete zu sparen.«

Bacheran fand das ziemlich einfältig. Merkte der Mann denn gar nicht, daß er sich damit erheblich belastete? Wenn er zugab, mit seiner geschiedenen Frau wieder ein Herz und eine Seele gewesen zu sein, dann mußte es doch als überaus plausibel erscheinen, daß sie bei der Beseitigung der beiden Leichen gemeinsame Sache gemacht hatten – genauso wie es von der Angeklagten eben geschildert worden war.

Die schien nun instinktiv die Chance zu wittern, die sich ihr an dieser Stelle bot, und sah ihn flehend an. »Walter, sag doch jetzt wenigstens aus, wie es war! Ich bitte dich! Denk an unsere Kinder!«

Das wiederum rief Staatsanwalt Kuntze auf den Plan. »Angeklagte, wie erklären Sie es sich, daß Walter Kusian in Berlin geblieben ist, wenn er diese Tat begangen hat?«

»Er sagte, ich solle mich als Morphinistin ausgeben, dann bekäme ich den Paragraphen 51.«

»Und warum haben Sie Herrn Kusian nicht schon bei den polizeilichen Vernehmungen als Täter namhaft gemacht?«

»Weil ich ihn aus allem heraushalten wollte, damit er sich um unsere innig geliebten Kinder kümmern kann, wenn ich in Haft bin. Wir sind übereingekommen, daß derjenige, welcher als erster verhaftet wird, die ganze Schuld auf sich nehmen soll.«

Bacheran mußte sich eingestehen, daß die Kusian ihre Rolle

meisterlich spielte. Das war alles so leidenschaftlich und echt, daß man es einfach glauben mußte. Und logisch schien es auch.

»Ich wundere mich nur, daß sie Walter Kusian nicht auf der Stelle festnehmen lassen«, sagte Helga Leupahn.

»Die Mühlen der Justiz mahlen nicht so schnell. Aber vielleicht ist sich Kuntze doch noch nicht ganz sicher und will erst einmal abwarten, was der Muschan auszusagen hat.«

Zunächst aber war Kriminalkommissar Norbert Menzel an der Reihe. Als er eintrat und Bacheran erkannte, lächelten sie sich zu.

»Ist es richtig«, wurde er von Dr. Korsch gefragt, »daß die Mordkommissionen in West wie in Ost nach einem Mittäter gefahndet haben?«

Menzel überlegte nicht lange. »Ja, so ist es gewesen. Es erschien uns fast ausgeschlossen, daß eine so zierliche Frau innerhalb kurzer Zeit zwei physisch überlegene Menschen ohne fremde Hilfe ermordet haben konnte. Und Herr Seidelmann war ja ein stämmiger Mann. Wer kam in Frage? Zuerst Herr Muschan, aber der hatte für die Zeit der Taten ein einwandfreies Alibi. Ich hatte eigentlich von Anfang an den Verdacht, daß Walter Kusian der Mittäter sein könnte.«

Der Geliebte der Kusian wurde als nächster Zeuge aufgerufen. Gedrungen und breitschultrig war er, ebenso gemütlich wie auch ritterlich – kurzum, genau der Mann, von dem Frauen träumten. Ein Vollblutmann. Fand Bacheran jedenfalls. Seine Mutter hätte wahrscheinlich mehr Freude an Kurt Muschan als an ihm selber gehabt.

»Sie ist eine wunderbare Frau«, sagte Muschan, auffallend bemüht, sich schützend vor die Kusian zu stellen. »Bei einer dienstlichen Verrichtung habe ich sie per Zufall kennengelernt – und aus der Bekanntschaft haben sich bald engere Beziehungen entwickelt, obwohl ich glücklich verheiratet und Vater von drei Kindern bin.«

Der Vorsitzende verzog das Gesicht, und Bacheran sah ihm deutlich an, daß er das von der Moral her sehr verwerflich fand. »Und trotzdem knüpften Sie intime Beziehungen an! Wie konnten Sie so kostbare Geschenke von Frau Kusian annehmen, die doch selbst immer in Geldnot war? Sie bekamen unter anderem eine Aktentasche, ein Zigarettenetui, zwei Paar Schuhe, eine Schreibmaschine, Ihre Frau ein Aquarell, einen Geschenkgutschein über 40 DM-West, einen Silberkasten mit 40 Teilen, Ihre Kinder Spielsachen, ebenfalls mehrere Paar Schuhe und Süßigkeiten ...«

Kurt Muschan war aber keinesfalls in Verlegenheit zu bringen. »Frau Kusian erzählte mir, sie habe reiche Verwandte in Thüringen, die sie mit Geld unterstützten. Ihr Mann sei Major gewesen. Niemals gab sie mir einen Grund, an ihren Schilderungen zu zweifeln.«

Dr. Korsch schien über so viel Naivität erstaunt zu sein. Aber was sollte er machen, sagte sich auch Bacheran, auf schwere Naivität stand halt keine Strafe. »Und von den Verbrechen, die im Hause Kantstraße 154a begangen worden sind, haben Sie natürlich auch nichts bemerkt ...?«

»Nein. Lisbeth ist den ganzen Dezember über immer heiter und freundlich gewesen, wenn sie mich dort empfing.«

»Auch am zweiten Weihnachtsfeiertag, am 26. Dezember?«

»Ja, auch an diesem Tage. Als ich sie zu der verabredeten Weihnachtsfeier besuchen wollte ...«

»Wie – so einfach weg von Ihrer Familie?!« ging Dr. Korsch dazwischen.

Kurt Muschan schmunzelte und gab den Schwerenöter, wie er ihn im Kino gesehen haben mochte. »Ich mußte zum Dienst ...«

»So ... Dann fahren Sie fort.«

»Ja ... Ich war also bei Lisbeth, aber sie hat mich nicht in die Wohnung gelassen, weil sie Besuch hatte.«

»Und das hat Sie nicht stutzig werden lassen?«

»Wieso denn? Ich sollte ja in der Nähe in einem Restaurant warten, bis sie mich abholt. Und das hat sie dann auch prompt gemacht. Ihr Zimmer war aufgeräumt. Und unterm Weihnachtsbaum hat die Schreibmaschine gestanden.«

»Sie haben sich wirklich über nichts gewundert?« insistierte der Vorsitzende.

»Ich wunderte mich nur, daß an dem Kleiderhaken ein brauner

Damenmantel mit Krimmerbesatz hing. Frau Kusian sagte mir, er sei dort versehentlich hängengeblieben, weil die Gäste sehr eilig im Auto davongefahren seien.«

»Das war der Mantel der ermordeten Dorothea Merten.«

»Wie sollte ich das denn ahnen?«

»Und so was ist nun bei der Kripo«, sagte Bacheran mit Blick auf Helga Leupahn.

»Bei der West-Kripo«, gab sie zurück.

Am später Abend erhielt Bacheran den Anruf eines Freundes aus der Staatsanwaltschaft. »Du, der Kuntze fährt gerade mit dem Kusian zum RIAS, wo sie sich die Band-Aufnahme von heute anhören wollen. Noch mal zur Sicherheit. Den Haftbefehl soll er schon in der Tasche haben.«

# KAPITEL 38

Frühnebel lag am 17. Januar 1951 über der Stadt, die Temperatur betrug null Grad. Bernhard Bacheran ging auch am Morgen des dritten Verhandlungstages in der S-Bahn die Zeitungen des Vortages durch und verfolgte mit Spannung, was die Gerichtsreporter geschrieben hatten. *»Mein Mann war der Mörder« – Sensationelle Wendung im Kusian-Prozeß.* So *Der Tagesspiegel.* Und ähnlich der *Telegraf: Frau Kusian beschuldigt ihren Mann – Zwischenfall im Doppelmordprozeß.* Beide Blätter berichteten, daß Walter Kusian sogleich im Schwurgerichtssaal festgenommen worden war, was so mit Sicherheit nicht stimmte. Am überzeugendsten fand er den Kommentar im *Tagesspiegel,* in dem es unter anderem hieß: *Die Angeklagte muß – das beweisen sowohl die polizeilichen Vernehmungen als auch der Prozeßverlauf – als pathologische Lügnerin gewertet werden. Sie demonstriert während der Beweisaufnahme einen sicheren Instinkt für die Imponderabilien des Prozesses und reagiert mit einer Schnelligkeit und Gewandtheit, die immer wieder Erstaunen hervorrufen. Sie ist keine Frau, die schwindelt, sondern eine phantasievolle Lügnerin, die ihre Darlegungen so logisch und so präzise untermauert, daß sie zunächst wie Wahrheiten wirken. In der Tat ist die Frage berechtigt, ob die Kusian überhaupt noch weiß, daß sie lügt, oder ob sie nicht selbst ihre Lügen bereits wieder als Wahrheiten empfindet.*

Helga Leupahn, die er auch heute wieder auf dem Bahnhof Ostkreuz traf und in die Arme schloß, hatte die *Berliner Zeitung* mitgebracht. In der nun stand nicht der Kusian-Prozeß im Mittelpunkt, sondern der Brief, den Otto Grotewohl, der Ministerpräsident der DDR, an Konrad Adenauer geschrieben hatte und der beim Bundeskanzler auf wenig Gegenliebe gestoßen war. Die Überschrift lautete: *Nun erst recht: Deutsche an einen Tisch!*

Bacheran wiederholte es grinsend. »Deutsche an einen Tisch! Wenn deine Vorbeter das fordern, solltest du es schnellstmöglich in die Tat umzusetzen versuchen. Also, meine Liebe: An einen Tisch mit mir, hurtig, hurtig!«

»Ja, liebend gerne, fragt sich nur, wo dieser Tisch wohl stehen wird.«

Da waren sie nun schon wieder in der Sackgasse angelangt. Bacheran las ihr daraufhin vor, was Berliner Bürger der Zeitung gesagt hatten: »›Ich bin zutiefst erschüttert über die glatte Absage, die Dr. Adenauer dem Ministerpräsidenten Grotewohl erteilte‹, erklärte der bekannte Neuköllner Arzt und Friedenskämpfer Dr. Pavloff...«. Bacheran machte eine kleine Pause. »Ach, das wird der mit den Hunden sein ... Ah, hier, die Mitarbeiter des Magistrats im Neuen Stadthaus: ›Adenauers Antwort muß als Schlag gegen alle nationalbewußten Deutschen empfunden werden. Adenauers Antwort liegt nur im Interesse seiner imperialistischen Auftraggeber.‹« Da nun mochte Bacheran den Ost-Berlinern eher zustimmen. Konrad Adenauer war für ihn ebenso ein Spalter des deutschen Volkes wie Walter Ulbricht. Ein garstiges Thema. Um von ihm loszukommen, überflog er den daneben stehenden Artikel über den Kusian-Prozeß – und stieß zu seiner Überraschung sofort wieder auf den Namen Grotewohl: *Radio und Presse westlicher Lizenz sind seit Tagen nur noch damit beschäftigt, innerhalb ihrer Verbreitungsgebiete eine regelrechte K u s i a n - P s y c h o s e zu entfachen. Natürlich wird dieses Theater nicht nur veranstaltet, um den lieben Mitmenschen in Westdeutschland und West-Berlin zu beweisen, was für ein schlechtes Exemplar Mensch die Kusian eigentlich ist, sondern man versucht auch mit dem Rummel bewußt, das Echo zu übertönen, das der an die Bonner Adresse gerichtete Brief des Ministerpräsidenten Grotewohl über die Vorschläge zur Herstellung der deutschen Einheit in ganz Deutschland ausgelöst hat. Der Zweck heiligt hier nach bewährten Mustern die Mittel, und kein Mordfall ist den Regisseuren im Hintergrund schmutzig genug, als daß sie ihn nicht heiligen würden, um ihr Ziel zu erreichen. (...) Um es kurz zu machen: Der Fall Kusian ist nicht a l l e i n Schuld daran, daß er von einem bitter-*

*ernsten Mordprozeß in einen Publikumsreißer amerikanischen Niveaus verwandelt wurde.*

Bacheran hielt inne und sah Helga Leupahn an. »Ich will mich ja bei dir nicht anbiedern, aber ein Körnchen Wahrheit steckt da schon drin.«

Der dritte Verhandlungstag in Moabit begann mit Glückwünschen für Landgerichtsdirektor Dr. Korsch, der heute seinen 70. Geburtstag feiern durfte.

»Hoffentlich hat er sich mit der Kusian nicht übernommen«, murmelte Bacheran. »Ob das wirklich noch was für einen Rentner ist ...?«

Als hätte er dies gehört und wollte den Vorwurf entkräften, gab zunächst Staatsanwalt Kuntze eine längere Erklärung ab: »Der Zeuge Walter Kusian ist gestern auf meine Veranlassung verhaftet worden. Das geschah auf Grund der Aussage der Angeklagten. Ob sie glaubwürdig ist oder nicht, ist zur Stunde noch nicht festzustellen. Es ist meine Pflicht, die Dinge objektiv zu prüfen. Einerseits gibt die Angeklagte zu, daß sie in ihrem Leben viel gelogen hat. Andererseits war das, was die Angeklagte sagte, nicht ganz auszuschließen. Ich habe deshalb veranlaßt, Walter Kusian zu verhaften, damit er nicht Gelegenheit hat, eventuelle Spuren zu verdunkeln. Nunmehr richte ich an Presse und Rundfunk die Bitte, folgenden Aufruf zu verbreiten: Der Taxichauffeur, der sich am 26. Dezember 1949 zwischen 22 und 24 Uhr vor dem Hause Kantstraße 154a aufhielt und von dort aus einen Mann mit einem schweren Gepäck befördert hat, soll sich melden. Auch das Ehepaar, das angeblich gesehen hat, wie ein Mann und eine Frau in der Nacht des 26. Dezember schweres Gepäck in einem Wagen beförderten, möge sich melden! Ich beantrage, Frau Maria Schütz zu laden, die wahrgenommen haben soll, wie ein Mann und eine Frau mit schwerem Gepäck die Treppe im Mordhaus hinuntergingen.«

Bacheran war klar, warum Kuntze so sehr auf diesen Punkten insistierte. Gab es wirklich glaubwürdige Zeugen, welche die Kusians gemeinsam gesehen hatten, dann hieß das: Walter Kusian ist der Mörder und seine geschiedene Frau nur der Mithilfe schuldig.

Hm ... Der Staatsanwalt als der beste Verteidiger der Angeklagten. Ein komisches Gericht war das.

Dr. Korsch schien auch nicht recht zu wissen, wie es nun weitergehen sollte. Er erklärte, daß der Antrag der Staatsanwaltschaft praktisch ein Vertagungsantrag sei, da innerhalb von zwei Tagen wohl kaum der Taxichauffeur und das Ehepaar aufzufinden seien.

Nun kam von Helga Leupahn ein lautes Stöhnen. »Das hätte doch alles die Mordkommission West erledigen müssen.«

»Ein Kunstfehler, ja.« Bacheran konnte nicht anders, als ihr recht geben, um sich aber sofort wieder zu korrigieren. »Aber wie sollten sie denn ahnen können, daß die Kusian ihr Geständnis widerruft und ihren Mann als Täter ins Spiel bringt?«

Das Gericht einigte sich schließlich darauf, verschiedene Asservate herbeizuschaffen und der Reihe nach die Zeugen zu vernehmen, die schon verfügbar waren.

Als erste Zeugin wurde die Witwe Stöhr in den Saal gerufen. Von der Zimmervermieterin aus der Kantstraße erfuhr man über die Kusian anfangs nicht mehr, als man ohnehin schon wußte, dann aber horchten alle auf, als sie davon sprach, daß ihre Untermieterin am 26. Dezember neben der Merten noch einen weiteren Gast empfangen habe. »Eine große dunkle Dame ...«

Hatte die Kusian eben noch mit niedergeschlagenen Augen und in der Pose der Demut auf der Anklagebank gesessen, so sprang sie jetzt auf und gab sich widerspenstig und frech. »Ich kenne keine große dunkle Dame. Es war überhaupt keine Dame bei mir.«

Jetzt war Dr. Korsch wieder hellwach. »Warum haben Sie dann Ihrem Freund Kurt Muschan davon erzählt?«

»Ich habe Kurt Muschan viel Unwahres erzählt.«

»Sie können sich wieder setzen.« Der Vorsitzende wandte sich wieder der Untermieterin zu. »Frau Stöhr, wenn Sie uns bitte weiter erzählen würden, was sich am 26. Dezember bei Ihnen zugetragen hat.«

»Ja ... Mittags war eine blonde Dame mit einer Schreibmaschine da. Ich hab' sie nicht selber gesehen, aber meine Mutter sagt das. Später habe ich dann die große dunkle Dame in der Wohnung gesehen.«

Der Verteidiger Dr. Nicolai mischte sich ein: »War denn im Korridor Licht? Ist es möglich, daß Sie da nur einen Schatten gesehen haben – und daß es sich in Wirklichkeit um Herrn Kusian gehandelt hat?«

Walter Kusian, der auf die »kleine Anklagebank« geführt worden war, schreckte kurz hoch.

»Nein, der war es nicht, den kenne ich ja.«

»Herr Kusian«, fuhr die Stöhr fort, »ist von mir erst um drei viertel sieben – 18 Uhr 45 – beobachtet worden, als er in der Wohnungstür stand und mit Frau Kusian gesprochen hat. Um drei viertel elf – 22 Uhr 45 – hat Frau Kusian mich dann gebeten, in ihr Zimmer zu kommen und mir den Weihnachtstisch anzusehen, den sie für Herrn Muschan hergerichtet hatte. Da hat auch die Schreibmaschine drauf gestanden. Und daneben hat ein Zettel gelegen, mit der Maschine geschrieben: *Hiermit schwöre ich an Eides statt, daß ich Dich liebe! Elisabeth.*«

»Und ist Ihnen sonst noch etwas eingefallen, das Sie uns ...?«

»Ja, daß sich Frau Kusian kurz vorher, gegen 10 Uhr, drei Weingläser von mir ausgeliehen hat.«

Der Vorsitzende guckte etwas irritiert. »Frau Kusian, wer war denn die dritte Person, für die Sie sich die Gläser geliehen haben?«

Die Antwort kam ohne jedes Zögern: »Mein Mann.«

Walter Kusian fuhr auf. »Das stimmt doch alles nicht. Ich kann mir nur denken, daß meine Frau wahnsinnig geworden ist. Ich bin unschuldig. Wenn ich einen Mord begangen hätte, wäre ich nicht so dumm, die Kleidung des Ermordeten in meinem Zimmer aufzubewahren!«

Dr. Korsch richtete nun seine Aufmerksamkeit voll und ganz auf Walter Kusian. »Wo waren Sie am Abend des 26. Dezember?«

»Bei mir in der Wohnung in der Sternstraße.«

Zu seinem Alibi wurden nun seine Wirtsleute gehört, doch die konnten nichts weiter sagen als: »Tut uns leid, keine Ahnung.« Sie wußten auch nicht, wo er sich in der Silvesternacht aufgehalten hatte. »Gegen Mitternacht hat eine Tür geklappt, vielleicht war er es, vielleicht auch nicht. Am Neujahrsmorgen hat er uns jedenfalls fröhlich und in Festtagskleidung ein gutes neues Jahr gewünscht.« So die einundzwanzigjährige Tochter.

»Fräulein Sielaff, Sie müssen sich jetzt genau an alles erinnern. Es geht um Minuten, die über das Schicksal von Herrn Kusian entscheiden können.«

»Ich kann es nicht sagen.« Erschöpft und weinend nahm die junge Frau wieder Platz.

Bacheran konstatierte, daß es dem Gericht nicht gelungen war, Walter Kusian entscheidend zu belasten. Immer wieder hatte er in die Gesichter der Geschworenen gesehen und glaubte nun, aus ihnen eine zunehmende Anti-Elisabeth-Kusian-Stimmung ablesen zu können. Die hatte er auch schon beim Betreten des überfüllten Saales bei den Besuchern festgestellt. Ständig warteten Hunderte von Zuschauern, die keine Einlaßkarten mehr erhalten hatten, in den Gängen und hofften auf Neuigkeiten. Auch bei ihnen hatte die Angeklagte jede Sympathie verloren, und die Stimmen des Mitleids waren längst verstummt. Zu raffiniert und berechnend war sie aufgetreten, zu sehr hatte sie auf die »Tränendrüse« drücken wollen, dies vor allem mit Blick auf die sechs Geschworenen. Beim Urteilsspruch kam es auf die Zweidrittelmehrheit an, und da setzten sie und ihre Verteidiger offenbar voll auf die Stimmen der Laien. Die drei erfahrenen Berufsrichter, die sich so schnell nicht beeindrucken ließen, waren da weniger wichtig.

Die nächste Zeugin war eine gewisse Hildegard Zepter, eine ehemalige Patientin der Kusian aus dem Robert-Koch-Krankenhaus. Ihre Aussage war überaus eindeutig. »Am Neujahrsmorgen gegen 7 Uhr 30 stieg Schwester Elisabeth am Alexanderplatz allein in den S-Bahnzug, in dem ich mit meinem Mann nach Hause fuhr. Sie hatte einen leeren Rucksack unter dem Arm. ›Prosit Neujahr, Schwester Elisabeth!‹ habe ich gerufen, sie antwortete aber nicht, sondern drückte sich in eine Fensterecke und schob den Rucksack unter die Bank. Ich hatte das Gefühl, sie wolle nicht angesprochen werden, weil es ihr unangenehm sei, in diesem Aufzug am Neujahrsmorgen gesehen zu werden. Ich fand ihr Benehmen sehr merkwürdig.«

Die Angeklagte ging sofort dazwischen. »Es war kein Rucksack, ich kam mit einer grauen Wolldecke im Arm von meinem Mann.«

Bacheran notierte: *Das belastet die Kusian von allen Aussagen am meisten. Die Verteidigung muß sich jetzt etwas einfallen lassen, sonst hat sie das Spiel verloren.* Und sie ließ sich in der Tat etwas einfallen ...

»Wir wissen ja jetzt, warum Frau Kusian damals vor einem Jahr ein Geständnis abgelegt hat«, begann Dr. Nicolai. »Erstens um Ihren Mann zu schützen und zweitens, weil sie von der Ost-Polizei unzulässig unter Druck gesetzt worden ist.«

An dieser Stelle gab es lautstarken Einspruch des anwesenden Volkspolizeirates Pohl, der im Ostsektor das erste Geständnis der Kusian angehört und protokolliert hatte. »Nein, das ist sie nicht.« Es verstieße gegen die Pflichten der Polizei, wenn Geständnisse erpreßt würden.

Darauf erntete er von seiten der Zuschauer schallendes Gelächter. Dr. Korsch sah sich veranlaßt, der Berliner Volkspolizei seine uneingeschränkte Anerkennung für die von ihr geleistete vorbildliche und gründliche Arbeit auszusprechen. »Deren Ergebnisse stehen uns ja als einzig verläßliche Unterlagen bei der Prozeßführung zur Verfügung.«

Nach diesem kurzen Intermezzo durfte die Verteidigung fortfahren. »Zurück zum Geständnis ... Nun hat Frau Kusian ihr Geständnis widerrufen. Logischerweise. Ich will Ihnen anhand eines Beispiels beweisen, worum es da geht. Da hat Frau Kusian damals zu Protokoll gegeben, die Leiche der Dorothea Merten unter ihrer Couch versteckt zu haben und dann auf dieser Couch eine Liebesnacht mit Kurt Muschan verbracht zu haben. Das ist ein reines Phantasieprodukt, das hat sie damals nur gesagt, um nicht weiter den Qualen dieser Verhöre in Ost-Berlin ausgesetzt zu sein. Nun, schauen wir mal ...«

Es geschah nun etwas, was Bacheran noch nicht erlebt hatte und was er bislang auch für völlig unmöglich gehalten hatte: Der Moabiter Schwurgerichtssaal wurde zum Boulevardtheater, ja zur Schmierenkomödie, und sie spielten eine Farce. Titel des Stückes: *Die Couch.* Der Vorsitzende stimmte nämlich dem Antrag zu, die fragliche Couch aus dem Zimmer der Kusian herbeischaffen zu lassen.

Alsbald stand sie im Gerichtssaal, und die Richter, die Geschworenen und der Staatsanwalt umringten sie. Dann kniete sich der korpulente Anwalt Dr. Nicolai auf den Boden, fiel wie ein dickbäuchiger Kegel auf die Seite und mühte sich, seinen Korpus unter das Gestell zu zwängen. Das mißlang bei den ersten beiden Versuchen, denn zwischen Rahmen und Fußboden waren es kaum mehr als zwanzig Zentimeter. Als er schließlich unter der Couch lag, schwebten deren vier Füße ein paar Zentimeter über dem Boden.

»Sehen Sie«, sagte Arno Weimann. »Völlig unmöglich, darauf zu liegen und gar der Liebe zu frönen.«

Doch Dr. Korsch ließ sich nicht so schnell beeindrucken. Er winkte Walter Kusian herbei. »Legen Sie sich mal darunter, Sie haben ja in etwa die Figur der Merten.«

Walter Kusian tat wie ihm geheißen – und siehe da: Er paßte relativ bequem unter die Couch. Und als sich einer der Richter daraufleg te und sogar mit Gesäß und Rücken auf und nieder wippte, konnte er bekunden, nichts zu spüren.

Dr. Spengler, der Gerichtsarzt, der die Leichen Seidelmanns und der Merten untersucht hatte, gab dem Ganzen noch den wissenschaftlichen Segen, indem er feststellte, daß es durchaus möglich sei, eine Leiche aufgrund der schnell eintretenden Veränderungen ohne Schwierigkeiten unter der Couch zu verbergen.

»Vielen Dank«, sagte der Staatsanwalt, und die Verteidigung sah ziemlich betrippt aus.

»Treten wir erst einmal in die Mittagspause ein«, rief der Vorsitzende.

Bacheran und Helga Leupahn gingen in die Kantine und konnten noch zwei Plätze in der Nähe der Toiletten ergattern.

»Der Schwurgerichtssaal als Jahrmarktsbude«, war Helgas Kommentar.

»In dieser Welt wird alles zur Show«, sagte Bacheran, der manchmal sehr hellsichtig sein konnte. »Aber das hatten wir ja alles schon mal: im alten Rom, bei Shakespeare – siehe: *Die ganze Welt ist eine Bühne* – und bei den Nazis.«

»Und gerade darum brauchen wir eine neue Ordnung«, sagte Helga Leupahn. »Wo nicht alles zur Operette wird, wo die Menschen ernsthaft versuchen, mit allem fertig zu werden: mit Krieg, Not und Elend. Das geht nur im Sozialismus. Bei uns hätte es eine Szene wie die eben mit der Couch nicht gegeben.«

»Ich fand es auch nicht so erhebend, aber immerhin hat es doch erheblich zur Wahrheitsfindung beigetragen.«

Helga Leupahn blieb skeptisch, während sie ihre Erbsen aß. »Ich sehe viele offene Fragen ... Warum hat die Kusian drei Gläser im Zimmer gehabt? Daß die Stöhr und der Muschan da die Unwahrheit sagen, kann man wohl ausschließen. Wer war also die dritte Person? War es die große dunkle Dame, die sich die Vermieterin ebenfalls nicht ausgedacht haben dürfte? Du, ich glaube, da steckt ganz was anderes und viel mehr dahinter.«

»Ja, natürlich.« Bacheran wurde nun drastisch und sprach leicht sächselnd und wie ein Mitglied des ZK der SED. »Das Ganze ist eine Verschwörung alter Nazis und der Monopolkapitalisten. Seidelmann und die Merten hatten Kenntnis über den Aufenthalt von Martin Bormann und anderen untergetauchten Führern des deutschen Faschismus. Sie wollten ihr Wissen an die friedliebenden Kräfte in der DDR weitergeben. Man hat davon aber vorzeitig erfahren: in Argentinien, in Paraguay und beim amerikanischen Geheimdienst. Daraufhin hat man Elisabeth Kusian beauftragt, die beiden zu eliminieren. Ihre Belohnung sollte eine Million Dollar betragen, und unter dem Namen Betty Cuthbert sollte sie in den USA Leiterin der Mayo-Klinik werden.«

Helga Leupahn konnte nicht sonderlich darüber lachen. »So komisch das klingt, ganz ausgeschlossen ist es nicht. Für mich jedenfalls.«

Nach der Pause ging es dann um so sachlicher im Schwurgerichtssaal zu, denn nun kamen die wissenschaftlicher Gutachter zu Wort.

Der Chemiker Prof. Schnettka berichtete von Blutspuren am Rucksack und am Koffer, in den Dielenritzen des Zimmers der Kusian, am Brotmesser der Wirtin, das sie der Kusian geliehen hatte, und an einem Gummihandschuh der Angeklagten.

»Kann das nicht das Blut der Angeklagten gewesen sein?« fragte der Vorsitzende.

Und die Verteidigung hieb sofort in dieselbe Kerbe. »Sie hatte zur fraglichen Zeit ein Ekzem am linken Bein.«

Zum Entsetzen Bacherans und zur stillen Freude von Helga Leupahn hatte die Westseite vergessen, die Blutgruppe der Angeklagten bestimmen zu lassen. So mußte eine Verhandlungspause eingelegt werden, um sie ins nahe Robert-Koch-Krankenhaus bringen zu lassen. Nach einer knappen Stunde stand es fest: Blutgruppe A.

»Dann ist alles klar«, stellte Prof. Schnettka fest, »denn an den beschriebenen Gegenständen haftet Blut der Blutgruppe AB – der des Opfers Seidelmann. Die Blutgruppe von Frau Merten konnte leider nicht bestimmt werden, da sie im Ostsektor seziert wurde und dort verblieben ist.«

Noch einmal schlug sich Bacheran mit der flachen Hand vor die Stirn. Mein Gott. Aber immerhin war nun im Falle Seidelmann jeder Zweifel ausgeschlossen. Jeder ...?

Der nächste Sachverständige betrat die Bühne. »Die Zerstückelung der beiden Leichen ist von einer medizinisch erfahrenen Person kunstgerecht und mit großer Geschicklichkeit ausgeführt worden«, erklärte Dr. Spengler. »Bei Seidelmann bereits nach Stunden, bei der Merten erst nach einigen Tagen. Bei dieser ist der Verwesungsprozeß schon sehr weit fortgeschritten gewesen. Das deutet daraufhin, daß die Leiche längere Zeit in einem geheizten Raum gelegen hat.«

Die Verteidigung ging darauf nicht weiter ein. »Aber sagen Sie, Herr Dr. Spengler, wie kann es denn angehen, daß eine schmächtige Frau wie die Angeklagte einen so starken Mann wie Seidelmann überwältigt hat ...«

»Sie verfügt durchaus über beachtliche Kräfte. Herr Muschan hat zum Beispiel ausgesagt, daß sie ihn, der ja durchaus massiv ist, im Scherz einmal hochgehoben und in der Luft herumgewirbelt hat.«

Anschließend faßte Dr. Niederthal sein viele Dutzend Seiten umfassendes psychiatrisches Gutachten zusammen. Elisabeth

Kusian sei von zwei Seiten, von einem leicht erregbaren Vater und von einer unausgeglichenen Mutter, erblich belastet. Als Kind und noch als junges Mädchen habe sie bereits den Wunsch gehabt, aus den engen häuslichen Verhältnissen und dem kleinen Dorf in Thüringen herauszukommen und die große Welt zu erleben. Daß das in der Ehe mit Walter Kusian nicht möglich war, habe sie bald schmerzhaft erkennen müssen. Während seiner Abwesenheit im Kriege habe sie, unbekümmert um das Gerede der Nachbarn, in ihrer Wohnung Feste gefeiert, Orgien. Ihr Lebenshunger sei riesengroß gewesen. Ihre Mutter habe sie als ungarische Gräfin ausgegeben, sich selber als Malerin. Alles schöner Schein. Damit sei es aber nach der Rückkehr ihres Mannes aus dem Krieg vorbei gewesen.

Bacheran kannte das alles und hörte nur mit halbem Ohr zu. Erst als das Wort Lebenshunger fiel, schreckte er auf. Das fand er verständlich, und das war ein Motiv, über das sich nur schwerlich richten ließ, denn die Nazis und der von ihnen angezettelte Krieg hatten sie ja um so vieles betrogen. Die große Frage war also: Wäre sie auch zur Doppelmörderin geworden, wenn es kein Drittes Reich gegeben hätte, sondern sich Deutschland zu einer ganz normalen Republik entwickelt hätte, wie die USA etwa? Nein. Oder doch? Auch in der Weimarer Republik, wenn sie denn weiter existiert hätte, wäre sie die »kleine« Krankenschwester gewesen, hätte nie viel Geld gehabt und bestimmt keinen Krösus zum Ehemann bekommen.

Die Stimme des Vorsitzenden riß ihn aus seinen Grübeleien. »Herr Dr. Niederthal, halten Sie die Angeklagte des Doppelmordes fähig?«

Der Psychiater wich aus. »Sie hat wiederholt kriminalmedizinische Vorträge für Polizeibeamte besucht, in denen viel über Erdrosselungsvorgänge gesprochen worden ist.«

»Und wie sieht es mit einer Bewußtseinstrübung aus?«

»Die ist bei ihren beiden Mordtaten zu verneinen. Trotz des gelegentlichen Mißbrauchs von Rauschgift halten wir sie für ihre Taten für voll verantwortlich.« Das »wir« bezog sich auf ihn und Waldemar Weimann. »In der Auseinandersetzung der eigenen Wünsche mit den Möglichkeiten der Umwelt ist die Angeklagte unterlegen. Besonders charakteristisch für ihr abgesunkenes Persönlichkeitsniveau ist es, daß sie bei den Mordtaten ihre Schwesterntracht getragen und das Sterben ihrer Opfer genau beobachtet hat. Obwohl sie als abnorm gelten muß, bleiben ihre abwegigen Veranlagungen doch innerhalb des noch Normalen und berechtigen unserer Ansicht nach nicht zur Anwendung des Paragraphen 51. Weder in seinem Absatz 1 noch dem Absatz 2.«

»Ich danke Ihnen.« Dr. Korsch raffte seine Papiere zusammen. »Nach Lage der Dinge ... Morgen ist die Verhandlung ausgesetzt. Auf Antrag der Verteidigung. Das Gericht tritt erst am Freitag wieder zusammen.«

# Kapitel 39

Als Bernhard Bacheran am Freitag, den 19. Januar 1951, auf dem Weg nach Moabit morgens in der S-Bahn die Zeitung studierte, fing er, anders als bei den Fahrten zuvor, nicht bei der Prozeß-Berichterstattung an, sondern bei *Kultur und Politik,* denn am vorigen Tag war einiges geschehen, das die Kusian etwas in den Hintergrund treten ließ. In der »Film-Bühne Wien« am Kurfürstendamm hatte *Die Sünderin* von Willi Forst ihre Premiere erlebt und einen riesigen Skandal ausgelöst. Kirchenvertreter sahen die sittlichen Begriffe des deutschen Volkes zerrüttet. Warum? Weil Hildegard Knef, die Hauptdarstellerin, in einer Szene nackt zu sehen war und weil es in anderen Sequenzen um Suizid und Sterbehilfe ging. Nichts wie hin, dachte Bacheran. Was die Politik betraf, da war Ernst Reuter (*»Ihr Völker der Welt, schaut auf diese Stadt ...«*) zum Regierenden Bürgermeister wiedergewählt worden, nachdem es eine Woche zuvor zwischen ihm und Walther Schreiber (CDU) ein Patt (62:62) gegeben hatte. Der neue Senat bestand aus Politikern der SPD, CDU und FDP. In der Frontstadt war man sich einig im Kampf gegen die planetare Bedrohung durch den Kommunismus.

Gestern, am Donnerstag, war ja die Verhandlung ausgefallen, er hatte aber die Artikel über den Kusian-Prozeß ausgeschnitten, in einem Schnellhefter gesammelt und in seine Aktentasche gesteckt. Jetzt holte er sie zur Einstimmung auf den heutigen Prozeßtag hervor und überflog sie. Beim *Telegraf* lautete die Schlagzeile: *Die geheimnisvolle »dunkle Dame«.* Dies groß und fett. Darunter: *Mißfallenskundgebungen gegen die Angeklagte Kusian – Verteidiger unter der Mord-Couch.* Und als große Zwischenüberschrift: *Die Sachverständigen haben das Wort.* Der *Tagesspiegel* war um Sachlichkeit bemüht: *Elisabeth Kusian erneut belastet. Der Abend* vom 17. Januar 1951 hatte Lettern von fast zwei Zentimetern Größe aus dem Setzkasten geholt: *Taxifahrer gesucht. Wer fuhr in der Mordnacht Mann mit schwerem Gepäck? Walter Kusian streitet die Morde ab.* Dann weiter innen in einer auffälligen Schrifttype: *Walter, Du mußt die Wahrheit sagen!* Und am 18. Januar, um die Sache am Kochen zu halten: *Wer glaubt Elisabeth Kusian noch?* Die Ost-Berliner Blätter hatten nicht versäumt, Loblieder auf ihre Markgraf-Polizisten anzustimmen. *Der Morgen* vom 18. Januar: *Wertvolle Fingerzeige der Volkspolizei,* die *Berliner Zeitung* vom selben Tage: *Vorbildliche Arbeit der Volkspolizei – einzig verläßliche Unterlage.*

Verlaß war auch auf die Geliebte aus dem Ostsektor. Auf die Minute genau war Helga Leupahn zur Stelle, als es ans Umsteigen ging. Naßkalt und eklig fegte der Wind über die Bahnsteige, und so brauchten sie keine anklagenden Blicke zu fürchten, als sie eng aneinander gekuschelt auf die Stadtbahn warteten. Im Zug sprachen sie kaum über die Kusian, sondern mehr über das Kleingedruckte in den Zeitungen. Zum Beispiel, daß es am 10. Februar in Ost-Berlin die zweite Buntmetallsammlung geben sollte, angeregt vom Berliner Ausschuß der Nationalen Front.

»Bin ich ja mal gespannt, ob sich dein Vater seine beiden Goldzähne ziehen läßt und für die gute Sache spendet«, war Bacherans Kommentar.

»Du kannst auch nur lästern!«

»Komm, lästere ich vielleicht, daß ihr den Lustgarten in Marx-Engels-Platz umbenennen wollt? Solange ich bei euch in Karolinenhof im Garten noch Lust haben kann, können sie den Platz meinetwegen entlusten ... Oder soll ich doch dagegen protestieren?«

»Protestiere lieber gegen den Eisenhower-Besuch bei euch und daß eure Gerichte immer wieder Friedenskämpfer zu langen Haftstrafen verurteilen.«

»Es ist eben nicht jeder für die *Pax Sowjeticana,* so nach dem Stalin-Motto: *Willst du nicht mein Bruder sein, schlag ich dir den Schädel ein.*«

»Du, wir sind noch im demokratischen Sektor.«

»Willst du mich verhaften lassen?«

»Nein, aber ...«

»Gut, warte ich, bis wir am Lehrter Bahnhof sind.« Das war der erste Bahnhof im Westsektor.

Über das Leben in West-Berlin war wenig zu berichten. Die »Grüne Woche« in den Ausstellungshallen unter dem Funkturm warf ihre Schatten voraus. Die *Maske in Blau* verabschiedete sich nach dem 70 000. Besucher. Der Ausschuß zur Unterbindung des Ostdumpings schlug schärfere Kontrollen zur Bekämpfung des illegalen Einkaufs im Osten vor. In den redaktionellen Texten fand sich immer öfter eingestreute Werbung, so für den Kräuterlikör: *Berliner Mampe – weltbekannt durch Qualität und Elefant.* Kaufte man eine Flasche, so hing an deren Hals ein kleiner weißer Elefant, der von vielen Berlinern, so auch seiner Tante, eifrig gesammelt wurde. Weiterhin gab es: *Libby's Milch ... die sahnige!* Und: »*Sie essen doch auch Margarine auf dem Brot?*« »*Natürlich – aber es muß Sanella sein, die schmeckt so frisch!*« *500 g DM 1,22.*

Der vierte Verhandlungstag im Kusian-Prozeß sollte unter der Überschrift *Zeugen über Zeugen* stehen. Als Bacheran dies auf seinem Block notierte und Helga Leupahn ihm dabei zuschaute, grinste er: »Apropos Zeugen ... Ich möchte auch einmal zeugen ... Bei dir, mit dir ...«

»Und mit dem Kind geht es dann so zu wie beim *Kaukasischen Kreidekreis:* Ost und West zerren daran und wollen es zerreißen.«

Die erste Zeugin, die von Dr. Korsch in den Saal gerufen wurde, war Marie Schütz, die Portiersfrau aus der Kantstraße 154a. Bacheran war mehr als gespannt auf sie, denn aufgrund ihrer Aussagen vor der West-Berliner Mordkommission war sie von Menzels Kollegen als nicht voll zurechnungsfähig eingestuft worden, hatte sie doch steif und fest behauptet, den nachweislich am 3. Dezember ermordeten Seidelmann noch am 4. Dezember im Hofe des Hauses gesehen zu haben. Man wußte von ihr, daß sie 1946 bei einem Unfall eine Gehirnerschütterung erlitten hatte und sich seither selber als »verlesen« bezeichnete.

»Komischer Ausdruck«, meinte Helga Leupahn. »Was sie damit wohl meinen kann? Daß sie sich nun wie eine schlechte Erbse vorkommt, die man beim Verlesen in den Mülleimer wirft und nicht in den Kochtopf tut?«

»Klingt logisch. Ich hätte eher gedacht, sie kann nicht mehr richtig lesen, verliest sich dauernd.«

Als die Schütz dann vor dem Richtertisch stand und ihr Profil erkennen ließ, ging ein Raunen durch den Saal: Solch eine spitze Nase, solch eine Himmelfahrtsnase hatte kaum jemand vordem zu Gesicht bekommen. »Wunderbar geeignet, um sie überall hineinzustecken«, sagte Bacheran.

Nach ihren Wahrnehmungen befragt, richtete sie ihren Blick auf Walter Kusian, der aus der Haft entlassen worden war und wieder als Zeuge fungierte. Nachdem sie ihren Hut geradegerückt hatte, begann sie mit einer Stimme zu sprechen, bei der Bacheran nicht recht wußte, ob er sie mit dem Adjektiv schrill oder keifend versehen sollte.

»Am 26. Dezember ging ein Herr die Treppe hinauf. Er trug einen Rucksack, in dem ein sehr langer Karton steckte. Als ich gegen 21 Uhr das Licht umschalten wollte, hörte ich langsame Schritte auf der Treppe, so als trage jemand eine schwere Last. Es waren Frau Kusian und der Mann, den ich bereits mittags gesehen hatte. Wieder trug er den Rucksack mit dem langen Karton, und er tastete sich mit der Last mühsam am Geländer hinunter. Er fiel mir durch seine römisch-griechische Nase auf. Er war mit einer braunen Lederjacke, graugrün melierter Schirmmütze, schwarzer Hose und neuen schwarzen Schuhen bekleidet. Der Mann war zwei Zentimeter größer als die Frau.«

»War es denn so hell, daß Sie das alles so genau erkennen konnte?« fragte der Vorsitzende.

»Ja, es brannte eine 15-Watt-Lampe.«

»Mein Mann hat keine braune Lederjacke!« rief die Angeklagte dazwischen.

»Herr Kusian, wenn Sie bitte einmal kommen wollen ...« Dr. Korsch winkte Walter Kusian herbei, und dem sah man an, daß er Angst hatte, nun plötzlich doch wieder zum Angeklagten zu werden.

»Bei der Polizei hat sie mich doch unter sieben Männern nicht wiedererkannt«, beteuerte er.

Die Schütz ließ sich aber von seinen Protesten nicht beeindrucken und musterte ihn lange von Kopf bis Fuß, bis sie laut und deutlich sagte: »Doch, das ist er.«

Der Vorsitzende schüttelte den Kopf, denn Walter Kusian hatte keine römisch-griechische Nase, also eine, die mit der Stirn fast eine Linie bildete, sondern einen in großem Winkel von der Stirn abgehenden »Riechkolben«. Dann bat er die Angeklagte, aufzustehen und sich neben ihren Mann zu stellen. Dabei zeigte sich, daß er nicht zwei Zentimeter größer war als seine Frau, sondern um einiges kleiner.

»Gott, ist dieses Verfahren verfahren«, sagte Bacheran. »Da haben wir ein Gericht, das neben der Aufgabe der Urteilsfindung auch noch die Funktion des Untersuchungsrichters und der Polizei übernehmen muß. Korsch hätte unbedingt beim Geständnis der Kusian bleiben müssen und sich nicht ablenken lassen dürfen. Jetzt sind ihr Widerruf und ihre Beschuldigungen gegen ihren Mann Gegenstand der Verhandlungen – und die Fäden verwirren und verknoten sich von Tag zu Tag immer mehr.«

»Das ist doch ein schöner Erfolg für die Kusian«, war Helga Leupahns Kommentar. »Wie sie es verstanden hat, die Prozeßführung durcheinander zu bringen, das ist doch meisterlich. Sie ist zwar schwer belastet, und vieles spricht gegen sie, aber streng objektiv gesehen ist die Frage nach dem Mörder noch immer nicht beantwortet, solange ihr Mann kein einwandfreies Alibi erbringen kann.«

»Warten wir's ab.« Bacheran zeigte auf den Richtertisch, auf dem sich einiges stapelte: anonyme Briefe, in denen die Todesstrafe für Elisabeth Kusian gefordert wurde, Zettel, auf denen sich neue Zeugen gemeldet hatten, um wichtige Aussagen zu machen und abwechselnd Kurt Muschan und Walter Kusian zu belasten.

»Jeder Geisteskranke dieser Stadt bekommt im Kusian-Prozeß eine faire Chance,« spottete Bacheran.

Zuerst ließ der Vorsitzende noch einmal die Witwe Stöhr aufrufen. Was sollte das noch bringen? Immer hilfloser schien er zu werden.

»Frau Stöhr, wie war das mit den Besuchen von Herrn Kusian bei seiner Frau in den Tagen nach dem Mord?«

»Er ist mehrmals dagewesen, immer mit Kohlen beladen, und hat nach seiner Frau gefragt. Vergeblich. Er hängt doch immer noch an ihr, trotz der Scheidung und allem. Ich habe einmal einen zerrissenen Brief von ihm im Papierkorb von Frau Kusian gefunden, da stand drin: *Ich war eigentlich immer dein Pfleger.*«

Bacheran und Helga Leupahn wurde nicht recht klar, was diese Aussage zu bedeuten hatte: War Walter Kusian nun der wirkliche Mörder, zumindest aber Mittäter, oder aber nutzte die Kusian seine Anhänglichkeit nur aus, um ihn zu belasten und den eigenen Kopf aus der Schlinge zu ziehen?

Die Sache wurde immer mysteriöser. Der Höhepunkt des Tages war die Aussage einer gewissen Olga Maus, einer langjährigen Freundin der ermordeten Dorothea Merten, die während der Verhandlung telefonisch geladen worden war.

Nach dem einleitenden Procedere kam alsbald der Paukenschlag. »Ich saß unter der Trockenhaube im Friseurladen. Es mag Anfang oder Mitte Dezember '49 gewesen sein. Plötzlich erschien meine Freundin Doris Merten. Sie erzählte, daß ein gewisser Walter sie für heute abend zu einer Schwester des Krankenhauses Moabit eingeladen habe, einer Verwandten von ihm, die drei Kinder habe. Der Mann könne Schreibmaschinengeschäfte vermitteln und habe beste Beziehungen zu Behörden. Bei diesem Gespräch ist auch der Name Kurt gefallen. Den Nachnamen hatte ich vergessen, bis ich später durch die Zeitung darauf aufmerksam wurde: Kurt Muschan.«

»Und Walter ... was für ein Walter?«

»Kusian – ich wollte mir den Namen merken und dachte dabei an Grobian. ›Hoffentlich ist der Mann kein Grobian‹, sagte ich noch zu Doris Merten.«

Bacheran kam gar nicht so schnell mit, sich Notizen zu machen. Phantasiert die Frau? Von Beruf ist sie Stenokontoristin, also eher krampfhaft penibel. Und wenn sie recht haben sollte, wenn die Merten das alles wirklich zu ihr gesagt hatte, was dann? Dann hieß das, daß die Kusian und die Merten in viel engerer Beziehung zueinander gestanden hatten, als man dies bis jetzt annehmen konnte. Und: War Kurt Muschan womöglich die »Behörde«, zu der Walter Kusian so gute Kontakte haben sollte?

Es wurde noch dramatischer, als Günther Beigang, der Inhaber des Schreibmaschinengeschäftes, gehört wurde und zu Protokoll gab, daß ihm die Merten etwa 14 Tage vor ihrer Ermordung außerordentlich nervös erschienen war. »Als ich sie danach gefragt habe, hat sie mir geantwortet: ›Ich kann es Ihnen nicht sagen, es ist furchtbar.‹«

Bacheran dachte lange nach, ehe er sich einen Reim auf alles machte. »Das war nach der Ermordung Seidelmanns – und damit besteht die Möglichkeit, daß die Merten als gefährliche Mitwisserin des ersten Mordes beseitigt worden ist. Die Kusian lernt sie kennen, faßt Vertrauen zu ihr und gesteht ihr die Tat. Die Merten geht nicht sofort zur Polizei, warum auch immer. Wahrscheinlich aus Mitgefühl. Und muß deshalb sterben.«

Helga Leupahn blieb skeptisch. »Ich bleibe dabei, daß die Merten ermordet worden ist – ›nur‹ sozusagen –, weil die Kusian unbedingt die Schreibmaschine haben mußte. Für ihren Kurt. Ihr ganzes Leben hing ja quasi an dieser Schreibmaschine. Das andere spinnen sich die Leute jetzt zusammen.«

»Aber die Maus und der Beigang – warum sollten die spinnen? Außerdem erklärt das ja die Sache mit den drei Gläsern, wenn sich die Kusian, ihr Mann und die Merten in der Kantstraße treffen wollten.«

»Der Kusian als jemand, der Schreibmaschinen für die Behörden einkauft – das ist doch absurd. Das hätte die Merten doch sofort gemerkt.«

»Du unterschätzt die suggestive Kraft der Kusian. Und der Kusian ist immerhin kein Kretin. Als Krankenpfleger hat er es gelernt, mit Leuten umzugehen, und als Kellner hat er auch schon gearbeitet. Da lernt man es, devot zu sein und den Leuten Honig um das Maul zu schmieren. Den kann ich mir schon als Einkäufer vorstellen.«

Helga Leupahn war nicht zu überzeugen. »Wenn die Merten wirklich Mitwisserin gewesen wäre, hätte sie es doch unbedingt vermieden, mit der Kusian allein zu sein – und noch dazu in deren Wohnung. Die Angst, als Mitwisserin umgebracht zu werden ...«

»Wer weiß, was ihr die Kusian alles vorgeschwindelt hat? Du weißt, daß sie Meisterin im Lügen ist.«

Wie auch immer, sie kamen nicht weiter und hörten auf zu flüstern, um wieder der Verhandlung zu folgen. Dr. Korsch machte sich weiter daran, die lange Liste der von der Verteidigung ins Spiel gebrachten und noch aufzurufenden Zeugen abzuarbeiten. Von deren Existenz war zum Teil vorher nie die Rede gewesen, und man mußte erst Telefongespräche führen, wie bei der Olga Maus, oder Boten ausschicken, um sie herbeizuholen.

Zunächst betrat eine dunkelhaarige Sängerin den Saal, Frau Krämer-Bergau. Sie hatte am 26. Dezember eine Freundin besuchen wollen, die in der Kantstraße 154a auf demselben Flur wie die Witwe Stöhr wohnte.

»Sie war aber nicht zu Hause, und da habe ich nur eine Notiz geschrieben und ihr in den Briefschlitz gesteckt. So etwas dauert ja ein paar Minuten. Und während dieser Zeit ist auch dieser Herr hier vorbeigekommen.« Dabei zeigte sie auf Walter Kusian.

»Allein oder mit seiner Frau zusammen?« fragte Dr. Korsch.

»Meiner Überzeugung nach mit zwei Frauen.«

»Mit zwei Frauen?«

»Ja.« Sie blieb dabei und sorgte damit für einige Verwirrung im Saal. Wer sollte diese zweite Frau gewesen sein: doch die unbekannte dunkle Dame? Als die hatte Bacheran sie zunächst selber gesehen.

Plötzlich sprang mitten im Zuschauerraum eine Frau auf, breit und schwammig, und stampfte nach vorn zum Richtertisch, einen Brief in der Hand schwenkend.

»Hier habe ich alles aufgeschrieben, was das Geheimnis lüften wird. Ich war erst Artistin, jetzt bin ich Astrologin. Mein Name ist Anita Rose. Schließen Sie alle Türen! Lassen Sie niemanden aus dem Saal! Achten Sie auf das Gesicht der Kusian, wenn ich in Erscheinung trete. Ich mache die entscheidende Aussage.«

»Bitte, Frau Rose.« Nicht nur Dr. Korsch hoffte darauf, der ganze Saal verharrte in erwartungsvoller Spannung.

»Die große dunkle Dame heißt Wilhelmine Ludwig und wohnt in der Droysenstraße.«

Der Vorsitzende gab sofort Weisung, die große Unbekannte so schnell wie möglich herbeischaffen zu lassen. Als sie dann vorgeführt wurde, war sie allerdings blond. Und nicht nur das, sie gab an, keine Ahnung zu haben, weshalb sie von der Polizei Hals über Kopf aus ihrer Wohnung geholt worden war.

»Kennen Sie die Angeklagte?« fragte Dr. Korsch.

»Ich habe sie noch nie gesehen.«

Und da nichts dagegen sprach, ihr dieses vorbehaltlos zu glauben, war es wieder nichts mit dem berühmten Lichtstrahl im Dunkel.

Dr. Korsch schien nun mit seinem Latein am Ende zu sein. Er verzichtete auf weitere dubiose Zeuginnen und Zeugen und ließ das Magnetophonband abspielen, auf dem festgehalten worden war, was die Kusian am zweiten Verhandlungstag ausgesagt hatte. Den Widerruf des alten Geständnisses hatten nicht alle im Saal zur Gänze verstehen können. Mal hatte sie nur geflüstert, mal hatte sich ihre Stimme überschlagen. Der Lautsprecher war nun voll aufgedreht, und es schien so, als würde die Kusian von ihren eigenen Worten, als sie die beiden Mordtaten in aufpeitschendem Rhythmus schilderte, wie von Peitschenhieben getroffen. Immer tiefer sank ihr Kopf, und Bacheran schien es so, als könnte sie sich nur mühsam beherrschen und hätte sich am liebsten die Hände auf die Ohren gepreßt. Die Tür des Schwurgerichtssaales wurde aufgezogen, damit die Leute auf dem Flur, die keine Eintrittskarte bekommen hatten, der Übertragung folgen konnten.

Bacheran und viele andere im Saal hatten wohl gehofft, daß die Kusian nach dieser Konfrontation nun doch weich werden und ein neues Geständnis ablegen würde – »Ich ganz allein war es, und mein Mann wie auch Kurt Muschan haben von alledem nichts gewußt!« –, doch vergeblich. Sie schwieg, und damit blieb alles beim Alten. Was nun? Sollte man das Verfahren abbrechen und wieder an die Voruntersuchung zurückverweisen? Lange beriet man sich, dann beschloß man, das Verfahren vier Tage später, das heißt am Dienstag, den 23. Januar, fortzusetzen.

# Kapitel 40

Als Bernhard Bacheran und Helga Leupahn sich am Sonntag nachmittag unter der großen Uhr am Bahnhof Zoo trafen, um noch ein wenig zu bummeln und sich dann ins Café zu setzen, bevor sich im Theater am Kurfürstendamm der Vorhang zu Gerhart Hauptmanns *Fuhrmann Henschel* hob, fragte er sie nach einer durchaus stürmischen Begrüßung, ob sie Lust habe.

»Wozu?«

»Nicht dazu ...« Er zeigte auf das gegenüberliegende Hotel. »Noch bin ich nicht der Herr Oberstaatsanwalt und kann mir das leisten ...« Er stockte, er zögerte. »Aber ... warum eigentlich nicht?«

»Du bist verrückt!«

»Das ist ja das Schöne.«

Als sie eine Stunde später das Hotel wieder verließen, hatte er die zweite Überraschung für sie. »Jetzt geht's zur Astrologin, und wir lassen uns sagen, wann wir denn endlich heiraten werden.«

Abermals war sie entsetzt. »Ins Stundenhotel, das ist schon dekadent genug, aber zu einer Astrologin – nur über meine Leiche!«

»Es ist die Anita Rose aus dem Gerichtssaal. Ich habe ihre Adresse herausbekommen, und ich bin mir sicher, daß sie mehr über die Kusian weiß, als Dr. Korsch aus ihr herauslocken konnte.«

»Und woher rührt da deine Zuversicht?«

»Aus der Tatsache, daß ich im Robert-Koch-Krankenhaus angerufen und eine Weile mit Oberschwester Anita gesprochen habe. Noch eine Anita, ja. Also, was die Frau Rose betrifft: Die hat selber im Robert-Koch-Krankenhaus gelegen, lange Zeit sogar, nachdem sie als Artistin vom Trapez gestürzt war. Und während dieser Zeit hat sie eine Menge Krankenschwestern kennengelernt, die dann, als sie sich auf die Astrologie geworfen hatte, laufend bei ihr ein- und ausgegangen sind. Das kann man als hundertprozentig gesichert betrachten.«

»Nun gut, du hast mich zum zweiten Mal rumgekriegt.«

Die Rose wohnte in der Mommsenstraße 9, es war nicht weit. Sie kamen durch Straßen, die vom Bombenhagel weitgehend verschont geblieben waren.

»Eine schöne Wohngegend«, sagte Bacheran. »Ob ich mich mal umhöre, ob ich hier für uns was kriegen kann, so mit Vitamin B ...?«

Helga Leupahn blieb stehen und stampfte mit dem Fuß auf den Boden. »Ich zieh' nicht in den Westsektor!«

»Das ist doch ...« Bekloppt hatte er sagen wollen, beließ es aber bei einem milderen »... absurd!«

»Nein, ist es nicht. Um klarzumachen, was ich meine, erzähl' ich dir mal ein russisches Märchen: In einem Dorf in der Taiga hat ein kleiner Junge seine Mutter verloren und weint bitterlich. Die Leute fragen ihn, wie denn seine Mutter ausgesehen habe. ›Schön wie eine Prinzessin, die schönste Frau im ganzen Land.‹ Also suchen die Leute nach einer wunderschönen Frau, die seine Mutter sein könnte, finden aber keine. Können sie auch gar nicht, denn als die beiden durch Zufall wieder zueinander finden, stellt sich heraus, daß die Mutter furchtbar häßlich ist und kaum noch Zähne hat, dafür aber einen Buckel.«

Was blieb Bacheran da, als zu schweigen. Das erste Wort fiel erst wieder, als sie ins dritte Stockwerk des Hinterhauses hinaufgestiegen waren und bei Anita Rose vor der Wohnungstür standen. »*Frau Rose ist zu Hause. Bitte stark klopfen.*« Bacheran las vor, was auf dem Zettel stand, der mit einer Reißzwecke über dem Klingelzug angeheftet war. Sie hörten, wie die Blende am Gucklock beiseite geschoben wurde.

»Ich lasse keine Männer ein.«

Bacheran machte einen Schritt zur Seite und zog Helga Leupahn vor das Guckloch. »Ich bin nicht allein, ich habe eine Kollegin mitgebracht.«

»Ich sage nichts mehr, bitte gehen Sie. Sie sind von der Presse, das sieht man doch.«

»Nein ...« Bacheran stellte sie beide vor, Helga Leupahn hielt ihr die Kripo-Marke hin.

Daraufhin wurden sie eingelassen und in eine kleine Küche geführt. Im Herd brannte ein kleines Feuer, dennoch war es lausig kalt. Ein altes Sofa war zu sehen, ein schmaler Küchentisch, zwei Stühle. Die Astrologin hatte gerade an der Spüle gestanden. Ihre Hände waren blaurot gefroren. Sie trug ein schwarzes Kleid mit einer knallroten Strickjacke darüber und schien sich alle Mühe zu geben, wie eine Zigeunerin zu wirken. »Woher haben Sie meine Adresse? Was wollen Sie? Karten lege ich nicht, das sage ich Ihnen gleich. Sie müssen das verstehen. Ich habe im Gerichtssaal schlechte Erfahrungen gemacht. Man hat sich über mich lustig gemacht, obwohl ich Wichtiges zu sagen hatte. Wenn man mich nicht ausreden läßt, kann ich ja die Aussage nicht machen.« Während sie dies gesagt hatte, war eine Katze auf das Sofa gesprungen. Sie streichelte das Tier. Mehr um sich die Hände zu wärmen, als dem Tier Gutes zu tun. »Ach, Kindchen, wie bitterkalt ist dieser Winter ... Ich habe einige Unfälle gehabt, ich bin magenkrank. Was kann ich für Sie tun? Wenn Sie mir Ihr Geburtsdatum sagen, werde ich Ihnen prophezeien können, was Ihnen in diesem Jahr noch alles bevorstehen wird.« Bacheran tat es, und sie zog ihre Bücher und Tabellen unter dem Sofakissen hervor, um zu rechnen. »Ja, es ist ganz eindeutig: Sie werden in diesem Jahr noch in den heiligen Stand der Ehe treten.«

»Wunderbar.« Bacheran küßte Helga Leupahn und gab der Rose fünf Mark. »Nun aber zu der Kusian ...«

Sie setzten sich, und die Rose begann zu erzählen. »Ja ... Nachdem ich das Krankenhaus Moabit verlassen hatte, kam eine Schwester zu mir. Der sagte ich den Selbstmord einer anderen Schwester voraus, und als der dann tatsächlich eintraf, kamen andere Schwestern zu mir. Auch die Kusian mit zwei Frauen. Eine war die blonde Frau Ludwig, die kennen Sie ja.«

Bacheran staunte. »Aber die hat doch unter Eid ausgesagt, die Kusian nie zuvor in ihrem Leben gesehen zu haben ...«

Die Rose winkte ab. »Ach was, das waren die dicksten Freundinnen. Frau Ludwig hat mich doch in ihre Wohnung gebeten, um mir ihr Herz auszuschütten. Als die Verbrechen aufgedeckt waren und man die Kusian verhaftet hatte. Da hat sie mir erzählt, daß die Kusian nach dem ersten Mord bei ihr geschlafen hat.«

»Und warum hat Wilhelmine Ludwig das vor Gericht nicht erzählt?«

»Sie hat Angst, von der Kusian in den Fall verwickelt zu werden. Wie der Herr Muschan und der Kusian auch. Da bleibt doch immer was hängen, sagt sie.«

»Das ist ja'n Ding ...« murmelte Bacheran. »Und die große Unbekannte, die große dunkle Dame?«

»Das ist auch eine Schwester aus dem Robert-Koch-Krankenhaus. Ich kenne den Namen nicht, aber sie ist groß und schwarzhaarig und sehr gepflegt. Sie hat in die Schweiz reisen wollen. Man habe sie des öfteren mit der Kusian gesehen, hat sie mir gesagt, als sie hier war, vor einem Jahr etwa, und sie wolle keine Unannehmlichkeiten haben. Ihr Mann muß ein hohes Tier gewesen sein. In der Politik, glaube ich. Die Kusian hatte ihr noch 500 Mark geschuldet, aber die hat sie sausen lassen, um nicht als Mitwisserin dazustehen. Sie hat für eine Freundin von mir in St. Gallen eine Brosche mitgenommen, aber seitdem habe ich von ihr nichts mehr gehört und gesehen. Statt dessen ist dann eine fremde Frau zu mir gekommen und hat mir im Auftrag der Kusian ein Buch gebracht, das aus ihrem Gepäck stammen soll.« Die Rose ging zum Küchenschrank, öffnete ihn und zog ein Exemplar von Fontanes *Unwiederbringlich* hervor. »Ich hab's aber nicht gelesen. Das ist nichts für mich.«

Bacheran schrieb das alles auf und schickte es der Mordkommission West. Die bedankte sich, ließ aber durchblicken, daß man für solche »Spinnereien« und Ablenkungsmanöver keinen rechten Sinn habe. »Die Kusian war es. Schluß, aus.«

So standen am 23. Januar, dem fünften Verhandlungstag, Anita Rose und ihre Aussage nicht mehr zur Debatte. Am Anfang hatte der Obermedizinalrat Dr. Waldemar Weimann seinen großen Auftritt. Zum ersten Mal seit Beginn des Prozesses war es der *Neuen Deutschen Wochenschau* erlaubt worden, ihre Scheinwerfer aufzustellen und Aufnahmen zu machen. So war das Schwurgericht in gleißendes Licht getaucht und mußte sich wie auf einer Bühne fühlen. Leise surrten die Kameras. Das alles heizte die Stimmung im Saal weiter an. Draußen auf den Fluren standen abermals Hunderte von Neugierigen, und insbesondere die Männer hofften, einen Blick auf die »charmante Mörderin« zu erhaschen. Die sah heute, da sie Traubenzucker-Injektionen bekommen hatte, wesentlich frischer aus als an den Tagen zuvor, an denen sie kaum etwas gegessen hatte.

Für Bernhard Bacheran war nicht neu, was Waldemar Weimann vortrug. Zuerst ging er auf sein persönliches Verhältnis zur Kusian ein. »Es bestand zwischen uns ein ungewöhnlich guter Kontakt.« Dann schilderte er die Verhöre, die in seinem Beisein abgelaufen waren, und wie er später Elisabeth Kusian in vielen Einzelgesprächen dahin gebracht hatte, sich ihm zu offenbaren. »Ich betone, daß mir die Angeklagte in den ersten Monaten immer wieder die Taten so beschrieben hat, wie es in den Geständnisprotokollen festgelegt ist.« Erst später, nach einer Begegnung mit Kurt Muschan, habe sie ihren Ehemann in »hinterhältiger, mysteriöser Weise« in das Verhängnis zu ziehen versucht, wohl um sich vor Kurt Muschan, ihrem Geliebten, reinzuwaschen. Sie sei ihm, Weimann, immer wieder durch ihre faszinierende Überzeugungskraft aufgefallen. So sei einmal eine andere Insassin des Untersuchungsgefängnisses auf ihn zugekommen und habe sich entrüstet, daß man »diese unschuldige, diese fabelhafte Frau« des Doppelmordes verdächtige. Eine paar Tage später aber habe es dann aus demselben Munde ganz anders geklungen: »Ich bin geradezu idiotisch! Wie konnte ich dieser Frau nur glauben? Das ist das gemeinste Weib, das ich kenne!« Zum Schluß erklärte Dr. Weimann, während der weiteren Beobachtung der Kusian habe er dann die auch vom Gerichtsarzt Dr. Niedenthal geteilte Überzeugung gewonnen, daß die Kusian ihre Geständnisse vor dem Schwurgericht nicht wiederholen würde. »Mit ihr begann eine Umwandlung. Sie stritt allmählich ab, die Tötungen begangen zu haben, und berief sich dabei auf ihre Handverletzung. Schließlich hat sie kurz vor dem Termin geäußert: ›Wenn ich die Wahrheit sage, dann wandert mein Mann lebenslänglich ins Zuchthaus. Und ich komme nach zwei Jahren frei und kann ein neues Leben beginnen.‹« Die Frage des Staatsanwalts, ob ihm die Angeklagte auch Einzelheiten der Tötung des Seidelmann geschildert habe, bejahte Dr. Weimann. »Ja, und ich bin der Überzeugung, daß sie die Tötung des Seidelmann unbedingt miterlebt haben muß. Sie schilderte den Handlungsablauf, wie ihn nur ein Mensch schildern kann, der das selbst erlebt hat.«

Damit war für Bacheran klar, daß sich die Waage zuungunsten der Kusian geneigt hatte, und er ertappte sich dabei, dies fast ein wenig zu bedauern. Warum wohl? War auch er ihrem Charme, ihrem Charisma erlegen, träumte auch er im Unbewußten davon, von ihr geliebt zu werden, mit ihr intim zu werden? Oder war es einfach sein sportlicher Sinn, immer auf der Seite der Verlierer zu sein und auf das Wunder zu hoffen, daß sie doch noch siegen könnten? Ja und nein. Und wie stand es mit der Projektion – hatte sie stellvertretend für ihn die Taten begangen, die er sich verbot, standen der Seidelmann und die Merten für Menschen, die er selber gern ermordet hätte? Für Lehrer, für Freunde und Verwandte, die ihn einmal gequält hatten? Wer konnte das wissen ... Tatsache war aber, daß er für die Kusian eine dunkle, schauerliche Sympathie empfand und es gern gesehen hätte, mit klammheimlicher Freude, wenn es ihr gelungen wäre, ihren Kopf doch noch aus der Schlinge zu ziehen.

Nun war Kommissar Menzel an der Reihe. 206 Personen hatte die Kriminalpolizei im Verlaufe ihrer Ermittlungen vernommen und dabei zwei dicke Aktenbände von je über 600 Seiten angelegt. Menzel verwies darauf und gab sich sehr dezidiert: »Ich hatte den Eindruck, daß hier kein Zweifel mehr über die Täterschaft auftauchen könnte.« Zumal die Hausdurchsuchung bei Walter Kusian nichts Verdächtiges ergeben habe. »Alle Fußbodenritzen sind systematisch abgesucht worden. Sowohl hier als auch an der Arbeitskleidung Walter Kusians haben sich Blutspuren nicht nachweisen lassen.« Alle anderen Blutuntersuchungen würden klar auf die Kusian als Täterin verweisen.

Die aber blieb im anschließenden Kreuzverhör bei ihrer Behauptung, ihr geschiedener Mann habe die Taten begangen.

Staatsanwalt Kuntze fixierte sie. »Warum haben Sie dann noch am 4. Januar 1950 an die längst ermordete Doris Merten eine Karte mit guten Wünschen zum neuen Jahr geschrieben und sie aufgefordert, sie solle Sie bald wieder besuchen?«

Die Kusian gab sich unbeeindruckt. »Ich habe nicht nur eine, sondern vier Karten geschrieben. Mein Mann hat mir das aufgetragen, um die Tat zu verdecken.«

»Sie haben behauptet, Sie hätten am 26. Dezember 1949 genügend Geld für die Schreibmaschine gehabt. Warum versetzten Sie aber einen Silberkasten?«

»Sie stellen Fragen, Herr Staatsanwalt ...!«

Noch immer war ein halbes Dutzend Zeugen nicht angehört worden. Dr. Korsch hatte sie offenbar vergessen. Nun ließ er doch noch einige von ihnen aufrufen. Dabei sagten Freunde der Merten, die noch am Mordtage mit ihr gesprochen hatten, übereinstimmend aus, daß diese nie von der Bekanntschaft mit einem Herrn Kusian oder einem Kurt Muschan gesprochen habe, geschweige denn von einer diffusen Angst.

Bacheran beugte sich zu Helga Leupahn hinüber. »Den Leuten ist zweifellos zu glauben, aber was ist mit den anderen, die im engen Kontakt zur Merten standen: ihre Freundin Olga, ihr Chef – sollten die alle Opfer einer Massensuggestion geworden sein oder vom Drang erfüllt, sich wichtig zu machen?«

Auch die geheimnisvolle Unbekannte, die große »dunkle Dame« rückte noch einmal in den Mittelpunkt. Der Vorsitzende wie der Staatsanwalt gaben sich alle Mühe, sie sozusagen zu entschärfen, während sie die Verteidigung tapfer aufzuwerten und im Spiel zu halten suchte. Eine Krankenschwester, die man verdächtigt hatte, diese Frau zu sein, konnte glaubhaft nachweisen, die Kusian im Jahre 1948 zum letzten Mal gesehen zu haben. Blieb Gisela Göltzsch, die Frau des Möbelhändlers aus Charlottenburg, die am zweiten Weihnachtsfeiertag im Hause Kantstraße 154a gesehen worden war.

»Ja, das war so ... Unterm Weihnachtsbaum hat mir mein Mann gestanden, während meines Aufenthalts im Krankenhaus versucht zu haben, mit Frau Kusian ein Liebesverhältnis anzufangen.

Es sei aber bei dem Versuch geblieben. Das hat mir aber doch keine Ruhe gelassen, und so bin ich hin, um sie zur Rede zu stellen.«

»Und – haben Sie das?«

»Nein. Als ich bei ihr oben angekommen war, stand sie mit einem Mann in der Tür – und da hat mich mein Mut wieder verlassen. Aber es muß mich jemand gesehen haben, und der ist dann zur Polizei gegangen.«

Bacheran war sich ziemlich sicher, daß die Sache damit entschieden war, zumal sich der ominöse Taxifahrer, der Walter Kusian mit den Leichenteilen im Gepäck gefahren haben sollte, noch immer nicht gemeldet hatte.

»Phantasiegestalten tun sich eben schwer damit«, murmelte Bacheran, als Dr. Korsch dies zur Sprache brachte. Sollten die Kusian und ihre Verteidiger die vielen Nebelkerzen doch umsonst geworfen haben? Es schien nun so. Aber noch war der Prozeß im Gange ...

Der Vorsitzende richtete seine Blicke gen Himmel, fast so, als wollte er fragen: Was nun, wie bringe ich die Sache mit Anstand zu Ende? Da fiel ihm ein, daß man ja die Geständnisprotokolle verlesen lassen konnte. Das nahm Stunden in Anspruch und hatte den Anstrich des überaus Seriösen. Diese Protokolle waren sehr sorgfältig geführt worden. Da gab es keine vagen Zusammenfassungen, sondern Fragen und Antworten waren fein säuberlich aufgelistet worden.

Bacheran hörte mal hin, mal las er Zeitung. Im *Tagesspiegel* fand sich unter der Überschrift *Die Verstrickung der drei Liebenden* ein einfühlsamer Artikel von Jochen Harringa. Zuerst ging er auf die Liebesbeziehung zwischen der Kusian und Kurt Muschan ein und natürlich auf die Liebesnacht, die sie auf der Couch verbracht hatten, unter der die ermordete Dorothea Merten versteckt war. *Man sagt, daß das Leben die besten Romane schreibe. Diese Szene aus der Wirklichkeit ... wäre allerdings der Beweis für das Gegenteil. Kein Drehbuchautor, kein Romancier könnte ungestraft ein solches Tète-á-Tète aus Gartenlaubenromantik und Entartung schildern.* Dann kam er zu Walter Kusian, der seiner Elisabeth bis zum Ende hörig gewesen sei. Was sie gehörig ausgenutzt habe. *War es nur*

*Mitleid und Berechnung: ›Ich konnte alles von meinem Mann erreichen, wenn ich ihn gut behandelte‹, war es nicht ebenso Verachtung und Haß?* Eine klassische Dreiecksbeziehung sei es gewesen. *Zwischen diesen beiden Männern lebte die Angeklagte. Als Ausbeuterin Walter Kusians, als hemmungslos Hassende, die selbst vor Gericht nicht davor zurückschreckte, ihren geschiedenen Mann der Morde zu bezichtigen; als Schenkende und als Liebende im Verhältnis zu Kurt M., zu dessen Entlastung sie seinerzeit die Morde gestand.*

Die Verlesung der Protokolle ging endlich zu Ende. Alle Beteiligten waren ziemlich erschöpft.

Helga Leupahn konnte sich nicht vorstellen, daß das Ende des Prozesses damit nahe war. »Man muß sich doch Zeit lassen, um alles bis in kleinste aufzuklären. Jeder Zeugenaussage, auch wenn sie zunächst noch so unwahrscheinlich klingt, muß doch nachgegangen werden. Ich versteh' das nicht. Man kann noch nicht alle Personen, die Walter Kusian belasten oder noch jemand anderen gesehen haben wollen, für unzurechnungsfähig erklären.«

Bacheran nickte. »Rein wissenschaftlich gesehen hast du ja recht: Man muß erst Menschen zum Mond hochschicken und sie an Ort und Stelle nachprüfen lassen, daß es da kein Leben gibt, vorher gibt sich der menschliche Geist nicht zufrieden, obwohl natürlich alle hundertprozentig wissen, daß da oben nichts ist außer Fels und Sand. Nicht anders im Kusian-Prozeß. Aber ganz pragmatisch gesehen ist es schon richtig, jetzt einen Schlußstrich zu ziehen. Alle Indizien, alle naturwissenschaftlichen Beweise sprechen gegen die Kusian, und jeder hier im Saal ist doch zutiefst überzeugt davon, daß sie es gewesen ist. Wozu also noch länger hier hocken und labern. Jetzt muß das Plädoyer des Staatsanwalts kommen.«

Es kam aber nicht, denn Kuntze erklärte, daß es für ihn unmöglich sei, sofort im Anschluß an die fünftägige Beweisaufnahme seine Anklagerede zu halten. Daraufhin vertagte sich das Gericht auf den nächsten Tag.

# KAPITEL 41

*The same procedure as every day.* Auch am Morgen des 24. Januar 1950 trafen sich Bernhard Bacheran und Helga Leupahn auf dem Bahnhof Ostkreuz.

»Was machen wir nur, wenn der Kusian-Prozeß vorüber ist?« fragte Helga Leupahn. Sie hatten die Tage in Moabit fast wie einen Urlaub empfunden, beide freigestellt von ihren sonstigen dienstlichen Verpflichtungen.

»Da sieht man mal, wie recht Emile Durkheim hat, wenn er schreibt: *Das Verbrechen eint die aufrechten Gemüter.* Uns beide hat es jedenfalls vereint.« Bacheran zog sie an sich. Doch mit der Friede-Freude-Eierkuchen-Stimmung war es schnell vorbei, als ihm Helga zwei Ost-Berliner Zeitungen hinhielt, die sie schon am Bahnhof Grünau gekauft hatte. *Der Morgen* bemängelte abermals die *flüchtige Vorarbeit der Westpolizei* und *Dr. Korschs mangelhaftes Aktenstudium.* Die *Berliner Zeitung* war noch um einiges polemischer. Daß man das erste Geständnis der Kusian schließlich doch als richtig angesehen hatte, wertete man als eine katastrophale Niederlage des Vorsitzenden und sah es im politischen Kontext: *Nach dem Abschluß der Beweisaufnahme wird überhaupt erst klar, was das Gericht mit seiner überaus schleppenden Verhandlungstaktik bezweckte. Man ließ bekanntlich nichts unversucht, um der Kusian zu bescheinigen, daß sie als Täterin gar nicht in Frage kommen könne. Frau Kusian erfaßte sofort mit der ihr eigenen Intelligenz die Gunst der Stunde und des Gerichtes ... Hätte sich das erste Geständnis der Kusian als falsch erwiesen, wäre es der West-Berliner Hetzpresse eine grenzenlose Freude gewesen, die Volkspolizei der »Unfähigkeit« zu bezichtigen. Andererseits wäre damit natürlich die kolossale »Fähigkeit« der Stumm-Polizei ans abendländische Tageslicht gekommen und die*

*Scharte des völligen Versagens der Stumm-Polizei und der Justiz ausgewetzt worden.*

»Mein Gott!« erregte sich Bacheran. »Das darf doch nicht wahr sein. Man kann doch nicht bei allem gleich politischen Unrat wittern. Sicherlich ist der Korsch kein Glanzlicht und hat alles zu sehr laufen lassen, wie es gerade kam, aber da hat doch keine Strategie des Kalten Krieges dahintergesteckt.«

»Natürlich wird auch sein Bewußtsein vom Sein bestimmt – und er wird nun mal von denen bezahlt, die eine imperialistische Politik betreiben und die DDR vereinnahmen wollen, weil sie ein Hort des Friedens ist.«

»Glaubst du das wirklich – oder plapperst du das nur alles nach?«

Das war hart und unbesonnen, und er bedauerte es schon, bevor er den Satz zu Ende gesprochen hatte. Doch zu spät. Sie rückte merklich von ihm ab und schwieg die ganze restliche Fahrt über. Wahrscheinlich hätte sie sich auch im Schwurgerichtssaal woanders hingesetzt, was aber wegen des Platzmangels nicht möglich war. Als er nach ihrer Hand griff und sich mit ihr versöhnen wollte, wehrte sie ihn ab.

»Entschuldige bitte, es war nicht so gemeint. Ich liebe dich doch.«

»Hör auf nachzuplappern, was du im Kino immer hörst.«

Was blieb ihm, als sich auf das zu konzentrieren, was vorn auf der Bühne geschah. Die Hauptrolle war heute dem Herrn Staatsanwalt vorbehalten.

»Seitdem die Taten, die hier abzuurteilen sind, in der Berliner Bevölkerung bekannt geworden sind, hat die Öffentlichkeit ein sehr reges Interesse an dem Gang der Ermittlungen genommen«, begann Herbert Kuntze. »Dieses Interesse hat gerade in den Tagen der Hauptverhandlung oftmals seltsame Blüten getrieben, aber es hat auch einiges Gute gehabt. Es haben sich Rundfunk und Presse und auch die breite Öffentlichkeit sehr für die Ermittlungen interessiert und geholfen, den Fall aufzuklären.«

Dann ging er auf den Eröffnungsbeschluß ein, nannte noch einmal die Tatzeiten und die Opfer und verteidigte die Vorgehensweise des Gerichtes. »Wenn im Laufe des Prozesses der Eindruck entstand, daß hier vielleicht nicht mit genügender Sorgfalt vorgearbeitet worden sei, so muß festgestellt werden, daß im Gegenteil nichts versäumt wurde. Die Ermittlungen führten am Ende zu dem Ergebnis, das sich mit dem objektiven Befund deckt. Es mag sein, daß die Erklärung, die die Angeklagte am zweiten Tag der Verhandlung gab, gewisse Zweifel an den gegen sie erhobenen Beschuldigungen wach werden ließ. Diese Zweifel sind aber völlig unbegründet.«

Er griff zum Wasserglas, ehe er neu ansetzte. »Ich will nun versuchen, den Nachweis zu führen – und zwar auf dem Boden der Tatsachen –, daß nur die Angeklagte die Mörderin sein kann. Von alldem, was Elisabeth Kusian gesagt hat, glaube ich ihr sehr, sehr wenig. Eines aber glaube ich ihr bestimmt, daß sie nämlich viel, unendlich viel und fort und fort gelogen hat. Halten wir uns an den tatsächlichen Befund ...«

Damit begann er, all die bekannten Fakten aufzuzählen und zerpflückte in minutiöser Gründlichkeit das »Geständnis« der Angeklagten vor dem Schwurgericht. »Sie versuchte geschickt, auch das Gericht im Angriff zu überrennen. Doch nur, wer der Persönlichkeit der Angeklagten nicht gewachsen war, konnte sich von ihr düpieren lassen. Ihr Versuch ist mißlungen ... Der Rauschgiftmißbrauch hat bei der Angeklagten nicht zu den Formen geführt, daß der Paragraph 51 diskutiert werden konnte. Keinen Augenblick war sie durch das Gift in ihrer Willensbestimmung eingeschränkt. Zweifellos ist sie eine abnorme Persönlichkeit mit krankhaften Zügen, jedoch weder geistig schwach noch krank. Die Angeklagte war namentlich bei unbequemen Fragen sehr wachsam und rege, sie beriet sich mit ihren Verteidigern, bevor sie antwortete. Das Persönlichkeitsbild der Angeklagten zu enträtseln, ist allerdings fast unmöglich, und völlig unmöglich ist es, sich im Labyrinth ihres Lebens und ihrer Lügen zurechtzufinden.«

Das ist ein gelungenes Bild, dachte Bacheran: Im Labyrinth ihres Lebens und ihrer Lügen. Wobei sie das, was für die anderen Lügen waren, sicherlich ihre Träume nannte, Wunschvorstellungen, die sie so lange und so intensiv gehabt hatte, daß sie sie letztendlich als die Wirklichkeit angesehen hatte.

»Wir haben uns überzeugen müssen«, fuhr der Staatsanwalt fort, »daß die Angeklagte die Taten so begangen hat, wie sie sie zuerst geschildert hat. Sie hat also heimtückisch, aus Habgier und um andere Straftaten zu verdecken, zwei Menschen ermordet. Ihre finanzielle Lage war damals katastrophal, Schulden über Schulden, aus denen sie keinen Ausweg mehr sah. Sie mußte sich Geld verschaffen, um jeden Preis. Elisabeth Kusian verschaffte sich das Geld um den Preis von zwei Menschenleben. Die Tatsache, daß sie Mutter von drei Kindern ist, kann ihr nicht strafmildernd angerechnet werden. Mitleid kann man mit den Kindern haben, denen sie die Last des Schicksals aufbürdete, doch nicht mit der Mutter dieser Kinder. Mitleid kann man mit den Opfern dieser Frau haben, nicht mit der Mörderin. Ich beantrage gegen die Angeklagte wegen zweifachen Mordes zweimal lebenslängliche Zuchthausstrafe!«

Bacheran hätte geglaubt, daß diese Worte Elisabeth Kusian wie Schüsse treffen und sie niederstrecken würden, doch die blieb regungslos sitzen, wie in Trance, den Kopf gesenkt, ließ die stundenlangen Reden über sich ergehen wie ein Baum auf der Weide den Dauerregen. Er rechnete. Bestenfalls nach 18 bis 20 Jahren würde man sie begnadigen. Dann ging sie auf die 60 zu. Und wer würde sie dann noch an seiner Seite haben wollen? Ihr Leben war vertan. Und darum hatte er doch auch wieder Mitleid mit ihr. War es denn ihre Schuld, daß sie so geworden war ...? Als Sohn einer Biologielehrerin dachte er automatisch, daß es in ihrem Gehirn fehlerhafte Schaltungen gegeben hatte. Während des Studiums hatte er ein bißchen was von Freud gehört, und demzufolge mußte es im Über-Ich der Kusian erhebliche Lücken geben. Auch nicht ihre Schuld, sondern zurückzuführen auf die Umstände, unter denen sie groß geworden war. Das deckte sich fast mit Helga Leupahns Ansicht, daß die kapitalistische Gesellschaft die Ursache war. *Da wird der Mensch zum Wolf des Menschen.* Der Pfarrer der Martin-Luther-Kirche hätte es wieder anders gesehen – als Wille Gottes, den wir Menschen nicht zu hinterfragen hatten: *Dein Wille geschehe.*

Als erstem der beiden Verteidiger wurde dann dem Rechtsanwalt Dr. Arno Weimann das Wort erteilt. Er wandte sich zuerst gegen die recht scharfen Angriffe, denen die Verteidigung in diesem Prozeß ausgesetzt gewesen sei. »Dabei sind es, Hohes Gericht, meine Damen und Herren, nicht wir gewesen, die die Verteidigungstaktik bestimmt haben, sondern die Angeklagte. Und kein Anwalt hat das Recht, seine Mandanten zu desavouieren. Dieses Verfahren hier ist das Schulbeispiel eines Monsterprozesses, bei dem durch die gefühlsmäßig eisige Ablehnung der Angeklagten durch die Bevölkerung das Urteil schon von vornherein gesprochen ist. Wir können hier von einer *cause célèbre* sprechen, von Massensuggestion und von einer Gefahr für die Rechtsfindung. Ich appelliere deshalb mit allem Nachdruck an die Geschworenen, sich von allen gefühlsmäßigen Beeinflussungen frei zu halten.« Dann ging er daran, Lücken im psychiatrischen Gutachten seines Bruders aufzuzeigen. »Warum hat man dieses Gutachten von keinem anerkannten Psychiater erstellen lassen, sondern von einem – wenn auch hochqualifizierten – Gerichtsmediziner? Ein gelernter Psychiater hätte nämlich nicht gezögert, die Angeklagte als Schizophrene zu sehen – und als solche wäre sie von diesem Gericht auch ganz anders behandelt worden.«

Bacheran beugte sich zu Helga Leupahn hinüber. »Da hat er zweifellos recht.«

Arno Weimann versuchte weiterhin mit all seinen Mitteln, Mitgefühl und Verständnis für die Kusian zu erwecken. »Aber es ist nun einmal ihr Schicksal, daß man ihr nicht glaubt. Wie auch immer: Für mich, für uns hat das Gericht noch immer keinen überzeugenden Beweis dafür erbracht, daß Frau Kusian die beiden Mordtaten allein begangen hat. Wie kann denn eine Frau, die vorher einen Diebstahl und einige kleinere Betrügereien begangen hat, von heute auf morgen zur Raubmörderin werden? Dieser Sprung ist doch mehr als unlogisch. Vielleicht ist sie doch nur Gehilfin, Begünstigerin und Hehlerin gewesen – wir wissen es nicht. Und weil wir es nicht wissen, gilt auch in diesem Falle: *in dubio pro reo.*«

Der andere Verteidiger, Dr. Nicolai, hatte es weniger auf eine rhetorische Glanzleistung abgesehen, er versuchte vielmehr, mit nüchternen Argumenten die Überzeugung des Gerichts zu erschüttern, daß die Kusian die Alleinschuldige sei. »Wir alle sind überzeugt, daß die Angeklagte wieder und wieder gelogen hat – und dennoch geht die Staatsanwaltschaft davon aus, daß sie bei ihrem ersten Geständnis die Wahrheit gesagt hat. Warum denn ausgerechnet in diesem Falle? Ob Elisabeth Kusian letzten Endes auch uns, ihre Verteidiger, belogen hat, weiß ich nicht.« Dann verwies er auf das, was nicht geklärt worden sei: die unter Eid gemachte Aussage der Portiersfrau Schütz, sie habe am 26. Dezember 1949 Frau Kusian mit einem schwer beladenen Mann auf der Treppe gesehen; die ebenfalls unter Eid erfolgte Aussage der Zeugin Olga M., ihre Freundin Dorothea Merten habe ihr von einer Bekanntschaft mit einem Walter Kusian erzählt; schließlich das ungelüftete Geheimnis der großen »dunklen Dame«. »Da der Sachverhalt in all diesen Punkten ungeklärt ist, beantrage ich, daß das Gericht keinen Schuldspruch fällen möge, sondern den Fall an den Untersuchungsrichter zurückverweist.«

Damit zog sich das Gericht zur Beratung zurück. Obwohl Helga Leupahn noch immer ein wenig schmollte, sagte sie nicht nein, als Bacheran sie zum Mittagessen einlud. Am liebsten hätte er sie in ein Feinschmeckerrestaurant geführt und mit erlesenen Gerichten verwöhnt, gleichzeitig auch mit westlicher *ars vivendi* geködert, doch was sie in der Nähe fanden, war nur eine Großdestille mit Bockwurst und Buletten. Nun denn.

Sie saßen sich gegenüber, und er nahm ihre Hände. »Entschuldige bitte, ich hab's nicht so gemeint. Natürlich kannst du denken, was du willst ...«

»Danke.«

»So spöttisch warst du früher nicht.«

»Der Umgang mit dir färbt eben ab.«

Er registrierte mit jähem Erschrecken, daß sich zwischen ihnen eine Mauer aufgebaut hatte, und im Reflex darauf sagte er hastig: »Denk daran: Die Liebe überwindet alle Grenzen.«

»Dann zieh raus nach Karolinenhof, wir bauen uns das Dachgeschoß aus.«

»Dann zieh rein nach Wilmersdorf, ich kann da an der Uhlandstraße 'ne Wohnung kriegen.«

Es war die ewige Hängepartie. Sie lachten und wandten sich ihrem Essen zu. Natürlich diskutierten sie darüber, wie der Prozeß ausgehen würde, obwohl es da nicht viel zu rätseln gab.

»Daß sie die Kusian schuldig sprechen werden, darüber herrscht doch wohl Einigkeit«, sagte Helga Leupahn.

»Wenn ich Geschworener oder Richter wäre, dann würde ich mich in diesen Minuten ziemlich quälen ...« Bacheran suchte seine Gefühle auf den Punkt zu bringen. »Ich bin zwar überzeugt davon, daß sie beide Morde begangen hat, aber streng juristisch kann man ihr das meiner Meinung nach anhand der vorhandenen Indizien nicht nachweisen. Und wenn letzte Zweifel bleiben, dann eben: zugunsten des Angeklagten. Das ist ein Fundament unseres Rechtsstaates.«

»Der andererseits so viel Unrecht zuläßt: die Ausbeutung der Arbeiterklasse, die Privilegierung der Reichen. Das Reich zerfiel, die Reichen blieben, die völlig überzogenen Strafen für Friedenskämpfer ... und und und ...«

»Bleiben wir doch bitte bei der Kusian!« mahnte Bacheran. »Was dann, wenn sie wirklich unschuldig war – beziehungsweise nur Mittäterin?«

»Hat sie eben Pech gehabt«, erwiderte Helga Leupahn lakonisch. »Der Menschheit bleibt dadurch einiges erspart, daß sie hinter Gitter kommt.«

»Wenn sie wirklich unter Schizophrenie leidet, dann gehört sie in ein Krankenhaus.«

»Ja – am besten als Krankenschwester.«

Bacheran stieß einen tiefen Seufzer aus. »Der Umgang mit einem dekadenten kapitalistischen Staatsanwalt hat wirklich schon ganz schön auf dich abgefärbt.«

»Umgekehrt ist das leider noch nicht der Fall.«

»Na komm, in der antifaschistischen Haltung sind wir uns doch ziemlich einig. Und wenn es der DDR noch gelänge, die alten Nazis auch aus ihrer Armee und ihrem Geheimdienst zu entfernen, dann ...«

Sie warf ihre Serviette auf den Tisch. »Das ist ja nun hanebüchen!«

»Ober, bitte zahlen. Wir müssen zurück zur Verhandlung, sonst verpassen wir das Urteil noch.«

Sie eilten zurück ins Kriminalgericht und hatten gerade wieder ihre angestammten Plätze eingenommen, als Dr. Korsch die Angeklagte entsprechend dem Antrag des Staatsanwalts im Namen des Volkes wegen Mordes in zwei Fällen zu zweimal lebenslänglichem Zuchthaus und zum Verlust der bürgerlichen Ehrenrechte verurteilte.

Das war alles »so kurz und schmerzlos«, wie es Bacheran später zu Hause ausdrücken sollte, daß er es kaum mitbekam. Die Stimme des Vorsitzenden drang wie aus weiter Ferne zu ihm, wie im Traum.

»Die Angeklagte hat die Verbrechen heimtückisch und um eine andere Straftat zu verdecken, doch nicht aus Habgier begangen. Sie ist für ihre Taten voll verantwortlich. Das Gericht braucht nicht zu prüfen, ob die Angeklagte dem Henker zu überliefern ist oder ob ein besonderer Ausnahmefall vorliegt, denn vor drei Tagen ist das Gesetz verkündet worden, daß die Todesstrafe abgeschafft und dafür lebenslänglich Zuchthaus zu setzen ist.«

»Zweifellos eine Strafverschärfung«, brummte ein älterer Zyniker hinter Bacheran.

»Wenn dieser Prozeß«, fuhr der Vorsitzende fort, »weit über die Grenzen Berlins hinaus Aufsehen erregt hat, so nicht deshalb, weil zwei entsetzliche Mordtaten geschahen und die Täterin eine Frau gewesen ist, sondern allein durch den Umstand, daß die Mörderin eine Krankenschwester war. Von einer Krankenschwester erwartet jeder Mensch, daß sie nur Liebes und Gutes tut. Diese Frau hat den schönen und schweren Beruf geschändet. Wir Richter können nur die Tat als solche sehen und die Angeklagte einer irdischen Strafe zuführen. Was sie darüber hinaus den Angehörigen ihrer Opfer zugefügt hat, muß sie einst vor ihrem Gott verantworten.«

»Der wird sich freuen!« kam es von hinten.

»Uns Berufsrichtern ist bekannt – und das ist gar nicht so unverständlich –, daß sich in jedem Prozeß, wenn die Tat einige Zeit zurückliegt, die Aussagen widersprechen. Kraft natürlicher Anlage, kraft der Erziehung und Beeinflussung durch die Umwelt ist bei jedem einzelnen Menschen das Bild, das er sich von einem Tatgeschehen macht, verschieden. Hier war das besonders der Fall.« Nach eingehender Würdigung aller Zeugenaussagen rekonstruierte der Vorsitzende noch einmal alle Tatvorgänge. »Es steht fest, daß Walter Kusian weder bei der Ermordung Seidelmanns noch bei der Ermordung der Doris Merten zugegen war, noch davon gewußt hat. Wenn dem Gericht der Vorwurf gemacht wird, daß es nach der sensationellen Erklärung der Kusian den Fall nicht an den Untersuchungsrichter zurückverwiesen hat, so muß ich darauf hinweisen, daß das nach der Strafprozeßordnung nicht möglich ist.«

»Siehste!« sagte Bacheran zu Helga Leupahn.

Nach etwa einer Stunde kam Dr. Korsch zum Schluß: »Die Angeklagte ist ein Mensch, in deren Brust zwei Seelen ruhen. Die eine ist nicht schlecht. Sämtliche Kolleginnen haben ausgesagt, daß sie aufopfernd und bereitwillig sei. Die andere Seele ist die eines Dämons. Die Angeklagte hat in den letzten Jahren ihres Lebens nach dem Ibsen-Wort *Alles oder nichts* gehandelt. Zuletzt überwog das Böse ...«

*Zuletzt überwog das Böse.*

Vier Worte, die Bernhard Bacheran nicht mehr aus dem Kopf gehen sollten.

# Epilog

# KAPITEL 42

Nach dem Prozeß ... *Sie tritt ihre Strafe mit der Haltung einer Märtyrerin an, die für fremde Schuld büßen muß.* So steht es bei Waldemar Weimann am Ende seines Berichtes über *Meine rätselvollste Mörderin – Krankenschwester Elisabeth Kusian,* und wir können die Hypothese wagen, daß sie zur Selbsterhaltung vor allem diese »Neutralisationstechnik« gewählt hat: »Ich bin ein guter Mensch, ich habe ja alles nur für meinen Mann getan.« Wie sie ja schon immer dazu geneigt hat, das Virtuelle für das Wirkliche zu nehmen, das, was ihre Phantasie hervorgebracht hat, als die nackte Realität anzusehen, so wird sie sich nicht als Mörderin gesehen haben, sondern als barmherzige Samariterin. »Walter war es, und ich habe ihm nur aus der Patsche helfen wollen.«

Die Zeitungen allerdings zeigen keinerlei Sympathie für sie, zweifeln allerdings daran, daß wirklich die volle Wahrheit ans Licht gekommen ist, und locken mit der Schlagzeile: *Verteidiger der Kusian legt Revision ein.* So die *nacht-depesche* vom 15. Januar 1951, die unter anderem schreibt: *In weiten Kreisen der Berliner Bevölkerung hat es Befriedigung ausgelöst, daß diese Frau die Höchststrafe erhalten hat. Die beiden kaltblütigen und grauenhaften Morde, deren sie angeklagt war, hatten überall große Empörung ausgelöst. Es gibt jedoch immer noch einige Fragen im Zusammenhang mit diesem Prozeß, die im Verlauf der Verhandlung nicht restlos geklärt wurden und daher eine gewisse Beunruhigung zurücklassen. (...) Der Prozeß hat zweifellos nicht geklärt, ob die Kusian Mittäter hatte und wer diese gegebenenfalls waren. Die Suche nach der »Dame in Schwarz« wurde aufgegeben. Wem gehörte das dritte Glas im Zimmer der Kusian?* Der *Tagesspiegel* vom 26. Januar 1951 fragt in seiner Überschrift: *Und was wird aus den Kindern? – Elisabeth Kusians Töchter und ihr Sohn kennen das Schicksal ihrer Mutter.* Eine Namensänderung hat man nicht auf den Weg bringen können. Der Gedanke an die insgesamt zehn Kinder, die nun zu leiden haben – die von Seidelmann und Kurt Muschan hinzugerechnet –, ist das letzte, was die Leute erschauern läßt.

Was ist weiter über die Kusian zu berichten? Der Revisionsantrag gegen das Urteil bleibt erfolglos. Durch den Dritten Strafsenat des Bundesgerichtshofes wird der Urteilsspruch des Berliner Gerichts bestätigt. Das geschieht am 13. Dezember 1951. Sieben Jahre später erliegt Elisabeth Kusian in der Haft einem Krebsleiden. Man kann nur darüber spekulieren, ob sie vom Zwiespalt ihrer Seele wie von ihren Taten und der Reue darüber gleichsam zerfressen worden ist, vieles spricht dafür.

Als gütige Krankenschwester unter vielen gütigen Schwestern wäre sie längst der Vergessenheit anheimgefallen, als *Der kalte Engel* aber lebt sie fort im kollektiven Gedächtnis der Deutschen. Zuerst ist sie von den Gerichtsmedizinern wieder »ausgegraben« worden, erstmals 1964 von Waldemar Weimann und 2001 von Gunther Geserick, Klaus Vendura und Ingo Wirth. Und nun ist dieser dokumentarische Roman über sie geschrieben worden. Da kann man sich nur mit Bert Brecht rechtfertigen: *Das ist ein zynischer, wurzelloser Standpunkt, der gefällt mir.*

# Kapitel 43

Als man Elisabeth Kusian 1958 in Berlin zu Grabe trägt, arbeitet Bernhard Bacheran schon seit einiger Zeit als Staatsanwalt in Bremen, wo er noch heute zu Hause ist und es zwischenzeitlich sogar zum Senator gebracht hat. Als ich ihn am 11. November 2001 zum Abschluß meiner Kusian-Recherche in seiner Villa in Oberneuland besuche, ist er am Tag zuvor gerade 76 Jahre alt geworden. Wir haben schon viele Stunden miteinander telefoniert, aber trotzdem ist manche Frage offengeblieben.

»Vor allem die, warum es denn damals mit Ihnen und der Helga Leupahn letztendlich doch nicht geklappt hat ...?«

»Ja ...« Bacheran schluckt und hustet. »Siehe die beiden Königskinder, die nicht zueinander kommen konnten ... Keiner wollte nachgeben. Da bin ich dann nach Bremen gegangen, sie nach Greifswald. Beide haben wir geheiratet – eine andere, einen anderen ... Aber ob wir glücklich geworden sind?«

»Die Frage ist schon die Antwort. Und Sie haben sich auch niemals wiedergesehen, zumindest nach der Wende?«

»Nein ...« Bacheran seufzte. »Aber ... Wie steht es bei Fontane so schön geschrieben: *Eigentlich ist es ein Glück, ein Lebenlang an einer Sehnsucht zu lutschen.* Und das tue ich noch immer mit großem Vergnügen, wenn ich an Wümme, Weser oder Nordsee sitze und aufs Wasser starre.«

»Und Ihre Frau, was sagt die dazu?«

»Rosemarie ...? Die ist '99 gestorben. Sie hatte sich damit abgefunden. Wenn auch schweren Herzens. Sie kannte Helga auch noch. Meine Mutter hat Rosemarie ins Haus gebracht, damit ich von Helga geheilt werde und von ihr ablasse. Eine Strategie, die ja dann auch aufgegangen ist. Die Kinder wissen nichts davon. Aber das wird ja anders werden, wenn Ihr Kusian-Roman erst mal auf dem Markt ist.«

»Wieso? Bei mir heißen Sie doch nicht Bernhard Bacheran, sondern Bernhard Baronna.«

»Nein, nein, wenn ich schon bei Ihnen ›auftrete‹, dann bitte mit meinem richtigen Namen.«

Ich sehe ihn an und schmunzele. »Dasselbe hat Helga Leupahn auch gewollt, als ich letzte Woche in Greifswald war und sie gefragt habe, wie denn damals alles so war.«

»Wie geht es ihr denn?« fragt Bacheran mit geschlossenen Augen.

»Sie lebt sehr zurückgezogen.«

»Und – ist sie auch schon verwitwet?«

»Ja, und sie hat ein nichteheliches Kind von einem Marineoffizier. Inzwischen ist sie Großmutter.«

»Und beruflich?«

»Bei der Kripo hat sie's nicht weit gebracht, aber mal eine Weile als Abgeordnete in der Volkskammer gesessen. Nun ja ... Ein bißchen verbittert scheint sie mir zu sein. Wie hat sie denn damals ausgesehen zur Zeit des Kusian-Prozesses – haben Sie nicht ein Foto von ihr?«

»Doch, warten Sie mal ...« Er geht zum Schreibtisch, zieht ihn auf und kommt mit einer Plastikhülle wieder, in der etliche Schnipsel stecken, die wie Puzzleteile aussehen, nur daß sie gerade Kanten und spitze Winkel haben. »Da ist sie ... Helga ... im Jahre 1950. Nur hat meine Frau mal die Schere genommen und sie zerstückelt ...«

# Schlussbemerkung und Danksagung

Dies ist ein dokumentarischer Roman im Sinne von *true crime*, das heißt, die Figuren und Fakten entsprechen weitestgehend der Wirklichkeit – bis hin zur exakten Hausnummer und Straßenbahnlinie –, der Text sollte aber nicht als wissenschaftliche Arbeit verstanden werden, denn ab und an, wenn auch äußerst selten, habe ich aus »dramaturgischen Gründen« etwas »hinzuerfunden«. Insbesondere sind Bernhard Bacheran und Helga Leupahn meine Schöpfungen, also echte *Romanfiguren*.

Mein herzlicher Dank gilt Prof. Peter Erich, der mir schon vor etwa zehn Jahren bei einer Begegnung auf den Fluren unserer gemeinsamen Hochschule von Elisabeth Kusian erzählt hat und ohne den ich nie auf die Idee zu diesem Buch gekommen wäre, sowie Ursula Brock, die für mich in Bibliotheken und Zeitungsarchiven mit großem Erfolg nach Berichten über den Kusian-Prozeß gesucht hat.

# LITERATUR

Ascher, Lisbeth, Pflege als Begegnung. Eine Krankenschwester erzählt aus ihrem Leben, Wien 1999

Berliner Zeitung: 7.12.1949; 11., 13.1.1950; 16., 17., 18., 20., 24.1.1951

Bofinger, Manfred, Der krumme Löffel, Berlin 1999

Bundesministerium für Gesamtdeutsche Fragen (Hrsg.), A bis Z. Ein Nachschlagewerk über den anderen Teil Deutschlands, Bonn 1969

BZ, Kinder, wie die Zeit vergeht! Die neuesten Nachrichten aus den letzten 100 Jahren ..., Berlin 1977

Davison, Gerald C., und Neale, John M., Klinische Psychologie, München-Weinheim 1988

Depesche: 24.1.1951

Der Abend: 7., 10., 15.12.1949; 4., 9., 13., 14., 16.1.1950; 11., 15., 16., 17., 18., 19., 20., 22., 23., 24., 25.1.1951

Der Morgen: 14., 30.12.1949; 7.1.1950; 15., 18., 19., 20., 24., 25., 26.1.1951

Der Tagesspiegel: 9., 11., 14., 21., 22., 24., 28., 30.12.1949; 8., 10., 11.1.1950; 16., 17., 18., 20., 24., 25., 26.1.1951

Domäne Dahlem (Hrsg.), Dahlemer Notkochbuch. Erfahrungen und Rezepte aus den Jahren 1945–1949, Berlin 1997

Erge, Peter, Berlin – nich kleenzukriegen, Berlin 1952

Geserick, Gunther, Vendura, Klaus, und Wirth, Ingo, Zeitzeuge Tod. Spektakuläre Fälle der Berliner Gerichtsmedizin, Leipzig 2001

Gottwaldt, Alfred B., Berliner Fernbahnhöfe. Erinnerungen an ihre große Zeit, Berlin 1982

Gottwaldt, Alfred, Das Berliner U- und S-Bahnnetz. Eine Geschichte in Streckenplänen, Berlin 1994

Gößwald, Udo (Hrsg.), Inventur. Neuköllner Nachkriegszeiten, Heimatmuseum Neukölln und jovis Verlagsbüro, Berlin 1995

Harenberg, Chronik der Deutschen, Dortmund 1983

Harenberg, Die Chronik Berlins, Dortmund 1986

Gruner + Jahr AG, 50 Jahre das Beste vom STERN: 1949

Heyen, Rolf, Jugend in der DDR, Bad Honnef/Darmstadt 1972

Heyne, Claudia, Täterinnen, Zürich 1993

Hüge, Claudia, Die Karl-Marx-Straße, Berlin 2001

Kleindienst, Jürgen, Nachkriegs-Kinder. Kindheit in Deutschland 1945–1950, Reihe Zeitgut, Band 2, 3. Aufl., Berlin 1999

Kleindienst, Jürgen (Hrsg.), Lebertran und Chewing Gum. Kindheit in Deutschland 1945–1950, Reihe Zeitgut, Band 14, Berlin 2000

Kramer, Wolfgang, Hilkenbach, Sigurd, und Jeanmaire, Claude, Die Strassenbahnlinien im westlichen Teil Berlins. Der Wiederaufbau ab 1945 und die Stillegung im Westteil der Stadt bis 1967. Erster Teil: Linien 1-54, Villingen/Schweiz 1986

Kramer, Wolfgang, Hilkenbach, Sigurd, und Jeanmaire, Claude, Die Strassenbahnlinien in Berlin (West). Der Wiederaufbau ab 1945 und die Stillegung im Westteil der Stadt bis 1967. Zweiter Teil: Linien 55-199, Villingen/Schweiz 1986

Lentz, Georg, Muckefuck, Reinbek 1979

Lentz, Georg, Molle mit Korn, Reinbek 1981

Mittmann, Wolfgang, Tatzeit. Große Fälle der Deutschen Volkspolizei, Band 1 und 2, 2. Aufl., Berlin 1998

Mittmann, Wolfgang, Mordverdacht. Große Fälle der Volkspolizei 4, Berlin 2001

nacht-depesche: 24., 25.1.1951

Naranjo, Claudio, Erkenne dich selbst im Enneagramm. Die 9 Typen der Persönlichkeit, München 1994

Niggl, Peter, und Winz, Hari, Tod in Berlin. Kriminalfälle aus der Metropole 1945–1995, Berlin 1995

Pharus-Stadtplan Berlin 1948

Reisser, Frank-Ulrich (Hrsg. im Auftrage des Bezirksamtes Neukölln von Berlin), Mit Kohldampf auf den Trümmerberg. Die Nachkriegszeit in Berlin-Neukölln 1945–1949, Berlin 1990

Stave, John. Stube und Küche, Berlin 1987

Steinborn, Norbert, und Krüger, Hilmar. Die Berliner Polizei 1945–1992, Berlin 1993

Tägliche Rundschau: 1., 10., 11., 15.12.1949; 6., 10.1., 8., 9.7.1950: 21., 26.1.1951

Telegraf: 4., 6., 7., 9., 10., 11., 15., 16.12.1949, 1., 5., 8.1., 8., 9.7.1950; 14., 16., 17., 18., 20., 24., 25.1.1951

Weimann, Waldemar, Diagnose Mord. Die Memoiren eines Gerichtsmediziners. Aufgezeichnet von Gerhard Jaeckel, Bayreuth 1964

Zentner, Kurt, Aufstieg aus dem Nichts. Deutschland von 1945–1953, 2 Bde., Köln-Berlin 1954

# Horst Bosetzky im dtv

»Horst Bosetzky ist allen Krimi-Fans und Liebhabern
schillernder historischer Romane ein Begriff:
als *der* Mann fürs Schmökern.«
*Hans-Christian Winter
in der ›Nordsee-Zeitung‹*

**Wie ein Tier**
Der S-Bahn-Mörder
Dokumentarischer Roman
ISBN 3-423-20021-9

Berlin 1940: Eine Serie grausiger Morde schreckt die Berliner Bevölkerung auf.

**Brennholz für
Kartoffelschalen**
Roman eines Schlüsselkindes
ISBN 3-423-20078-2
und dtv großdruck
ISBN 3-423-25170-0

Kindheitserinnerungen an eine Zeit, in der Lebensmittelkarten, Stromsperren und »Kohlenklau« zum Alltag gehörten.

**Berliner Bahnen**
ISBN 3-423-20380-3

Eine Liebeserklärung an drei nicht mehr ganz junge Damen: die Berliner U-, S- und Straßenbahn.

**Hoch zu Roß**
Der Aufstieg derer von Bosetzki unter Friedrich II.
Roman
ISBN 3-423-20466-4

Ein fesselnder historischer Roman aus der Preußenzeit.

**Das Berlin-Lexikon**
ISBN 3-423-20545-8

Horst Bosetzky (aus dem Westen) und Jan Eik (aus dem Osten) haben Berliner Wissen dingfest gemacht.

**Lieber Sport als Mord**
Fünfzig ganz persönliche Betrachtungen zur Körperertüchtigung
ISBN 3-423-20580-6

Das Sportbuch für den begeisterten Nicht-Sportler.

**Zwischen Kahn und
Kohlenkeller**
Roman
ISBN 3-423-20621-7

Eine mitreißende Familiengeschichte, von der Weimarer Republik bis zum Ende des Zweiten Weltkriegs.

**Das Wandern ist des
Mörders Lust**
Eine literarische Sitcom
ISBN 3-423-20704-3

50 abenteuerliche Streifzüge durch deutsche Lande.

Bitte besuchen Sie uns im Internet: www.dtv.de